高等学校教材

GAODENG XUEXIAO JIAOCAI

家庭教育学

JIATING JIAOYU XUE

刘良华 | 著

中国教育出版传媒集团
人民教育出版社
·北京·

图书在版编目（CIP）数据

家庭教育学 / 刘良华著. -- 北京 : 人民教育出版社，2025. 5. --（高等学校教材）. -- ISBN 978-7-107-39617-5

Ⅰ. G78

中国国家版本馆 CIP 数据核字第 2025HE3698 号

选题策划：秦光兰
责任编辑：秦光兰
责任设计：何安冉
责任校对：李嘉楠
责任印制：申　骅

高等学校教材　家庭教育学

刘良华　著

出版发行　人民教育出版社
（北京市海淀区中关村南大街17号院1号楼　邮编：100081）
网　　址　http://www.pep.com.cn
经　　销　全国新华书店
印　　刷　北京市鑫霸印务有限公司
版　　次　2025年5月第1版
印　　次　2025年6月第1次印刷
开　　本　787毫米×1092毫米　1/16
印　　张　24
字　　数　390千字
书　　号　ISBN 978-7-107-39617-5
定　　价　49.80元

目 录

前　言

从家庭教育到家庭教育学

人类自从有家庭，就开始有了家庭教育。当家庭教育的实践经验积累到一定的程度，就会生成各种形式的家庭教育学。家庭教育学最初呈现为经验总结式的育儿经，后来逐步走向家庭教育哲学和家庭教育科学。不同形态的家庭教育学的背后隐含了不同的家庭教育研究方法。

一、何谓家庭教育

如果说一般意义上的教育是有意识的以影响人的身心发展为直接目标的社会活动①，那么，家庭教育就是家庭中的家长（主要是父母）有意识的以影响孩子的身心发展为直接目标的实践活动。由于父母是影响孩子的重要他人，家庭教育也称为“父母教育”或“亲职教育”。②也有人认为，广义的家庭教育是指家庭成员之间的相互影响，既包括长者对幼者的影响，也包括幼者对长者、同辈人对同辈人的影响。③

（一）家庭教育的要素

家庭教育的基本要素是家长（主要是父母或祖父母）、孩子和环境，三者一起构成一个动态的三角模型（见图0-1）。从三角形的结构来看，孩子处于三角形底边的左端，环境处于三角形底边的右端，家长处于三角形的顶端。

正常的家庭教育模式往往呈现为三个互动关系：一是孩子与家长的互动，此

---

① 叶澜．教育概论[M]．北京：人民教育出版社，1991：8.

② 王以仁．亲职教育：有效的亲子互动与沟通[M]．台北：心理出版社股份有限公司，2014：5.

③ 赵忠心．家庭教育学[M]．北京：人民教育出版社，2017：4.

时家长会指导孩子，孩子也会主动与家长沟通；二是孩子与环境的互动，此时家长会远远地守望孩子，并不过度干涉孩子的自由探索；三是家长与环境的互动，家长也需要从环境那里获得新知识和新技能，以便更好地指导孩子。

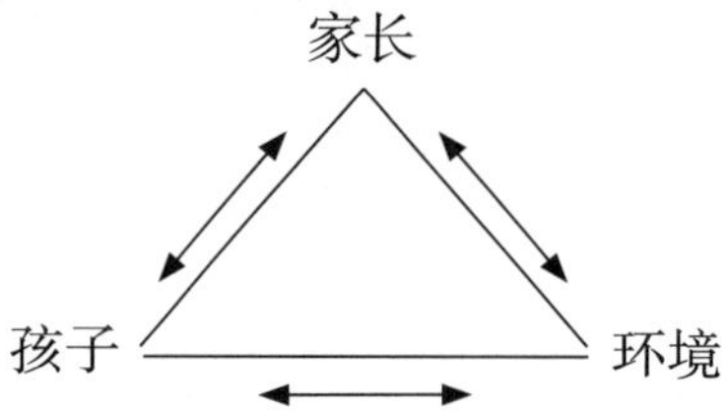

图 0-1

问题在于，有些家长缺乏基本的家庭教育智慧，他们会过度介入孩子与环境打交道的过程。从表面上看，家长为孩子提供指导，实际上，这样的家长却成为孩子与环境打交道的阻隔和障碍（见图0-2）。

图 0-2

出色的家长往往会关注环境，选择环境，鼓励孩子直接与环境打交道并从环境中接受影响。在孩子与环境打交道的过程中，家长依然会对孩子的探索活动提供指导，但只在孩子遇到困难或发生严重错误时才会施以援手，不会过度干涉孩子与环境直接打交道的过程。

随着孩子年龄的增长和心智与情感的逐步成熟，家长、孩子与环境的关系也会呈现出动态平衡的状态。当孩子接近成人状态，家长对孩子的指导就会越来越少。有时孩子甚至会越来越远离或摆脱家长的监护。

（二）家庭教育与学校教育

家庭教育不同于学校教育。学校教育主要有三个基本特点：一是偏重教师的专业指导；二是偏重书本知识的教育；三是偏重学校的室内学习。这三个特点使学校教育也被称为“正规教育”。

正因为学校教育具有上述三个特点，所以，家长在与学校保持“家校合作”或“家校沟通”时，最好做到以下“三不”。

一是不干涉。不干涉就是尊重孩子的主体性和主动性，尊重教师的专业地位，不要在教师面前指手画脚，不要在教师面前讲教育道理。美好的家校合作需要保持学校教育与家庭教育的边界。家长可以接受学校的邀请，参与学校的相关活动。但是，如果学校没有发出邀请，家长不必过度参与或干涉学校教育的专业生活。

二是不焦虑。孩子在成长的过程中会尝试各种错误，很多错误是孩子本人可以自我更正、自我修复的，父母不必过度焦虑。不要将自己的焦虑传递给孩子，也不要将自己的焦虑传递给教师。家长宜保持从容、大气的生活节奏和处世风格，以自己的言传身教，让孩子也学会从容、大气。如果父母本人做到了"忙时有序，闲时有趣"，孩子也会遇事不慌、心态平和。

三是不抱怨。家长要注意营造平和乐观、积极主动的家庭文化，不要在孩子面前频繁抱怨他人。既不要抱怨自己的领导或同事，也不要抱怨自己的朋友或邻居，更不要抱怨孩子的老师或学校。如果家长本人热衷于怨天尤人，孩子也会有样学样。孩子一旦养成了怨天尤人的性格，会对将来的人生道路产生不利影响。

（三）家庭教育与社会教育

与家庭教育和学校教育相比，社会教育的主要特点是学习资源丰富、复杂，而且具有开放性。家长既需要引导孩子选择那些有益于孩子身心健康发展的社会资源，同时也要保护孩子，避免孩子受到某些不良因素的影响。

第一，选择和利用社会资源。社会资源虽然丰富，但主要包括三类：一是人文资源，比如社区少年宫、图书馆、科技馆、博物馆、美术馆、音乐厅、电影院、游乐园，等等。家长可以引导孩子选择和利用相关的资源。二是社区自然资源，比如社区公园、植物园、动物园或山川、湖泊，等等。家长可以引导孩子欣赏或探究自然。三是习俗与法律资源。家长可以根据《中华人民共和国家庭教育促进法》或《中华人民共和国未成年人保护法》的提示与规定，保护孩子的自由与安全。家长尤其需要关注《中华人民共和国未成年人保护法》（2020年第二次修订）第二十一条：未成年人的父母或者其他监护人不得使未满八周岁或者由于身体、心理原因需要特别照顾的未成年人处于无人看护状态，或者将其交由无民事行为能力、限制民事行为能力、患有严重传染性疾病或者其他不适宜的人员临时照护。未成年人的父母或者其他监护人不得使未满十六周岁的未成年人脱离监护单独生活。

第二，辨别和简化自然环境。社会环境过于复杂，家长虽然不能像教师那样为孩子提供精心选择和优化的环境，但依然需要引导孩子在辨别的基础上进行选择，尽可能让孩子远离那些不利于成长的环境。即便不能像“孟母三迁”那样为孩子精心挑选更佳的环境，至少可以引导孩子选择更有意义的学习资源，避免那些对成长无益甚至有害的资源。

第三，保护孩子的隐私。在家庭教育、学校教育和社会教育之间，社会教育最具有开放性。开放性的社会资源可以为孩子提供选择的自由，但也隐含了暴露孩子隐私的风险。家长需要为孩子创造一个安全健康的环境，让孩子静静地生长而不要过度地在公共场合曝光。在小树长成大树的过程中，树根总是将自己深埋于地下，尽量不过度暴露。“对于儿童的生活来说……无论在哪里，生活如果被持续地暴露给世界，失去了隐私和安全的保护，生命的特质就丧失了。”①

二、何谓家庭教育学

家庭教育学是反思和总结家庭教育实践、家庭教育价值和家庭教育规律的学科。家庭教育和家庭教育学的关键差别在于反思。如果只有家庭教育观念和家庭教育行为而没有反思，就只是家庭教育而不是家庭教育学。对家庭教育实践的反思往往显示为家庭教育经验总结，对家庭教育价值和家庭教育规律的反思则可能呈现为家庭教育哲学和家庭教育科学。不同类型的家庭教育学隐含了不同的研究方法。按照德国学者布列钦卡（W. Brezinka）的分类框架②，家庭教育学研究主要包括三类：一是家庭教育的实践研究，主要关注家庭教育的经验总结，与之对应的学科形态是育儿经或家庭教育经验论；二是家庭教育的哲学思辨研究，与之对应的学科是家庭教育哲学；三是家庭教育的实证研究，与之对应的学科是家庭教育科学（含家庭教育心理学、家庭教育社会学和家庭教育史学）。

（一）育儿经

育儿经也可称家庭教育经验论。狭义的育儿经是有关家庭教育的经验总结。

① [美]阿伦特．过去与未来之间[M]．王寅丽，张立立，译．南京：译林出版社，2011：174．

② [德]布列钦卡．教育知识的哲学[M]．杨明全，宋时春，译．上海：华东师范大学出版社，2006：28．

广义的育儿经除了家庭教育的经验总结，还包括有关家庭教育的对策建议和家训、家书。家训是年长者对家庭或家族成员的思想与行为的倡议或训诫；家书指亲子之间的往来书信。

中外家庭教育发展史上出现了不少著名的育儿经。与西方的育儿经相比，中国人更重视家训和家书，相关的文献也特别丰富。中国古代比较著名的家训是隐含在《孔子家语》和《论语》里的“孔氏家训”[①]、五代十国时期吴越王钱镠制定而由后人总结的《钱氏家训》和宋代“三苏”制定的“苏氏家训”。此外，中国古代的“王子教育”中也出现了一些著名的“皇子的家教”或“皇族家训”。[②]中国近代育儿经的主流形态逐步由家训转向家书，比如曾国藩家书、梁启超家书、傅雷家书。此外，中国历来重视的启蒙读本也隐含了大量的有关家庭教育的训诫，比如，《三字经》《增广贤文》和“中华成语”，等等。1949年后，中国式的育儿经逐步走向比较系统的经验总结，比如刘卫华和张欣武的《哈佛女孩刘亦婷》[③]、周弘的《赏识你的孩子》[④]和蔡美儿的《虎妈战歌》[⑤]。

西方家庭教育领域比较著名的育儿经是《斯波克育儿经》《西尔斯育儿经》和《卡尔·威特的教育》。《斯波克育儿经》对孩子的焦虑问题、看电视问题提出了不少有意义的建议。[⑥]《西尔斯育儿经》特别重视“依附性养育”模式与亲密的亲子关系。[⑦]《卡尔·威特的教育》则因为“早期天才教育”的主题而风行一时。[⑧]此外，有

---

① 崇文. 中国好家风：历代传世经典家训[M]. 北京：时事出版社，2018：63-143.

② 熊贤君. 雕龙刻凤盼成器：皇子教育[M]. 武汉：华中理工大学出版社，1994：203-208.

③ 刘卫华，张欣武. 哈佛女孩刘亦婷：素质培养纪实[M]. 北京：作家出版社，2000.

④ 周弘. 赏识你的孩子[M]. 成都：四川少年儿童出版社，2000.

⑤ [美]蔡美儿. 虎妈战歌[M]. 张新华，译. 北京：中信出版社，2019.

⑥ [美]斯波克，尼德尔曼. 斯波克育儿经[M]. 哈澍，武晶平，译. 海口：南海出版公司，2007：118.

⑦ [美]西尔斯. 西尔斯育儿经[M]. 蔡骏，译. 汕头：汕头大学出版社，2008：2-42.

⑧ [德]卡尔·威特. 卡尔·威特的教育[M]. 孙蕴洪，译. 北京：商务印书馆国际有限公司，2017.

人特别关注了类似美国总统家训[①②]和类似“洛克菲勒家书”这样的名人家训。虽然《洛克菲勒留给儿子的38封信》可能并非真实的家书而只是后人编造，有关“三个石匠”[③]的故事更接近虚构，但这类名人家训或家书隐含了家庭教育学的基本原理：家庭教育对人的成长和事业发展具有重要的影响。同时，名人也希望以家训或家书的方式教育自己的后辈，避免出现“富不过三代”的后果。

简单的育儿经可能不那么具有可读性和可信性，但是出色的育儿经往往既介绍了家庭教育的个人经验，又隐含了家庭教育的原理与方法。育儿经虽然算不上严格意义上的家庭教育学，但是，育儿经意味着父母对自己如何陪伴孩子以及如何教育孩子的观察、记录与反思。与非反思的日常家庭教育相比，这类家庭教育的思考已经具有某种“学理”含量。

育儿经主要提供个案式的、个别化的经验或建议。这类个案式的、个别化的经验或建议是否可信，是否适合在更大范围内推广，还有待论证或检验。但是，这类实践形态的家庭教育学却有着独特的魅力和意义。育儿经以具体、形象的方式，呈现出家庭教育的个性、丰富性与复杂性，它为读者或听众提供了可操作的家庭教育方法和策略。

（二）家庭教育哲学

家庭教育哲学和家庭教育科学是家庭教育学的理论形态，这是家庭教育学的主体。一般意义上的家庭教育学主要指家庭教育哲学或家庭教育科学。有关家庭教育的反思最先出现的往往是实践研究，后来逐渐出现哲学的思辨研究，最后才出现科学的实证研究。

尽管中国古代出现了不少具有家庭教育哲学形态的文本，比如《孝经》、汉代班固的《女诫》、南北朝时期颜之推的《颜氏家训》和清代李毓秀的《弟子规》，等等，但是，直到近代才出现体系化的家庭教育学。中国近代至少出现了三部比较有影响的家庭教育学著作。一是朱庆澜的《家庭教育》。有人认为，

---

① 宿春礼，邢群麟．总统家训[M]．北京：中央编译出版社，2008．

② 杨红梅，黄志坚．美国总统家训[M]．北京：民主与建设出版社，2017．

③ [美]洛克菲勒．洛克菲勒留给儿子的38封信[M]．海兰，编译．北京：九州出版社，2012：25-26．

“这是民国年间最早出现的一部白话文的家庭教育著作”[①]。二是陈鹤琴的《家庭教育》。这是中国第一部立足于科学研究方法（主要是观察法）的家庭教育学著作。该书虽然主要显示为个人的育儿经，但已经具备某些家庭教育哲学和家庭教育科学的特质。该书开篇就讨论了儿童心理发展与家庭教育原则。[②]三是恽代英的《家庭教育论》。该书被视为“第一部用马克思主义观点阐述家庭教育内在规律的理论专著”[③]。1949年后，中国的家庭教育学逐渐走向学科化和体系化。1988年，赵忠心的《家庭教育学》出版，后来得到修订和再版，这是新中国成立后我国的第一部《家庭教育学》。这些书籍大体呈现为家庭教育哲学或家庭教育基本原理。在2000年之后，中国教育界出版了多部有关家庭教育哲学或基本理论的专著。

西方较早出现的家庭教育学著作是1632年出版的夸美纽斯的《母育学校》，该书专章讨论了体育的问题，提出“健康的精神寓于健康的身体”[④]。同年出版的他的《大教学论》也讨论了家庭教育。1801年，裴斯泰洛齐的《葛笃德怎样教育他的子女》出版；1826年，福禄贝尔的《人的教育》出版。这两本书直接讨论了家庭教育。但是，直到1693年，洛克的《教育漫话》出版，西方的“家庭教育学”才初具规模。洛克的《教育漫话》也特别重视体育，开篇就重申夸美纽斯提出的“健康的精神寓于健康的身体”[⑤]。1762年，卢梭的《爱弥儿》出版和1861年斯宾塞的《教育论》出版，则将西方的家庭教育学推向高峰，西方的家庭教育学也由此逐步由经验总结式的育儿经走向家庭教育哲学。卢梭的《爱弥儿》将夸美纽斯倡导的“自然教育”提升到一个新的高度，提出教育的“自然次序论”和“儿童本位论”。卢梭警告：“如果我们打乱了这个次序，我们就会造成一些早熟的果实，它们长得既不丰满也不甜美，而且很快就会腐烂。我们将造成一些年纪

① 赵忠心．家庭教育学[M]．北京：人民教育出版社，2017：12．

② 陈鹤琴．家庭教育[M]．上海：华东师范大学出版社，2013：1-34．

③ 赵忠心，周雪敏．中国家庭教育发展史[M]．南昌：江西高校出版社，1999：461．

④ [捷克]夸美纽斯．夸美纽斯教育论著选[M]．任宝祥，等译．北京：人民教育出版社，2005：29．

⑤ [英]洛克．教育漫话[M]．杨汉麟，译．北京：人民教育出版社，2006：7．

轻轻的博士和老态龙钟的儿童。”[①]斯宾塞的《教育论》较早地提出了“德育、智育和体育”三位一体的教育理论体系。他不仅在人类教育史上第一次提出“什么知识最有价值”的课程价值论，而且专门论述了“做父母的责任”。[②]有人认为，这本书既是为教师撰写的课程与教学论，也是为家长而作的“家庭教育学”。[③]

家庭教育哲学可能因为追求抽象和概括，在语言的表述上显得不那么生动有趣，对某些读者来说不太具有可读性。但是，家庭教育哲学也有独特的魅力与价值。家庭教育哲学往往针对现实中的种种家庭教育现象提出前提性批判，并在批判的基础上进行家庭教育的本质研究和价值研究。本质研究和价值研究是在常人热衷于谈论某件事物的表象或假象时，提出隐藏在事物背后的真相。家长可以借助家庭教育哲学的思考，做出相应的价值判断和选择，不让自己迷失家庭教育的方向。

（三）家庭教育科学

家庭教育科学主要呈现为家庭教育实验研究报告、调查研究报告和历史研究报告。三类研究报告大体对应三个家庭教育学的分支学科：一是基于历史研究的中外家庭教育史或家庭教育史学；二是基于实验研究的家庭教育心理学；三是基于调查研究的家庭教育社会学。

在中国家庭教育发展史上，陈鹤琴的《家庭教育》较早地采用科学实证的方法并显示出某种科学研究的精神。家庭教育科学主要包括三类实证研究报告：一是家庭教育实验研究报告；二是家庭教育调查研究报告；三是家庭教育历史研究报告。在三者之中，实验研究报告最具实证研究的魅力，调查研究次之，历史研究再次之。但是，由于家庭教育研究主要以“人”为研究对象，便使历史研究成为家庭教育研究的重要方法，调查研究次之，实验研究再次之。

家庭教育科学的魅力在于：它是对家庭教育经验的抽象和概括，也因此，它

---

① [法]卢梭．爱弥儿：论教育（上）[M]．李平沤，译．北京：商务印书馆，1996：91．

② [英]斯宾塞．教育论：智育、德育和体育[M]．王占魁，译．北京：中国轻工业出版社，2016：26-32．

③ [英]斯宾塞．教育论：智育、德育和体育[M]．王占魁，译．北京：中国轻工业出版社，2016：译者导读．

的研究结果和结论更具有说服力和普适性。家庭教育哲学往往从对立统一的视角对各种纷繁复杂的家庭教育现象进行分类，并对某些非此即彼的极端观点提出批判；家庭教育科学则致力于揭示家庭教育各种现象之间的因果关系、相关关系或表里关系。

现代家庭教育学既需要实践形态的家庭教育经验总结，也需要思辨形态的家庭教育哲学和实证形态的家庭教育科学。或者说，现代家庭教育学研究的基本趋势是：逐步由比较简单的家庭教育经验总结或“育儿经”走向比较规范的家庭教育哲学和家庭教育科学。

三、家庭教育学的研究方法

不同类型的家庭教育学隐含了不同的研究方法。按照德国学者布列钦卡的分类框架[①]，家庭教育学研究主要包括三类：一是家庭教育的实践研究，主要关注家庭教育的经验总结，与之对应的学科形态是育儿经或家庭教育经验论；二是家庭教育的哲学思辨研究，与之对应的学科是家庭教育哲学；三是家庭教育的实证研究，与之对应的学科是家庭教育科学（含家庭教育心理学、家庭教育社会学和家庭教育史学）。除了上述三类研究方法，家庭教育学也可能呈现为叙事研究。

（一）实践研究

育儿经虽然只是实践研究而非理论研究，但这并不意味着育儿经是低级的或不重要的。相反，育儿经既需要父母亲自陪伴孩子，也需要父母有足够的爱心和耐心去观察、记录孩子的成长过程及其细节，还需要父母有足够的语言艺术和实践智慧。更重要的是，家庭教育的实践研究还可以为家庭教育的理论研究（家庭教育哲学和家庭教育科学）提供源源不断的经验证据与原型启发。某些比较系统的育儿经或家训已经接近理论形态的家庭教育哲学，比如，《颜氏家训》既是家庭教育经验，也可以视为“一部家庭教育学专著”[②]。

日常的家庭教育实践研究往往显示为家庭教育日记或孩子成长日记。撰写家

① [德]布列钦卡．教育知识的哲学[M]．杨明全，等译．上海：华东师范大学出版社，2006：28．

② 赵忠心．家庭教育学[M]．北京：人民教育出版社，2017：11．

庭教育日记并不容易，需要家长不仅亲自陪伴孩子，而且持续地关注和观察孩子的成长变化。更重要的是，家长需要养成定期记录和写作的习惯。

更多的家庭教育实践研究显示为家庭教育的经验总结和对策研究。经验总结的基本形式是归纳和总结自己的家庭教育经验或教训。其中，总结自我的家庭教育经验类似“教育自传”，总结他人的家庭教育经验类似“教育他传”。对策研究是直接给他人提出有关家庭教育的建议或规劝。

（二）思辨研究或哲学研究

家庭教育哲学的基本思维是对立统一思维以及与之相关的分类思维。分类的基本原则是“不重复，不遗漏”，而为了实现“不重复，不遗漏”的分类原则，就必须从对立统一的视角对事物进行分类。反之，如果缺乏对立统一的思维，分类就很难体现“不重复，不遗漏”的原则。分类往往伴随着找关系和作比较：找关系其实就是在分类之后，寻找各个类型之间的逻辑关系；作比较是分类之后寻找各个类型的异同。

家庭教育哲学的基本精神是前提性批判。作为前提性批判的哲学研究有三个途径：一是价值研究；二是本质研究；三是元研究。价值研究是在关注“怎么做”之前，追查这件事是否值得去做，并给出好或坏、应该或不应该的价值判断。本质研究关注某个事物是什么与不是什么。由于本质研究旨在揭示隐藏在事物表象背后的真相，所以，本质研究的语法格式也常常呈现为“表面上看……实际上……”“……貌似……其实……”“一般认为……事实上……”“不是……而是……”“虽然……但是……”，等等。本质研究在回答“是什么”或不是什么时，往往借助分类思维、比较思维或关系思维。如果缺乏分类思维、比较思维或关系思维，就无法实现本质研究。元研究主要是对已有研究的研究，而且主要聚焦于方法论的反思和批判。

（三）家庭教育科学研究

与家庭教育哲学类似，家庭教育科学也重视逻辑论证。二者的不同之处在于：家庭教育哲学重视立足于先验原理的演绎逻辑推理，家庭教育科学则重视立足于经验事实的归纳逻辑推理。

家庭教育科学研究的基本精神，是用“归纳逻辑”和亲自取证的“直接证据”说话，而不只是用“演绎逻辑”或“间接证据”说话。这使实证研究区别于思辨研究。实证研究的另一个特征强调研究设计和研究报告的规范，这使实证研究区别于实践研究。

家庭教育科学研究的魅力在于：它是对家庭教育经验的抽象和概括，也因此，它的研究结果和结论更具有说服力和普适性。家庭教育哲学研究往往从对立统一的视角，对各种纷繁复杂的家庭教育现象进行分类，并对某些非此即彼的极端观点提出批判。家庭教育科学研究则致力于揭示家庭教育各种现象之间的因果关系、相关关系或表里关系。

家庭教育的反思还可能呈现为有关家庭教育的叙事研究。家庭教育叙事研究是以文学故事的形式对家庭教育进行反思，与之对应的学科是家庭教育文学。已有的家庭教育学已经出现类似《爱弥儿》这样的鸿篇巨制，未来的家庭教育学将越来越重视家庭教育文学。

家庭教育文学最初呈现为口耳相传的口语故事，后来逐渐发展为口语、文字和影像并存的格局。在口语、文字和影像之间，影像凭借其形象直观的魅力更具有“大众文化”和民间教育学的影响力。

家庭教育文学主要通过童话故事、小说故事和历史故事以及相关的电影、电视、视频等形式，讲述家庭教育的道理。也因此，家庭教育文学的创作者可能比一般意义上的家庭教育学研究者更理解儿童，更具有儿童立场。有人甚至认为，对儿童思维最敏感的人不是皮亚杰那样的心理学家，也不是教育学家，而是儿童文学作家。①

家庭教育文学也可以转化为家庭教育哲学或家庭教育科学，比如，卢梭的《爱弥儿》这本著作。《爱弥儿》既是家庭教育哲学，也是家庭教育文学。这意味着研究者需要有一定的文献研究和哲学思考，并进行系统的观察。但是，家庭教育文学本身有其独立的价值。类似瑞典作家林格伦（A. Lindgren）的《长袜子皮皮》《小飞人卡尔松》《淘气包埃米尔》和类似意大利作家亚米契斯（E. Amicis）的《爱的教育》的教育小说，都是独立的家庭教育文学。

---

① [美]马修斯．哲学与幼童[M]．2版．陈国容，译．北京：生活·读书·新知三联书店，2020：80.

第一章 家庭教育的意义和作用

01

家庭作为人出生后的第一个环境，父母作为孩子的第一任老师，对人的成长和发展具有不可替代的作用。家庭是社会的最小单位，家庭教育不仅会影响孩子和父母的生活幸福，也会影响社会和国家的发展。因此有人提出，国民的素质掌握在母亲的手中。①类似的说法是，推动摇篮的手，也推动国家的发展。

本章主要从家庭教育对孩子成长的影响这一角度来讨论家庭教育的意义和作用，从三个方面来论述家庭教育对孩子成长的影响：一是家庭环境对孩子成长的影响；二是家庭关系对孩子成长的影响；三是社会发展和社会转型对家庭教育的挑战以及家庭教育对孩子适应社会的影响。

第一节 家庭环境对孩子成长的影响

环境是一个范围广泛的概念，包括物质环境、文化环境、心理环境、人际环境等，本节主要讨论与家庭物质环境、文化环境和心理环境关系密切的家庭支持、家庭文化，以及父母陪伴对孩子成长的影响。家庭关系也是一种人文环境或

① ［日］木村久一．早期教育和天才［M］．河北大学日本问题研究所，译．石家庄：河北人民出版社，1979：195．

心理环境，因为篇幅较长，将在第二节中专门讨论。

一、家庭支持对孩子成长的影响

家庭支持主要指家庭为孩子的学习提供的物质、文化、精神支持。家庭支持涉及家庭的社会经济状况，但家庭支持的核心是对孩子的文化与精神关怀。

美国的有关研究显示，影响学生学业成就的关键因素是家庭“社会经济地位”以及家庭教养模式。[①]家庭社会经济地位主要通过“家庭支持”来影响孩子的学业成就。如果父母长期不及时“回应”孩子的期望和要求，孩子可能会变得自卑，产生习得性无助。家庭一直在影响孩子的自信心并间接地影响孩子的成绩，而学校在自信心、意志力等方面的影响低于家庭的影响。[②]

尽管也有研究结果显示，家庭的社会经济地位与学业成就之间只存在中度相关，且相关性越来越低[③]，但相关研究使人们普遍认同一个事实：通常情况下，家庭的经济状况会影响孩子在学校的学业成绩。如果父母的经济收入较低，那么，孩子的学业成绩总体偏低；如果父母的经济收入较高，那么，孩子的学业成绩普遍较高。[④]

这并不意味着穷人的孩子就注定了成绩低下，因为贫穷本身就是重要的教育资源。中国民间有“穷人的孩子早当家”的说法。这个说法提示，如果父母长期处于辛苦谋生状态，孩子会较早体验父母劳动的辛苦和辛酸，由此会增强努力改变命运、拯救家庭的责任感和使命感。不过，贫穷虽然是重要的教育资源，但也并非越贫穷越有利于孩子的成长。作为父母，倒是需要为孩子提供最基本的“文化资本”，尽量不让孩子陷入“人穷志短”的自卑深渊。

---

① ［美］科尔曼．科尔曼报告：教育机会公平［M］．汪幼枫，译．上海：华东师范大学出版社，2018：355.

② ［美］科尔曼．科尔曼报告：教育机会公平［M］．汪幼枫，译．上海：华东师范大学出版社，2018：396-400.

③ White K. The Relation between Socioeconomic status and academic achievement[J]. Psychological Bulletin, 1982(3): 417-453.

④ 庞维国，徐晓波，林立甲，等．家庭社会经济地位与中学生学业成绩的关系研究［J］．全球教育展望，2013(2):12-21.

中国民间长期流行两个相关的说法：一是“穷人的孩子早当家”；二是“从来纨绔少伟男”。法国学者布迪厄（P. Bourdieu）的文化资本理论也提出了类似的结论。父母的文化资本既可能导致子承父业[①]，也可能导致“穷人的孩子早当家”[②]。

一般而言，家庭的经济条件比较好有利于孩子的成长和发展。不过，并非所有富裕家庭的孩子都有好的学业成绩，原因在于：富裕是一种高级的教育资源，但是，高级的教育资源需要父母有高级的教育方法。

西方人的民间经验是：“培育一个贵族需要三代人的努力。”相反，如果孩子因家庭富裕而四体不勤、傲慢虚荣，那么，富裕不仅不是孩子成长的资源，反而成为孩子堕落的祸首。

中国民间的另一个说法是“富不过三代”。遗憾的是，不少比较富裕的家庭，常常被这条民间古训不幸言中。如果富裕的家庭不能为孩子提供相宜的教育方法，倒不如让孩子过节制的、低调的生活。比如，有父母为了教育自己的孩子，培养孩子善良谦逊、勤劳节俭等美德，特意选择了“装穷”。[③]如果富裕家庭的父母有足够的教育智慧，就没有必要在孩子面前故意“装穷”。但是，从“再富不能富孩子”的视角来看，富裕家庭的父母在孩子面前适当“装穷”，官员家庭的父母在孩子面前适当“低调”，也许是必要的。

二、家庭文化对孩子成长的影响

家庭文化是指家庭所有成员共享的价值观、行为规范以及与之相关的生活习惯、沟通方式等构成的家庭氛围与风格。家庭文化可能显示为某些可见的符号，比如家庭成员的服饰、喜欢的歌曲，等等。但是，家庭文化更可能是隐性的、不可见的价值观。隐性的、不可见的价值观会潜移默化地影响孩子与他人的交往方式，甚至会影响孩子的学业成绩。

---

① 朱伟珏．超越社会决定论——布迪厄“文化资本”概念再考［J］．南京社会科学，2006（3）：87-96．

② 程猛，康永久．“物或损之而益”——关于底层文化资本的另一种言说［J］．清华大学教育研究，2016（4）：83-91．

③ 董毅然．为教子装穷十七年引发争议［N］．北京科技报，2005-06-15（7）．

英国的研究显示，在城市文化中，如果父母简单地鼓励孩子（主要是男孩）具有男子汉气概，推崇暴力，这样的家庭文化不仅会影响孩子的学业成绩，而且会导致孩子成为学校主流文化的反叛者。他们发现自己代表的文化与社会主流文化格格不入。为了建立自己的“非正式组织”和“青少年亚文化”，他们会在学校自得其乐，在发型、服饰、生活方式引领学校的新文化。他们以时髦的服饰、发型、抽烟、喝酒、跳舞、打架等各种反权威、反制度的“仪式”作为小圈子的象征。他们把改变其服饰和发型作为入伙的投名状。他们要求摆脱各种“单调乏味”的制服或校服，以此来显示自己的男子汉气概。[①] 问题是，他们躁动有余而安静不足，并由此影响他们的学业成绩。更严重的问题在于，简单推崇暴力的家庭文化会让孩子自甘堕落、甘之如饴。直到中学毕业之后，他们才发现很难找到满意的工作。他们会后悔，但几乎失去了改正的机会。[②]

城市文化的主流是中产阶级文化。推崇暴力的家庭文化不仅不能帮助孩子提升个人实力，反而导致孩子难以适应城市文化和学校文化。

美国研究者特别关注了中产阶级家庭文化和工人阶级家庭文化对孩子学业成绩的影响。研究发现，中产阶级家庭对孩子进行“协作培养”，接近“绅士教育”，而工人阶级家庭和贫困家庭则倾向于选择“自然成长”模式。中产阶级儿童更容易产生优越感，工人阶级和贫困家庭儿童则容易产生局促感。[③] 与劳作阶层家庭相比，中上阶层家庭因为拥有较多的社会资源，从而使其子女更能适应学校生活。然而，劳作阶层的家庭能为子女提供的学业支持有限，他们更希望老师在教育过程中占据主导地位。[④]

日本的一项研究显示，中产阶级的家庭文化会直接影响孩子的学业成绩。成

---

① ［英］威利斯．学做工：工人阶级子弟为何继承父业［M］．秘舒，凌旻华，译．南京：译林出版社，2013：13-25.

② ［英］威利斯．学做工：工人阶级子弟为何继承父业［M］．秘舒，凌旻华，译．南京：译林出版社，2013：1.

③ ［美］拉鲁．不平等的童年：阶级、种族与家庭生活［M］．2版．宋爽，张旭，译．北京：北京大学出版社，2018：6-7.

④ ［美］拉鲁．家庭优势：社会阶层与家长参与［M］．吴重涵，熊苏春，张俊，译．南昌：江西教育出版社，2014：163.

绩好的孩子，母亲比较有条理且有趣。有条理且有趣的母亲，更有可能养育出学习好的孩子。学习好的孩子，妈妈通常是有计划且动作利落的人。父亲越认真、越有条理、越有礼貌，孩子成绩就越好。成绩不理想的孩子，饮食状况也比较混乱。成绩越差的孩子，越依赖便利店的食物。①

印度学者班纳吉（A. Banerjee）夫妇在2011年发表的报告《贫穷的本质：我们为什么摆脱不了贫穷》，也提出了类似的观点。班纳吉的研究显示，穷人虽然穷，但在消费方面的支出并不比富人低，甚至还会更高。穷人比富人更爱虚荣、爱面子，更愿意花钱。越穷的家庭越急于购买电视机、电脑和手机等消费品。在他们看来，"电视机比食物更重要"。穷人放着免费的健康生活不去享受，却要自己花钱买药。②这样的家庭文化显然会影响孩子的生活习惯和学习习惯。

工人阶级或贫困家庭的父母不太可能在短时期内提高自己的经济地位，也不可能在短时期内使自己进入中产阶级的家庭文化。父母唯一能努力的就是设法改善孩子的生活习惯，孩子的生活习惯将影响孩子的成绩。日本学者三浦展的报告指出："成绩越好的孩子，个性越主动，同时比较会运动，朋友也比较多，但成绩越差的孩子，不仅个性较被动，也很不擅长运动，同时朋友也比较少，基本上很爱打电玩。"③

三、父母陪伴对孩子成长的影响

父母陪伴是指父母亲自陪伴自己的孩子，而不是由祖父母或其他人陪伴孩子。尽管祖父母或其他人陪伴孩子也可能是有益的，但相比之下，父母陪伴更有利于孩子的身心健康成长，也会直接或间接地影响孩子的学习习惯和学习成绩。

老人可以为孩子提供慈爱的陪伴，却很难为孩子提供严厉的教育。慈爱是家

---

① ［日］三浦展．阶层是会遗传的：不要让你的孩子跌入"下流社会"［M］．箫云菁，译．北京：现代出版社，2008：35-49．

② ［印］班纳吉，［法］迪弗洛．贫穷的本质：我们为什么摆脱不了贫穷［M］．景芳，译．北京：中信出版社，2013：44-46．

③ ［日］三浦展．阶层是会遗传的：不要让你的孩子跌入"下流社会"［M］．箫云菁，译．北京：现代出版社，2008：69-71．

庭教育的重要因素，但是，如果家庭教育只有慈爱而没有严厉，孩子的成长也可能会出现种种问题。只有那些懂得并坚持做到严慈相济的老人，才有可能为孙辈提供高质量的陪伴。

在传统社会，老人也许可以独自承担教育孙辈的责任。但是，现代社会出现了新的变化。随着高科技的发展，电视机、电脑、手机和各种零食逐渐普及，老人很难阻止孩子过度依赖电子产品。而且，孩子随时随地可以获得各种糖果、软饮料，老人较难严格要求孩子，让孩子养成健康的饮食习惯。长期看电视、玩电子游戏，随时随地吃零食的后果是：孩子不仅没有形成良好的生活习惯，而且性格孤僻、身体孱弱。

更严重的问题是，如果孩子出生之后，被爸爸妈妈送到了祖父母或外祖父母家里寄养，而在孩子六岁前后，父母再将孩子接回来，让孩子在父母居住的地方上小学，那么，这个孩子很可能在较长一段时间内无法适应学校生活。原因在于，孩子长时间在祖父母或外祖父母的身边生活，六岁前后突然来到一个新的地方，很可能会遇到“文化不适应”甚至产生“文化自卑”。与身体自卑相比，文化自卑更让人痛苦。身体自卑也许可以被孩子视为现实，最终会被孩子接纳。文化自卑会让孩子在内心深处长期地挣扎、煎熬。如果他的语音、语调与学校的其他同学有明显差异，这个孩子就会更加自卑。孩子一旦产生自卑心理，就可能出现两种极端现象：要么因为自卑而在学校寡言少语、郁郁寡欢，要么有严重的攻击倾向，通过攻击同学来逃避或掩盖自己的自卑感。

如果父母不亲自陪伴孩子而是把孩子送到祖父母（含外祖父母）家里寄养，等到六岁前后再接回父母身边，那么，这个孩子不仅离开了他深爱的祖父母，他也失去了儿时的同伴。他会因为“分离”而感到痛苦，他会经常思念长期陪伴自己的祖父母以及儿时的同伴。严重的“分离焦虑”会导致孩子撞床、撞墙、掐手、掐胳膊等自残行为。如果孩子在小学阶段突然得到长期抚养和陪伴自己的祖父母生病或去世的消息，将会给他们带来强烈的情感冲击，有的可能会长时间哭泣甚至陷入严重的抑郁状态。在小学中低年级就出现抑郁症状的孩子，多半是因为家庭教育中的陪伴出现了问题。

父母要把陪伴孩子当作家庭教育的首要任务。如果父母失陪，孩子可能会陷入成长的危机之中。但这也并非意味着只要有父母亲自陪伴，孩子的成长就会一路顺风。父母不仅需要把陪伴当作家庭教育的首要任务，而且要在陪伴孩子的过程中，帮助孩子建立起良好的生活习惯和基本的规则意识。

父母亲自陪伴自己的孩子，这是上策；中策是让祖父母或其他亲人陪伴孩子；下策是为孩子聘请家庭教师或让孩子进入寄宿制的幼儿园和小学。让孩子进入寄宿制的幼儿园或小学虽然有些残忍，但让学校老师或家庭教师陪伴孩子，比让保姆陪伴孩子更好一些。

即便如此，孩子从寄宿制学校回家之后，父母也要亲自陪伴孩子过周末和节假日。如果父母在周末或节假日也不能亲自陪伴孩子，也可以采用远距离陪伴的方式，比如，父母经常给孩子打电话、写信或发信息，让孩子感受到父母的爱与关注。远距离陪伴虽然不如父母和孩子天天生活在一起，但总比完全不陪伴要好。改变孩子生活习惯和学习习惯虽不容易，但具体的家庭教育途径并不复杂，父母所要做的重要事情就是陪伴，并在陪伴中进行好的言传身教。

总之，家庭环境主要通过家庭支持、家庭文化和父母陪伴对孩子的成长发生影响。在家庭支持、家庭文化和父母陪伴三者之间，父母陪伴是家庭教育的基本前提，家庭支持是家庭教育的主要途径，并对孩子成长发生直接的影响。而家庭文化主要通过潜移默化的方式影响孩子的成长。

第二节　家庭关系对孩子成长的影响

家庭关系主要包括亲子关系、夫妻关系和兄弟姐妹关系。所谓好家庭，主要表现为三个好：亲子关系好、夫妻关系好、兄弟姐妹关系好。在三者之中，亲子关系是影响孩子成长的主要因素。

一、亲子关系对孩子成长的影响

亲子关系的质量主要取决于父母的教养模式。教养模式这个概念由美国学者戴安娜·鲍姆林德（D. Baumrind）在1966年提出。鲍姆林德主要考虑要求和回应这两个因素。“要求”指父母对孩子的要求，“回应”指父母对孩子需要的回应。要求和回应这两个要素的不同组合，派生出不同的教养模式：一是专制型教养模式；二是放任型教养模式；三是权威型教养模式。后来麦科比（E. Maccoby）和马丁（J. Martin）等人将鲍姆林德提出的三种模式扩展为四种模式。①

（一）专制型教养模式

专制型教养模式也可称为“独断型教养”或“高控制型教养”。专制型父母试图用一系列神圣不可侵犯的规则去控制孩子的行为和态度。当孩子的行为与他们的观念不一致时，他们会用惩罚和强迫的手段限制孩子的自我意识。他们给孩子分配应尽的家庭任务，鼓励孩子守规矩并限制孩子的自主权。他们认为秩序和传统本身就有很高的价值。他们不鼓励孩子讨价还价，强调孩子对父母服从并保持尊重。②

专制型教养模式的典型特征是“高要求，低回应”。专制型父母总是对孩子提出种种高难度的要求，同时对孩子提出的需要反应冷淡，很少考虑孩子的需求、兴趣和愿望。这类父母希望控制孩子的一言一行，甚至强行要求孩子选择父母认定的专业和职业。

在这种教养模式下长大的孩子，往往表现出焦虑、紧张、回避、郁郁寡欢。在与同伴交往时，容易敌视他人，缺乏好奇心，自卑、胆小、不独立，依赖性强。这样的孩子长大之后，即便与别人聊天，也会显得没有主见，没有聊天的兴致，寡言少语或者偶尔随声附和。

专制型教养模式其实对应了专制型的社会形态。在“乱世”或贫困的社会以及类似“军队”的团体，往往推行“专制型”管理。专制的管理虽然削减了个体的自由，但可以提升行动的效率。就此而言，在乱世，父母的教养模式可以呈现为以专制型教养模式为主而以放任型教养模式或权威型教养模式为辅。

当社会环境发生变化之后，整个社会开始关注个人的尊严以及个体的自由权利，专制型教养模式就会受到孩子的各种抵制。这也正是家庭教育社会学的逻辑

---

① 也有人对鲍姆林德的研究提出质疑。详见［美］哈里斯．独一无二：解开人格差异之谜［M］．倪懿，黄瑞昕，王诗恬，译．上海：上海译文出版社，2021：74.

② D. Baumrind. Effects of Authoritative Parental Control on Child Behavior［J］. Child Development, 1966（4）: 887-907.

起点。从家庭教育社会学的视角来看，专制型教养模式和权威型教养模式各有优劣。不同的社会形态需要不同的教养模式。在民主社会，丈夫失去了对妻子的控制权，父母也失去了对孩子的统治权。“在人人具有平等意识的社会里，我们不能控制和命令别人。平等，就是每个人都有为自己做决定的权利。”①在民主社会，父母的教养模式可以呈现为以权威型教养模式为主，而以专制型教养模式或放任型教养模式为辅。

（二）放任型教养模式

放任型教养模式的典型特征是“低要求，高回应”。放任型父母试图以非惩罚的、可接受的、积极的态度对待孩子的冲动、欲望和行为。父母与孩子协商制定家庭规则，并就这些规则作出解释。父母对家庭责任和有序行为几乎不作要求。父母并不刻意做孩子的榜样，鼓励孩子按照自己的意愿行事，不塑造或改变孩子的行为，也不控制孩子的行为。父母允许孩子自我调节和规范自己的活动，并不鼓励孩子循规蹈矩。②

放任型父母容易演化为溺爱型父母。溺爱型父母对孩子只有爱而没有严厉，对孩子的任性与胡闹“百依百顺”。溺爱型教养模式最大的问题是以“爱”的名义或以“民主”的名义满足孩子的一切欲望。在溺爱型教养模式下长大的孩子，往往具有自私、自我中心、任性、冲动、易怒、暴躁等消极人格，有较强的攻击性，缺乏责任感，很难与他人合作。这样的孩子长大后即便与他人聊天，也是一个“言谈教养”较差的人。因为他只希望自己说，不愿意倾听别人的话语。

放任型教养模式只适合于“太平世”或康有为所想象的“大同社会”。在“太平世”或“大同社会”，父母的教育模式可呈现为以放任型教养模式为主，而以专制型或权威型教养模式为辅。

（三）权威型教养模式

权威型教养模式的关键特征是“高回应，高要求”。权威型父母试图以理性

---

① ［美］德雷克斯，索尔兹．孩子：挑战［M］．甄颖，译．北京：生活·读书·新知三联书店，生活书店出版有限公司，2015：18.

② D. Baumrind. Effects of Authoritative Parental Control on Child Behavior［J］. Child Development, 1966（4）: 887-907.

引导孩子的行为，鼓励沟通并相互让步，愿意跟孩子解释规则的合理性。当孩子不服从规则时，父母愿意倾听孩子不服从的理由。他们既要求孩子遵守规则也愿意尊重孩子的意愿。当孩子跟父母发生冲突时，父母既坚持原则，也会尊重孩子的个人兴趣和独特的行为方式。他们既满足孩子现在的需求，也为孩子的未来提出要求。总体上，父母重视理性与权威，不会完全听从孩子的意见。①

权威型教养模式容易转化为民主型教养模式。民主型教养模式主要适用于小康社会或小康家庭。按照美国学者拉鲁的说法，民主型教养模式主要流行于中产阶级家庭（中产阶级家庭偶尔也会采用“专制型教养模式”），而放任型教养模式主要流行于工人阶级家庭或贫困家庭。②民主型父母会经常与孩子交流、互动，并在聊天过程中积极回应孩子的需求。要么对孩子的需求表达理解和支持，要么引导孩子将自己的需求转化为几种待选择的方案，让孩子学会选择和做决定。

在民主型教养模式下长大的孩子，往往显示出比较强大的决策意识，有独立性，有主见，善于自我控制和解决问题，有较强的自信心，善于对他人表达善意和尊重。这样的孩子一般具有积极心理学推崇的积极乐观、积极主动、积极暂停等人格品质和为人处世的智慧。这样的孩子往往具有人格心理学所强调的“大五人格”，尤其具有“大五人格”中的“外向性”（自信）与“宜人性”（谦逊）。他们会成为既有活力又有礼貌的人，成为公认的性格好、有教养的人。

在鲍姆林德提出教养模式的三种类型之后，学术界对教养模式进行了更加深入的研究。麦科比和马丁等人增加了冷漠型教养模式③，由此将鲍姆林德提出的三种教养模式发展为四种模式④。冷漠型教养模式可以视为放任型教养模式的亚

---

① D. Baumrind. Effects of Authoritative Parental Control on Child Behavior[J]. Child Development, 1966(4): 887-907.

② [美]拉鲁．不平等的童年：阶级、种族与家庭生活[M]．宋爽，张旭，译．北京：北京大学出版社，2015：6-7.

③ E. Maccoby, A. Kahn, B. Everett. The Role of Psychological Research in the Formation of Policies Affecting Children[J]. American Psychologist, 1983(1): 80-84.

④ E. Maccoby, J. Martin. Socialization in the context of the family: Parent-child interaction[A]. P. Mussen, E. Hetherington (Eds.). Handbook of child psychology, Wiley: New York, 1983.

类。放任型包含两种形式：一是溺爱型；二是冷漠型。①

冷漠型父母与溺爱型父母的共同特点是对孩子“低要求”。两者的差别在于：溺爱型父母对孩子的需求表现出“高回应”，属于“低要求，高回应”；而冷漠型父母对孩子的需求则表现出“低回应”，属于“低要求，低回应”的“双低”模式。

冷漠型父母不愿搭理孩子，甚至对孩子的询问和需求感到厌烦。这样的父母往往以自己的事业或喜好为中心，对孩子没有任何期待。即便有了孩子，也希望孩子不要打扰自己，亲子之间很少交流。这样的父母不仅对孩子的专业学习反应冷淡，对孩子提出的生活需求也不愿搭理。

冷漠型教养模式有多种变化形式，比如：父母因外出工作，远离孩子；父母因工作忙，不理睬孩子；父母之间关系紧张，波及孩子。在现代社会，比较常见的冷漠型教养模式是父母不负责任或长期外出工作，将孩子交给祖父母或外祖父母照管。孩子到了上学年龄，则将孩子交给学校的老师，但也不和老师沟通孩子的情况。

在冷漠型教养模式下长大的孩子，由于缺乏基本的“父母支持”，造成对他人缺乏热情，自卑或攻击性较强，容易在青春期出现种种“反社会”行为。溺爱型教养模式和冷漠型教养模式，是家庭教育中最差的两种教养模式。在这两种教养模式下成长的孩子，长大之后容易在社会适应方面出现问题。

遗憾的是，溺爱型和冷漠型的父母都可能标榜自己属于“民主型父母”。他们会把“溺爱”或“纵容”视为对孩子的民主权利的尊重。或者，他们会把对孩子的冷漠或不闻不问视为培养孩子的独立性、主动性的一个重要途径，甚至会将自己的家庭教育标榜为“自由模式”或“放养模式”。

在专制型、溺爱型、冷漠型和权威型这四种教养模式之中，相对较优的是权威型教养模式，因为权威型教养模式可以转化为民主型教养模式。严慈相济的理想形态是为孩子提供民主型教养模式。但是，权威型教养模式也可能转化为密

① ［美］马赛厄斯·德普克，法布里奇奥·齐利博蒂．爱、金钱和孩子：育儿经济学［M］．吴娴，鲁敏儿，译．上海：格致出版社，上海人民出版社，2019：44．

集型教养模式。“密集型教养模式”是专制型与权威型的结合。[①]20世纪90年代，美国社会学家海斯（S. Hays）最早提出“密集母职”的概念。[②]

密集型教养模式也被人称为“直升机育儿”（helicopter parenting）、“虎妈现象”或“过度教育”。即便父母都需要外出工作，且工作繁忙，但他们依然愿意随时随地陪伴孩子。他们像“直升机”一样盘旋在孩子的上空，密切监控孩子的一举一动。一旦发现问题，便立刻帮助解决。[③]有研究者注意到，密集型父母愿意为孩子的身体发展、知识学习和业余爱好提供大量的时间、精力、金钱和情感支持，对孩子的身心健康、知识学习、社会情感发展都有一定的积极影响。

密集型父母也能让孩子培养多方面的兴趣，为将来适应社会打下良好的基础。然而，密集型父母的做法无形中也增加了孩子的压力。孩子基本处于全天紧张、全年无休的状态，用于自由玩耍、自由支配的时间受到限制。孩子参与决策、尝试错误、有所热爱的能力也会受到影响。父母为孩子做得越多，孩子越显得脆弱和被动，失去独立性和创造性，还可能会增加他们在以后身患抑郁的风险。

有研究显示，从事教育、管理或医疗等职业的父母，在教育自己的孩子时有较大的职业优势和文化资本。但是，这些职业身份的父母，也可能因为过度严厉而给孩子的成长带来压力。如果放弃了严慈相济的原则，从事教育、管理或医疗工作的父母，也会让孩子在成长的过程中受到压抑、压制，导致影响生活的幸福感。[④]电影《温暖的抱抱》讲述了一个男孩受压抑的成长故事。这部电影可以作为严慈相济的反例。

---

① ［美］马赛厄斯·德普克，法布里奇奥·齐利博蒂. 爱、金钱和孩子：育儿经济学［M］. 吴娴，鲁敏儿，译. 上海：格致出版社，上海人民出版社，2019：44.

② S. Hays. The Cultural Contradictions of Motherhood［M］. New Haven：Yale University Press, 1996：8.

③ 易欢欢. 密集型家庭教育方式的现实弊端与改进策略［D］. 武汉：华中师范大学，2022：5.

④ 齐凯，王俊，鲁玮，等. 大学生自杀相关行为与不同家庭因素之间的关系研究［J］. 皖南医学院学报，2017(5)：493-496.

二、夫妻关系对孩子成长的影响

美好的夫妻关系不仅是夫妻双方幸福的基本前提，也是影响孩子成长的重要因素。美好的夫妻关系是送给孩子最好的礼物。美好的夫妻关系隐含了相关的家庭文化，夫妻关系与家庭文化一起影响孩子的成长。

（一）几种不同的夫妻关系

美国学者哈赞（Hazan）等人将婚恋模式分为安全型依恋、焦虑型依恋和逃避型依恋三种类型。[①] 与之类似，美国学者巴塞洛缪（K. Bartholomew）进一步将婚恋模式划分为四种：一是安全型；二是痴迷型；三是恐惧型；四是疏离型或冷漠型。[②③] 在有关夫妻关系及其婚恋模式的研究领域，影响较大的是斯滕伯格（R. Sternberg）的分类。斯滕伯格认为，幸福的婚姻主要受下面三个因素的影响。[④]

一是亲密。愿意和爱人在一起，相互陪伴，与爱人亲密交流。表达亲密的方式包括交流内心感受，促进他人的幸福，分享自己的财产、时间和自我，表达同理心，为对方提供情感和物质支持，等等。亲密相当于巴塞洛缪所讨论的“依恋”。亲密成分是爱的关系的核心。亲密关系不仅是情侣关系的核心，而且是亲子关系、兄弟姐妹关系、朋友关系的核心。激情和承诺则主要存在于情侣关系之中。

二是激情。表达激情的方式包括接吻、拥抱、凝视、触摸和发生性关系等。激情的过程类似对药物、酒精、香烟和咖啡等事物的依赖。激情使爱产生美好的高峰体验，但难以长久保持。

---

① M. Ainsworth, M. Blehar, E. Waters, et al. Patterns of Attachment：A Psychological Study of the Strange Situation[M]. Psychology Press, 2015.

② K. Bartholomew. Avoidance of Intimacy：An Attachment Perspective[J]. Journal of Social and Personal Relationships, 1990(7): 147-178.

③ K. Bartholomew, L. Horowitz. Attachment Styles among Young Adults：A Test of A Four-category Model[J]. Journal of Personality and Social Psychology, 1991(2): 226-244.

④ [美]R. 斯滕伯格，K. 斯滕伯格. 爱情心理学[M]. 李朝旭，等译. 北京：世界图书出版公司，2010：197-198.

三是承诺或决定。承诺指向长久地维持爱的关系。[①]表达承诺的方式包括许诺、忠诚、订婚、婚姻，等等。承诺带来安全，不担心被爱人冷落或抛弃，也不担心物质生活的质量。“承诺”相当于巴塞洛缪所说的“安全”。安全感既来自人的财富、能力，也来自人的忠诚。有人甚至直接将承诺（commitment）翻译为“忠诚”。[②]

按照斯滕伯格的分析，承诺使人“冷静”，亲密带来“温暖”，激情带来“热”。承诺是认知性的，亲密是情感性的，激情是动机性的。这样看来，承诺、亲密和激情接近“知情意”的古典分析框架。

根据亲密、激情和承诺三种元素的不同组合，斯滕伯格将爱情分为八种模式：无爱、喜欢、迷恋、空爱、浪漫的爱、伴侣之爱、虚幻的爱、圆满之爱。[③]由于“激情”很难长期维持，“圆满之爱”往往会发生变化。圆满之爱发生变化之后，就会出现各种“次优”的婚恋模式。

（二）最优与次优的夫妻关系

最优的夫妻关系呈现为“圆满之爱”：亲密、激情与承诺三者兼备。“圆满之爱”几乎是可遇而不可求的爱情。即便有人获得了“圆满之爱”，这种“圆满之爱”也很难经受住时间的考验。

时间往往会让“圆满之爱”发生变化。发生变化之后，婚恋模式往往会朝两个方向发展：一是安全、亲密和激情三者皆有，但都不充分。对于大多数夫妻而言，这样的婚恋模式是常态的，也是可以接受的。二是至少保持一个或两个爱的要素。如果能够拥有婚恋的两个要素，那么，夫妻关系即便不享有最优的婚恋质量，至少也能保持次优。

次优的夫妻关系至少有三种模式：一是伴侣之爱；二是灵魂伴侣之爱；三是浪漫之爱。

---

① 李涛．婚姻承诺的心理学研究［D］．上海：华东师范大学，2006：25

② ［美］米勒，珀尔曼．亲密关系（第五版）［M］．王伟平，译．北京：人民邮电出版社，2011：242.

③ R. Sternberg. A Triangular Theory of Love［J］. Psychological Review, 1986（2）：119-135.

伴侣之爱虽无激情，但有亲密（陪伴）和承诺（安全）。对于很多夫妻而言，圆满之爱变成伴侣之爱是可以接受的。伴侣之爱是次优的三种婚恋模式中最普遍也是最容易被接受、被认可的模式。

灵魂伴侣之爱是另类的伴侣之爱。一般意义上的伴侣之爱有亲密（陪伴）和承诺（安全）而无激情。灵魂伴侣之爱有激情和承诺（安全）但不一定有陪伴。灵魂伴侣之爱既可能呈现为长相厮守的婚恋或异地恋，也可能呈现为第三方之爱或柏拉图式的精神恋爱。

浪漫之爱虽然缺乏带有承诺的安全感，但浪漫之爱比伴侣之爱多了激情，比灵魂伴侣之爱多了亲密。浪漫之爱凭借激情与亲密足以让伴侣和灵魂伴侣之爱相形见绌。

保持浪漫之爱至少需要三个条件。一是保持爱的纯粹性。把相爱的重点指向身体与精神的相互吸引而不是事业的成果或权势，不向对方提出承诺的要求。二是保持边界，彼此独立。虽然亲密关系的唤醒需要彼此邻近或接触。邻近会给交往带来方便，也会带来安全感。但是，亲密关系也需要保持一定的距离。得不到的就喜欢。[①]即便不需要聚少离多，但至少要偶尔制造“小别胜新婚”的机会。这也正是米纽钦（S. Minuchin）倡导的结构式家庭治疗模式（structural approaches）的关键策略：既要相互依恋，也要保持有边界的独立性。[②]三是让自己处于情绪唤醒状态。爱情心理学的研究显示，两个人相爱时，会伴随心跳加快。心理学研究表明，在有一定危险的地方约会，比在绝对安全的地方约会，会有更高的情绪唤醒效果。这就是社会心理学中的情绪唤醒实验，也被称作“危桥效应”（见资料1-1）。[③]

---

① ［美］米勒．亲密关系（第6版）［M］．王伟平，译．彭凯平，校．北京：人民邮电出版社，2015：69-103．

② 赵芳．与家庭共舞：结构式家庭治疗及其本土化［M］．南京：南京师范大学出版社，2008：175-195．

③ ［美］米勒．亲密关系（第6版）［M］．王伟平，译．彭凯平，校．北京：人民邮电出版社，2015：259．

资料1-1 情绪唤醒实验

心理学家达顿和阿伦（Dutton & Aron）曾在温哥华的卡皮拉诺吊桥上做过一个有趣的实验。卡皮拉诺吊桥有100多年历史，全长约137米，宽约1.5米，以2条粗麻绳及香板木悬挂在高约70米的卡皮拉诺河河谷上。人在桥上行走时，桥会上下左右摆动，令人心惊胆颤。研究者派出美丽的女实验助手站在卡皮拉诺吊桥中央，主动去搭讪只身一人的年轻男性（年龄在19~35岁）。女助手告诉那些过桥男性，她希望这些男士能够参与正在进行的一项调查，并给他们留下了自己的电话。同样的实验在另一座离地约3米的石桥上以同样的方式进行。结果显示，从危桥（高吊桥）上下来的男性更有可能给女助手打电话。危桥所引起的唤醒或恐惧令人印象深刻，也可能会激发他们对女助手的兴趣。

这样看来，夫妻双方可以参与一些使人心跳加快的游戏或工作。参与者会感知到自己在游戏或工作中心跳加快，并有意或无意地认为，这种心跳加快是由爱情所引起的。

总之，最优的婚恋模式是圆满之爱，亲密、激情与承诺（安全）三者兼而有之。即便没有最优的圆满之爱，至少可以追求“二元论”的爱恋模式。“二元论”的爱恋模式要么显示为普通的伴侣之爱，要么显示为灵魂伴侣之爱或浪漫之爱。

亲密关系是一个专门的研究领域，也是社会心理学关注的基本话题，几乎所有的社会心理学书籍都会用大量的篇幅讨论亲密关系的问题。[①] 如果夫妻之间、亲子之间的亲密关系出了问题，就需要接受正式的或非正式的家庭治疗。也因此，有些家庭教育学著作专门讨论了“家庭治疗理论”。[②]

① ［美］迈尔斯．社会心理学［M］．侯玉波，乐国安，张智勇，等译．北京：人民邮电出版社，2009：308-347．

② 单志艳．家庭教育学［M］．桂林：广西师范大学出版社，2021：78-85．

（三）夫妻关系如何影响孩子的成长

美好的夫妻关系是献给孩子最好的礼物。夫妻关系好对孩子成长至少有如下三个积极的影响。

第一，影响孩子的婚恋观念。孩子会从父母的相亲相爱中感受到恋爱、婚姻的美好，从而对将来的恋爱和婚姻产生积极的期待。男孩会从相亲相爱的父母那里学会尊重女性，女孩会从相亲相爱的父母那里学会尊重男性。孩子将来组建了自己的家庭后，也会尊重自己的伴侣。

第二，影响孩子的社会情感。孩子会从父母的相亲相爱中领会基本的社会交往规则以及相关的方法，美好的夫妻关系会推动孩子养成良好的生活习惯和交往习惯，保持稳定的情绪，尝试与他人合作，善待他人，不做麻烦制造者。相反，如果父母长期争吵、相互鄙视，会让孩子对恋爱、婚姻或社会交往失去信心，也会让孩子不知不觉变得情绪不稳定、暴戾、有社会攻击性。

第三，影响孩子的学业成绩。美好的夫妻关系通过影响孩子的生活习惯、交往习惯、情绪状态而间接地影响孩子的学业成绩。如果夫妻关系非常糟糕，经常争吵甚至打架，可能会增大孩子在课堂上开小差、注意力不集中的概率。如果孩子上课期间总是走神，孩子将很难跟上教学进度，容易成为“落后生”。

如果夫妻之间既不拥有最优的圆满之爱，又不拥有次优的“二元模式”，可能会使婚姻走向名存实亡的状态。在乱世或贫困年代，夫妻之间也许可以忍受名存实亡的婚姻关系。在小康社会或富裕年代，如果婚姻关系名存实亡，夫妻之间可能会选择离婚。社会越发达，个人越追求独立与自由，也因此，现代社会的离婚率高于传统社会的离婚率。①离婚会改变夫妻之间的交往关系，同时也会改变孩子的成长环境，因为父母离婚对孩子来说，就是在母亲或父亲之间作单项选择。父母离婚之后，孩子所在的家庭被称为单亲家庭。

离婚固然会对孩子的成长带来消极的影响，但是，如果父母长期处于暴力沟通的状态，对孩子可能会造成更大的伤害。暴力沟通主要有四种。一是指责，包括贬损对方的智力或人格。二是鄙视，包括讥笑、冷嘲热讽，带有攻击性，含有

① ［美］马赛厄斯·德普克，法布里奇奥·齐利博蒂．爱、金钱和孩子：育儿经济学［M］．吴娴，鲁敏儿，译．上海：格致出版社，上海人民出版社，2019：152．

威胁和挑衅。三是辩护。不承认自己的错误，为自己的错误找各种理由。四是冷战。暂时离开对方，即便不离开，也不搭理对方，不说话。①有人认为，在一个夫妻相互敌视的家庭里养育孩子是有害的，平静地离婚比维持战火连绵的婚姻好得多。②

离婚只是结束了父母之间的婚姻关系，但并没有结束父子关系或母子关系。如果在离婚之后善于处理好亲子关系，就可以减少对孩子的伤害，父母依然可以成为孩子的好父母。

相反，如果离婚之后，父母各自在孩子面前说对方的坏话，将会给孩子带来更严重的二次伤害。为了避免二次伤害，父母离婚之后，最好在孩子面前真实地肯定对方的优点。如果孩子跟随母亲生活，那么，母亲最好允许孩子的父亲跟孩子正常交往。否则，如果孩子的父亲因为心怀愧疚而讨好孩子，满足孩子的种种不合理的要求，造成“溺爱型教养模式”，这也会给孩子的成长带来困扰。反之，如果孩子跟随父亲生活，那么，父亲最好允许孩子的母亲跟孩子正常交往。

三、手足关系对孩子成长的影响

手足关系即生活中常说的兄弟姐妹关系。大孩（哥哥或姐姐）往往容易得到父母的重视，但小孩（弟弟或妹妹）出生之后，必然会分享父母的爱与关注，如果父母处理不当，就会引发大孩的嫉恨，并由此导致各种形式的冲突。兄弟姐妹之间的冲突是他们成长的一个部分。

（一）出生顺序对孩子成长的影响

培养竞争与合作最适宜的场所是家庭。一般而言，老大地位最高，易受父母重视，老幺地位特殊，易受父母宠爱。中间的孩子既不易像老大那样受重视，也很难像老幺那样被宠爱，不得不发展自己的竞争力与合作精神。也因此，中间的孩子往往比老大和老幺都能干。中国民间的说法是：“憨老大，金老二，刁老

① ［美］戈特曼，西尔弗．幸福的婚姻［M］．刘小敏，译．杭州：浙江人民出版社，2014：28-34．

② ［美］戈特曼，西尔弗．幸福的婚姻［M］．刘小敏，译．杭州：浙江人民出版社，2014：7．

三。”英国哲人培根说：“在家庭中，最大或最小的孩子都可能得到优待，唯有居中的子女容易被忽视。但他们却往往是最有出息的。”①

兄弟姐妹之间既竞争又合作的关系容易因为父母的偏爱出现失衡。很多父母很难完全做到公正对待每个孩子，即便父母认为自己做到了公正，孩子也可能认为自己受到了不公正的对待。父母可以坚持的原则是：尽可能公平地对待每个孩子，即便偏爱某个孩子，也要偏爱大孩，而不能偏爱小孩。

如果父母偏爱大孩，大孩会因为自己的地位得到保证而高兴。父母在偏爱大孩的同时，可以提醒大孩“要做弟弟（或妹妹）的榜样”。同时，小孩也会因为父母明显偏爱大孩而由权力争夺转向服从哥哥（或姐姐）。

相反，如果父母明显偏爱小孩而忽视大孩，大孩可能会怨恨在心，甚至会引发兄弟姐妹之间的争端。这也正是中国古代王朝推行“立长不立幼”的嫡长子继承制的原因。除非嫡长子实在无能，否则，绝不会轻易“废长立幼”。“废长立幼”一直被视为权力游戏中的“取乱之道”。事实上，不仅中国古典皇权的更替重视“嫡长子继承制”，西方国家也普遍如此。“历史一直公认，长子拥有特别有利的位置。在许多民族、许多阶级中，这种有利地位已成为传统。”②

为了避免大孩对小孩的怨恨，父母最好让大孩参与小孩的成长过程，让小孩成为大孩生活的一部分，而不是让小孩成为大孩被忽视、被拒绝的影响因素。让大孩参与小孩的成长过程可以从小孩的胎教开始。妈妈怀孕时，可以让大孩趴在妈妈的肚子上倾听胎儿的声音，让大孩与胎儿对话。小孩出生时，可以邀请大孩守候在产房外面，以欢迎小孩的出生。如果大孩上学了，可以让大孩放学后，去医院看妈妈和新生的弟弟或妹妹。

如果让大孩参与小孩成长的过程，大孩就会将弟弟或妹妹视为一个需要自己照料的“小宠物”。大孩甚至会担心小孩的成长是否会遇到问题。他随时会牵挂弟弟或妹妹的喜怒哀乐。这样，大孩就有可能将弟弟或妹妹视为自己创造的一件作品。在大孩照料小孩的过程中，小孩可能因为“不懂事”而不珍惜哥哥或姐姐

---

① ［英］培根．培根论说文集［M］．高健，译．太原：北岳文艺出版社，2016：32．

② ［美］阿德勒．理解人性［M］．陈太胜，陈文颖，译．北京：国际文化出版公司，2007：120．

的良苦用心，但父母可以为大孩提供解释或疏导，同时也要提醒小孩对大孩表达感谢。在大孩遇到困难时，父母也可以提醒小孩为大孩提供力所能及的帮助。所有良好的兄弟姐妹关系都有一个共同特点：他们相互参与了彼此成长的过程或拥有共患难的经历。

不到万不得已，不要因为妈妈生小孩而把大孩送到奶奶或外婆家里生活。如果妈妈生小孩而把大孩送到奶奶或外婆家里，大孩会觉得自己被父母抛弃，而抛弃的原因正是那个即将出生的小东西。大孩不仅会怨恨那个即将出生的小弟弟或小妹妹，而且还会因为感到被父母抛弃而产生怨恨。

（二）兄弟姐妹之间的冲突对孩子成长的影响

兄弟姐妹之间可能会互相扶持和关心，也可能会发生冲突。兄弟姐妹之间的冲突主要源于三种竞争：一是资源之争；二是关注之争；三是权力之争。资源之争主要是争夺有限的物质资源，比如食物、衣服、玩具，等等。关注之争主要是争夺父母的爱与关注。资源之争与关注之争属于“权利之争”。与“权利之争”不同，权力之争主要是确定兄弟姐妹之间“谁说了算”的问题。

大孩对小孩的怨恨，主要因为大孩的权利受到小孩的威胁。大孩原本是家里的“无冕之王”。弟弟（妹妹）的出生使大孩的地位受到严重的威胁。大孩在家庭的优先地位不仅意味着发号施令的权力，也意味着享受父母的爱与关注的权利。如果弟弟（妹妹）不服从大孩甚至侵犯大孩的权利，大孩迟早会用责骂甚至殴打的方式报复小孩，以此重新赢得父母的爱与关注。严重的问题是，如果大孩抗争之后，不仅无法夺回父母的爱与关注，而且被父母呵斥或惩罚，导致大孩感到绝望，甚至产生习得性无助，大孩可能会由怨恨和身份认同危机，转为紧张、焦虑、认知失调甚至深度抑郁。

在家庭地位的争夺中，大孩感到紧张和焦虑是正常的。一般而言，大孩会调整心态，接受父母的劝说，适度让权或放权。或者，大孩转移注意力，跳出小圈子，在外面的世界创造和积累自己的成就感，通过更多或更大的成就感来解决自己的身份认同或认知失调问题。但是，如果大孩明显感到父母不公平，觉得父母是明显冷落、忽视甚至打压大孩，而偏爱或宠爱弟弟（妹妹），大孩很可能因为严重的认知失调或身份认同危机而出现焦虑或抑郁。

父母可以想办法停息孩子之间的争吵或打架，但也不必过度干涉。只要父母不过度干涉，大孩与小孩之间就会建立起一个良性的“自组织”。他们会自动形成既竞争又合作的生态关系。即便在竞争中发生冲突，也会自己修复关系。

在家庭生活中，打闹是孩子成长的一个部分，倒是那些从来不打闹的孩子，一旦打架，就可能没轻没重，往死里打，重击他人头部或其他致命部位。从小有打闹经历的孩子，他会知道打闹的分寸和基本规则。弟弟虽然在打闹中处于弱势而吃亏，但他在这个过程中也逐步学会了竞争与服从。

让孩子理解权利与责任不是一件容易的事，父母需要采用一些比较有效的办法，让孩子学会与人交往。父母最好为大孩和小孩分派各自力所能及的任务，以便转移打架或争抢玩具的注意力。父母要不断为大孩和小孩创造做事的机会，让大孩和小孩总有事情可做，让大孩和小孩都在家里“建功立业”。父母的责任是验收和评估大孩和小孩做事的质量，让大孩和小孩各自忙于自己的“工作”而不再为争抢玩具或无所事事而打架。

（三）父母介入兄弟姐妹的冲突对孩子成长的影响

大孩和小孩之间容易出现的现象是相互打闹。小孩出生之后，迅速从大孩那里分享甚至夺走了父母的爱、抢走了父母的关注。于是，大孩在心里发誓要报复小孩，重新赢得父母的爱，赢得父母的关注。大孩虽然比小孩年长，但他也仍然年轻，少不更事。他本应发挥自己在智力、体力和善解人意等方面的优势来为父母分忧，以此赢得父母的爱与关注。但他不懂这个道理，所以只能靠简单的武力来惩罚小孩，发泄心中的怨恨。有研究者认为，孩子是察言观色的专家，但他常常会用错误的解释模型去理解他所观察到的事情。孩子常常会因为错误的解释模型而做一些傻事。①这样看来，大孩欺负小孩，实在是事出有因，父母应该理解大孩的苦衷。

正因为大孩有这样的苦衷，所以，大孩和小孩打闹时，父母最好不要轻易介入，既不必袒护小孩，也不必指责或打骂大孩。父母袒护小孩或责骂大孩，不仅不能解决问题，反而会使问题变得更糟。大孩遭到父母的指责或打骂之后，他可能会对小孩更加怨恨。一旦父母不在现场，大孩就会变本加厉地欺负小孩。这既

① ［美］德雷克斯，索尔兹．孩子：挑战［M］．甄颖，译．北京：生活·读书·新知三联书店，生活书店出版有限公司，2015：28．

是对小孩的报复，也是对父母的报复。久之，孩子会养成多疑、善妒、睚眦必报的性格。

兄弟姐妹之间比较典型的冲突是大孩欺负小孩，但也可能出现小孩侵扰大孩的现象，两者有相似的原因。比如，同样都因为嫉妒，小孩感觉哥哥（姐姐）分享了父母的爱，怀恨在心，所以会发生小孩侵扰大孩的事件。但是，两者具有不同的性质：由于小孩的出生，大孩在家里的“无冕之王”地位受到挑战，大孩欺负小孩是因为报复，这是“复仇之战”；由于大孩矗立在家里，父母对大孩另眼相看，小孩侵扰大孩是因为要向大孩发起挑战，想要征服大孩，想要分享权力，这是“权力之争”。

大孩遭到父母的指责或打骂之后，也可能会在心里得出一个结论：在这个家里，谁能发脾气，谁能显示出愤怒，谁能够大声发出吼叫，谁就是权威。于是，大孩也学会了发脾气、狂怒、怒吼。大孩遭到父母的指责或打骂之后，可能会在潜意识里产生某种满足感：虽然没有赢得父母的爱，但至少赢得了父母的关注，这也不错。有的孩子甚至会沿着这个方向，用制造麻烦的方式来赢得父母的关注，他可能会故意哼哼唧唧，踢桌子，偷窃，还可能出现尿裤子、装病，甚至真的生病，等等。

为了避免权力之争，父母可以采用一些办法或策略。第一，私下提醒大孩，如果受到弟弟（妹妹）侵扰，可以用自己的力量制止弟弟（妹妹）。如果大孩没有弟弟（妹妹）力气大，父母就可以提醒大孩：要锻炼，要让自己有力量。比如，鼓励大孩去参加体育活动或体力劳动，锻炼自己的体魄。第二，让大孩和小孩各自发展不同的业余爱好，尽量让两个人的特长不具有可比性。第三，给大孩和小孩分派不同的任务，让两个人分别拥有自己的活动领域和交往圈子。

总之，只要父母公正对待每个孩子，不过度介入或干涉孩子之间的冲突，他们就会在竞争的过程中逐步学会妥协与合作，形成良好的手足之情和健康的生态关系。表面上看，多子女家庭的教育比独生子女家庭的教育更加困难，实际上，多子女的家庭更有利于孩子的成长，多子女家庭的教育比独生子女家庭的教育也有更多的优势。前提条件是，父母或其他养育者要有相应的教育智慧，比如，最好公正对待每个孩子，同时，尽可能让孩子自己解决问题，不轻易介入孩子之间的冲突。

第三节　社会发展对家庭教育的挑战

人一旦做了父亲或母亲，父性或母性就被激发出来。人类如此，一般动物也如此。动物妈妈和动物爸爸知道如何陪伴自己的孩子，同时也知道如何让孩子学会独立。它们既不遗忘自己的孩子，也不过度帮助孩子。人类的母亲和父亲在进化过程中延续和保存了动物的某些天性。有人甚至认为，父母是天生的教育家。[①]但是，在社会转型的新时代，作为“天生教育家”的父母遇到了新问题。父母不得不重新思考和学习家庭教育学，以此迎接家庭教育中的新挑战。

社会发展给家庭教育至少带来了三个方面的新挑战。一是举全村之力培养一个孩子的那个村已经消失或正在消失。不仅孩子的玩伴减少了，而且原初的熟人社会逐渐转化为陌生化社会，处于陌生化社会中的孩子和家长遇到了新问题。二是家庭条件改善后，越来越多的孩子失去了与劳动相关的吃苦经历而增加了学习文化知识的压力，不少孩子出现精神焦虑甚至抑郁。三是现代科技的发展给孩子的成长带来了有利的学习资源，同时也带来了不利的影响。

一、从熟人社会到陌生化社会

表面上看，传统的家庭教育是家里的父母或祖父母在教育孩子。实际上，传统的家庭教育是“举全村之力”培养一个孩子。在城市，则是整个社区或大院（比如军队大院和企业大院）培养一个孩子。

如果一个孩子在某个方面表现出色，这个消息就会在全村或整个大院、街道迅速传播，成为美谈，这个孩子会成为其他孩子羡慕和模仿的对象。如果一个孩子在某个方面做了不好的事情，众人也会迅速做出评价，指指点点，这个孩子会成为其他孩子鄙视和警惕的对象。孩子的成长处在众人的关注之下，孩子接受众人的评价。教育评价原本就是教育的重要环节，它是教育的牛鼻子。他人为孩子的成长所做的事并不多，仅仅评价这件事，就足以震慑孩子。茶余饭后的“闲

---

① ［美］卡马拉塔．直觉养育的力量：放下焦虑，培养未来世界的孩子［M］．彭小华，译．杭州：浙江人民出版社，2017：226．

谈”“八卦”或“非议”的方式，令孩子积极向善而不敢胡作非为。它为孩子提供了期望的方向和评价的标准。有人甚至认为，闲谈或非议是重要的道德教育。“在别人背后说长道短”是人类得以建立道德的关键因素。①

村里人或大院、街巷的人评价一个孩子的重要标准，是孩子在多大程度上参与了父母的劳动或承担了必要的家务劳动。一旦孩子参与了父母的劳动或承担了必要的家务劳动，村里人就会对这个孩子啧啧称赞。②

尽管他人对孩子的评价并不总是具有教育意义，有些评价标准可能还有保守、落后的倾向，但是，他人的评价为孩子的成长提供了基本的道德引导和成长动力。家庭及其周围的环境为人的成长提供了早期的评价标准，这个评价标准甚至给人带来终身的影响。

除了接受他人的评价并参与劳动，孩子最大的任务是溜出家门去呼朋唤友，跟同伴玩耍。广阔的社区环境为孩子提供了足够多的玩伴和游戏，孩子为游戏而聚集，因聚集而游戏。孩子如同飞鸟，飞鸟从不播种，也从不为食物担忧。即使在贫困的乡村、混乱的街巷或大院，只要太阳照常升起，孩子就照常游戏。

在传统的村庄或大院、街巷，孩子们可以整天与同龄人相互追逐、奔跑、串门。他们是最忙碌的一群人。每个人都不闲着，热闹非凡。他们意趣相投，相互合作，又在各种游戏中展开竞争。他们有时也会发生不愉快的交往冲突。这些不愉快的交往冲突也构成了他们真实的成长生活的一部分。愉快的游戏与偶然不愉快的冲突都是他们成长的养料（如电影《阳光灿烂的日子》所呈现的情景）。

孩子不仅在同龄人的游戏和陪伴中长大，而且在年长者的示范和关怀中获得成长的养分。长辈为孩子提供了令人敬畏的权威教育，同伴中的大孩子则直接为其他孩子提供模仿的样本。教育学一直在探索有效的教育做人做事的方法，后来发现，最有效的社会学习，其实就是基于示范的模仿学习。

可是，在现代社会，乡村逐渐城镇化，“举全村之力”教育一个孩子的那个

① ［美］海特．象与骑象人［M］．李静瑶，译．杭州：浙江人民出版社，2012：63．

② 刘良华．教育自传［M］．上海：华东师范大学出版社，2019：57-60．

“村”已经消失或渐趋消失。[①]有些村庄的所有村民全部迁移到城镇，有些村庄的主力村民大多离开了乡村，到城市去务工，村里主要是留守老人和儿童。

现代城市强化了“小区”的概念，房地产的销售模式也将“小区”环境作为商业广告的亮点。既然是一个小区，孩子就可以在小区之内像在村庄或大院那样寻找同伴，但是，现代城市的“小区”其实是一个不同的建制。

传统的村庄虽然居住分散，但由于没有专业的分工，成人一直过着相互合作的集体主义生活。一旦有婚丧嫁娶的活动或者盖房子、修河道这样的大项目，全村人就会呼朋唤友地聚集在一起。到了农闲季节，村民会聚集在一起观看“地方戏剧”或进行其他集体活动。成人聚集的时候，也是孩子们最忙碌的时刻。孩子们会随父母参与聚会或者联络自己的小伙伴并以他们自己的方式参与聚会。

现代城市的小区拉近了居住的距离，几乎每一户都比邻而居。从人与人的物理距离看，城市小区的集中居住比乡村的分散居住显得更紧密、更热闹，商业发达和专业分工使城市人的生活也更加便利。但是，在楼房里集中居住的城市居民更加重视个人的空间。商业发达和专业分工也使城市居民不那么需要邻里之间的相互合作和彼此依靠。于是，很多成人更愿意保持距离，互不打扰。由此，许多城市人的住房近在咫尺，心理距离却相距甚远，门对门的邻居之间可能也极少说话。有人认为，“城市是一个视若陌路的地点”，城市使传统的熟人社会转化为陌生人社会。“他们在社会上很远，然而在物理上很近”[②]。与传统的熟人社会相比，陌生人社会也有新的优势：它强化了个体的独立与自由。陌生人社会出现的新问题是：它弱化了孩子的伙伴交往关系，阻碍了结伴游戏的通道。

与城镇化相关的变化是物质生活的逐渐丰富。物质生活的丰富使社会和家庭逐步摆脱辛劳的谋生状态而走向富裕的小康生活。当人摆脱了贫困的谋生状态并有生命的安全感之后，所有家庭成员包括孩子就会把追求快乐作为生活的基本主题。在谋生状态中，人的安全感优于和高于快乐感。摆脱了谋生状态之后，人的

---

① [美]希拉里·克林顿．举全村之力：培养健康、快乐、活泼的孩子[M]．曾桂娥，译．上海：上海三联书店，2009：11-22．

② [英]鲍曼．后现代伦理学[M]．张成岗，译．南京：江苏人民出版社，2002：181-185．

快乐感优于和高于安全感，娱乐成为家庭生活包括孩子生活的第一追求，会玩成为时尚。就小康社会和小康家庭而言，不会玩的孩子才是真正的差生。

乡村的城镇化以及家庭经济的逐渐富裕，不只是改变了孩子的居住环境，也改变了孩子的生活方式和孩子对待“权威教育”的态度。处于谋生状态的孩子尚能体察到生活的不易，并由此而能够容忍和接受父母的专制管理与权威教育。摆脱了谋生状态之后，孩子不再容忍父母的专制管理或权威教育。当孩子长期过一种衣食无忧的生活，他就会进一步提高对生活的要求，他会要求尊严、自由与民主，他会维护个人的独立空间和情感生活。就情感生活而言，所谓的“早恋”也会成为越来越普遍的现象。

从进化心理学的视角来看，贫穷会导致合作、集体主义，而富裕会导致独立和个人主义。[①] 孩子的祖辈和父辈也许习惯于过一种合作的、集体主义的生活，但新时代的孩子却更向往个人的、自由的生活，追求个人的尊严和私人的情感。现代社会也以类似“未成年人保护法”的制度建设，不断强化孩子的维权意识和独立意识。现代父母常常感到困惑：“现在的孩子怎么了？”孩子的维权意识和独立意识高涨，就足以让现代父母彷徨不安。

现代父母需要关注的问题至少包括：在“举全村之力”教育一个孩子的那个“村”渐趋消失之后，父母如何独立地承担起教育孩子的责任？父母如何支持和鼓励孩子的独立性，让孩子尽早参与家庭决策？

二、从身体吃苦到精神焦虑

在贫困年代，孩子不得不在很小的时候就承担力所能及的家务劳动，甚至跟随父母参加户外劳动。但是，当家庭超越了谋生状态之后，越来越多的孩子不再进行体力劳动，不少家庭是由祖辈、父辈或保姆来承担家务劳动。没有了劳动义务之后，孩子的成长会出现三个转向。

一是转向文化知识学习。文化知识学习与艺术技能的学习都属于脑力劳动。贫困家庭或贫苦社会也可能有文化知识学习的任务，彼时的知识学习是在劳动前

---

① ［美］巴斯．进化心理学［M］．4版．张勇，蒋柯，译．北京：商务印书馆，2015：448-449．

提下的学习，接近孔子所倡导的“行有余力，则以学文”（《论语·学而》）。由于有劳动作为前提，文化知识学习非但不构成沉重的负担，反而会成为孩子的一种渴望。但是，现代家庭和现代社会没有让孩子承担必要的体力劳动，使文化知识学习几乎成为孩子唯一的任务。这样的学习很可能给孩子造成沉重的精神负担。在贫困年代成长的长辈可能会对后辈说，当年我们的生活很艰苦。但是，在富裕年代长大的孩子，也感到自己很辛苦。而且，由于没有经历身体的劳动而训练出强大的意志力，他们可能会觉得更苦。

二是转向艺术技能学习。比较富裕的家庭普遍鼓励孩子学习一项或几项艺术技能。在所有艺术项目中，比较普遍的是钢琴。钢琴似乎成为现代家庭的基本配置。艺术虽然可能呈现为游戏，但掌握艺术技能是需要学习或训练的。如果孩子对自己正在学习的艺术感兴趣，那么，孩子可能愿意通过艰苦的训练去努力掌握相关的艺术技能。但是，如果只强调艰苦的训练而不考虑孩子的兴趣，艺术就会丢失游戏精神，艺术技能学习就会成为孩子的负担。

三是转向运动技能学习。缺乏劳动的孩子，如果能够增加必要的运动，也许能够弥补劳动缺失带来的身体虚弱问题。也因此，教育界一度流行“用体育培养精英”的说法。①在法国思想家卢梭（J. Rousseau）看来，体育的首要责任不是让孩子身体健康而是培养孩子的精神与毅力。②体育能够让孩子在身体吃苦的过程中强化意志力，并由此抵御各种精神的压力。但是，如果孩子既不劳动，也不运动，孩子就失去了“身体吃苦”以及意志力训练这个重要的成长要素。

不少父母认为，现在的孩子太幸福了，他们衣食无忧，不用担心生活问题。事实上，现在的孩子可能过得更苦。社会转型之后，如果家庭教育和学校教育没有进行相应的调整和转型，孩子就会出现新的压力和焦虑。有研究者认为，在商业氛围中长大的孩子，他们身上的消费压力会越来越大，会产生更强烈的紧张和

① 薛涌．精英的阶梯：美国教育考察［M］．北京：新星出版社，2006：211-275．

② ［法］卢梭．论波兰的治国之道及波兰政府的改革方略［M］．李平沤，译．北京：商务印书馆，2014：24．

焦虑情绪，因为商业势力正在不停地刺激他们的消费欲望。[①]法国社会学家涂尔干（E. Durkheim）发现，富裕比贫穷可能会带来更大的精神痛苦。在贫困的地方，自杀率反而较低，因为“贫穷起了保护作用”。相反，在经济快速增长的同时，自杀率也上升了。[②]

在社会经济跨越式发展、物质条件优越的新时代，孩子不仅需要承受学习各种运动技能、艺术技能和文化知识的压力，还因为家庭的“少子化”问题，父母将家庭未来的希望全部寄托在一个或两个孩子的身上，造成家长和孩子双方都增加了各种有形和无形的精神压力。这样的精神压力导致孩子特别容易出现不同程度的焦虑。

三、科技带来的资源与问题

现代科技带来了新的生活方式、游戏方式和饮食习惯。在现代家庭中，孩子往往被各种科技产品包围。孩子们从小就看电视、玩手机、玩电脑，而且可以随时随地吃到各种花样翻新的零食。

科技发展是社会进步的一个重要指标，但高科技在推进人类便捷生活的同时，也带来了一些不利影响。按照章太炎的“俱分进化论”[③]，人类社会的进化也会伴随社会的退化。表面上看，科技推进了人类的幸福生活。实际上，科技在使人类的幸福生活在某些方面往前提升一步的同时，也会在另一些方面往后倒退半步甚至两步。原因在于，很多科技发明都是为了满足人类“好逸恶劳”的偷懒欲望。比如，洗衣机使人不必亲自动手洗衣服，洗碗机使人不必亲自动手洗碗，扫地机使人不必亲自动手扫地，汽车、轮船和飞机使人不必用双腿长途跋涉。但是，高科技在使人类长期过一种不劳而获的生活的同时，也使人类因长期不劳动而导致体力下降，人际交往不足，社会能力和情感发展受到影响。

---

① ［美］景军．喂养中国小皇帝：食物、儿童和社会变迁［M］．钱霖亮，李胜，等译．上海：华东师范大学出版社，2016：48-49．

② ［法］迪尔凯姆．自杀论［M］．冯韵文，译．北京：商务印书馆，2009：260-270．

③ 章太炎．俱分进化论［M］//姜玢．革故鼎新的哲理——章太炎文选．上海：上海远东出版社，1996：150-158．

对于家庭教育而言，高科技既给孩子带来成长的资源，也可能因过度激发孩子的欲望而破坏孩子的成长。人的欲望原本是无善无恶的，但是，倘若受了外界的刺激、诱惑，人的自然欲望就可能会走向贪婪、纵欲和堕落。当孩子过度看电视、玩电子游戏、吃零食，就会带来新的问题。

传统的家庭教育环境简单，孩子很少受到电器的诱惑。由于没有高科技含量的电子游戏产品，孩子玩各种自然游戏或手工游戏。传统的游戏，比如躲猫猫、扔沙包、滚铁环、打陀螺、老鹰抓小鸡、跳绳、踢毽球、打乒乓球，等等。这些游戏使人际交往机会增多，有利于促进孩子的情感发展和社会性成长。

看电视是现代人基本的休闲生活。全家人偶尔一起看电视也是一种天伦之乐。但是，孩子长时间看电视会损害视力，影响睡眠和阅读习惯。父母可能会注意到，长时间看电视会损害孩子的视力，会破坏孩子的睡眠，但很少有人会留意看电视与阅读之间的关系。长时间看电视会影响孩子阅读的兴趣和习惯，因为和阅读文字相比，看电视是一种不需要思考的读图生活，而读文字是需要思考的。好的文字总是图文并茂。图文并茂不仅指一本书既有文字又有图画，也指人在读文字时，可以在字里行间展开想象，好的文字能够给读者带来画面感。如果孩子长期满足于不需要思考的读图生活，他就不再愿意读那些需要动脑思考的文字了。

电脑游戏或手机游戏是典型的现代电子游戏。孩子偶尔玩电子游戏，也有休闲和娱乐的意义。电子游戏并不是简单的坏游戏，相反，电子游戏几乎集中了所有游戏的优势，成为游戏中的极品。电子游戏的魔力在于，对于没有专业兴趣的孩子而言，一旦开始玩电子游戏，就容易依赖、上瘾，欲罢不能。电子游戏制造了一批又一批的“网瘾”少年。电子游戏的问题在于：它灭掉了所有其他游戏而唯我独尊，严重破坏了游戏的生态。电子游戏凭借其声光电的优势，过度激发孩子的情感欲望，尤其激发孩子的攻击性和破坏的冲动。电子游戏甚至让孩子满足于虚拟世界而不再对真实生活发生兴趣。

过去的家庭生活虽然物质条件并不丰裕，因为零食缺乏且保存时间有限，孩子不可能随时吃到零食。即便吃零食，数量也是有限的。现在的孩子，不仅大量的零食唾手可得，而且各种商业广告也强化了零食的诱惑。有人认为，我们生活在一个“糖海茫茫”的世界中。[①]零食满足了孩子好吃的欲望，同时也给孩子的身体带来了损伤。糖果等零食不仅伤害了儿童的牙齿，也严重损害了儿童的肠胃。各种零食让孩子的肠胃处于虚假的饱和状态，也让儿童的消化能力变得越来越脆弱，孩子不再愿意吃主食。不吃主食的孩子要么反常瘦弱，要么过度臃肿。吃零食太多或喝碳酸饮料太多的孩子，可能会出现意志力不强、做事情不专注的问题，也不容易持久地坚持完成一项任务。

思考与练习

一、选择题

1. 家庭影响孩子成长的基本因素是（多选）：

   A 家庭支持　　B 父母陪伴　　C 家庭文化　　D 家族文化

2. 鲍姆林德提出的教养模式包括（多选）：

   A 冷漠型　　B 权威型　　C 专制型　　D 溺爱型

3. 高科技与孩子成长的关系是（单选）：

   A 高科技给孩子的成长带来了更丰富的学习资源。

   B 高科技给孩子的成长带来了某些伤害。

   C 高科技给孩子的成长既带来了学习资源也可能造成伤害。

   D 高科技不可能给孩子的成长带来伤害。

二、讨论题

阅读下面的材料并围绕后面的问题展开讨论。

美国学者科尔曼（J. Coleman）的研究（简称《科尔曼报告》）结果显示，影响孩子学业成就的主要因素根本就不是学校而是家庭。该报告指出，黑人学校和白人学校在学校设施和教师工资等物质条件上并没有太大的差距。影响学生学业

① ［日］三岛学．孩子的专注力，90%可以靠控糖提升：三岛学的神奇育儿法［M］．谢嘉怡，译．天津：天津科学技术出版社，2023：7．

成就的关键因素是家庭社会经济地位以及家庭教养模式。同样，亚裔尤其是华裔孩子在学校的成绩普遍较好，也不是因为华裔孩子所在学校的办学条件好，而是因为华裔孩子从他们的家庭教育中受益。华人普遍重视家庭教育，尤其重视文化知识的学习。有人甚至认为，如果孩子在家里养成了坏性格、坏习惯，那么，无论校长和老师多么能干，也改变不了孩子在学校成为差生的命运。

讨论方向：

第一，《科尔曼报告》对家庭教育有哪些重要的启示？

第二，影响孩子学业成就的主要因素是学校还是家庭？

第三，如何理解家庭的社会经济地位与孩子成长的关系？

三、案例分析

电影《温暖的抱抱》讲述了一个男孩受压抑的成长故事。有关“大学生自杀相关行为与不同家庭因素之间的关系研究”显示，从事教育、医疗或管理等职业的父母，在教育自己的孩子时，有较大的职业优势和文化资本，但这些职业身份也可能因为过度严厉而给孩子的成长带来压力。如果放弃了严慈相济的原则，从事教育、管理或医疗的父母也会让孩子在成长的过程中受到压抑、压制而过得辛苦。

在网上搜索并观看电影《温暖的抱抱》，并围绕以下问题展开讨论：

第一，密集型教养模式有哪些特征？

第二，密集型教养模式对孩子的成长会带来哪些积极和消极的影响？

第三，专制型教养模式、民主型教养模式与密集型教养模式有哪些异同？

拓展学习资源

1. ［美］科尔曼．科尔曼报告：教育机会公平［M］．汪幼枫，译．上海：华东师范大学出版社，2018．重点阅读书中有关家庭支持对孩子成长影响的内容。
2. ［英］威利斯．学做工：工人阶级子弟为何继承父业［M］．秘舒，凌旻华，译．南京：译林出版社，2013．重点关注父母教育方式以及鼓励男孩具有男子汉气概的家庭文化，对孩子成长的影响的内容。

3. [美] 拉鲁. 不平等的童年：阶级、种族与家庭生活 [M]. 宋爽，张旭，译. 北京：北京大学出版社，2018. 重点关注有关不同类型的家庭与教养模式的关系的内容。

4. [日] 三浦展. 阶层是会遗传的：不要让你的孩子跌入“下流社会”[M]. 箫云菁，译. 北京：现代出版社，2008. 重点关注有关孩子的生活与孩子成绩的关系的讨论。

5. D. Baumrind. Effects of Authoritative Parental Control on Child Behavior[J]. Child Development, 1966(4): 887–907.重点关注鲍姆林德有关教养模式的分类。

6. E. Maccoby, A. Kahn, B. Everett. The Role of Psychological Research in the Formation of Policies Affecting Children[J]. American Psychologist, 1983(1): 80–84. 麦科比等人有关教养模式的分类。

7. [美]R. 斯滕伯格，K. 斯滕伯格. 爱情心理学 [M]. 李朝旭，等译. 北京：世界图书出版公司，2010. 重点关注斯滕伯格等人有关婚姻模式的影响因素的分析。

8. R. Sternberg. A Triangular Theory of Love[J]. Psychological Review, 1986(2): 119–135. 重点关注斯滕伯格有关爱的三角形理论的解释。

9. [美] 米勒. 亲密关系（第6版）[M]. 王伟平，译. 彭凯平，校. 北京：人民邮电出版社，2015. 重点关注第三章有关“吸引力”和第八章有关“爱情”的讨论。

讲座视频：

你是哪种类型的父母？

第二章 家庭教育的影响因素

传统的教育学理论认为，人的发展主要受三个因素的影响：一是遗传；二是环境；三是教育。这就是传统的“三因素论”。如果把教育看作是一种特殊的环境，那么，传统的三因素论其实只是二因素，并逐步发展出两种比较极端的观点：一是遗传决定论；二是环境决定论。教育学理论界一度出现有关遗传决定论和环境决定论的争议，这个争议也称为“自然—教养”（nature & nurture）之争。[①]随着现代心理学和教育学研究的深入，当前极端的遗传决定论或环境决定论已非常少见，主要的观点区别在于，认为影响人成长和发展的因素中，是遗传因素的作用大一些，还是环境影响的作用大一些。

“新三因素论”既不赞成遗传决定论，也不赞成环境决定论，而更重视人的主体性或主动性对自身成长的影响。由此，“新三因素论”也可称为“主体作用论”。重视主体的作用并非轻视环境因素和遗传因素对人发展的影响。主体作用论只是将遗传因素和环境因素看作人发展的外因，外因通过内因（人的主体性及其主动性）影响人的发展。从“主体作用论”的视角来看，教育的主要任务就是为孩子的成长提供适宜的环境，以此兴起和激发孩子的主动性。

① ［美］威尔逊．大自然的猎人：生物学家威尔逊自传［M］．杨玉龄，译．上海：上海科技出版社，2006：307．

第一节 影响人成长的遗传因素

遗传是一个人成长和发展的生物学基础，也是实施教育的前提。如果一个人出生时就有智力缺陷，无论怎样努力地实施教育，也难以将他培养成学业上出类拔萃的人；一个腿脚有缺陷的人，也难以将其培养成为一个长跑健将。家庭教育的作用，就是在承认遗传基础、尊重个人天性的基础上，进行适合适当的教育。有关遗传因素的讨论，主要呈现出两个方向：一是人的发展受父母基因的影响，可称为“家族遗传论”或“小遗传论”；二是人的发展受整个人类基因的影响，可称为“种族遗传论”或“大遗传论”。遗传决定论的基本假设是：人的成长主要受遗传基因的影响，后天的教育包括家庭环境的作用远远小于基因的作用。[①]

一、家族遗传

为了探测遗传因素对人的影响，心理学界做过不少双胞胎研究。美国心理学家卡拉特（J. Kalat）主编的《心理学导论》中介绍过一对双胞胎的案例：1939年，一个贫穷的移民妇女生下了一对双胞胎男孩。这对双胞胎生下来没几天就被不同的家庭收养。他们的养父母分别给他们取名吉姆·刘易斯（Jim Lewis）和吉姆·斯普林格（Jim Springer）。两个吉姆在39岁时终于见面。当他们见面时，吉姆·刘易斯说看到对方就像“看到镜子中的我”。他们两人的相似性令人惊叹：他们都结过两次婚，他们的第一任妻子都叫琳达（Linda），他们的第二任妻子都叫贝蒂（Betty）。他们的儿子的名字很接近，一个叫James Alan（詹姆斯·艾伦），另一个叫James Allan（詹姆斯·艾伦）。他们小时候都养过一条小狗，而且他们都把自己的狗叫托伊（Toy）。他们住的房子的颜色和样式都很像，他们的屋后的花园里都有一棵树，并且都围绕树做了椅子。[②]另外的报道显示，

---

① ［美］平克．白板［M］．袁冬华，译．杭州：浙江人民出版社，2016：431.

② J. Kalat. Introduction to Psychology［M］. California：Wadsworth Publishing Company, 1990：61.

他们都有啃指甲的习惯，都喜欢做木工，等等。[1]

也有研究显示，即便同卵双胞胎在不同的家庭环境被收养，他们的智商仍然与他们的亲生父母更接近。而且，随着孩子年龄的增长，尤其到了青少年后期，孩子与其亲生父母的智商得分的相关性越来越高，而与其养父母智商得分的相关性越来越低。[2]

纪录片《孪生陌生人》讲述了一个三胞胎的故事。一位妈妈生了三胞胎男孩，因无力抚养，三个孩子出生后不久就被送到了领养机构。出于实验研究的考虑，这家机构把这三个孩子送给社会地位和经济地位不同的家庭领养。三个孩子在半岁左右被迫分离时，他们出现了不同程度的“分离焦虑症”，甚至会以头撞婴儿床的栏杆或以头撞墙。

老大被富裕家庭领养，他的父母分别是医生和律师，由于父母的工作很忙，他们很少管老大；老二被一个中产家庭领养，他的父亲是教师，对老二的管教比较严苛；老三被一个蓝领家庭领养，他的父母都是移民，受教育程度低，经营一家小商店。每隔一段时间，研究者都会到领养家庭做“成长回访”的访谈和记录。

三胞胎在分别19年后重新团聚，令人惊讶的是，虽然没有任何共同生活经历，三兄弟却表现出了一致的兴趣和生活习惯。比如，他们的坐姿和神态相同，抽同样牌子的香烟，甚至喜欢同一类型的女孩。

由于都有在餐厅当服务生的打工经历，他们借势在纽约开了一家名为“三胞胎”的餐厅。餐厅开张的第一年收益不错。后来，三人在经营理念上出现分歧。老大转行做律师，老三做保险推销员，老二得了抑郁症，后来自杀。

《孪生陌生人》似乎再次印证了几个结论：第一，人的长相、气质、智力以及兴趣爱好主要取决于遗传而不是环境。第二，孩子在三四岁前，需要与抚养人建立情感依恋关系。第三，严厉管教可能容易导致孩子出现抑郁症。

有关双胞胎的心理学研究仍然吸引着人们的注意，原因在于：它提示教育者，在教育孩子时，需要考虑孩子的天性（先天因素），尤其需要尊重孩子的个

---

① ［美］哈里斯．教养的迷思［M］．张庆宗，译．上海：上海译文出版社，2015：41.

② ［美］麦克德维特，奥姆罗德．儿童发展与教育［M］．李琪，闻莉，罗良，等译．北京：教育科学出版社，2007：310.

性和兴趣。不过，也有研究显示，不同的家庭环境对双胞胎的智力发展也不是没有影响。同卵双胞胎被收养在不同的家庭环境中，他们的智商差异明显大于在同一家庭富养的智商差异。①

“家族遗传论”的积极意义在于，它让父母相信，遗传因素会影响孩子的发展，也因此，父母不要因为只强调孩子后天的努力而提出过高要求，而需要按照因材施教的原则，为孩子提供个性化的教育。很多篮球运动员长得高，主要是因为他们的爸爸妈妈高而不是后天的家庭环境或个人努力生长的结果。丑小鸭变成白天鹅主要不是丑小鸭努力学习的结果，真实的原因是：丑小鸭的妈妈生了一个天鹅蛋而不是鸭蛋。

“家族遗传论”的消极意义在于，它容易让孩子和父母忽视后天环境和个人努力的作用。即便是有关双胞胎的研究，也只注意到了那些表面的相似性而没有揭示深层的差异性。在纪录片《孪生陌生人》中，三胞胎在很多方面显示了他们的相似性，但也有明显的差别。比如，一个男孩（老二）后来自杀了，另外两个没有自杀。这个案例是否说明：表面的个性是否掩盖了内心深处重大的差异？后天环境即便不能通过环境的优化来促进孩子的发育，至少可能会因为环境的恶劣而抑制孩子的发育。后天环境不仅可能会抑制孩子的身体发育，而且可能会抑制孩子的精神发育，甚至让孩子出现精神上的焦虑、抑郁。

二、种族遗传

有关种族遗传的研究主要集中于进化心理学、社会生物学和本能心理学等领域。进化心理学、社会生物学也可以视为广义的本能心理学。家族遗传论主要关注父母基因或家族基因对后代的影响。种族遗传主要关注普遍的人类特性。重视种族遗传的研究主要集中在两个领域：一是发展心理学以及与之相关的脑科学研究、基因研究等；二是进化心理学以及与之相关的进化生物学和社会生物学等。前者重视遗传因素对教育的限制，后者重视人的本能及其主体性与主动性。

① ［美］麦克德维特，奥姆罗德．儿童发展与教育［M］．李琪，闻莉，罗良，等译．北京：教育科学出版社，2007：311．

（一）进化心理学的本能论

进化心理学极大地受惠于达尔文（C. Darwin）在1859年出版的《物种起源》。达尔文也被视为“第一位进化心理学家”。进化心理学有如下基本假设。

第一，动物必须为生存而竞争。竞争会使动物的神经分泌出液体来增强竞争中可能会使用的器官，最终产生了各种各样的“适应器”或“进化器”，比如长颈鹿进化出长长的脖子，大象进化出长长的鼻子等。[①]这个理论后来被概括为“物竞天择，适者生存”的“自然选择理论”。

生物的任何器官都可以视为“适应器”或“进化器”。比如：豪猪的刺可以让它抵御猎食者；海龟的硬壳可以保护柔软的身体免遭天敌的攻击；人体的大肠、阑尾看似无用，但却有特别的功能。

进化心理学除了重视“自然选择理论”，也关注“性选择理论”。“性选择理论”可以合理地解释某些“不正常”的现象。比如，孔雀开屏会消耗大量的能量，也因为招摇而容易引来猎食者的攻击。从“自然选择理论”的视角来看，这是不正常的，但从“性选择理论”来看，却是正常的。

第二，人的很多心理或生理现象都是人类的“进化遗产”。比如，“害怕”和“紧张”虽然一般被看作消极情绪，却有积极的生存意义。害怕和紧张促使有机体避开危险。当面临危险时，害怕和紧张促使我们的腰部肌肉绷紧以便迅速采取行动，并且保证在应激情况下不出差错。害怕和紧张促使人小心谨慎、为应急状态做准备、尊重重要人物，等等。与之类似，“发烧”和“妊娠反应”也是人类的“进化遗产”。发烧可以杀死病菌。不少动物在生病后，会爬到滚烫的石头上去晒太阳，以此提高体温，抵抗疾病。相反，如果人发烧后服用退烧药，可能会延长患病的时间或破坏人体的免疫系统。妊娠反应能阻止孕妇摄入或吸收不利于胎儿的有害食物。孕妇的呕吐反应阻止了毒素的进入，保证了胎儿赖以生长的胎盘不受侵害。呕吐、咳嗽、打喷嚏、放屁、腹泻都有阻止毒素摄入或排毒的功能，这些现象都是人的进化机制。[②]

---

① ［美］巴斯．进化心理学［M］．张勇，蒋柯，译．北京：商务印书馆，2015：4-5．

② ［美］巴斯．进化心理学［M］．张勇，蒋柯，译．北京：商务印书馆，2015：81-107．

（二）社会生物学的本能论

社会生物学和进化心理学都受到达尔文进化论的影响。有关人类的社会生物学被视为进化心理学的前身。

1975年，美国学者威尔逊（E. Wilson）的《社会生物学》一书出版，提出人类的许多现象包括文化、宗教、伦理甚至审美都可以在社会生物学这里得到解释。[①]其实，威尔逊的《社会生物学》只是在最后一章才用短短30页的篇幅讨论了“人类”，其他二十六章都在讨论非人类的其他动物，而且，他只是大量综合了前人的相关研究，并没有提出多少惊世骇俗的观点。比如，威尔逊所讨论的利他行为，道金斯早在《自私的基因》中已经提出比较详细的解释。道金斯认为，动物即便做出利他行为，也是出于自私的考虑。比如，工蚁任劳任怨地服务于蚁后，也是为了传递与自己相关的族群的基因。威尔逊只是对这个观点稍作调整。[②]

威尔逊的《社会生物学》之所以引起争议，可能有以下三个方面的原因。一是他将人类与蚂蚁等物种相提并论，将人的行为还原到生物行为。批评者认为，这是不可容忍的还原论和遗传决定论。在批评者看来，过于强调生物遗传性会导致种族主义。尽管威尔逊坚持遗传与文化相互影响的“基因—文化协同演化论”[③]，但他还是坚持遗传起决定作用，认为“遗传的决定性作用已经证据确凿”[④]。二是拔高了其他动物的地位。比如，威尔逊认为艺术并不仅仅限于人类，动物界也有艺术的创造。有研究显示，32只灵长类动物，在被囚禁的状态下创作了一些绘画。这些动物并没有受过训练，工作人员只是给了它们一些必要的工具。无论年幼的还是年长的动物，都特别热衷于这类比进食还要兴奋的绘画活

---

① ［美］威尔逊．社会生物学［M］．毛盛贤，孙港波，刘晓君，译．北京：北京联合出版公司，2021：634-670．

② ［美］威尔逊．社会性征服地球［M］．朱机，译．杭州：浙江教育出版社，2023：144-145．

③ ［美］威尔逊．社会性征服地球［M］．朱机，译．杭州：浙江教育出版社，2023：237．

④ ［美］威尔逊．论人性［M］．方展画，周丹，译．杭州：浙江教育出版社，2001：17．

动。当其绘画行为受阻时，它们还会大发雷霆。[①]三是有关性选择和性行为的描述，令女性主义者不悦。这些因素导致威尔逊的《社会生物学》出版后迅速引起非议甚至遭到抗议。

威尔逊认为，《社会生物学》引起争议的强烈程度堪比达尔文在1859年出版的《物种起源》。威尔逊在其自传中回忆，他在受邀进行学术演讲时，曾遭遇抗议。[②]

（三）脑科学的本能论

弗洛伊德延续了达尔文的进化论，他将达尔文的“自然选择理论”称为“求生本能”，将达尔文的“性选择理论”称为“性本能”。但是，弗洛伊德更多的只是猜想，缺乏足够的证据。

与弗洛伊德不同，美国心理学家詹姆士（W. James）大量借助脑科学的研究成果来讨论人的本能。詹姆士对人的本能特别乐观，他列举了一长串“本能清单”，他认为人的本能比动物的本能更多。[③]

詹姆士早在1890年出版的《心理学原理》一书中，就比较详细地讨论了“大脑的功能”以及“神经系统”对人的心理和行为的影响。“如果我开始砍一棵树的根部，它的枝干不会由于我的行动而移动，而且它的枝叶也会和往常一样平静地低语。相反，如果我向一个同胞的脚施加暴力，他身体的其余部分会立刻通过警告或防卫的动作回应这类进攻。这种区别的原因在于，人有神经系统而树没有，而神经系统的功能就是让每个部分同其他部分和谐地相互合作。”[④]詹姆士详细地列举了切除兔、狗、猴、鱼、青蛙、老鼠等动物的脑组织后，所引起的视觉、听觉、触觉、味觉等方面的种种功能失调或缺失。他也报道了人的大脑损伤后会出现失语症或阅读无能等症状。

---

① ［美］威尔逊．社会生物学［M］．毛盛贤，孙港波，刘晓君，译．北京：北京联合出版公司，2021：657.

② ［美］巴斯．进化心理学［M］．张勇，蒋柯，译．北京：商务印书馆，2015：320-321.

③ W. James. Principles of Psychology［M］. Haward University Press, 1981：1004-1057.

④ ［美］威廉·詹姆士．心理学原理［M］．郭宾，译．北京：中国社会科学出版社，2009：11.

其实，在詹姆士的《心理学原理》出版之前，“盖奇事件”（见资料2-1）已经引起脑科学研究的关注。[①]

资料2-1　盖奇事件[①]

美国人盖奇（P. Gage）出生于1823年，25岁时遭遇一场事故，他的人生从此发生改变。盖奇是铁路工人，为了防止山崖滚落的石块影响火车运行，盖奇的主要工作是用火药将大石块炸碎，再由铁路工人清理掉小石块。1848年9月13日，盖奇像往常一样在铁轨上作业。他一边拿着铁棍夯实洞中的炸药，一边跟工友聊天。没想到，上一道工序的工友忘了在放好火药后盖上防炸沙土。当盖奇多次用铁棍锤击火药之后，爆炸提前发生了。这根长1.1米、直径3.2厘米、重6千克的铁棍被炸飞，从盖奇的下巴处穿过去，经过盖奇的眼球，将他的前侧头颅穿出一个大窟窿。盖奇陷入昏迷，大家都以为他必死无疑。神奇的是，几分钟后，他居然恢复了意识。被送到医院后，经过治疗，盖奇竟然能下床走路，也能够进行正常的交流。

幸运的盖奇慢慢康复，也有了新工作，看起来一切顺利。但是，盖奇再也不是原来的盖奇了。“他的脾气，他的喜好与厌恶，他的梦想和渴望，完全改变了。他的身体还活着，也显得健康，但那里面住着一个全新的灵魂。”原本勤奋、友善、精明、能干的盖奇变得懒散、躁郁、易怒。在事故发生后的第12年，盖奇因癫痫病发作而去世。

在盖奇去世7年后，经家属同意，他的头骨被挖出，连同那根刺进他的脑部的铁棍，一起陈列于哈佛大学的沃伦解剖学博物馆。1994年，研究人员采用神经成像技术还原了盖奇受伤的头骨，并判定那根铁棍破坏了盖奇大脑左侧前额叶

① S. Kean. The Tales of the Dueling Neurosurgeons[M]. Little, Brown and Company, 2014：331-355.

② Damasio, Grabowski, Frank, et al. The Return of Phineas Gage：Clues about the Brain from the Skull of a Famous patient[J]. Science, 1994(5162)：1102-1105.

的部分组织。[①]"盖奇事件"显示，大脑前额叶与情绪有直接的关联。

在"盖奇事件"之后，医学史上又出现了"脑白质切除术"。1949年，诺贝尔生理学或医学奖颁给了瑞典科学家赫斯（W. Hess）和葡萄牙神经科医生莫尼兹（E. Moniz），后者因"发现了脑前叶白质切断术对某些精神疾病的治疗价值"而获此殊荣。一些精神异常的患者在前额叶与其他部分的连接被切断后，性格明显变得平静而安详。然而，家人和医生后来发现，病人虽然不再狂躁，但变得神情呆滞、无精打采、温顺、昏睡、冷漠、任人摆布，对任何事情不再有兴趣。[②]

盖奇事件和相关的脑科学研究显示，人的认知、情绪和行为受大脑的影响。大脑的结构决定了相关的功能，如果破坏了大脑的某个结构，就会引起相应的心理问题或行为问题。脑科学研究以及与之相关的基因研究倾向于种族遗传论。尽管脑科学研究也可能关注不同个体的大脑差异，但脑科学研究主要关注人脑的总体特征及其种族遗传。

三、人的心理发展阶段

发展心理学有关人的心理发展阶段的讨论，也隐含了种族遗传的理论假设。发展心理学理论提醒父母和相关教育者，教育孩子时必须考虑孩子的认知发展水平，循序渐进，即便可以扩展孩子的"最近发展区"，也不能无限超越孩子的发展阶段。

（一）认知发展阶段论

有关认知发展阶段的研究，皮亚杰（J. Piaget）提出的"四阶段论"影响最大。在皮亚杰看来，人的智力或认知发展主要呈现为四个阶段：感知运动阶段、前运算阶段、运算阶段和形式运算阶段。[③]

---

① 王芳．我们何以不同：人格心理学40讲［M］．北京：北京日报出版社，2023：86-88.

② 陈宜张．神经科学的历史发展和思考［M］．上海：上海科学技术出版社，2008：203-204.

③ ［瑞士］皮亚杰．皮亚杰教育论著选［M］．卢濬，译．北京：人民教育出版社，2015：2-7.

第一，感知运动阶段（出生至2岁）。这个阶段的儿童，早期只依靠先天的反射动作来适应环境，经过不断地练习和连接，动作变得复杂起来，在后期开始出现思维参与的智慧动作，也就是能将掌握的动作，迁移到新情境中去解决问题，标志着直觉行动思维的萌芽。最大的收获是获得“客体永久性”概念，其表现是会去寻找脱离他们视线的物品。比如，对五六个月的婴儿，如果将其面前的玩具用布盖住，他们将不会寻找。七八个月以后，他们会继续寻找脱离自己视线的感兴趣物品，表明他们的头脑中保留着隐去物品的形象。

第二，前运算阶段（2岁至6~7岁）。这一阶段的儿童已经获得了语言，能用语言来描述事物和与人交往。这时期出现一系列以表象作为工具的思维活动，如“延迟模仿”和“象征性游戏”，但思维受知觉形象的束缚，有“直觉集中倾向”，只相信眼前知觉的单一向度，而缺乏多向度的思考。比如，四五岁前的儿童缺乏“守恒”概念，把大杯子里的半杯水注满小杯子之后，会认为小杯子里的水比大杯子里的水多。与之类似，四五岁的儿童也缺乏数字概念的守恒意识（数学的可逆思维），无法形成逆向思维，比如，他们很难从9加6等于15，推导出15减9等于6。而且，这个阶段的儿童在人际交往中有自我中心的倾向，往往从自己的角度看问题。

第三，具体运算阶段（7岁至11~12岁）。抽象逻辑思维逐步发展，但仅限于对具体事物的推理。这个阶段的儿童最大的变化是逐渐形成了“守恒”意识和数学的可逆思维。更重要的变化是，这个阶段的儿童具有抽象的分类能力，前运算阶段的学前儿童只能针对具体的标准分类，比如颜色、形状、体积、功用等。比如桌子上有四朵红花和三朵白花，也知道红花比白花多，但不能回答“红花多还是花多”这样的问题，因为他们还不具备“类包含”的思维能力。运算阶段的儿童可以进行比较抽象的概念意义上的分类，所以，小学中年级的孩子往往能够轻松地回答“红花多还是花多”这类问题。

第四，形式运算阶段（11~12岁及以上）。其思维既有具体事物的逻辑推理，也有抽象概念的逻辑推理。这个阶段的孩子具有假设演绎推理（比如做实验的推理）、命题推理（比如“假如你是校长，你如何管理逃学的孩子”）和组合推理（比如分析多项因素之间的因果关系）的能力。

皮亚杰的非凡研究提醒父母，在教育孩子时要遵从孩子认知发展的规律和水平。不过，也有人认为，皮亚杰可能低估了婴儿、学前儿童和小学儿童，但是，高估了青少年的能力。[①]儿童哲学的倡导者更不赞成皮亚杰的认知发展阶段理论，他们提出："别让皮亚杰这些著名的实验结果主宰我们的教育事务，别让这些实验结果限制了我们对幼童思考和反省能力的认识。"[②]这也正是维果茨基理论不同于皮亚杰理论的地方。在维果茨基看来，类似皮亚杰的理论低估了婴儿、学前儿童和小学儿童的学习能力。这几个阶段的儿童可以凭借语言、历史文化、成人指导和游戏等途径而不断扩大其"最近发展区"。

（二）道德发展阶段论

有关道德发展阶段的研究，科尔伯格（L. Kohlberg）提出的"三期六段"理论影响较大。

科尔伯格在1969年出版的《道德思想与行动发展分期》中，提出了著名的三期六段道德发展阶段理论。[③]

一是前习俗道德期（0~9岁）。从总体来看，9岁以下的儿童，当他面对道德两难情境进行道德判断时，往往带有自我中心倾向。凡事先考虑行为后果是否能够满足自己的需求，较少考虑行为后果是否符合社会习俗或社会规范。这个时期包含两个阶段。第一阶段是避罚服从取向。这是人类道德发展最低水平。如果做一件事被惩罚，就认为该行为是错的。儿童之所以服从，并不表示他确实知道该社会规范，而只表示他唯恐受到惩罚才愿意服从。比如，在著名的"海因兹困境"案例（见资料2-2）中，很多学前儿童认为丈夫不应该偷药，因为偷药会受到惩罚。第二阶段是相对功利取向。将被赞赏的行为视为规范，为得到赞赏和利益而遵守规范，在"海因兹困境"案例中，认为丈夫应该偷药，因为偷药才能救妻子。[④]

---

① ［美］麦克德维特，奥姆罗德．儿童发展与教育［M］．李琪，闻莉，罗良，等译．北京：教育科学出版社，2007：215．

② ［美］马修斯．童年哲学［M］．刘晓东，译．北京：生活·读书·新知三联书店，2020：45．

③ Kohlberg, L. Essays on Moral Development［M］// The Philosophy of Moral Development, Volume 1. San Francisco：Harper & Row. 1981：17–28.

④ Kohlberg, L. Essays on Moral Development［M］// The Philosophy of Moral Development, Volume 1. San Francisco：Harper & Row. 1981：12.

资料2-2 海因兹困境

欧洲有一位女士患了一种特殊而致命的癌症，生命垂危。医生认为有一种药物也许可以救她。这种药是本城一名药剂师最近发现的一种镭剂。该药造价昂贵，但药剂师还以10倍于成本的价格销售。他花200美元购买原料，却标价2000美元卖出。病人的丈夫海因兹向每个相识的人借钱，但他只能筹到大约1000美元，只达到药价的一半。海因兹告诉药剂师，他的妻子快要死了，请求药剂师便宜一点把药卖给他，或者允许他以后再付余款。可是，这位药剂师说："不行，我发明这种药，是要靠它来赚钱的。"海因兹很绝望，趁店主不注意，破门而入，为妻子偷药。

二是习俗道德期（10~20岁）。这个时期的道德观念往往以社会规范进行道德判断，倾向于遵守纪律，符合世俗标准，希望得到别人的认同。这个时期包含两个阶段。第三阶段是寻求认可取向（或好孩子取向）。大众认可的就是对的，大众反对的就是错的。在"海因兹困境"案例中，认为丈夫的做法是对的。因为做一个好丈夫就应该尽量保护他的妻子。如果他不这样做，妻子死了，他就是见死不救的坏人。第四阶段是守法取向。信守法律权威，重视社会秩序。在"海因兹困境"案例中，认为丈夫的做法是错的，因为偷窃违法。无论如何也必须守法，否则社会就会乱套。

三是后习俗道德期（20岁以上）。在面对道德冲突时，可能会超越世俗观念或社会规范，按照自己的良心和个人价值观进行道德判断，有"移风易俗"的决心或行为。这是一种"有所为，有所不为"的独立思维判断。这个时期包含两个阶段。第五阶段是社会—法制取向。如果社会习俗或法律不符合大众权益，就应该针对社会需要，在民情或大众共识的基础上进行移风易俗的改革。在"海因兹困境"案例中，会认为丈夫的做法是对的，因为拯救生命比药商的利益更重要。丈夫的偷窃虽然违法，但这是有道德意义的。第六个阶段是普遍伦理取向。个人根据自己的信念和价值观建立自己的道德判断的价值体系。个人信念源于自己的良心，但信念的基础是对人性尊严、真理、正义和人权的尊重。在"海因兹困境”案例中，认为丈夫的做法是对的，因为维护人的生命权超越所有其他道德之上。药剂师应该有基本的同情心而放弃牟取暴利的倾向。

科尔伯格的道德发展阶段论与皮亚杰的认知发展阶段理论有相通之处。皮亚杰本人著有《儿童的道德判断》一书。皮亚杰认为，在10岁以前，儿童的道德判断是他律道德。10岁以上的儿童才能够逐步形成自律道德。科尔伯格的道德发展阶段论在皮亚杰的道德判断理论的基础上提供了更完整、更精细的解释。

（三）终身发展阶段论

有关人的终身发展阶段的研究，美国学者埃里克森（E. Erikson）提出的“八阶段论”影响较大。埃里克森是精神病学家，崇尚弗洛伊德（S.Frude）理论，但他比弗洛伊德更重视生涯发展以及每个阶段的心理危机，尤其是“认同危机”。

埃里克森将人的心理发展分为八个阶段，每个阶段都有特殊的发展任务和问题。在他划分的八个发展阶段之中，前五个阶段与弗洛伊德所做的划分比较一致，但他的依据主要是文化和社会经验，而不是弗洛伊德式的性欲。埃里克森提出的心理发展阶段的另一个重要特点是：弗洛伊德止于成年期，而埃里克森将人的心理发展阶段扩展到从出生到老年的整个生涯。[①]

在埃里克森那里，儿童在前两个阶段的发展具有重要意义。第一阶段（0~1岁）的基本任务是寻求信任感；第二阶段（1~3岁）的基本任务是以自主克服怀疑。两者都与信任相关。

如果婴儿的需求得到外界（主要是母亲）的积极反应和支持，婴儿就会对外界表达信任。他会相信他所处的环境是安全的，他会感觉他周围的人是可信任的。如果婴儿无法从周围的环境获得照顾与爱的支持，他就会对周围的人和物产生怀疑和恐惧，就会产生自我认同危机。不信任也并非完全是消极的，相反，埃里克森认为，不应该对任何他人都保持信任。正因为有了某种不信任感，孩子才会对潜在的危险保持警惕和预期，以免将来一旦遭遇挫折便束手无策。信任与不信任感要保持适度的比例，比较有利的人格发展状态是信任感多于不信任感。

① 详见：［美］杜安·舒尔茨，西德尼·舒尔茨. 人格心理学：全面、科学的人性思考［M］. 张登浩，李森，译. 北京：机械工业出版社，2016：104-108.

建立了基本的信任关系一致后，孩子在第二个阶段就会开始追求自主、独立的生活。如果父母提供相应的支持，孩子就会逐步发展出具有自我掌控感的自信心和意志力。相反，如果父母或他人过分控制孩子的自由活动，或者，孩子一旦出现错误就呵斥甚至惩罚孩子，那么，孩子遭遇多次的失败和惩罚之后，就会产生自我怀疑和羞耻感。羞耻感也并非都是坏的。反之，自主感或自信感也并非完全都好。在埃里克森那里，怀疑感与羞耻感也是需要的。如果过分自信以至于盲目自负，就会形成独断型人格，无法适应社会规则。但总体上，自主感、自信感应多于羞耻感和怀疑感。尽管勤奋做事的过程中也需要有一定的失败体验，以便提高受挫的承受能力，但不能让孩子过度体验失败。要求过高或“过分的约束和批评，可能导致自我怀疑”并由此带来同一性危机。[①]

孩子在3~6岁进入埃里克森所说的第三阶段，基本任务是主动做事克服内疚。孩子在这个阶段显示出来的“主动”显然是前两个阶段的“信任”“自主”的延续。如果父母保护和支持孩子的好奇心以及尝试错误的探索行为，让孩子尝试各种活动，那么，孩子主动做事的人格就会得到发展。否则，如果孩子的探索行为总是受到父母的阻挠或禁止，孩子就会产生内疚感与失败感，这种失败感和内疚感还会导致下一阶段的自卑人格。

孩子在6~12岁是一个发展的“潜伏”阶段，各种潜能在这个阶段会逐步发展起来，基本任务是以勤奋克服自卑。埃里克森警告父母不要把孩子的勤奋做事视为捣乱，否则会导致孩子自卑。这个阶段的孩子尤其需要鼓励和赏识，以此激发他们的竞争与勤奋的精神。可见，在埃里克森那里，第四个阶段（6~12岁）依然是前两个阶段的延续，其基本任务依然是自信、自主和自食其力的问题。这也正是罗伊的生涯指导理论反复强调对儿童进行早期教育的原因。

青春期（12~18岁）的基本任务是以身份认同克服角色混乱。这一阶段的关键是发展出身份认同感或自我认同感。这也是最容易出现自我角色混乱或身份认同危机的时期。青春期的儿童特别看重自己的期望与他人对自己的评价和认同。认同自己想要成为的角色或理想，也认同外部强加的评价，而且外力往往来自那

① ［美］格里格，津巴多．心理学与生活［M］．王垒，王甦，等译．北京：人民邮电出版社，2003：305-306．

些儿童依赖的人。几乎每个青春期的儿童都会遭遇自我同一性的危机。只有当个体形成了与同龄伙伴和重要他人相同的价值观之后，同一性危机才会解除。

成年早期（18~35岁）的基本任务是以亲密关系克服孤独。这个阶段最重要的危机来自职业身份认同。埃里克森特别强调工作的胜任特征在社会文化和人际关系中的重要性。事实上，无论埃里克森本人还是其他心理学家，如罗杰斯（C. Rogers）[①]、斯金纳（B. Skinner）[②]，都在不同程度上遭遇过职业身份认同的危机。一般意义上的成年期（35~55岁）的基本任务，是以繁殖克服停滞。繁殖并不必然显示为生育孩子，当人们热衷于教育和指导时，也显示出某种繁殖、发挥自己影响力的心理倾向。就此而言，“好为人师”是成年人的普遍心理情结。如果无法满足繁殖或教育、指导他人的心理渴望，就可能出现“中年危机”。

成熟期和老年期（55岁之后）的基本任务，是以自我完善克服失望，避免为老不尊。如果晚年对自己一生的所作所为不满意，也会出现同一性危机。

第二节　影响人成长的环境因素

影响人成长的环境因素可分为自然环境与人文环境。有人注意到气候对人性格的影响，比如法国学者孟德斯鸠在《论法的精神》中特别关注了“人在不同气

① 罗杰斯曾经对自己作为一个心理咨询师感到不能胜任，极度失望。“深深感到不足以作为一个心理咨询师，作为一个人我一文不值，在心理学领域里我没有任何未来。”后来，罗杰斯却在心理学领域获得成功，1946年就任美国心理学会主席，并获得协会颁发的杰出科学贡献奖以及杰出职业贡献奖。详见［美］杜安·舒尔茨，西德尼·舒尔茨. 人格心理学：全面、科学的人性思考［M］. 张登浩，李森，译. 北京：机械工业出版社，2016：169-170.

② 斯金纳的职业认同危机来自他在成为一个作家和成为一个心理学家之间的不确定与不自信。斯金纳虽然后来以心理学获得身份认同，但他一度重拾他失败的作家身份，通过创作小说《沃尔登第二》来表达他对情感和理智上的不满，宣泄他的职业挫败感。详见［美］杜安·舒尔茨，西德尼·舒尔茨. 人格心理学：全面、科学的人性思考［M］. 张登浩，李森，译. 北京：机械工业出版社，2016：198.

候下的差异有多大”的问题。[①]《中庸》也讨论过气候对南人与北人的影响。[②]但是，家庭教育学往往更重视人文环境对人的影响。人文环境可进一步分为物质环境与文化环境。比如，有人从“社会经济地位”的视角来研究家庭教育与孩子学业成绩的关系[③]；有人从“文化资本”的视角来分析家庭教育对孩子成长的影响[④]。从孩子的成长空间来看，影响孩子成长的环境因素主要包括三个方面：一是家庭环境；二是学校环境；三是社会环境。

一、环境作用论

早期的环境决定论否认遗传因素对人的影响。英国学者洛克（J. Locke）提出的“白板论”[⑤]虽然并不必然导向环境决定论，但“白板论”为环境决定论提供了基本的理论依据。[⑥]环境决定论不仅否认遗传因素对人的影响，也不太认同认知发展阶段理论。

几乎所有乐观的教育理论都倾向于“白板论”或强调环境的影响作用。美国学者布鲁纳（J. Bruner）提出的“三个任何”明显倾向于环境的作用。布鲁纳的说法是：“任何学科都能够用在智育上诚实的方式，有效地教给任何发展阶段的任何儿童。”[⑦]布鲁纳自信地说，这虽然是一个大胆的假设，却是一个必要的假设，而且，不存在与这个假设相反的证据。这个说法对皮亚杰的认知发展阶段理论也表达了不信任。布鲁纳强调：“即便是小学水平，也不必奴性地跟随儿童认

① [法]孟德斯鸠．论法的精神[M]．许明龙，译．北京：商务印书馆，2012：271-274．

② 陈柱．《大学》《中庸》讲疏[M]．上海：华东师范大学出版社，2019：15-16．

③ 庞维国，徐晓波，林立甲，等．家庭社会经济地位与中学生学业成绩的关系研究[J]．全球教育展望，2013(2)：12-21．

④ 谢爱磊，李家新，白宜凡．时间的社会结构：文化资本与精英高校农村籍学生的时间使用[J]．复旦教育论坛，2022(2)：15-25．

⑤ [英]洛克．人类理解论[M]．关文运，译．北京：商务印书馆，1959：68．

⑥ [美]平克．白板[M]．袁冬华，译．杭州：浙江人民出版社，2016：20-21．

⑦ [美]布鲁纳．教育的过程[M]//布鲁纳教育论著选．邵瑞珍，张渭城，等译．北京：人民教育出版社，1989：42．

知发展的自然过程。”[①]

环境决定论的典型观点是“华生宣言”。美国心理学家华生（J. Watson）提出：“给我一打健康的婴儿，并在我自己设定的特殊环境中养育他们，那么我愿意担保，可以随便挑选其中一个婴儿，把他训练成为我所选定的任何一种专家——医生、律师、艺术家、小偷，而不管他们的才能、嗜好、倾向、能力、天资或他们祖先的种族。”[②] 华生本人就是“白板论”的狂热支持者。

不过，华生也给自己的“环境决定论”留出了一条缝隙。人们容易注意“可以随便挑选其中一个婴儿，把他训练成为我所选定的任何一种专家”这个说法，却不太留意华生宣言的前提。这个前提是“给我一打健康的婴儿”。这说明，即便华生这样激进的环境决定论者，他也考虑了遗传因素对人发展的影响。如果家族遗传让某个孩子具有先天缺陷，华生也无法将这个孩子“训练成为我所选定的任何一种专家”。

行为主义心理学在斯金纳等人那里出现“小高峰”。斯金纳甚至认为，人并没有所谓的自由意志或尊严。环境可以改变人的自由观念与尊严观念。比如，当气温升到一定高度，人就会走向海边。[③] 当刑讯逼供的虐待达到一定的程度，人就会说出实情或愿意作伪证。斯金纳由此走向“环境设计”的思路。[④]

二、文化环境论

文化环境论并不否认遗传因素影响人的发展，但认为文化环境尤其是语言环境以及与之相关的文化历史在人的发展过程中起更重要的作用。

孩子不仅受家庭和社会环境的影响，在出生之前，也受母体环境的影响，比

① ［美］布鲁纳．教育的过程［M］//布鲁纳教育论著选．邵瑞珍，张渭城，等译．北京：人民教育出版社，1989：46．

② ［美］华生．行为主义［M］．李维，译．杭州：浙江教育出版社，1998：95．

③ ［美］斯金纳．超越自由与尊严［M］．陈维纲，王映桥，栗爱平，译．贵阳：贵州人民出版社，2006：16．

④ ［美］斯金纳．超越自由与尊严［M］．陈维纲，王映桥，栗爱平，译．贵阳：贵州人民出版社，2006：95．

如，母亲在怀孕期间酗酒，孩子可能会患上“胎儿酒精综合征”。这样的孩子会出现多动、易冲动、难以维持注意力、智力发育迟缓、运动障碍、心脏缺陷等。[①]

文化环境论的主要观点是，虽然环境不能完全改变人的认知发展进程，但环境可以借助语言、社会文化等工具，扩展人的认知发展区域。维果茨基称为“最近发展区”。[②]所谓“最近发展区”，其实就是针对“遗传决定论”（主要是“种族遗传决定论”）提出的一个新思路。“最近发展区”相信人类可以借助语言与文化历史突破皮亚杰式的阶段论。

维果茨基的这种超越论给教育带来了乐观的前景，也因此被教育界普遍关注。维果茨基的理论对教育者的提示是：尽量让孩子参与成人的活动，让成人为孩子搭建“脚手架”，帮助孩子克服困难，让孩子以学徒身份，在跟随成人的过程中模仿学习。[③]

维果茨基的“最近发展区”及其“文化历史理论”直接导致教育界过于关注文化历史（以语言为中介）以及书本知识的学习，在一定程度上强化了行为主义环境决定论的思路，丢失了皮亚杰的主体活动理论及其建构主义精神。这也正是维果茨基与皮亚杰的关键分歧。

即便维果茨基和皮亚杰都看重“思维与语言”的关系，两人在这个问题上也出现分歧。皮亚杰坚持由内而外的内因论，认为儿童言语的过程显示为由自我中心言语逐步社会化。[④]维果茨基坚持由外而内的外因论，认为儿童的言语从一开始就受社会尤其是成人社会的影响，“言语思维并不是天生的、自然的行为形式，

① ［美］卡拉特．生物心理学［M］．10版．苏彦捷，等译．北京：人民邮电出版社，2012：137．

② ［苏］维果茨基．维果茨基教育论著选［M］．余震球，选译．北京：人民教育出版社，2005：390．

③ ［美］麦克德维特，奥姆罗德．儿童发展与教育［M］．李琪，闻莉，罗良，等译．北京：教育科学出版社，2007：192-211．

④ 丁芳，熊哲宏．智慧的发生：皮亚杰学派心理学［M］．济南：山东教育出版社，2009：209-212．

而是由历史文化的过程决定的”。[①]维果茨基的“文化历史理论”是一种特殊的“环境作用论”。华生和斯金纳[②]等人认为，作为人为环境的“行为主义训练”可以影响人的发展。维果茨基则认为，作为人为环境的“社会文化历史”对人成长和发展的影响更大。

从语言与思维的关系出发，维果茨基提出了“最近发展区”理论。“最近发展区”理论意味着维果茨基承认孩子的心理发展受生物因素的影响，在某种意义上也接受了皮亚杰的“认知发展阶段论”，否则，维果茨基就不会提出“最近”发展区而会强化“最大”发展区。

但是，“最近发展区”理论更看重后天的教育及后天的文化历史学习对人心理发展阶段的突破与超越。在他看来，一岁左右孩子的思维，主要受动作的影响，但两岁左右的孩子，因为学会了语言而促进思维的发展。孩子参与成人的谈话尤其是与知识渊博的人谈话，会加速孩子的心理发展。这也正是维果茨基与皮亚杰的关键分歧。有人认为，皮亚杰或许低估了语言的重要性，但维果茨基可能夸大了语言的作用。[③]与语言的作用类似，成人的帮助可以促进孩子思维的发展。同时，游戏可以促进孩子的思维发展，尤其是具有一定挑战性的游戏任务（在最近发展区之内的难度）可以促进孩子思维的发展。

维果茨基的理论对家庭教育的启示是：父母要重视孩子的语言发展，为孩子提供足够的口语对话和文字阅读材料。尽量让孩子参与成人的活动，让成人为孩子搭建“脚手架”，帮助孩子克服困难，让孩子以学徒身份，在跟随成人的过程中模仿学习。游戏可以发展孩子的语言与文化历史意识，父母要尽量创造游戏的环境，让孩子在游戏特别是角色扮演的游戏中学习语言与文化历史。

---

① ［苏］维果茨基．思维与语言［M］．李维，译．杭州：浙江教育出版社，1997：57．

② ［美］斯金纳．超越自由与尊严［M］．陈维纲，王映桥，栗爱平，译．贵阳：贵州人民出版社，2006：16．

③ ［美］麦克德维特，奥姆罗德．儿童发展与教育［M］．李琪，闻莉，罗良，等译．北京：教育科学出版社，2007：211．

三、家庭和学校作为特殊环境

影响孩子成长的环境因素主要有三类：一是家庭环境；二是学校环境；三是社会环境。这三类环境为孩子提供的教育分别称为家庭教育、学校教育和社会教育。

学校是特殊的环境，已是学界的共识。早在100多年前，杜威就指出了学校教育的三个特殊性：一是简化的环境。文明过于复杂，不能全部吸收，学校为孩子提供一个简化的环境，建立一个循序渐进的秩序。二是净化的环境，排除现存环境中的丑陋现象，清除不良因素。三是平衡社会环境中的各种成分，让儿童由封闭走向开放，跟社会建立充满生气的联系。[①]学校之所以成为特殊的环境，主要是因为书本知识在学校教育中发挥了重要作用。学校为年轻人提供书本知识，年轻人可以凭借系统的书本知识丰富自己个人化的狭隘的经验。

与社会环境相比，学校确实显得比较特殊，学校教育在人的发展过程中也确实会起主导作用。但是，学校教育也有局限性。学校教育的主要局限在于，过度倚重书本知识而忽视生活经验。在学校教育中，儿童所要学习的东西都储存在语言符号里。“这种材料是比较专门的和肤浅的。用通常的现实标准来衡量，这种材料是人为的。”[②]

与学校教育相比，家庭教育和社会教育也有特别的地方。在家庭教育和社会教育中，儿童主动参与活动时总是亲切的、有生气的。正规的学校教育容易变得“冷漠和死板”，变得“抽象和书生气”。

可能的解决办法是，在非正规的和正规的教育、无意识的和有意识的教育之间保持“恰当的平衡”。所谓“非正规教育”和“无意识的教育”，正是家庭教育的基本特征。

这样看来，即便谈论“学校是特殊的环境”以及“学校教育对人的发展起主导作用”，也需要确认“家庭也是特殊的环境”以及“家庭教育对人的发展起奠

---

① [美]杜威．民主主义与教育[M]．王承绪，译．北京：人民教育出版社，2001：26-27．

② [美]杜威．民主主义与教育[M]．王承绪，译．北京：人民教育出版社，2001：13．

基作用”，并进一步确认人的主体性对人的发展起决定作用。

家庭环境的特殊性在于，家庭教育既有学校教育的某些特征，比如，家庭教育与学校教育都需要辨别和选择对孩子成长有利的社会资源，并屏蔽某些不利于孩子成长的社会环境。同时，家庭教育与社会教育也有某些共同的特征，比如，学校教育偏重以书本知识为载体的文化知识学习，而家庭教育与社会教育更重视以生活实践为载体的实践知识，以及一些“个人知识”和“默会知识”。[①②]

第三节　主体因素对孩子成长的影响

主体作用论承认遗传和环境对人成长和发展的重要影响，但不过分夸大其价值。主体作用论的基本假设是，人天生具有主动性。“主体因素为每个人的发展提供了多种可能性，并赋予人在一定条件下主宰自己命运的可能。”[③]教育的主要责任就是保护和发展人的主动性。

一、主体活动理论

维果茨基在苏联心理学界一度占主导地位，后来，苏联心理学界更推崇鲁宾斯坦（S. Rubinstein）和他的学生布鲁什林斯基（A. Brushlisky）创立的主体心理学。中国人推崇维果茨基的原因在于，中国教育长期重视文化学习和书本知识，维果茨基的文化历史理论及其符号理论正好迎合了中国教育的期待。另一个原因是，西方以及中国并不了解当时苏联内部对维果茨基理论的批评。按照布鲁什林斯基的说法，虽然维果茨基的文化历史学派是有贡献的，但苏联对维果茨基及其后继者的理论的批评也是有充分理由的，并且人所共知。遗憾的是，这些批评并

---

① Polanyi. The Study of Man[M]. Chicago：The University of Chicago Press, 1959：12.

② [英]波兰尼. 科学、信仰与社会[M]. 王靖华，译. 南京：南京大学出版社，2004：111.

③ 叶澜. 论影响人发展的诸因素及其与发展主体的动态关系[J]. 中国社会科学，1986(3)：83-98.

不为外界充分了解。[①]

主体心理学反对维果茨基理论的主要原因在于，在社会与个体之间，维果茨基理论过于强调社会对个体的影响而忽视个体的主动性；在自然与文化之间，维果茨基理论过于重视文化的教育而忽视自然的教育。维果茨基的文化历史理论的前提假设，是文化与自然的二元对立。这种对立过于强调外因，强调社会文化对人的影响，而忽视了人的内因，忽视主体活动对人的关键作用。主体心理学的基本思路是：外因只有通过内因才起作用。[②]

主体活动论认为，影响人的发展的关键因素是人的主体性，而人的主体性主要通过主体活动显示出来。父母或老师的重要责任就在于创造主体活动的条件。也只有这样，教育才能发挥持久的作用，“以至对主体一生的发展起主导作用”。[③]有人将主体活动称为“生命活动”。教育的重要责任就在于改变环境，以此激发人的自我意识和自我控制水平。“个体潜在的多种可能状态向现实发展的转化，个体与环境两种不同性质的因素真实发生相互作用，人对外界存在的摄取吸收（无论是精神性的，还是物质性的），都要通过发展个体的不同性质、不同水平的生命活动来实现。这些不同性质、不同水平的生命活动就是我们所称的使个体发展得以实现的‘现实性因素’。”[④]

从主体活动论的视角来看，维果茨基的“文化历史理论”过于看重外部环境的影响而忽视了人的主体活动以及人的内在的主体性。这也正是不少维果茨基的追随者后来“离家出走”的原因。

列昂节夫（A. Leontyev）原本是维果茨基的同事与合作者。他最初赞同维果茨基的文化历史理论，但后来发现维果茨基理论过于看重书本知识和成人引导等外部环境的作用，而忽视了儿童的主体活动。在1932年前后，列昂节夫与维果

---

① 郑发祥．主体心理学［M］．上海：上海教育出版社，2006：23.

② 郑发祥．主体心理学［M］．上海：上海教育出版社，2006：134-139.

③ 叶澜．论影响人发展的诸因素及其与发展主体的动态关系［J］．中国社会科学，1986（3）：83-98.

④ 叶澜．教育概论［M］．北京：人民教育出版社，1991：226.

茨基分道扬镳。[①]不同于文化历史理论及其对书本知识的倚重，列昂节夫倡导的活动理论更看重人的主体活动。与文化历史以及书本知识相比，主体活动更能彰显人的主体性和主动性。

在列昂节夫看来，过于看重书本知识或社会文化历史知识而不重视儿童的主体性，儿童的学习就会沦为行为主义的"刺激—反应"模式，而行为主义的问题也正在于，它将主体活动"从研究的视野中排除了"。事实上，主体在"刺激—反应"的过程中总是发挥重要的中介作用。列昂节夫提示："饥饿的动物会对食物刺激发生反应，而吃饱了的动物就不会这样；足球比赛结果的报道，对于足球迷所引起的反应，完全不同于对足球漠不关心的人的反应。"[②]

二、个体心理学

与主体心理学相关的理论是阿德勒学派倡导的"个体心理学"。"个体心理学"也可以视为"主体心理学"。"个体性"与"主体性"原本就有"特殊的"和"与众不同"的含义。守护了人的主体性，也就保持了人的个体性。反之，保护了人的个体性，也就发挥了人的主体性。

阿德勒（A. Adler）原本是弗洛伊德的同事，后来由于"意见不合"，与弗洛伊德不欢而散，彼此指责对方。阿德勒提出了几个与弗洛伊德完全不同的观点。[③]

第一，阿德勒认为，人的行为动力来自人的"自卑"，因自卑而努力超越。而弗洛伊德认为，人的行为动力来自人的性欲或"力比多"（libido）的需求与压抑。相比之下，阿德勒关注的"自卑"及其超越的解释模型，比弗洛伊德的"力比多"的解释模型具有更多积极的教育意义。

---

① 郑发祥．主体心理学［M］．上海：上海教育出版社，2006：66．

② ［苏］列昂捷夫．活动　意识　个性［M］．李沂，冀刚，徐世京，等译．上海：上海译文出版社，1980：46-47．

③ 阿德勒在《自卑与超越》中已经提出了有关健全人格的重要观点，遗憾的是，《自卑与超越》更像一部散文集，那些闪亮的观点淹没在零散的夹叙夹议之中。

阿德勒也改变了夸美纽斯[①]和洛克[②]等人推崇的“健康的精神寓于健康的身体”的观点。阿德勒认为，人们总是相信只有健康的体魄才有健康的心智，这种观点是不对的。从“自卑与超越”的视角出发，阿德勒提出，如果一个身体健康的孩子回避生活的磨难，把每一个障碍都看作自己缺乏能力的证明，那么，这个孩子就没有健康的心理。但是，当一个生病的孩子不顾身体缺陷，勇敢地面对生活时，他的残弱的身躯里有一个健康的心智。[③]

第二，弗洛伊德学派将人的成长的问题归咎于原生家庭，原生家庭留下的创伤很难修复和改变。关注原生家庭的积极意义在于，它提醒父母要重视孩子在童年早期的成长。但是，有关原生家庭的理论也为“问题儿童”或“问题成人”提供了一个“偷懒”的解释模型。它容易让人养成“孩童心态”或“受害者心态”。持“孩童心态”的人，容易把自己放在孩童的位置，总是期待得到他人的帮助而且容易感到委屈、愤怒；持“受害者心态”的人，容易把自己想象成为受害者，容易向他人“卖惨”，自怨自艾。持“孩童心态”或“受害者心态”的人随时会放弃自己的责任，把所有的责任都推卸给他人。

阿德勒倡导的个体心理学更看重人自身的本能和原发力量，不承认早期留下的“心理创伤”会决定人的未来生活。即便某个人在过去经历了某些苦难，如果仍以积极的方式展开自己的生活，这些苦难对个体的成长就有了不同的意义。阿德勒认为，决定人的命运的不是环境，而是他对环境的态度。“有可能他在父母家中有过非常不幸福的家庭生活经历，但这也许会激励他在自己的家庭生活中做得更好。”[④]影响人成长的主要因素既不是家庭也不是学校，而是个体的主动性。每个人都要对自己的成长负责，而不能将失败归咎于原生家庭或学校教育。

---

① ［捷克］夸美纽斯．夸美纽斯教育论著选［M］．任宝祥，熊礼贵，鲍晓苏，等译．北京：人民教育出版社，2005：29．

② ［英］洛克．教育漫话［M］．杨汉麟，译．北京：人民教育出版社，2006：7．

③ ［奥］阿德勒．儿童的人格教育［M］．张庆宗，译．上海：华东师范大学出版社，2017：8．

④ ［奥］阿德勒．自卑与超越［M］．吴杰，郭本禹，译．北京：中国人民大学出版社，2013：179．

每个人都要从自己身上寻找成长的原因，要主动承担起成长的责任。英国哲人休谟（D. Hume）当年质疑的“因果”推理[①]和“是—应”推理[②]，在阿德勒这里再次激起绵延不绝的回响。人有自由意志，人的强大的自由意志可以斩断原生家庭与当下成长之间的因果链条。在这个意义上，阿德勒心理学简直就是“勇气心理学”。[③]“勇气心理学”的基本主张是：“决定我们自身的不是过去的经历，而是我们自己赋予经历的意义。”[④]

第三，弗洛伊德重视个人的自我和本我[⑤]，而阿德勒更重视个人与他人的合作。在阿德勒看来，人的成长经历是一个竞争与合作齐头并进的社会化过程，而且，人的出生顺序影响人的竞争倾向或合作倾向。虽然从自卑走向优秀的过程充满竞争，“超越”本身暗含了竞争性的“挑战”，但教育的首要目标是合作而不是竞争。为了便于孩子合作，阿德勒建议，最好让各个孩子之间至少有三年的间隔。孩子的年龄间隔太小，大孩子就没有照顾弟弟或妹妹的能力。[⑥]家庭教育应该引导孩子建立平等的观点，因平等而走向合作。

阿德勒将好孩子的基本标准确定为社会情感。他认为，“判断儿童或个体成长的标准是看他们是否表现出一定的社会情感”，并由此提出一个重要的家庭教育方法：“父母或监护人不能让孩子只和一个人建立密切的关系，否则，孩子就不能很好地适应今后的生活。”[⑦]不少父母要么忽视孩子，由祖父母陪伴孩子，要

① ［英］休谟．人性论（上册）［M］．关文运，译．北京：商务印书馆，1980：94．

② ［英］休谟．人类理智研究［M］．吕大吉，译．北京：商务印书馆，1999：85．

③ ［日］岸见一郎，古贺史健．被讨厌的勇气［M］．渠海霞，译．北京：机械工业出版社，2015：25．

④ ［日］岸见一郎，古贺史健．被讨厌的勇气［M］．渠海霞，译．北京：机械工业出版社，2015：9．

⑤ ［奥］弗洛伊德．精神分析引论新编［M］．高觉敷，译．北京：商务印书馆，1987：60-62．

⑥ ［美］阿德勒．自卑与超越［M］．吴杰，郭本禹，译．北京：中国人民大学出版社，2013：99．

⑦ ［奥］阿德勒．儿童的人格教育［M］．张庆宗，译．上海：华东师范大学出版社，2017：8．

么只有母亲或父亲陪伴。阿德勒提醒：不仅父母要亲自陪伴孩子，而且父母双方都要跟孩子建立亲密关系或情感依恋关系，不能让孩子只跟母亲或父亲一个人建立亲密关系。在此基础上，最好让孩子跟祖父母以及兄弟姐妹建立亲密关系。这样的孩子就比较容易适应社会生活。

由此，阿德勒将社会交往和职业作为个人幸福生活的关键要素。阿德勒在《自卑与超越》的开篇就提出这三个关键要素，最后三章则分别讨论职业、社会（同伴）和性（爱情与婚姻）。[①]也可以将这三个关键要素称为三个“老”：一是老板，有自己的老板就意味着有工作。二是老友，老友意味着志同道合的朋友。阿德勒特别看重朋友，他称为“社会兴趣”或“对他人感兴趣”。他认为“训练社会兴趣的方法之一就是友谊”。[②]三是老伴，老伴是指爱情或伴侣。在这点上，阿德勒与弗洛伊德的观点是一致的。有人问弗洛伊德，人怎样才能过得幸福？弗洛伊德的回答是：“爱与工作。”[③]

三、人的主体性及其主动性

重视人的主体性的基本前提，是承认人具有主动发展的本能。在遗传作用论和环境作用论之间，主体理论更重视人的先天遗传尤其是“种族遗传”的本能。从种族遗传的相关理论来看，人至少有三个主动发展的本能：一是求生的本能；二是求爱或求尊重的本能；三是求自由或求知的本能。父母的责任就是保护和发展孩子的本能，让孩子在自然生长的过程中发展自己的主动性。

（一）求生的本能

求生的本能，也可以称为怕死的本能或死亡恐惧。人类之所以重视历史、自传或相信灵魂不灭，乃是对死亡恐惧的缓解与安慰。

---

① ［美］阿德勒．自卑与超越［M］．吴杰，郭本禹，译．北京：中国人民大学出版社，2013：156-188.

② ［美］阿德勒．自卑与超越［M］．吴杰，郭本禹，译．北京：中国人民大学出版社，2013：182.

③ 有关“爱与工作”的相关讨论，详见［美］海特．象与骑象人［M］．李静瑶，译．杭州：浙江人民出版社，2012：231.

在人的所有本能中，怕死是最强大的本能。求生的本能主要呈现为求安全。有了安全感，人才会追求其他的欲望。求生或求安全派生出好吃和好色的欲望。安全的欲望得不到满足，人就会感到恐惧。好吃的欲望得不到满足，人就会要么铤而走险，要么饿死。若好色的欲望长期得不到满足，人虽然不会死，但会因为性饥渴而铤而走险，或者陷入抑郁。这是弗洛伊德学派关注的重点。

求生的本能会让人不得不自治和自食其力。只要父母不过度保护孩子，孩子就会发展成为一个自治和自食其力的人。过度保护会给当事人带来不幸。养宠物会让动物变弱，给流浪猫喂食会让流浪猫丧失基本的生存能力。过度“喂养”孩子，会压抑孩子求生的本能，会使孩子成为弱者。

弗洛伊德主要关注“性欲”本能。他认为神经病患者要么因为生理因素，要么因为性压抑或性生活失调。少量的神经病患者源于生理因素，绝大部分神经病患者是因为性压抑或性生活失调。性欲得不到满足，人就会压抑，并因性压抑而出现各种神经症状。弗洛伊德的这个观点虽然引发争议，但很快成为文学家和艺术家的共识。弗洛伊德的思想也迅速成为文学与艺术讨论的热门开场白。①

马克思更看重与经济基础相关的“食欲”的本能以及与之相关的有产者与无产者的斗争问题。如果马克思主义与弗洛伊德理论相结合，就是既关注性欲的压抑与释放问题，又重视食欲的满足。②弗洛伊德理论与马克思主义的共同点在于，两者都重视人的压抑与解放以及与之相关的压抑与文明问题。文明或文化既是个体受压抑的原因，也是个体受压抑的结果。

如果说弗洛伊德比较关注人的求生本能尤其关注求生本能中的性本能，那么，与弗洛伊德一度共事后来却分道扬镳的阿德勒，关注的则是人的求尊重和求关注以及与之相关的“权力意志”的本能。

（二）求爱的本能

求爱的本能也可称为求关注的本能、求尊重的本能或渴望被“承认”的本

---

① ［美］霍夫曼．人生的动力：个体心理学之父阿德勒的一生［M］．美同，译．北京：北京联合出版公司，2020：190．

② ［英］奥兹本．弗洛伊德和马克思［M］．董秋斯，译．北京：中国人民大学出版社，2004：62．

能。每个人都渴望被重视而害怕被鄙视、被孤立、被遗忘。每个人都有“孤独恐惧”，“孤独会诱发各种各样的情绪和身体疾病”[①]。

求爱的本能与人的“虚荣心”有关。满足人的求生本能需要提供物质条件或权力资源支持。物质奖励或职位晋升就是“实荣”。满足人求关注的本能需要提供精神支持，精神奖励可以满足人的虚荣心。

在英国学者霍布斯（T. Hobbes）看来，人总是充满无休止的虚荣心。人的虚荣心使人将自己的幸福等同于胜过他人的欲望及其满足。另外的心理学家则讨论了虚荣心与自卑及其超越的关系。虚荣心得不到满足，人就会孤独、自卑。自卑可能引导人发愤图强，自我超越，但长期努力之后依然不能实现自我超越，就会产生自我贬低，陷入抑郁。这是阿德勒学派关注的重点，这也是阿德勒学派与弗洛伊德学派分歧的焦点。弗洛伊德认为，人的行为动力来自性欲的需求与压抑；阿德勒认为，人的行为动力来自人的自卑，因自卑而努力超越。

求爱或求关注的本能使人关注他人的评价，渴望获得他人的承认、赞赏和尊重。求关注的本能源于人的虚荣心。虚荣虽然是“虚”的，它却与财富、食物等“实荣”具有同样的力量。如果说实荣往往呈现为物质奖励，虚荣往往显示为精神奖励，那么，精神鼓励有时给人带来的满足感甚至会远远超过物质奖励。

求生的本能推动人去生产劳动，创造财富，以便自食其力，养家糊口。之后，或者说，人超越了谋生状态之后，求爱或求关注的本能及其背后的虚荣心会推动人继续追求更多的财富和更大的权力。

从教育学的视角来看，求爱或求关注的本能是理解孩子和推动孩子学习尤其是社会情感学习的重要资源。阿德勒将求关注的本能称为“社会兴趣”。这是阿德勒个体心理学关注的重点，也是阿德勒与弗洛伊德的重要分歧。[②]阿德勒的代表作《生活对你意味着什么》（*What Life Should Mean to You*）有一章专门讨论“自卑感与优越感”的问题，中国人将这本书的书名译为《自卑与超越》。在

---

① ［英］艾伯蒂．孤独传：一种现代情感的历史［M］．张畅，译．南京：译林出版社，2021：6．

② ［美］霍夫曼．人生的动力：个体心理学之父阿德勒的一生［M］．美同，译．北京：北京联合出版公司，2020：119-120．

阿德勒看来，适度的自卑可以激发人去寻求超越，过度的自卑会导致恐惧，养成退缩型的消极人格。一旦超越自卑，就会走向成功。自卑与优越感是人的一体两面。为了超越自卑并解决孤独、懒散的问题，父母最好关注孩子的长处并鼓励孩子发展多方面的兴趣。[①]

人类之爱包括爱自己、爱他人，以及被他人爱。爱的基础是尊重，尊重也可以分为尊重自己（自尊）、尊重他人和被他人尊重。如果一个人不被他人尊重，不被他人爱，他就会怀疑自己，陷入“缺乏自尊”的情感旋涡。

父母和老师需要满足孩子求关注的本能，保护孩子的自尊心，让孩子将求关注的本能转化为学习的强大动力，让孩子自动自觉地发展社会关系。健康的社会关系既包括与他人竞争，也包括与他人合作。

如果说求他人的关注和承认是一种本能，那么，自我承认、接纳自己就是一种更独立更高级的本能。也正是在这个意义上，阿德勒学派不主张寻求他人的认可，我们没有必要活在他人的期待中。[②]自我承认就是一种“被讨厌的勇气”。自我承认就是不过度在意他人的“评价”，也不轻易评价他人。既不批评他人，也不表扬他人。批评他人会给他人的生活带来伤害，表扬他人也会让他人变得不独立。

（三）求自由的本能

求自由的本能也可称为求知的本能、探究的本能或“好玩”的本能。每个人都渴望求自由、求知、喜欢游戏或工作而害怕不自由，害怕无聊。不自由或无聊会导致存在意义的丧失。也因此，有人将死亡、孤独和存在意义的丧失称为“三个存在主义困境”[③]。

如果说求尊重的本能主要指向爱的生活，那么，求知的本能主要指向游戏或

---

① ［美］霍夫曼．人生的动力：个体心理学之父阿德勒的一生［M］．美同，译．北京：北京联合出版公司，2020：242．

② ［日］岸见一郎，古贺史健．被讨厌的勇气［M］．渠海霞，译．北京：机械工业出版社，2015：79-81．

③ ［美］所罗门，格林伯格，匹茨辛斯基．怕死：人类行为的驱动力［M］．陈芳芳，译．北京：机械工业出版社，2016：197．

工作，并通过游戏或工作来显示人的创造力与自由精神。求自由或求知的本能来自人的好奇心、求知欲或探究欲。求自由的欲望得不到满足，人就会感到自己受拘禁、受控制、受蒙蔽。

求自由的本能包含追求身体自由（或行动自由）和思想自由两个方面。对人最大的惩罚是对身体自由的剥夺，让人处于禁闭状态，其次才是对思想自由的限制。不过，只要不违法，人的身体自由一般不会被剥夺。因此，求自由的本能面临的主要问题是思想不自由。从思想自由的角度来看，人的自由本能主要显示为好奇心与探究欲，好奇心和探究欲推动人追求游戏与求知的生活。游戏或求知可以满足人的好奇心与探究欲或创造欲。就此而言，人的自由欲几乎等同于好奇心、探究欲、好玩（游戏欲）、求知欲、创造欲。

求知在孩子那里也是一种游戏，即便对自然科学的求知，也是一种游戏。自然科学探查事物的因果关系，这在孩子那里都是游戏。求知满足人的好奇心，即便没有人为孩子的好奇与探究提供评价或奖励，孩子也依然自得其乐，乐此不疲。游戏并不以最后的结果为目的，它自成目的，具有“自成目的性”。游戏的过程就是目的，人在游戏的过程中得到足够的满足。

在求生、求尊重和求自由三者之间，求生是最基本的需要。一旦求生得到保障，超越了谋生的需要，人就会更加看重爱与尊重的需要。一旦爱与尊重的需要得到满足，人就会更重视自由与求知的需要。也因此，裴多菲诗曰：“生命诚可贵，爱情价更高。若为自由故，二者皆可抛。”[①]在求生和求爱的需要得到满足之后，如果不能过自由探索和求知的生活，人就可能宁愿放弃求生与求爱的需要而追求自由。

这首诗提示父母：如果家庭的社会经济地位比较低，生活条件比较差，孩子会把谋生和生命的安全感放在首位。为了活下来，孩子可能不那么在乎情感（爱与尊严）和自由。但是，如果家庭的社会经济地位比较高，家庭条件比较好，孩子已经享受了生命的安全感，他们就会把情感（爱与尊严）和自由看得更重要。如果父母

---

① ［匈］裴多菲．裴多菲诗选［M］．张清福，袁芳远，张玉平，等译．石家庄：花山文艺出版社，1995：82．该书的翻译是：自由与爱情，两者我都要。为了爱情，我可以牺牲生命；为了自由，我可以牺牲爱情。该书同时提供了白莽的译文。这里选择白莽的译文。

粗暴干涉孩子的爱情或不让孩子过有尊严的生活，如果父母过度控制孩子而不给孩子基本的自由，孩子可能会以自残、自杀等极端的方式表达反抗或报复。

重视人的本能并非就是天赋论或遗传决定论。天赋论和遗传决定论不重视后天环境（含教育）的影响，重视人的本能恰恰关注后天环境（含教育）对人的本能的兴起和引发。

在主体决定论看来，虽然遗传因素和环境因素都会影响人的成长，但遗传因素和环境因素只是人的成长的外因，真正决定人的成长的关键因素，是人的本能及其主体性与主动性。就环境因素而言，人的童年早期和原生家庭确实会对孩子的成长产生影响，即便如此，人依然可以发挥其主体性，抵制和摆脱家庭和社会中的某些不利影响而为自己赢得成长的资源。主体心理学其实是主体哲学在心理学领域的回响。当心理学家提出主体心理学时，其论证方式几乎都是立足于哲学思辨而不是立足于心理学惯常采用的实验研究或调查研究。

思考与练习

一、选择题

1. 同卵双胞胎研究结论往往倾向于（单选）：

A 环境决定论　　B 遗传决定论　　C 主体决定论　　D 其他

2. 决定孩子成长的关键因素是（单选）：

A 环境因素　　B 主体因素　　C 遗传因素　　D 其他

3. 家庭教育对孩子成长的主要作用是（单选）：

A 兴起和引发孩子主动发展的激情

B 讲道理

C 亲自示范

D 其他

二、讨论题

阅读下面的材料并围绕后面的问题展开讨论。

一般认为，人至少有三个主动发展的本能：一是求生的本能；二是求爱或求尊重的本能；三是求自由或求知的本能。父母的责任就是保护和发展孩子的本能，让孩子在自然生长的过程中发展自己的主动性。也有人认为，家庭教育的主要任务不是让孩子自然生长，而是让孩子适应社会的需要，按照社会的需求提高相关的知识和技能。

讨论方向：

第一，除了求生的本能、求爱的本能和求自由或求知的本能，人是否还有其他的本能？

第二，求知本能为何可以纳入求自由的本能？

第三，家庭教育的主要责任，究竟是从孩子个人本能和本性的角度，让孩子主动生长，还是从社会需要的角度，给孩子提出必须完成的核心素养？

三、案例分析

电影《孪生陌生人》讲述了三个孪生兄弟在不同的家庭环境中长大的故事：老大生活在大学医学教授的家庭，因为父母工作忙，很少管孩子；老二的养父是一位中学教师，管教比较严苛；老三的养父母是蓝领工人。十九年后，他们再见面时，他们发现三兄弟不仅长相相同，生活习惯和思维方式也相通。遗憾的是，老二后来自杀身亡。

在网上搜索并观看电影《孪生陌生人》，然后针对以下三个问题展开讨论：

第一，三个孪生兄弟长大后，他们的生活习惯和思维方式真的相似吗？

第二，遗传因素对人的发展真的起主要作用吗？

第三，不同的家庭环境和家庭教育，对三个孪生兄弟究竟有哪些影响？

拓展学习资源

1. ［奥］阿德勒．自卑与超越［M］．吴杰，郭本禹，译．北京：中国人民大学出版社，2013．重点阅读第三章和第四章。

2. ［日］岸见一郎，古贺史健．被讨厌的勇气［M］．渠海霞，译．北京：机械工业出版社，2015．重点阅读第一章。

3. 钱志亮．科学的家庭教育［M］．长春：北方妇女儿童出版社，2020．重点阅读第一章。

4. 郑发祥．主体心理学［M］．上海：上海教育出版社，2006．重点阅读前三章。

讲座视频：

做到这三点，孩子就幸福了

讲座视频：

允许孩子犯错，让孩子在试错中成长

第三章 家庭教育学的理论视角

03

教育学一般以哲学和心理学作为基本的理论基础。家庭教育哲学重点关注社会教育与自然教育的冲突及和解。由于传统教育学侧重社会教育，本书重点关注自然教育以及与之相关的自然教育学。自然教育学的核心精神是道法自然，倡导从“自然法”的视角来理解家庭教育。从自然教育学的视角来看，孩子可以从植物、动物和婴儿那里找到成长的方向，父母可以从婴儿、动物、植物的生长或生存法则中汲取家庭教育的智慧。从教育社会学的视角来看，家庭教育的根本任务是促进儿童社会化，根据不同社会的需要发展孩子的核心素养。表面上看，社会教育和自然教育是对立的。实际上，两者是对立统一、相反相成的关系。卢梭虽然在《爱弥儿》开篇就提出两者存在矛盾，但他本人也将自然教育作为公民教育的基本前提。

无论社会教育还是自然教育，都必须立足于人的心理发展规律以及人的主体性。第一章有关“遗传因素”的内容中，已从发展心理学角度探讨了人的心理发展阶段及其规律。本章重点关注积极心理学或主体心理学。积极心理学倡导三个“积极”：一是积极乐观；二是积极主动；三是积极暂停。

第一节　自然教育

自然教育的核心课题是社会教育与自然教育的冲突及其和解。社会教育强调文化与文明的学习；自然教育重视道法自然的教育，将“自然法”视为教育的根本大法。鉴于传统的家庭教育以及家庭教育学过度重视社会教育而忽视自然教育，本节重点讨论自然主义教育理论[①]倡导的自然教育学[②]。

自然法是动物和人类共有的生存法则。[③]人与天地万物同体，人的生长与天地万物的生长有相似的规律。也因此有人提出，“凡事都要追随自然的领导”[④]，“跟着自然走，人就不会迷路”[⑤]。自然主义的典型说法是“我爱人，但我更爱自然”或者“每天的教师就是树林和溪流”[⑥]。

尽管有人认为教育学不能基于“自然”范畴[⑦]，但自然教育学只是强调从自然法的视角寻找家庭教育的原理和方法，并非主张彻底回归自然。彻底回归自然既不可能，也无必要。自然教育学倡导向植物学习、向动物学习和向婴儿学习。植物、动物和婴儿至少有三个共同特征：一是主动且自由生长；二是有智慧且有情感；三是既竞争又合作。

① 刘黎明．西方自然主义教育思想史［M］．武汉：华中科技大学出版社，2014：265-281．

② 刘良华．教育哲学［M］．上海：华东师范大学出版社，2019：30．

③ ［美］沃格林．希腊化、罗马和早期基督教［M］．谢华育，译．上海：华东师范大学出版社，2007：121．

④ ［捷克］夸美纽斯．大教学论［M］．傅任敢，译．北京：教育科学出版社，1999：205．

⑤ ［荷］奥特尔斯佩尔．秩序与忠诚：约翰·赫伊津哈评传［M］．施辉业，译．广州：花城出版社，2008：192．

⑥ ［美］白璧德．卢梭与浪漫主义［M］．孙宜学，译．北京：商务印书馆，2016：255-258．

⑦ 康永久．教育社会学不能基于“自然”范畴［J］．湖南师范大学教育科学学报，2023（6）：45-54．

一、主动且自由生长

几乎所有植物、动物和婴儿都会主动且自由生长。主动生长和自由生长源自生命的内驱力。植物的种子会发芽，动物的求生欲和权力欲会促使动物去自食其力，婴儿的好奇心会推动婴儿展开游戏和自由探究。

（一）植物的向下扎根与向阳生长

植物总是向下扎根且向阳生长。植物扎根时会呈现出“向水性”和“向肥性”，也由此有人认为植物是“吃土的动物”①。

植物总是顽强地向下扎根。哪里有水分和养料，植物就去哪里扎根。扎根越深，根系越发达，植物就越能汲取更多的养分。根深则叶茂。有些植物既可以在土壤里扎根，也可以在空气中生根，比如榕树可以从树枝上长出“气生根”。在热带雨林湿润的环境中，气生根最初在空气中生长，一旦垂到地上碰到泥土，还会长成另一根主干。大量的气生根会长出大量的主干，甚至“独木成林”。

植物不仅向下扎根，而且向阳生长。幼苗一旦破土而出，它就会寻找阳光。它的嫩茎会朝阳光射来的方向倾斜、弯曲。种子发芽之后，即便被阻挡，幼苗也会朝有阳光的方向曲折地生长。如果小草被石头压住，那么，小草会在石头缝隙里向阳爬行。

植物总是在地里安静地生长。植物善于静养，虽然植物会迎风摇动，但植物总体上倾向于安静地生长。树木比动物更善于静养，也因此更长寿。对于植物而言，淡泊与宁静乃是常态。教育界强调“非淡泊无以明志，非宁静无以致远”，可以算是一条教育仿生学的思路。

植物的主动生长、自由生长和野蛮生长，成全了植物的生机勃勃和千姿百态的美感。所谓“生机勃勃的教育”，其实是一条教育仿生学的隐喻。“生机勃勃的教育”就是让受教育者像植物那样野蛮生长和桀骜不驯，唯有野蛮生长和桀骜不驯，才有生机勃勃的可能。几乎所有野蛮生长的植物都能够呈现出生机勃勃的生命活力和美感。就此而言，生活中我们听到的，将某一种病人称为“植物人”，似乎是对植物的极大误解。

几乎所有自然生长的植物都有强大的繁殖力，相反，如果人工栽培干扰了植

① ［法］安佐斯佩．控糖革命［M］．张艳娟，译．杭州：浙江科技大学出版社，2024：17．

物的自由生长，就可能会损害植物的繁殖力。卢梭的说法是，花坛里的植物容易造成畸形的怪物，它们丧失了繁殖后代的能力。繁殖后代原本是大自然赋予所有生物的一种能力。“森林里的树木结出的果子，虽然果肉没那么肥厚多汁，但果实发育得更好，而且能大量繁殖。树木本身也长得更高，更具有生机。”①嫁接或杂交等人工技术虽然可能会提高植物的产量，但很难保存野生植物的生命力。即便杂交水稻可以提高产量，但杂交水稻未必有自然水稻的生命力强大。

不少教育哲人也因植物生机勃勃的生命状态和千姿百态的美感而愿意过植物的生活。卢梭的说法是：“某天清晨，我要变成植物。”②杜威（J. Dewey）则将“生长”视为教育的最佳方案。③“教育即生长”其实是一条有关向植物学习的教育隐喻。“教育即生长”的完整说法就是让孩子像植物那样主动生长、自由生长。

人类可以向植物、动物和婴儿学习的方向之一，就是为孩子提供主动生长、安静生长与野蛮生长的机会。为了让孩子主动生长，父母需要为孩子提供足够的认可与赏识。父母的认可、赏识就是孩子成长的阳光。孩子的成长也有“向阳性”，孩子会向着父母的认可、赞赏的方向去付出更多的努力。更重要的是，父母需要为孩子提供必要的资源。孩子成长的资源包括物质资源和文化资源，父母需要为孩子提供足够的营养，让孩子的身体健康成长。对于不缺衣食的家庭而言，更重要的成长资源是文化资源。

为了让孩子安静地生长，父母需要让孩子保留一定的私人空间，不要过早地炫耀孩子的私人生活。按照阿伦特的说法，树根必须深埋在地下，必须被隐藏和庇护。同样，儿童从黑洞里涌现出来，他的生长也需要黑暗的庇护。否则，儿童就会受到伤害。④《世说新语·言语第二》的说法是，“小时了了，大未必佳”。宋代王安石则以《伤仲永》一文警告世人。

同时，父母要保护孩子的“野性”和个性。只有保护了孩子的“野性”和个性，孩子才可能有充沛的好奇心、丰富的想象力和发达的创造力。教育可以将

---

① ［法］卢梭．植物学通信［M］．熊娇，译．北京：北京大学出版社，2011：86-87．

② 转引自庞亮．卢梭：“我要变成植物”［J］．读书，2024(1)：169-176．

③ ［美］约翰·杜威．民主主义与教育［M］．王承绪，译．北京：人民教育出版社，1990：45．

④ ［美］阿伦特．过去与未来［M］．王寅丽，张立立，译．南京：译林出版社，2011：174．

“儿童社会化”作为目标之一，但是，儿童社会化是有限度的，不能让孩子因过度规训而导致身体与精神的衰退。孩子当然要参加社会活动，要与他人交往，要有必要的共性和社会情感，但是，不能因为追求“社会性”而过度压抑孩子的个性。“社会性”须以尊重孩子的个性为基本前提，要“顺木之天，以致其性”（见唐代柳宗元的《柳河东文集·种树郭橐驼传》）。

（二）动物的主动精神与野蛮生长

相比之下，动物比植物更有主动性。不少幼小的动物需要母乳喂养或由父母为它们觅食，但是，如果动物长大到需要独立的年龄，它们就必须自力更生、自食其力。否则，动物母亲就会驱赶孩子，发生亲子冲突。①

人类之所以需要向动物学习，主要因为人原本就是动物的一个种类，动物是人的原型。可是，当人类自负地追求“人文”生活而远离“自然”生活时，人类就可能因为过度“人文化”而逐渐丢失人的动物本能。孟子当年呼吁“求其放心”（《孟子·告子上》），亦可理解为追求被丢失或“被流放”的人的动物本能。动物的特点不仅在于能够“动”，而且在于有主动精神。几乎所有动物都有主动精神并由此而野蛮生长。“主动”或“能动”原本就是动物的基本特性。在这点上，人应该“以动物为榜样”。②人逐渐失去了“主动性”或“能动性”，也就丧失了做人的资格。

人与动物是有区别的，但也有不少学者如卢梭、沛西·能（Percy Nunn）、杜威等人重新解释了人与动物的相同或相似性。卢梭以动物为原型想象自然人的自然生活。③在卢梭看来，人与动物不过是程度之差。人和人之间的差别甚至比人和动物之间的差别还要大。④英国学者沛西·能则认为，人和动物之间的差别

---

① ［美］威尔逊．社会生物学［M］．毛盛贤，孙港波，刘晓君，译．北京：北京联合出版公司，2021：426．

② ［德］德浩谢尔．以动物为镜子：动物们的自然生活之道［M］．李媛，章吟，鱼顺，译．北京：中信出版社，2023：225．

③ ［美］约瑟夫．作为想象动物的自然人［M］．肖涧，译//刘小枫，陈少明．卢梭的苏格拉底主义．北京：华夏出版社，2005：123-151．

④ ［法］卢梭．论人类不平等的起源和基础［M］．李常山，译．北京：商务印书馆，1962：83．

“好像一间乡村教堂和大教堂之间的差别一样”，人与动物并没有根本的不同。[①] 法国学者拉·梅特里（La Mettrie）甚至提出，人与动物没有什么区别。……未到一定年龄以前，人实在比动物更是一个动物，因为他生而具有的本能还不及动物。”[②]

杜威的观点显得稍微缓和一些。在《艺术即经验》中，杜威提出：“为了把握审美经验的源泉，有必要求助于处于人的水平之下的动物的生活。”[③]而在《民主主义与教育》中，人的生物特性（主动性）成为杜威谈论教育的逻辑起点。他在本书的开篇即提出：“生物和无生物之间最明显的区别，在于前者以更新维持自己。石块受击，它抵抗。如果石块的抵抗大于打击的力量，它的外表保持不变。否则，石块被击碎。石块绝不会对打击做出反应，使它得以保持自己，更不会使打击成为有助于自己继续活动的因素。虽然生物容易被优势力量所压倒，它仍然设法使作用于它的力量，变为它自己进一步生存的手段。如果它不能这样做，它不只是被砸得粉碎（至少在高等生物是这样），而且不成其为生物。”[④]在杜威看来，生物尤其是高等生物（比如动物）和非生物的区别就在于，前者具有主动性，而后者比较被动。

野蛮人接近动物的生活，也因此野蛮人比文明人更强壮。洛克较早地论证了“向野蛮人学习”的自然教育原理。他在《教育漫话》的开篇就讲述了一个文明的希腊人与野蛮的锡西厄人对话的故事。雅典人看见锡西厄人赤身走在雪地里而感到大惑不解。锡西厄人问：“冬天寒气袭人，你们的面孔暴露在外，为什么经受得住呢？”那个雅典人回答：“我的面孔已经习惯了。”于是，锡西厄人就说：“那么，你把我们的身体看作面孔就好了。我们的身体能够承受一切，只要从小养成习惯就可以了。”[⑤]

---

① ［英］沛西·能．教育原理［M］．王承绪，译．北京：人民教育出版社，1992：21．

② ［法］拉·梅特里．人是机器［M］．顾寿观，译．北京：商务印书馆，1959：40．

③ ［美］杜威．艺术即经验［M］．高建平，译．北京：商务印书馆，2011：18．

④ ［美］约翰·杜威．民主主义与教育［M］．王承绪，译．北京：人民教育出版社，2001：6．

⑤ ［英］洛克．教育漫话［M］．杨汉麟，译．北京：人民教育出版社，2006：9．

按照这个思路，洛克提出了一系列“向野蛮人学习”的身体教育策略：不要让孩子穿得太暖、裹得太紧；可以鼓励孩子从小用冷水洗脚，洗冷水浴；多进行户外活动；要学会游泳；要早睡早起；保证充足睡眠，睡硬床，用棉质床上用品；按时大便；不滥用药物；等等。

英国哲人斯宾塞（H. Spencer）较早就提出了“做个好动物”的自然教育口号。在斯宾塞看来，做个好动物既是个人取得成就的首要条件，也是一个民族强大的首要条件。[①]

斯宾塞强调的“做个好动物”，不仅意味着人类要向动物学习，而且要向野生动物学习。如果将野性与活力作为评估好动物的标准，那么，野生动物就是好动物，家畜就是生存能力退化的动物。野生动物一旦成为家畜，它们就会失去活力。在没有被家养而成为家畜或家禽之前，野猪、野鸡、野鸭的身体是强壮的，它们的感觉也是发达的。“禽类极为矫健，野猪富有攻击性并且决不会让自己在安逸中变得肥胖并被宰杀。”[②]这些野生动物一旦经过饲养，其野性便逐渐萎缩、消退，丧失了动物的本性。“在相同的过程中，人也丧失了他的固有特性，他的皮肤变得苍白，他的身体组织变胖并且他的性格变得平和而易于交往。如此发生的，就是洛伦茨（K. Lorenz）曾称的人的‘家猪化’现象。这种家猪化过程今天仍在发生。”[③]洛伦茨发现：“很多动物原本非常聪明，因为长期被囚禁在狭小的空间，退化成了白痴。”[④]

相比之下，很难被驯养的蚂蚁、蝙蝠、狼等动物拥有更强大的免疫系统和更发达的感觉系统。如果想知道狼的感觉系统有多么发达，可以参见电影《狼图腾》中有关狼对羊的围猎场面。

（三）婴儿的主动精神与自由生长

婴儿的主动精神和自由生长主要显示为婴儿的好奇心、探究欲和游戏精神。婴儿的好奇心、探究欲和游戏精神其实是动物精神的延续和扩展。

---

① ［英］斯宾塞．教育论［M］．王占魁，译．北京：中国轻工业出版社，2016：157．

② ［德］罗姆巴赫．作为生活结构的世界［M］．王俊，译．上海：上海书店出版社，2009：76．

③ ［德］罗姆巴赫．作为生活结构的世界［M］．王俊，译．上海：上海书店出版社，2009：77．

④ ［奥］洛伦茨．所罗门王的指环［M］．刘志良，译．北京：中信出版社，2012：89．

婴儿或幼儿的好奇心会推动他们去探究世界。婴儿或幼儿遇到玩具，他可能会把玩具拆开，以便发现里面的结构。如果婴儿的身边有柜子，他会把所有的抽屉都拉出来，然后把抽屉里的东西扬撒到地上。如果身边有小椅子，他会把小椅子像蚂蚁搬家那样拖到另外的地方，他也可能借助椅子爬到另外的地方。

婴儿和幼儿并不区分游戏和劳动。婴幼儿的劳动就是游戏，婴幼儿的游戏就是劳动。一旦开始游戏，婴幼儿会全身心投入，乐此不疲。他们愿意重复看同样的影像，听重复的故事，重复做同样的游戏。成人往往讨厌电视广告，尤其不愿意看重复播放的广告，但婴儿不仅愿意看重复播放的广告，还会因看到重复的画面或听到重复的声音而更加兴奋。

婴儿接近动物。与动物一样，婴儿只使用口语而很少接近文字，只接受非正式的“做中学”而不接受正式的知识教育。婴儿也因此更有生机和灵气。按照杜威的说法，“参与实际的事务，不管是直接地或者间接地在游戏中参与，至少是亲切的、有生气的”①。在杜威看来，正规教育过于看重符号知识的学习而忽视动作和实践，这样的正规教育往往会导致虚假的学习。②杜威之所以倡导“教育即经验”或“教育即生活”以及“做中学”，可以视为正式教育向婴儿学习方式的回归。

书本知识是人类的骄傲，但人类也为此付出了代价。当人类过度依赖书本知识时，人类就会丢失动物式的体验学习及其“不可言传”的隐性知识。《老子》开篇就以“道可道，非常道；名可名，非常名”宣布行动体验及其隐性知识的教育价值。

在庄子看来，简单的知识也许是可以言传的，但重要的知识或技能只能得之于亲身体验和心领神会。《庄子·天道》讲过一个故事，用现代文来讲述的大意是：桓公在堂上读书，轮扁在堂下做车轮。轮扁问：“您在读什么书？”桓公答：“圣人之书。”轮扁又问：“圣人在吗？”桓公答：“已死。”轮扁于是说：

---

① ［美］约翰·杜威．民主主义与教育［M］．王承绪，译．北京：人民教育出版社，2001：13．

② ［美］约翰·杜威．民主主义与教育［M］．王承绪，译．北京：人民教育出版社，2001：13-14．

“那么，您所读的，不过是古人的糟粕而已。”桓公怒回：“寡人读书，你有什么资格议论？你能够说出道理则可，说不出道理来，你就去死。”轮扁说：“臣就以自己的经历来解释。我砍削木材制作车轮，砍削太精细，则车轮光滑而不坚固。速度太快，则车轮粗糙不合规格。只有不慢不快，得之于手而应之于心，这里面存在很多道理，但臣却不能完整地说出来，也不能教给我的儿子，臣的儿子也不能传承我的这个手艺，所以我七十岁了还在自己做车轮。这样看来，古代的人和不可传的道理都已经死去了，所以，您所读的，不过是古人的糟粕而已。”（原文见资料3-1）

也正因为如此，《淮南子·本经训》云：“昔者，仓颉作书，而天雨粟，鬼夜哭。”仓颉造字原本是人类的骄傲，为何“天雨粟，鬼夜哭”？原因就在于，语言文字虽然给人类文明和文化的传递带来了强大的推动力，但也导致人类因为对语言的盲目依附而造成对语言的滥用以及对“不可教”这条教育古训的遗忘。按照柏拉图的说法，文字的发明貌似方便记忆，实际上却导致遗忘。因为人类会依赖文字而不再努力记忆，也不再用心回忆。①

资料3-1《庄子·天道·轮扁斫轮》

桓公读书于堂上，轮扁斫轮于堂下，释椎凿而上，问桓公曰：“敢问公之所读者，何言邪？”公曰：“圣人之言也。”曰：“圣人在乎？”公曰：“已死矣。”曰：“然则君之所读者，古人之糟粕已夫！”桓公曰：“寡人读书，轮人安得议乎！有说则可，无说则死！”轮扁曰：“臣也以臣之事观之。斫轮，徐则甘而不固，疾则苦而不入，不徐不疾，得之于手而应于心，口不能言，有数存焉于其间。臣不能以喻臣之子，臣之子亦不能受之于臣，是以行年七十而老斫轮。古之人与其不可传也死矣，然则君之所读者，古人之糟粕已夫！”

① ［古希腊］柏拉图．斐德若篇［M］//柏拉图全集．王晓朝，译．北京：人民出版社，2003：197．

二、有智慧且有情感

人类一度被视为“万物之灵”，人类不仅有发达的理性思维，而且人类重视情义。人类与动物最大的区别在于，人类有口语而且有文字，动物只有口语而没有文字。借助文字，人类可以发明并延续科学技术，植物、动物和婴儿很难像人类那样发明科学技术。但是，植物、动物和婴儿有特别的智慧和特别的情感。

（一）植物的“智慧”与“情感”

有些植物不仅“吃土”，也会“吃虫”。在吃虫的过程中，植物会显示出强大的智慧。常见的食虫植物是猪笼草。除了猪笼草，食虫植物还有捕蝇草、锦地罗、捕虫堇、茅膏菜，等等。①

植物有“智慧”，也有“情感”交流能力，植物会照顾自己的亲属。树木尤其是母亲树能识别亲缘关系，有亲缘关系的树木会比陌生的树木长得更好。母亲树旁的小树长得更粗壮。如果旁边的邻居是它们的后代，母亲树自己也会长得更好一些。联系和交流对父母的影响不亚于对孩子的影响。②

人类可以向植物学习的方向之一，就是引导孩子既学会竞争又学会合作。为了发展孩子的竞争力，父母需要为孩子提供亲自挣扎的机会，坚守“勿忘勿助”的原则，不能越俎代庖。“勿忘”要求父母不忽视孩子，对孩子保持应有的关注和关心，为孩子提供了必要的成长资源；“勿助”则要求父母不要过度帮助孩子，不剥夺孩子亲自实践和挣扎的机会。

为了让孩子亲自挣扎，父母最好把参与决策、尝试错误和有所热爱的权利还给孩子，让孩子在参与决策、尝试错误和有所热爱的过程中逐步提升自己的竞争力。同时，父母最好鼓励孩子参与同伴活动尤其是同伴游戏，让孩子在同伴活动或同伴游戏中学会合作。

（二）动物的智慧与情感

几乎所有哺乳动物都有发达的感觉器官，狼、狗、狮、虎、豹等动物的感觉系统尤其发达。“它们的感觉器官精细完善、精美绝伦。其听觉敏锐，外耳可转

---

① 马炜梁，寿海洋．植物的“智慧”[M]．北京：北京大学出版社，2021：38-69.

② [加拿大]苏珊娜·西马德．森林之歌[M]．胡小锐，译．北京：中信出版社，2022：342-344.

动，以捕获最微弱的声音，如草木的沙沙声、其他动物的鼻息声。其眼睛亦敏锐，虽然分辨事物的细部和色彩不够高明，但在捕捉移动的目标时明察秋毫、不可思议。”①

动物之所以有强壮的身体与发达的感觉，也与动物不过度思考有关。卢梭甚至认为，思考是一种疾病。②在杜威看来，“活的动物完全是当下性的，以其全部的行动呈现出来，表现为它们警惕的目光、敏锐的嗅觉、突然竖起的耳朵。所有的感官都同样保持着警觉。你看，行动融入感觉，而感觉融入行动——构成了动物的优雅，这是人很难做到的。活的生物从过去所保留的，与它所期望于未来的，都作为现在的方向而起作用。狗既不会迂腐也不会有学究气。”③

原始人或土著人离动物较近，也像动物那样拥有发达的感觉。“当野蛮人在极为活跃之时，他对周围世界的观察力最为敏锐，他的精力最为集中。当他看到他周围的令人激动的事物时，他自己也被激动起来。他的观察既是行动的准备，也是对未来的预见。”④

人类文明尤其是科学技术是人类精神进步的标志，但每一次科学技术的新发明也伴随着对自然的破坏和人类身体感觉的弱化。“科学造福的方面的进展与它有害的甚至致死的方面的进展相关联。”⑤自然人既不农耕也不游牧，更没有工业，他们只从事“狩猎采集”（hunter-gatherer）。他们也储存食物，但并不过度追求财富。当狩猎采集文明逐步让位给游牧文明、农业文明以及工业文明，人类的感觉系统便逐渐走向衰退。古代人尚以“上帝创造乡村，人类建造城市”而保持某种节制，现代人则更加蚕食乡村，征用土地，建造国际化大都市。城市生活越来越依赖商业与科技，同时也越来越疏远身体与感觉。

---

① ［英］德斯蒙德·莫利斯．裸猿［M］．何道宽，译．上海：复旦大学出版社，2010：23-24．

② ［法］卢梭．论人类不平等的起源和基础［M］．李常山，译．北京：商务印书馆，1962：79．

③ ［美］杜威．艺术即经验［M］．高建平，译．北京：商务印书馆，2011：18-19．

④ ［美］杜威．艺术即经验［M］．高建平，译．北京：商务印书馆，2011：19．

⑤ ［法］埃德加·莫兰．复杂思想：自觉的科学［M］．陈一壮，译．北京：北京大学出版社，2001：5．

人类经历了漫长的狩猎采集时代，相比之下，现代教育所看重的读书以及相关的知识教育，其实只有很短的历史。① 人类逐渐由渔猎采集模式走向游牧业、农业、工业和文化产业，但是我们改变的只是劳动教育的具体形式，人类从来没有完全彻底离开劳动教育。什么时候彻底丢掉了劳动教育，整个教育系统就会出现危机，比如孩子不负责任，喜欢抱怨。旁观者往往抱怨，劳动者选择担当。人类不可能返回“渔猎采集”的原始社会，但人类可以从“渔猎采集”那里寻找教育的秘密，以此强化“教育与生产劳动相结合”的方向与方法。

按照洛伦茨的说法，人类与动物不仅有共同的源头，还受同样的本能驱使。与人类一样，动物有发达的智慧，也有喜怒哀乐的情感。②不少动物也感情纯粹，而且善待自己的子女。

最有爱心的动物是大象。“象妈妈会让幼象睡在她的两腿之间，确保安全。另外，亦会派一头雌象当小象的保姆，帮助象妈妈照顾幼象和保护她的安全。”③大象不仅精心照顾幼小，而且会看护长者。一头年迈的老象身边常有几个“卫兵”在保护它们。与人一样，大象也有同情心。有研究者发现，一头雌象被偷猎者射中，其他大象会难过、不安，会将土撒在她的身上，在离开之前掩埋她。④

除了大象，燕子、乌鸦、狼、河狸、帝企鹅、长颈鹿、骆驼等动物也特别爱自己的子女，不仅为子女提供温暖的家，也尽心为孩子提供足够的食物。虽然鸳鸯尤其是雄性的鸳鸯比较花心，但天鹅却忠于爱情。天鹅找到伴侣之后，就会终身厮守，不离不弃。只要一方丧生，另一方就会终日叫唤不停，直到哀伤而死。⑤

---

① Gray P. The Evolutionary Biology of Education：How Our Hunter-Gatherer Educative Instincts Could Form the Basis for Education Today[J]. Evolution Education & Outreach, 2011(1): 28-40.

② [奥]洛伦兹．攻击与人性[M]．王守珍，吴月娇，译．北京：作家出版社，1987：234.

③ 陈家伟．向动物学习爱[M]．香港：明窗出版社有限公司，2009：4.

④ [美]努斯鲍姆．政治情感：爱对于正义为何重要[M]．陈燕，卢俊豪，译．北京：中国人民大学出版社，2022：214-215.

⑤ 陈家伟．向动物学习爱[M]．香港：明窗出版社有限公司，2009：136.

有关研究显示，狼在生产幼崽之前，会先为幼崽做几个小房间。每个小房间有狭小的支道通往外面，还为幼崽准备可以玩耍的区域。狼会保护和教育自己的子女。小狼稍稍长大，狼爸狼妈就会教它们狩猎、合作。①

法国导演吕克·雅克（Luc Jacquet）执导的《帝企鹅日记》②讲述了在南极生活的帝企鹅的求爱、成婚、生育和保护小企鹅、寻找食物的过程。为了爱情和繁衍，南极洲的帝企鹅在冬天需要从北部往南部迁徙，在那里产卵、孵卵。帝企鹅在风雪中艰难地行走，同伴之间相互照应。到达目的地后，它们开始举行求爱仪式，形成一对一对的“夫妇”。雌雄企鹅恋爱结合之后，企鹅妈妈孕育并诞下小企鹅蛋。为了生存，企鹅妈妈将企鹅蛋交托给企鹅爸爸，自己到远方觅食。经过长达几月的觅食，企鹅妈妈终于安全回来与家人团聚。接着，企鹅爸爸外出觅食。它们就这样轮流工作，直到小企鹅长大。然后，帝企鹅又再次长征，返回家园。在照顾子女的问题上，企鹅先生承担孵蛋的责任，有人认为，企鹅是父爱的代表。孵蛋的日子就如同跟大自然展开一场惨烈的硬仗。企鹅孵蛋需要60天，在这期间，企鹅爸爸需要一直坚守岗位，用自己的体温来温暖脚上的孩子。到了晚上，还要在零下60摄氏度的环境中忍受强风的考验。③

（三）婴儿的智慧与情感

较早倡导“向婴儿学习”的哲人是老子。《老子》一书不仅四次直接提到婴儿，而且全书都在直接或间接地讨论婴儿智慧。《老子》第十章讲“专气致柔，能婴儿乎”；第二十八章讲“复归于婴儿”；第四十九章讲“圣人皆孩之”；第五十五章讲“含德之厚，比于赤子”。老子所推崇的婴儿精神主要有三个方面：不智、不仁、不敢（或不勇）。既不过度“用心”思考，不过度区分善恶，也不过度追求功利而冒险。不智、不仁、不敢“三德”也被称为“道家三宝”。不智即俭；不仁即慈；不敢即“不敢为天下先”。

“不智”就是不玩弄小聪明，并由“无为而无不为”而走向自由。婴儿之“不智”并不意味着婴儿不智慧。老子主张“不智”，恰恰因此而推崇“大智”。

---

① 陈家伟．向动物学习爱［M］．香港：明窗出版社有限公司，2009：42-43．

② 同类主题的电影参见《迁徙的鸟》《微观世界》和《喜马拉雅》《虎兄虎弟》。

③ 陈家伟．向动物学习爱［M］．香港：明窗出版社有限公司，2009：78．

所谓“绝圣弃智”“知者不言，言者不知”或“知者不博，博者不知”，都在强调不玩弄小聪明而守护大智慧。

刚出生的婴儿不会说话，但婴儿有自己的智力、感情和肢体语言。婴儿通过大量的睡眠来发展自己的身体、智力和情感。《老子》第二十章在讨论了“绝学无忧”之后提出：“我独泊兮，其未兆，如婴儿之未孩。……我愚人之心也哉，沌沌兮。俗人昭昭，我独昏昏。”而“沌沌兮。俗人昭昭，我独昏昏”也正是追求“不智”的婴儿形象。婴儿将身体的生长放在首位。新生儿每天睡16小时左右。三岁前的孩子每天睡12小时左右。婴儿虽然多在睡眠状态，实际上却在悄悄地发展自己的身体和心理。

婴儿有特别的智慧，也有特别的情感。在苏醒状态，婴儿会用自己的表情和肢体语言来表达自己的情绪。婴儿会有限交往而不会过度跟他人打交道。在出生后的六个月内，婴儿以自己的方式来观察周围的世界和他人。六个月之后，婴儿会出现“认生”现象，逐步辨别身边的熟人和陌生人。婴儿会跟身边照看他的熟人建立情感依恋关系而拒绝跟陌生人打交道。

“不仁”属道家三宝之“慈”。“慈”即平等之爱，不厚此薄彼，不制造等级。如果说“不智”指向自由，无为而无不为，那么，“不仁”主要指向平等。《老子》第五章提出“圣人不仁”，原句为：“天地不仁，以万物为刍狗；圣人不仁，以百姓为刍狗。”《老子》第五十六章特别强调了不区分的婴儿态度：“故不可得而亲，不可得而疏；不可得而利，不可得而害；不可得而贵，不可得而贱。”有人认为：“此则极力发挥平等之旨者也。由是贤愚不肖，亦一切以平等对待。”①

婴儿的“不仁”就是对不熟悉的任何他人采取一视同仁的态度而不滥施爱心，既不厚爱，也不怨恨。《老子》第四十四章提醒，“甚爱必大费”；《老子》第六十二章提出，即便他人有罪，也不追究，“有罪以免”。《老子》第七十九章总结道：“天道无亲，常与善人。”儒家追求“四海之内皆兄弟”(《论语·颜渊》)，老子则强调四海之内皆“刍狗”。婴儿的“不仁”，就是“以万物为刍狗”，一视同仁。

---

① 陈柱．老学八篇［M］．上海：华东师范大学出版社，2021：72．

三、有竞争且有合作

达尔文的《进化论》重点关注了自然界的竞争现象。克鲁泡特金的《互助论》重点提示了自然界和人类社会的互助现象。[①]事实上，无论动物界还是人类社会，都处在既竞争又合作的动态平衡系统之中。

（一）植物的竞争与合作

植物在向下扎根和向阳生长时，会显示出强大的竞争性。植物会竞争养分，也会竞争阳光。但是，植物并非只有竞争而无合作。加拿大森林生态学家苏珊娜·西马德（S. Simard）在《发现母亲树》中提出，植物是有知觉的，森林有交流能力。一棵树会通过菌根真菌将碳输送给旁边的树木，与同类树木分享资源。在一片森林中，至少有一半的树根是连在一起的。大树会将碳补充给小树。不同的物种也会发生碳迁移，从桦树迁移到冷杉，然后再迁移回来。桦树与冷杉保持互惠互利的关系，冷杉从桦树那里得到好处，但并不会把桦树的碳消耗殆尽，而是平等地将碳回馈给桦树，两者通过共有的真菌和细菌网络，建立了既竞争又合作的交互回馈体系。[②]

也有研究显示，番茄植株会通过丛枝网络向邻近的番茄植株发出病菌的警告信号，邻近的番茄植株会上调自己的防御基因，产生大量的防御酶。[③]

植物不仅与同类合作，而且与微生物合作。植物和真菌相互依存。真菌依赖植物，植物也依赖真菌，“如果土壤里没有适当的真菌，就没有松树”[④]。

（二）动物的竞争与合作

无论竞争还是合作，动物比植物显得更加明显，更容易被看见。虽然动物有类似“饿虎扑食”或“大鱼吃小鱼，小鱼吃小虾”这样的食物链竞争或权力之

---

① ［俄］克鲁泡特金．互助论：进化的一个要素［M］．李平沤，译．北京：商务印书馆，2011：76–77．

② ［加拿大］苏珊娜·西马德．森林之歌［M］．胡小锐，译．北京：中信出版社，2022：223–233．

③ ［加拿大］苏珊娜·西马德．森林之歌［M］．胡小锐，译．北京：中信出版社，2022：313．

④ ［法］马克－安德烈·瑟罗斯．看不见的陪伴：与微生物共生的奇妙之旅［M］．黄行，译．北京：北京日报出版社，2024：18．

争，但是，动物也有合群性，也即我们常说的社会性与合作精神。

最能显示利他行为的是报警鸟。当捕鸟者靠近时，报警鸟会发出警报，甚至会紧急地飞临受威胁的同类身边，让受威胁的鸟与自己一起逃离。报警鸟的报警会暴露自己的行踪，即便如此，报警鸟依然选择给同类报警。①

最有合作美誉的是蚂蚁。《荀子·王制篇》在总结人与动物的差别时指出："人能群，彼不能群也。"但是，类似蚂蚁的动物显然比人类更有合群、合作的精神。蚂蚁的社会化程度和利他主义甚至超过人类。为了集体利益，蚂蚁会自愿选择牺牲自己。如果必须过河或者巢穴被水淹没，蚂蚁会"抱团"，形成"浮岛"随水漂流。蚁后、卵和幼虫等会被置于"浮岛"上层的中间位置。这样的行动不可避免地会有牺牲，特别是位于"浮岛"底层的工蚁。②

蚂蚁有明确的社会分工，通过分工而实现合作。工蚁负责劳动且任劳任怨，兵蚁负责防卫，蚁后专门负责繁殖后代。工蚁和工蜂有各种利他行为。在所有利他行为中，威尔逊的《社会生物学》最看重"食物共享"。在威尔逊看来，除了自杀，没有一种行为比将食物让给同伴更具有利他精神。③

即便如此，蚂蚁之间也有竞争关系。不仅一个蚂蚁家族可能会与另一个蚂蚁家族之间为争夺食物、地盘发生战争，同一个蚂蚁家族内部，也会因为交配权和统治权而发生争斗。一旦蚁后衰老，统治力减弱，其他工蚁就会为了生殖权、生育权和统治权而开始运用权术和谋略，相互威胁或展开残酷的争斗。④

动物界比较残忍的竞争是狮子王的权力之争。狮子王一旦衰老，挑战成功的新狮王不仅会赶走老狮王，还会咬死老狮王的幼崽。但是，有研究显示，母狮会

---

① [美]威尔逊. 社会生物学[M]. 毛盛贤，孙港波，刘晓君，译. 北京：北京联合出版公司，2021：155.

② 冉浩. 蚂蚁之美：进化的奇景[M]. 北京：清华大学出版社，2014：184.

③ [美]威尔逊. 社会生物学[M]. 毛盛贤，孙港波，刘晓君，译. 北京：北京联合出版公司，2021：160.

④ 冉浩. 蚂蚁之美：进化的奇景[M]. 北京：清华大学出版社，2014：36-37.

有办法安抚新狮王，使它放过幼崽。[①]

黑猩猩或猴子的权力之争接近人类的斗争。人类与黑猩猩原本就“十分相似”。有人认为，黑猩猩有三种：生活在热带东非的黑猩猩是第一种；生活在中非刚果的是第二种；人类是第三种黑猩猩。[②]有研究显示，为了争夺统治权，年轻体壮的雄性黑猩猩随时会向首领发起挑战。雄性首领则会跟雌性黑猩猩组成联合阵线，共同击败挑战者。挑战者失败之后，它会跟另外一只较有实力的“小兄弟”组建联盟，一起向首领发起进攻。如果政变成功，挑战者成为新首领后，联盟中的“小兄弟”可能会成为副首领，但也可能因为不被重视而感到失望。被罢黜的老首领则会暗中观察，并不失时机地跟那只失望的“小兄弟”化敌为友，一起攻击刚刚获得王位不久的新首领。随着“小兄弟”的实力越来越强大，它也可能会成为新首领。如果新首领缺乏领袖智慧，不善待雌性大猩猩，不如老首领“亲民”，那么，其他雌性大猩猩则会进行反抗。[③]

动物学家洛伦茨发现：“打斗中的狼不会咬断同伴的脖子，乌鸦也不会去啄同伴的眼睛，如果动物在进化的过程中形成了能致同类于死地的武器，那么这种动物为了生存，就必须形成一种相应的社会禁忌，避免这种武器危及种族的生存。”[④]有人认为，“在这方面，如果将我们人类和动物相比，那么，人类就该因羞耻和惭愧而钻到地底下去。”[⑤]

（三）婴儿的竞争与合作

婴儿和婴儿之间是存在竞争的，几个婴儿在一起玩的时候，随时会出现类似

---

① ［德］德浩谢尔．以动物为镜子：动物们的自然生活之道［M］．李媛，章吟，鱼顺，译．北京：中信出版集团，2023：334-335．

② ［美］戴蒙德．第三种黑猩猩：人类的身世与未来［M］．王道还，译．上海：上海译文出版社，2012：7．

③ ［美］德瓦尔．黑猩猩的政治：猿类社会中的权力与性［M］．赵芊里，译．上海：上海译文出版社，2021：91-175．

④ ［奥］洛伦茨．所罗门王的指环［M］．刘志良，译．北京：中信出版社，2012：225．

⑤ ［德］德浩谢尔．以动物为镜：动物们的自然生活之道［M］．李媛，章吟，鱼顺，译．北京：中信出版社，2023：335-336．

抢夺玩具和相互推搡的竞争，在竞争中受了委屈的一方随时会哭喊。不过，即便抢夺玩具或相互推搡，婴儿也不会使用工具去攻击对方。像动物一样，婴儿争斗时，只会赤手空拳，双方以力量取胜，绝不使用致命的武器。在这一点上，婴儿的竞争类似动物的争斗。雄性黑猩猩在争斗时，不会轻易使用犬牙。据《黑猩猩的政治》一书记载，雄性黑猩猩严格遵守规则，只用它们的四肢来战斗，从未用过犬齿来咬。雄性黑猩猩有时也咬雌性黑猩猩，但它们用的只是门齿。[①]

即便婴儿之间发生争斗，也只是点到为止，并不怀恨在心，也不会轻举妄动，这就是道家所追求的“不敢”。婴儿像水一样柔，却总是能够以柔克刚、以弱胜强。《老子》第七十八章的说法是：“天下莫柔弱于水，而攻坚强者，莫之能胜，以其无以易之。弱之胜强，柔之胜刚，天下莫能知，莫能行。”

除了竞争，婴儿与婴儿之间也存在大量的合作。婴儿总是以善意的态度对待任何他人。一个会爬会走的婴儿，在见到另一个婴儿时，他会很快地移向对方，跟对方在一起爬行、嬉闹或游戏。当几个婴儿在一起游戏时，他们会相互合作，即便在游戏过程中偶尔发生不愉快的抢夺、推搡，也会立刻握手言和，完全忘记刚才的不愉快，再次投入共同的游戏之中。

总之，人的生命本于自然。最初，人离自然很近。后来，人凭借文字、科学技术等，使自己从自然中出走。人从自然中出走之后，并没有彻底超越自然，从自然教育学的视角来看，人既不能过度离开自然，也不可能彻底回归自然。立足于自然教育学的家庭教育，需要在人文教育与自然教育之间保持必要的平衡。当社会越来越倾向于人文教育或人为教育，那么，家庭教育就应该引导孩子走向自然和亲近自然。走向自然和亲近自然的基本途径是向动物学习、向植物学习、向婴儿学习。

---

① ［美］德瓦尔．黑猩猩的政治：猿类社会中的权力与性［M］．赵芊里，译．上海：上海译文出版社，2022：113．

第二节　主体教育

主体教育就是尊重孩子主体地位的教育。每个孩子都有求生、求尊重和求自由的本能。这些本能为孩子的主体性提供源源不断的动力。只要发挥孩子的主体性，孩子就会主动生活、主动学习。为了发展孩子的主体性，父母最好做到三个“还给”：一是把参与决策的权利还给孩子；二是把尝试错误的权利还给孩子；三是把有所热爱的权利还给孩子。所谓“还给”，即意味着，这些权利本来是属于孩子的，我们所要做的，不过是“物归原主”而已。

一、参与决策

让孩子参与决策就是让孩子出谋划策并自由选择。让孩子参与决策主要有三个途径：尽早让孩子参与决策；让孩子从“小决策”逐步过渡到“大决策”；引导孩子形成“中策思维”和“代价意识”。

（一）尽早参与决策

孩子参与决策有一个发展的过程。为了发展孩子的决策能力，父母可以让孩子尽早参与家庭决策。无论是买房子、买家具，还是到饭店就餐时点菜，抑或购买孩子的衣服或玩具，父母都可以征求孩子的意见。三岁左右的孩子已经可以对自己选择什么玩具、吃什么菜做出自己的决策。小学和中学阶段的孩子可以对购买什么家具、衣服甚至购买什么样的房子发表自己的意见。

孩子的意见可能并不完全合理，但不那么合理的意见也需要被尊重。正因为孩子的意见最初不那么合理，才需要父母引导孩子逐步学习做出合理的决策。好的家庭教育可以培养出一个善于决策的孩子。在孩子邀请朋友来聚会或被邀请参加朋友聚会时，父母可以引导孩子设计聚会的主题和项目。从小就参与家庭决策的孩子，到了幼儿园和小学就会驾轻就熟地主持班级管理的各种事务。

（二）从小决策到大决策

孩子不可能总是做出正确的决策，错误的决策可能会导致不同程度的后果或代价。但是，父母也不能因为孩子偶尔出现决策失误就剥夺孩子参与决策的权利。即便错误的决策会导致某些后果，孩子或父母会为之付出代价，这种代价也是孩子成长的一个部分。任何成长都会付出代价，父母要做的只是尽可能引导孩子用更小的代价赢得更大的成长。

为了让孩子用更小的代价赢得更大的成长，父母可以先让孩子在“小事”上自我决策，再逐步学习在“大事”上自我决策。因为是“做小事”，即便孩子的自由选择出现错误，也不会给孩子的成长带来太大的危险或太大的代价。

（三）养成三策思维与代价意识

父母可以引导孩子尽早养成“上策、中策和下策”的三策思维。当孩子遭遇问题时，可以向父母请教或请求父母提供帮助。但是，父母不要轻易帮助孩子去解决问题，智慧的父母往往会引导孩子自己去主动分析问题并设想解决问题的策略。

在孩子寻找解决问题的策略时，父母可以引导孩子展开“三个方案”的思考：一是解决这个问题的最佳方案，以此引导孩子形成“上策”思维；二是解决这个问题最简单的办法，以此引导孩子形成“下策”思维；三是在最佳方案和最简单方案之间，寻找一个折中方案，以此引导孩子形成“中策”思维。

如果孩子遭遇问题时形成了上策、中策和下策的思维习惯，这个孩子就有了积极主动的精神气质。相反，如果缺乏上策、中策和下策的主动思维意识，孩子就会陷入被动和平庸的生活。“同学的差别”或同事的差别，主要就在于谁有主动精神，谁比较被动。

判断上策、中策和下策的关键指标是利益与代价。这需要父母和孩子有一些基本的经济学思维或经济学智慧，其核心是“利益论”，但“利益论”的背后则是“代价论”。任何选择和行为都会付出代价，不同之处在于：有些选择及其行为将会付出较小的代价而获得较大的利益，有些选择及其行为将会付出较大的代价而获得较小的利益。

正因为孩子的主见及其决策会牵涉孩子的个人利益、家庭利益和社会利益以及相关的代价，父母一般很难做到“尊重孩子的选择”。“尊重孩子的选择”是一个艰难的过程，也是考验父母是否具有家庭教育智慧的关键指标。当孩子提出自己的主见或决策时，父母可以从个人利益、家庭利益与公共利益三个维度来评估孩子的决策。

当孩子的个人决策仅仅涉及孩子的个人利益时，父母最好允许孩子按照自己的喜好做出决策。即便孩子的选择出现明显的偏向，也可以让孩子保留自己的选择。美国诗人弗罗斯特（R. Frost）的说法是："两条路在树林里分岔，我选择走人少的那条。"

当孩子的选择涉及社会利益时，父母最好引导孩子强化底线意识，不能因为自己的个人选择而侵犯公共利益。公共生活的决策总是需要尊重多数人的意见，否则就会被视为刚愎自用。

家庭利益介于个人利益与社会利益之间。如果孩子的个人决策占用了较多的家庭资源并可能对家庭构成重大的伤害，父母最好让孩子主动切割关系，在不占用家庭资源的前提下做出自己的自由选择。如果孩子的个人决策只占用了较少的家庭资源并可能只对家庭构成较小的伤害，父母就可以尊重孩子的选择。

如果协商之后，长时间无法达成求同存异的共识，父母最好先让孩子按照自己的意图去谋划或尝试，等到孩子自己意识到错误并向父母请教时，父母可以提出自己的参考意见。父母要让孩子尽早建立一个强大的信心："即便我的选择是错误的，父母也会尊重我的选择。"这样的信心会让孩子更愿意倾听父母的意见。

二、尝试错误

真正有效的教育是试错教育，与之相关的教育哲学是"试错哲学"。有教育智慧的父母总是相信孩子并鼓励孩子亲自尝试，常用的话语是"没问题，我相信你能做好"。没有教育智慧的父母更重视说教，有意无意地鼓励孩子成为"乖孩子"或"听话的孩子"。

（一）尽早让孩子尝试错误

一般而言，年龄越小，尝试错误所付出的止损代价越小；年龄越大，尝试错误所付出的止损代价就越大。儿童阶段是孩子犯错成本最低的时期，父母要给孩子提供足够的"容错"空间。如果不让孩子小时候在小事上犯错，将来则有可能在大事上犯错。如果父母让孩子从小就拥有自由选择和尝试错误的权利，孩子就会逐步积累经验，他就不会在"大事"的选择上出现胡闹或任性的问题。

智慧的父母总是先在日常生活中给孩子留出尝试错误、自由选择的空间，让孩子逐步成长为有主见、有决策力的人，如此，孩子才有可能养成"大事不糊涂"的决策能力。

与孩子相比，父母当然更有经验。凭借已有的经验，父母容易出现包办代替、过度帮助孩子和过度教训孩子的倾向。父母的提醒以及书本知识的传授确实是重要的，没有必要让孩子一切都亲身实践、从头开始，人类文明的基本标志就是用书本知识保存前人的经验，让后人借助前人的经验，节省亲自尝试的成本，降低学习的代价。

可是，如果过度依赖父辈经验或书本知识，一味减少或阻止孩子尝试错误的体验学习，孩子就可能成为事事依赖他人的懒汉或纸上谈兵的书呆子。让孩子亲自尝试和亲自体验，看似付出了更多时间和更多精力，但却强化了学习的效果。

父母没有必要故意创设让孩子受挫和失败的情境，但是，当孩子在真实的生活中遇到自己可以克服的挫折和困难时，父母最好保持必要的关注，守望即可，不要急于提供帮助。

尝试错误的最大价值在于，对自己的选择负责的积极效应就是愿意付出努力，坚持完成目标。美好的意志品质就是愿意持久地努力而且怀有不达目的誓不罢休的决心。

尝试错误之所以是有效的，还因为人有追求自由的本能冲动。在父母的控制和权威下，虽然孩子也愿意持久地努力，但是，这种坚持和努力只是一种意志的假象。如果孩子总是为了讨好他人或者总是在被控制的状态中坚持做事，那么，这个孩子迟早会厌恶这种被控制的感觉并因此而彻底放弃。

试错学习的最大意义在于，试错伴随了人的自由选择。它保证了人对自由的追求。自由选择并尝试错误有两种可能：一是自由选择了自己感兴趣的项目；二是自由选择了自己不感兴趣的项目。但一般而言，很少有人自由选择自己不感兴趣的事，除非这个人有自虐倾向。

孩子天生就有主动性。孩子的主动性需要在尝试错误的过程中发展起来。父母既要有“教”的责任，也要有“不教”的智慧。只要不压制孩子、不打击孩子的积极性，每个孩子都会在尝试错误中主动学习。中国自古就有“儿孙自有儿孙福，莫为儿孙作马牛”的说法。这个说法成立的前提条件是：每个人都有主动生长的本能。如果不尊重孩子的主动性，家庭教育就可能出现“母强子弱”的后果。尽管历史上也有“虎父无犬子”或“强将手下无弱兵”的说法或相关的案例，但前提是，“虎父”和“强将”总是放手让孩子或手下自己探索、自己反思并自己承担责任。

（二）给孩子自我纠错的时间

即便孩子在尝试中出现了错误，父母也不要立刻帮助孩子纠错。父母要学会守望和等待，给孩子提供自我反思、自我修复、自我调整的时间。

尝试错误之所以能够促进人的成长，是因为尝试错误将给尝试者提供两种自然选择。一是尝试失败并承受痛苦。这是自然后果惩罚。多次失败后，经历了严厉的自然后果惩罚，便不再坚持相关的行为，形成禁忌。二是尝试成功并继续坚持，最后形成稳定的习惯。这是自然成果奖励。

更常见的情况是，尝试之后，出现了错误或遭遇了暂时的失败。于是，孩子继续尝试，继续努力，并在后续的尝试和努力中纠正了相关的错误，修补了某些漏洞。最后虽然没有大获全胜，却也有不少收获。这样的努力不仅让孩子收获了部分的成功，而且强化了孩子做事的信心。

缺乏教育智慧的父母，总是喋喋不休地教训孩子、指责甚至责骂孩子，智慧的父母总是鼓励孩子自己尝试错误，并给孩子留出自我纠错、自我修复的时间和空间。人的成长是一系列“尝试错误”和“自我纠错”的结果，人就在尝试错误的过程中逐渐长大。

唯一的问题是，如果孩子的选择会对自己或对他人的生命安全构成威胁，那么，父母就需要适度介入。适度介入意味着最终的选择权仍然在孩子那里，而不是完全剥夺孩子的自由选择。否则，孩子的意志就会逐渐萎缩甚至完全消失。

（三）先学后教

先学后教就是让孩子自己往前走，父母跟在孩子的后面走。如果孩子出错了，也让孩子自我调整，不轻易给孩子提供帮助。当孩子遇到实在解决不了的问题，父母才偶尔指点或帮助孩子。

在先学后教的过程中，孩子出错之后，父母也不要急于为孩子提供帮助，要给孩子留出自我纠错、自我修复的时间和空间。孩子在尝试的过程中难免会出错，但错误本身就是最好的教育资源，孩子会从错误中领会正确的办法以及应该做什么和不应该做什么的规则。

先学后教意味着父母对孩子由“牵着走”转换为真正的“放手”，由“圈养”转换为“放养”。父母的教是必要的，但教的目的是以后的不教。父母的主要责任不再是给孩子讲道理，而是兴起和引发孩子自信、自学、自治的激情。当父母兴起和引发孩子展开尝试错误的学习之后，再针对孩子在自学过程中出现的问题，提供必要的指导。

先学后教的关键是让孩子走在前面。这是一种“放牛”的智慧。有关人与牛打交道的智慧，主要有以下三个说法。

第一，牵住牛鼻子。牛有蛮力，不易被征服。但是，如果人能够牵住牛鼻子，抓住问题的关键，就可以更省力地解决问题。

第二，强按牛头不喝水。如果牛不想喝水，摁着牛头强迫它喝水，也是枉然。但是，可以把牛带到水边。至于牛是否喝水，由牛自己决定。不喝水倒还是小事，如果把牛惹急了，它会用牛角反抗。做事需要通情达理，顺理成章，不能采用粗暴的强制办法。

第三，让牛走在前面。耕田时，牛总是走在人的前面。这是发挥牛耕田的作用。放牛时，也要让牛走在前面。如果人主动为牛操心，自以为是地牵着牛到某块草地，牛可能并不喜欢吃那里的草。只有让牛走在前面，给牛足够的自由，让牛自己去寻找，牛才能找到自己喜欢吃的草。

同样，在父母与孩子之间，也最好有一个转换的过程：学前阶段，父母可以走在孩子的前面，做孩子的引路人；但是，孩子到了小学阶段，就可以试着让孩子走在前面。

有一位姓黄的老师讲过一则《父亲的脚后跟》的故事。黄老师小时候经常跟着他的父亲进城，但是他总是跟在父亲的后面，看着父亲的脚后跟走，从来不走在父亲的前面。有一天，小黄和父亲翻一个小山坡，他走得比较慢，等他翻过山坡时，已经看不到他的父亲了。他又害怕又焦虑，在那里哭喊，一直坐在那里哭了几个小时，直到他的父亲回来接他。

人们可能会困惑，怎么会有这样粗心大意的父亲？回到家了才知道把自己的儿子弄丢了？其实，几乎每一个父母都可能犯类似这样的错误。父母往往很自信地、一往无前地给孩子讲道理，以为孩子都能理解。其实，父母不知道，孩子可能根本没有领会。

在《父亲的脚后跟》这则故事中，孩子之所以被弄丢了，是因为父亲一直走在前面，孩子只能看到父亲的脚后跟，并且他看到的只是父亲的鞋子不停地晃动、左右交替。一旦没有了父亲的鞋子在前面带路，便没有了方向。

黄老师在这则故事的结尾说：“我深深地相信，当时父亲如果像赶牛一样让我走在前头，出城的时候便用手指明家的方向，然后问我：吴厝的大榕树，旧厝的土地庙，阿公溪上的铁桥，南坑阿婆家后的小径……你认不认得？且在我点头之后，叫我逐一带路走过，我必定在走过一趟之后就知道回家的路怎么走了。如果父亲是上乘的教育家，也许他会在指明家的方向后，便要我带路，他在后面，宁可多走一点冤枉路，一边加以修正，一边画图比较近路与远路，如此，我便不只会熟悉家、城之间的路径，而且整个交通我都会明白，还能够帮他办一点事情。”

同样，如果父母是“上乘的教育家”，他也可以让孩子自己先尝试错误，让孩子自己往前走，父母跟在孩子的后面。当孩子在尝试错误的过程中遇到了困惑，父母可以偶尔做一个“解惑”的人。父母跟在孩子的后面走，孩子虽然可能会“走弯路”，但他在尝试错误的过程中会逐渐摸索出前进的方向，也会掌握知识的来龙去脉。

一旦孩子开始走在父母的前面，父母的责任就变成辅导而不再是主导。在教育孩子的问题上，父母要有所为、有所不为。表面上看，“先学后教”只是一个空间位置或时间先后的改变，实际上，先学后教的方式意味着一个重要转变：由“父母主体”的教养模式转向“儿童主体”的教养模式。

只有经历了足够的尝试错误和参与决策的锻炼，孩子才有可能形成自己的主见和志向。只有自由选择才能发展出自由意志。父母可以引导孩子在自由选择的过程中建立自信并养成坚持做事的意志品质。如果孩子的自由选择越过了底线，父母可以对孩子过分的要求说不，同时，为孩子提供替代的选择方案。①如果孩子的选择并没有越过底线，父母最好让孩子自由决策。即便因为孩子的选择导致了挫折，父母也最好引导孩子正确看待失败，不仅将失败视为成功的必要环节，而且将有风度地接受失败视为人际交往的大智慧。

---

① [美]德雷克斯，索尔兹．孩子：挑战[M]．甄颖，译．北京：生活·读书·新知三联书店，生活书店出版有限公司，2015：249．

三、有所热爱

无论让孩子尝试错误还是让孩子参与决策，其最终目的都是让孩子有所热爱。有所热爱就是让孩子拥有自己所爱之物、所爱之事和所爱之人。无论选择自己所爱之物、所爱之事还是所爱之人，都必须通过“有所希望”来拓展爱的范围，并由此让自己“有所行动”。在孩子有所希望、有所热爱和有所行动三者之间，有所希望相当于立志，它是热爱和信念的动力。也因此，有人将希望视为“最人性的东西”[①]。父母最好引导孩子过有希望和有志向的生活，通过希望去兴起和引发孩子的热爱和信念。如果孩子有所希望，并由此唤醒自己的热爱和信念，孩子就会投入行动。相反，如果没有希望，孩子就不会有热爱和信念，更不会去行动。

（一）让孩子选择自己的专业与职业

每个孩子都有自己的学科偏好、专业偏好和职业偏好。孩子的专业和职业偏好来自孩子的好奇心和想象力。只要打开了视野，好奇心和想象力就会驱使孩子对各种事物、活动感兴趣。最初，孩子只是因为好奇而愿意尝试，他并没有固定的兴趣和爱好。父母也很难知道孩子究竟在哪个领域有足够的潜能和天赋。如果孩子最初不知道如何选择和决策，父母可以为孩子提供类似二选一或三选一的“有限的选择”，让孩子从“有限的选择”逐步过渡到足够自由的选择。[②]当孩子初步显示出某种专业或职业倾向之后，父母可以鼓励孩子发展自己的专业偏好或职业偏好。

父母可以引导孩子选择自己的专业或职业。选择的依据主要有三条：一是孩子个人的兴趣；二是社会的需求；三是家庭资源。父母往往根据社会需要和家庭资源来引导孩子选择专业或职业。考虑社会需求的理由是，除某些冷门的或基础的专业外，社会需求的专业以及相关的职业往往能够带来更好的经济收入。考虑家庭资源的理由是，如果孩子选择的专业或职业与父母以及其他亲戚朋友的专业与职业相关，家庭就能够给孩子提供更多的资源和支持。

但是，在个人兴趣、社会需求和家庭资源这三者之间，可以优先考虑孩子的

---

① ［德］布洛赫．希望的原理（第一卷）［M］．梦海，译．上海：上海译文出版社，2012：67．

② ［美］简·尼尔森．正面管教［M］．玉冰，译．北京：北京联合出版公司，2016：77．

兴趣和优势领域。优势领域和兴趣所向原本具有内在的关联。孩子感兴趣的领域，往往就是自己的优势领域。反之，如果孩子在某个学科、专业或职业中没有掌握相关的技巧，缺乏基本的掌控感，孩子就很难对这个学科、专业或职业产生兴趣。就此而言，父母确实可以根据社会需求、家庭资源来鼓励孩子选择相关的专业或职业。即便如此，父母也只能鼓励孩子去尝试。如果孩子尝试了某个专业或职业之后，仍然不感兴趣甚至产生反感的情绪，父母最好尊重孩子的选择，让孩子根据自己的兴趣选择自己的专业或职业。否则，即便孩子按照父母的愿望选择了他不感兴趣的专业或职业，可能迟早也会转换专业或职业。一个人如果长期跟自己不感兴趣的专业或职业打交道，可能会过得辛苦、不开心。

在帮助孩子选择职业时，父母可以引导孩子对自己感兴趣的某个职业进行真实的、比较完整的了解和理解。了解和理解的标准是：能够比较准确地描述该职业的操作程序、操作技术，能够比较准确地描述该职业有哪些艰难与欢乐。为了让孩子对某职业有真实的了解和理解，父母可以引导孩子研究该职业的历史、内部分工和种类，也可以推动孩子进入职业的现场实地考察或体验。

为了让孩子对该职业有更深入的了解，父母可以引导孩子“喜爱”或“崇拜”该职业领域的某个或某几个“业界名人”，推动孩子阅读相关的传记，通过传记性的“个人生活史”来体验该职业的艰辛与欢乐。此外，父母还可以引导孩子把自己喜欢的某个或某几个职业与自己正在学习的某个学科（指中小学）联系起来，不仅引导孩子理解中小学的某个学科和职业的对应关系或相关性，而且引导孩子理解自己喜欢的某个职业与高等院校或职业学校某个专业的对应关系，让孩子不至于将来在面对“高考志愿”或“中考志愿”时茫然无头绪、手足无措。

可以引导孩子考虑以下六个方面的问题：（1）这个学科在大学对应哪些具体的专业或方向？（2）这个学科所对应的大学专业一般开设哪些课程？（3）这个学科所对应的专业将来可以从事哪些职业？或者说，这个专业有哪些相关的就业岗位？（4）从事与这个学科相关的专业或职业有哪些困难的地方？或者说，要学好这个学科或专业，需要具备哪些条件？需要克服哪些困难？（5）从事与这个学科相关的专业或职业有哪些乐趣？（6）这个学科或专业、职业领域有哪些知名人物？或者说，可以从哪些小说、影视剧、新闻报道中看到这些知名人物的故事？

自我规划是自治的终极目标。一旦孩子有了自我规划意识，对自己将来的专业和职业有了比较清晰的计划和决心，家庭教育即便不算大功告成，至少可以放手让孩子独立而自由地成长。不过，自我规划只是一种为自己树立可为之奋斗的目标，并不需要严谨、周密的计划。人生原本充满大量不确定性，过度规划必导致失败。按照雅斯贝尔斯的说法，过度计划，失去了自由，灾难就会随之而来。

（二）让孩子选择自己的业余爱好

发展业余爱好主要有三条基本途径：一是打开视野并“见贤思齐”；二是尝试“多方面兴趣”；三是博约结合并由博返约。

为了让孩子打开视野，父母可以鼓励孩子观看成人或小伙伴展示的游戏化的劳动（比如做美食）、运动、艺术活动。观看或欣赏之后，父母可以鼓励孩子去模仿、尝试。一个孩子之所以热爱做“后空翻”的运动游戏，可能是因为他看过“后空翻”的表演。如果孩子没有看到他人做这样的“后空翻”表演，他既不知道人可以完成这么高难度的动作，也不会对自己能够做“后空翻”的动作抱有信心。孩子必须先观看他人表演“后空翻”并从中看到自己也能成功模仿的希望，才会带着自己的希望去尝试，并在观看他人成功或自己成功的过程中坚定自己的信念。在尝试成功之后，孩子从中看到自己的能力并感受到来自他人的尊重，他就会产生热爱。

可以鼓励孩子发展某个业余爱好，但是，在让孩子关注某个业余爱好之前，父母最好鼓励孩子发展“多方面兴趣”。学前阶段和小学阶段是孩子发展多方面兴趣的最佳时期，因为学前阶段和小学阶段不仅是孩子学习各种劳动、运动和艺术技巧的敏感期，而且没有繁重的学业负担。

发展多方面兴趣可能会让孩子走向全面发展。即便走向全面发展，也尽量让孩子拥有自己的特长，特长与全面发展并不矛盾。父母可以鼓励孩子博约结合并由博返约。所谓由博返约，就是在发展多方面兴趣的过程中，集中时间和精力发展其中的某个优势项目，并让优势项目变成自己的特长。有了某个特长之后，可以鼓励孩子由此及彼，由一个特长扩展为两个或多个特长。最好鼓励孩子有一到两个“文艺”特长，同时发展一到两个“体育”特长。

（三）让孩子选择自己的友人与恋人

孩子所爱之人主要包括亲人、友人和恋人。三者之中，父母容易干涉孩子对友人和恋人的选择。

父母之所以容易干涉孩子对友人的选择，主要是因为父母往往希望孩子与优秀的伙伴交朋友。《论语·学而》似乎也有类似的观点："无友不如己者。"但是，所谓"无友不如己者"，主要指不要跟与自己志向不同的人交朋友。只要志向相同或价值观念一致，即便学习成绩不如自己，也可以交朋友。也因此，"无友不如己者"也可以理解为：没有什么朋友是不如自己的，每个人都有自己的长处。《论语·述而》也有类似的说法："三人行，必有我师。"相反，如果将"无友不如己者"理解为不与不如自己的人交朋友，那么，每个人都希望与更优秀的人交朋友，天下就没有朋友了。

比较可取的办法是：鼓励孩子与志趣相同的伙伴交朋友。为了寻找志趣相同的朋友，父母可以引导孩子发展自己的业余爱好。一旦孩子有了一个或几个业余爱好，就会因为"物以类聚，人以群分"而遇见更多的朋友。

更重要的是，父母可以鼓励孩子成为独立而强大的人。他人既不是"地狱"①，也不是"天堂"。即便有了朋友，也要保持交往的边界，不能过度依赖任何他人。只有自己成为独立而强大的人，才会有更多的他人愿意成为自己的朋友。《史记·李将军列传论》的说法是："桃李不言，下自成蹊。"

通向独立而强大的基本途径是做事，并在做事的过程中与他人合作。无论是亲爱、友爱还是恋爱，都必须在做事的过程中与人保持合作和交往关系。相反，如果缺乏独立做事的习惯和能力，人就会成为无所事事的空心人。有所热爱，几乎就是从"无所事事"的空心状态到"专心致志"和"心有所属"的做事状态。"对某事的关心，就是有所寄托，通过这种寄托，人得以扎根世界。"②

在友人和恋人之间，父母更容易干涉孩子对恋人的选择。父母操心孩子对恋人的选择，这是可以理解的。因为恋人以及将来的"成家"，会影响孩子的"立业"，也会影响孩子的终身幸福。即便如此，父母也不要轻易干涉孩子对恋人的

① 萨特在《存在与虚无》的第二卷和第三卷中讨论了"他人即地狱"以及自我与他人的关系问题，并在随后发表的戏剧《禁闭》中首次喊出了"他人即地狱"的口号（也译为"地狱即他人"）。

② 高德胜．论有所热爱的意义及其教育遭遇［J］．教育发展研究，2023(22)：1-10．

选择，更不能代替孩子选择恋人。

父母可以做的是，在孩子恋爱之前就让孩子尽早参与家庭决策，让他有主见。不仅尽早让孩子参与决策，而且尽早让孩子尝试错误，并从尝试错误中总结经验和教训。孩子尝试了各种小错误之后，他在专业选择、职业选择或伴侣选择这样的大事上就不会轻易犯错。

总之，保护和激发孩子的主体性及其主动性主要有三个途径：把参与决策的权利还给孩子；把尝试错误的权利还给孩子；把有所热爱的权利还给孩子。如果父母经常让孩子参与决策、尝试错误、有所热爱，那么，孩子就会成为有主见、有责任担当、有生活情趣的人。在三个“还给”中，最重要的是“把参与决策的权利还给孩子”。其他两个“还给”皆由“把参与决策的权利还给孩子”派生出来。也可以将其他两个“还给”视为“把参与决策的权利还给孩子”的延续与扩展。只要父母做到了“把参与决策的权利还给孩子”，就可以顺势实现另外两个“还给”。如果父母完全剥夺孩子参与决策的权利、尝试错误的权利、有所热爱的权利，孩子就可能以各种形式表达不满、叛逆，甚至会像美国电影《死亡诗社》（*Dead Poets Society*）里的尼尔（Neil）那样以极端的方式反抗父母。

第三节 积极教育

积极教育的理论基础是积极心理学。美国学者马斯洛（A. Maslow）较早倡导积极心理学，直到1998年，积极心理学才由美国心理学家塞利格曼（M. Seligman）发展为正式的学科。[①]作为一门学科的积极教育学至今尚未诞生，但强调积极主动和积极暂停的教育思想并不少见，也有不少学者明确倡导“积极教

① ［美］杜安·舒尔茨，西德尼·舒尔茨．现代心理学史［M］．叶浩生，杨文登，译．北京：机械工业出版社，2014：474-475．

育”（也译为“正面管教”），比如德雷克斯[①]、尼尔森[②]。积极心理学倡导积极乐观的解释风格、积极主动的行动精神和积极暂停的底线意识。[③]积极乐观、积极主动和积极暂停可以视为人类生存的重要进化机制。从进化理论的视角来看，积极乐观、积极主动和积极暂停的人更容易获得生存的优势。相反，缺少积极乐观、积极主动和积极暂停精神的人，容易失去生存的基本资源。

一、积极乐观

积极乐观的基本策略是以积极肯定的心态去解释世界，形成积极肯定的解释模型。在真实的生活中，我们总会遇见和遭遇一些障碍、尴尬或令人不愉快的事件。有时候我们很难改变世界，很难改变他人，但是，我们可以改变对这个世界的解释风格或归因模式。积极心理学倡导三个解释风格或归因模式：当好事情发生时，将其归结为内因、必然性和普遍性；当遭遇坏事情时，将其归结为外因、偶然性和个别性。[④]

（一）内因与外因

积极的归因模式是将坏事归结为外因而将好事归结为内因，倾向于自我肯定和自我表扬。反之，消极的归因模式是将坏事归结为内因而将好事归结为外因，倾向于自我否定和自我忏悔。

当坏事发生的时候，父母可以引导孩子把这件事解释为外部原因，而非自己的内在原因。如果孩子的数学考试成绩下降了，父母可以引导孩子做内因与外因的归因分析，将数学成绩下降的原因归结为这次的试题难度提高了，不必过度在自己身上找原因。即便孩子的数学考试成绩在班级或年级的排名下降了，父母也可以引导孩子分析外部原因而不必过度自责。比如，这段时间睡眠太少，可以恢

---

① ［美］德雷克斯，索尔兹．孩子：挑战［M］．甄颖，译．北京：生活·读书·新知三联书店，生活书店出版有限公司，2015：111.

② ［美］尼尔森．正面管教［M］．玉冰，译．北京：北京联合出版公司，2016：1.

③ 刘良华，冯嘉慧．兴发教学论［M］．南昌：江西人民出版社，2023：4-19.

④ ［美］塞利格曼，莱维奇，杰科克斯，等．教出乐观的孩子［M］．洪莉，译．杭州：浙江人民出版社，2013：40-45.

复正常的睡眠习惯。或者，这段时间吃外卖太多，导致拉肚子，影响了心情。自我归因当然也是重要的，但不必让孩子养成过度反思、过度忏悔的心态。

当好事发生的时候，父母可以引导孩子把这件事解释为自己努力的内在原因，同时表扬孩子努力的过程，而不是成功的结果。如果孩子的数学考试成绩明显上升，父母可以引导孩子做内因与外因的归因分析，将成绩明显上升的原因归结为孩子近期学会了预习，“预习比复习更重要”。或者，父母可以引导孩子将数学考试成绩明显上升的原因，归结为孩子近期改进了做练习的方法，能及时订正错题，建立了“不懂就问”的好习惯，等等。

（二）必然性与偶然性

必然性与偶然性也可称为永久性与暂时性。积极的归因模式是将坏事归结为偶然性而将好事归结为必然性。反之，消极的归因模式是将坏事归结为必然性而将好事归结为偶然性。

当坏事发生的时候，父母可以引导孩子把这件事解释为暂时的，而不是永久的。可以引导学生思考，如果做什么努力，那么以后就不会发生这样的坏事。如果孩子数学考试成绩下降了，父母可以引导孩子做必然性与偶然性的归因分析，将数学考试成绩下降的原因归结为偶然性。比如：因为这次数学试题的难度突然提高了；因为身体偶然生病；因为临时更换了数学老师，暂时不适应新老师的教学方式；等等。

当好事发生的时候，父母可以引导孩子把这件事解释为永久的，而不是暂时的。父母可以引导孩子思考：如果继续做哪些努力，那么这类好事还会继续发生？如果孩子的数学考试成绩明显上升了，父母可以引导孩子做必然性与偶然性的归因分析，将原因归结为：近期不仅增加了“刷题”练习，而且在“刷题”的过程中学会了归类分析；因为近期适应了数学老师的教学方式；等等。只要努力保持这样的学习习惯，数学考试成绩就必然会好起来。

（三）普遍性与个别性

普遍性与个别性也可称为全部与局部。积极的归因模式，是将坏事归结为个别现象，将好事归结为普遍现象；反之，消极的归因模式，是将坏事归结为普遍现象，将好事归结为个别现象。

当坏事发生的时候，父母可以引导孩子把这件事解释为个别现象而不是普遍现象。如果孩子哭诉“所有同学都不想跟我玩”，父母就可以引导孩子做个别性与普遍性的归因分析：究竟发生了什么事？“究竟是哪个同学不愿意跟你玩？”查明原因之后，父母可以进一步引导孩子做出判断：“只是某某同学不想跟你玩，而不是所有同学都不想跟你玩。那个同学之所以如此，可能有什么原因。如果你做一些努力，那么，以后就不会发生这样的坏事。”

当某件好事发生的时候，父母可以引导孩子把这件事解释为普遍的，而不是个别的。如果孩子说“某某喜欢跟我玩”，父母就可以引导孩子做个别性与普遍性的归因分析：究竟发生了什么事？“那个同学为什么愿意跟你玩？”查明原因之后，父母可以进一步引导孩子做出判断：“某某同学之所以喜欢跟你玩，主要是因为你善良，愿意帮助他人，从不在背后议论他人。只要你努力保持这样的好性格，还会有更多同学喜欢跟你玩。”

也有人将上述三种归因称为三个方向：外部、局部、可变。[①]这三个方向正好对应塞利格曼提出的三个维度：内在归因与外在归因；暂时性与永久性；个别性与普遍性。

一般而言，积极情绪有利于问题解决，消极情绪会减小问题解决的概率，但是积极心理学也并不拒绝消极情绪或悲观情绪。有研究发现，对于亚裔美国人，悲观情绪与问题解决质量呈正相关；而对于白种美国人，悲观情绪与问题解决质量呈负相关。[②]这样看来，积极情绪或消极情绪在不同的人群或情境中会给问题解决带来不同的效果。如果孩子偶然遭遇挫折或失败并因此而失声痛哭，父母倒是可以让孩子亲自体验偶然的挫折或失败，虽然难过得失声痛哭，但也可以借此发泄悲观情绪。

积极乐观的解释风格或归因模式，只是强调不要让孩子养成长期的消极情绪或悲观心态。如果孩子养成了持久的消极情绪或悲观心态，不仅会影响自己对生活的幸福体验，而且可能会陷入“习得性无助”状态而滋生“绝望”的情绪。积

① ［美］斯奈德，洛佩斯．积极心理学：探索人类优势的科学与实践［M］．王彦，席居哲，王艳梅，译．北京：人民邮电出版社，2013：167．

② ［美］斯奈德，洛佩斯．积极心理学：探索人类优势的科学与实践［M］．王彦，席居哲，王艳梅，译．北京：人民邮电出版社，2013：184．

极心理学的创始人塞利格曼的研究恰恰就是始于对“习得性无助”的关注。在实验研究中，塞利格曼将狗置于痛苦而不可躲避的电击之下，无论狗做出何种努力，都无法逃避痛苦的电击。最后，这只绝望的狗则听天由命，不再做任何努力。即便拆除了电击装置，这只狗也依然保持被动消极、麻木不仁的状态。[①]类似这样的“习得性无助”会导致绝望心态而彻底放弃努力。

积极心理学所抵制的，正是“习得性无助”给人带来的绝望心态。积极心理学更愿意强化“习得性乐观”的积极心态。习得性乐观有助于提升人的“自我效能感”[②]。人的积极乐观和自我效能感，主要来自四个方面的支持：自己以往的成功经验，观摩他人的成功经验，自己的行为受到他人认可与赏识，好的生理与情绪状态。[③]人生难免遭遇失败，但是，如果通过多次成功已经培养出强大的自我效能感，偶尔失败的负面影响就会减小。偶尔的失败反倒可以增强自我激励的毅力。

二、积极主动

积极主动主要包括三个积极心理：一是行动而不犹豫；二是努力而非抱怨；三是成长型思维而非固定型思维。

（一）行动而不犹豫

有行动精神的人也是有思考力的人，但在思考和行动之间，有行动精神的人更重视思考之后形成主见并付诸行动而不会耽于思考。思考是重要的，但是，如果翻来覆去地思考而不付诸行动，就会成为“犹犹豫豫”“谋而不断”或“疑而不决”的无能之辈。

在面对某些重大理论问题时，人需要深思，只有深度思考才有可能获得理论研究的突破。但是，生活实践更需要行动而非沉思。孔子虽提倡“三思而后

---

① ［美］格里格，津巴多．心理学与生活［M］．王垒，王甦，等，译．北京：人民邮电出版社，2003：433.

② ［美］塞利格曼．塞利格曼自传［M］．庞雁，译．杭州：浙江教育出版社，2020：113.

③ Bandura A. Self-efficacy：Toward a Unifying Theory of Behavioral Change［J］. Psychological Review, 1977（2）：191-215.

行”，但孔子并不主张过度思考。孔子强调，与其“三思而后行”，不如稍加思考就立即行动。《论语·公冶长》云：“季文子三思而后行。子闻之曰：‘再，斯可矣’。”

如果孩子已经养成了谋而不断、疑而不决的坏习惯，父母最好降低改变的期望，先从5%的改变开始。孩子有5%的改变就已经很好了，不要指望“一次性解决问题”。5%的改变高于对道理95%的思考。“完成一个动作，比想明白一百个道理更有用。”①

主动行动的最高境界是主动投入。一旦全身心投入某个活动，孩子就会与主动投入的对象融为一体，进入某种“天人一体”或“人与天地万物一体”的融合状态。这种融合可能表现为高声喊叫或身体的骚动，但更可能表现为“宁静的流淌”。他不愿被打扰，抗拒中断。全身心投入既是一种紧张的焦虑状态，也是一种兴奋与充实的幸福状态。匈牙利心理学家契克森米哈赖（M. Csikszentmihalyi）将之称为“福流”（flow，也译为“心流”）。他将“福流”作为幸福或“最优体验”的代名词。一旦进入福流状态，人就会全心全意专注于手头的工作，把不快乐的事忘得一干二净。②契克森米哈赖的《心流》《发现心流》《创造力》等书被视为积极心理学的重要文献。

福流总是伴随着“热情求知”和“欢乐求知”。科学研究者之所以热情地求知，乃因为科学研究者既在研究中获得某种求知的“欢乐”，又在研究中对某种知识“心向往之”而“恋恋不舍”。这种“心向往之”的恋恋不舍状态，有时显示为研究者对所探求的问题及其答案有某种“预感”或“猜测”，杜威称为“求知信仰”。求知信仰激励人去探索，找出它们所依据的理由。③波兰尼称为“启发性热情”。这种“启发性热情”激励着科学家去“预感”某种科学问题，或“猜测”某种科学结论的存在。“求知热情不仅能肯定种种预示着范围不定的未来

① 李松蔚．5%的改变［M］．成都：四川文艺出版社，2022：82．

② ［美］契克森米哈赖．心流：最优体验心理学［M］．张定绮，译．北京：中信出版社，2017：137．

③ ［美］杜威．我们怎样思维·经验与教育［M］．姜文闵，译．北京：人民教育出版社，1991：6．

发现的和谐事物的存在，还能唤起具体发现的前兆，并能使人持之以恒、年复一年地对它们进行辛勤的追踪求索。”①

（二）努力而非放弃

积极心理学强调，将坏事归结为外因而将好事归结为内因；将坏事归结为偶然性而将好事归结为必然性；将坏事归结为个别现象而将好事归结为普遍现象。但是，积极心理学并不鼓励当事人逃避责任或盲目自信，更不鼓励当事人把好事的成绩揽到自己身上而把坏事的责任全部推卸给别人。与之相反，积极心理学鼓励当事人平时积极努力，以便为“将坏事归结为外因而将好事归结为内因”提供强大的事实基础。如果自己做出了努力而没有达到理想的结果，当事人也不必过度反思、过度忏悔、过度自责。

努力就是抵抗力。有抵抗力的孩子，遇到困难会努力解决问题而不会轻言失败，也不会轻易放弃。为了培养孩子的努力与抵抗力，父母最好多表扬孩子努力的过程，而不是成功的结果。如果把表扬的焦点放在孩子的成功及其结果上，孩子就会担心下一次遭遇失败，担心失败后被视为“不聪明”，会丢脸，没面子，导致不敢选择有挑战性的任务，不敢冒险。而且，这样的孩子会认为智力或能力是天生的、固定不变的。相反，如果把表扬的焦点放在孩子的努力及其过程上，那么，孩子下一次遇到困难时就会继续努力，并想方设法去解决问题。即便遭遇挫折或失败，也不认为是由于自己愚笨，反而会觉得努力尝试是值得的，不虚此行。

表扬孩子“成功的结果”也会给孩子带来幸福感。比如，父母偶尔可以说，“你很帅”“你很聪明”“你很能干”或“你的结论是对的”。但是，这样的表扬只会让孩子获得暂时的得意，而且会埋下“不用努力就可以成功”的隐患。同时，也会给孩子带来压力和焦虑。比如，父母跟孩子说：“等你考取大学之后，我们就喝这瓶香槟酒。”这样的表扬会让孩子逐渐形成“实体论”或“无助模式”。因此，父母最好表扬孩子“努力的过程”而不是“成功的结果”。即便孩子失败了，也可以跟孩子说：“你想了很多办法，在这个过程中，你已经有很多

---

① ［英］波兰尼．个人知识：迈向后批判哲学［M］．许泽民，译．贵阳：贵州人民出版社，2000：217．

收获。”或者跟孩子说：“我们喝这瓶香槟酒，一路走来，很不容易。不管考试结果如何，我们都要庆祝考试结束。”这样的表扬会让孩子逐渐建立“成长论”或“掌控模式”。

更高境界的努力是“只问耕耘，不问收获”，并由此保持“为而不恃，长而不宰”的从容心态。《庄子·达生》记载了“孙休问扁子”的故事。扁子是鲁国的一位贤人，他有个弟子叫孙休。有一天，孙休向扁子抱怨，其大意为：我平时住在家乡，邻里之间没有人说我的坏话，没有人说我这个人修养不好，也没有人说我这个人的德行不好。遇到麻烦的时候，也没有人说我不勇敢。然而我的田地里却经常遇到天灾，从未遇上过好年成。侍奉国君，既没有人提拔我，也没有人赞赏我。更令人难堪的是，父老乡亲们容不下我，还要赶我走。我到州县里去申诉，州县里的长官还拿鞭子赶我。这到底是什么原因呢？是不是我把老天爷得罪了呢？是不是我命中就该遭遇这一切？听完孙休的一顿牢骚，扁子曰：“子独不闻夫至人之自行邪？忘其肝胆，遗其耳目，芒然彷徨乎尘垢之外，逍遥乎无事之业，是谓为而不恃，长而不宰。”意即至人的自我修养，是忘掉肝胆意气，忘掉是非评论，推动万物的发展而不认为是自己的功劳，长养了万物而不认为自己是它们的主宰。

（三）成长型思维而非固定型思维

成长型思维相信事物是可以通过自己的努力而得到改变或改善的。与之相反，固定型思维认定事物是不可改变的，即便付出努力，也不可能影响事物发展的进程。

德韦克（C. Dweck）以大量的实验研究论证了父母的评价风格对孩子的固定型思维或成长型思维的影响。研究显示，如果父母总是表扬孩子成功的结果，孩子容易形成“无助模式”。孩子一旦遇到困难或挫折，他就会感到无助，害怕失败，选择逃避。如果父母总是表扬孩子努力的过程，孩子就容易形成习得性乐观，德韦克称为“掌控模式”。有掌控思维的孩子遇到困难会迎难而上，相信自己努力会赢得好的结果，成功可期。①

---

① ［美］德韦克．努力的意义：积极的自我理论［M］．王芳，左世江，等译．北京：中国人民大学出版社，2021：5-15．

具有“成长型思维”的人遇到问题时不会怨天，也不会尤人，甚至认为人的智力或能力是可以改变、提升的，而并非天生的、不变的。[①]

固定型思维和成长型思维这一组概念与无助模式和掌控模式有内在的相关性。固定型思维面对挑战时常常使自己陷入“无助模式”，而成长型思维面对挑战时往往能够让自己进入“掌控模式”。

陷入无助模式的孩子会给自己贴上“失败者”的标签，进入掌控模式的孩子会让自己有多种选择，让自己成为选择者。成功的家庭教育和学校教育就是让孩子“从失败者变为选择者”[②]。固定型思维坚持要么成功要么失败，成长型思维即便做不到“只问耕耘不问收获”，至少可以做到关注选择并超越自己、战胜自己的过程，而不在乎自己是否超过或胜过他人。按照叶澜的说法，从固定型思维转换为成长型思维就是由传统的“鹤立鸡群，卓尔不凡”转向“卓然独立，越而胜己”（华东师范大学第二附属中学的校训）。追求卓越不是超过或胜过他人，而是通过主动选择，超越并战胜自己。

总之，积极乐观就是以乐观的解释风格对待生活中出现的任何困难和令人不快的事件。人的一生总会遇到一些无法改变的逆境，虽然我们不能改变这些逆境，但我们可以通过改变自己对逆境的心态来化解或缓解伤害。积极心理学倡导以积极乐观的解释风格来提升自己应对困难的自信心或自我效能感。

三、积极暂停

积极暂停就是《大学》里强调的“知止”。积极暂停至少包括三个“停止”：一是止贪；二是止嗔；三是止痴慢疑。积极暂停是积极乐观和积极主动的前提条件。

（一）止贪：不触碰底线

止贪就是不贪婪，不纵欲，不触碰底线。有学者提出“三底教育”：底色、

① ［美］德韦克．努力的意义：积极的自我理论［M］．王芳，左世江，等译．北京：中国人民大学出版社，2021：2-4．

② 有关“失败者”与“选择者”的解释，详见印度电影《最初的梦想》。

底蕴和底线。[①]打好了“底色”，孩子才有可能养成向上、阳光、明亮、温暖的心向和态度；形成了“底蕴”，孩子才有可能发展出强大的生存能力；不触碰“底线”，孩子才有可能成为合格的公民。

从积极心理学所隐含的三个积极的内容来看，底色的核心是积极乐观；底蕴的核心是积极主动；底线意识就是不违背道德底线（不缺德）和不触犯法律底线（不犯法）。积极乐观的底色和积极主动的底蕴是向前的开车，积极暂停的底线是随时随地有暂停意识的刹车。只会前进，不会刹车，不仅会导致个人陷入生命危险，也会导致整个社会陷入混乱。

底色、底蕴和底线赋予人自由生活的可能性。三者之中，底色和底蕴隐含了人“要做什么”的积极自由；底线警示人“不要做什么”的消极自由。相比之下，消极自由比积极自由更重要。底线意识是成为好公民的基本前提。没有底线意识的孩子会肆意破坏道德，因为极度自私而成为被人厌恶的“巨婴”；没有底线意识的孩子甚至会触犯法律，可能因为严重侵害他人而成为“罪犯”。

不触碰道德底线（不缺德）和法律底线（不违法）是做人的基本要求。每个人都有求生欲和生存权，有爱欲和获得他人尊重的权利，有自由行动和自由思想的权利。但是，所有这些欲望的实现必须以不触碰道德底线和不违法为前提条件。

（二）止嗔：不发脾气

止嗔就是不愤怒、不好斗、不逞强、不发脾气。在发生激烈冲突的时刻，需要有一方主动示弱，通过示弱来避免过激的行为和过激的话语。积极暂停就是在解决问题之前，为自己和对方安排一个冷静期。[②]

有人将不逞强的主动示弱称为“卫生间方法”或“厕所模式”。“卫生间是家里最私密的地方，是一个让自己撤出冲突的绝佳之地。”[③]在发生激烈冲突的时刻，如果一方主动提出“我现在去上厕所，等会儿我们再来讨论”，那么，冲突

---

① 叶澜．“生命·实践”教育的信条［N］．光明日报，2017-02-21(13)．

② ［美］尼尔森．正面管教［M］．玉冰，译．北京：北京联合出版公司，2016：121．

③ ［美］德雷克斯，索尔兹．孩子：挑战［M］．甄颖，译．北京：生活·读书·新知三联书店，生活书店出版有限公司，2015：221．

就会得到积极的暂停。这样看来，上厕所就是一个缓解人际冲突的“保险丝”和“熔断机制”，也可以将上厕所理解为人际交往的“开关”。

“厕所模式”之所以有效，主要有三个原因。第一，厕所是一个特别的地方，人有三急，当一方提出上厕所，另一方会理解，没有理由阻止。第二，当一方进入厕所，他会逐步冷静，为自己赢得了反思的时间和空间，同时也为另一方赢得了反思和逐步冷静的机会。第三，提出“我去上厕所”本身就是一种“示弱”。当冲突的双方中有一方示弱了，另一方就会感到虚荣心得到满足，他会领情。他绝不会说“好，我等你上完接着吵”。上厕所的人从厕所出来之后，冲突双方很多不会继续吵架。没有多少人偏激到这样的程度：对方上厕所了，他守在厕所门口，等对方出来之后，继续吵架。

厕所是一个特别重要的空间。按照中国人的话语逻辑，“厕所”比“厨房”还重要，故有“上厕所”和“下厨房”的说法。厕所是每个人每天都必须三番五次去“朝拜”的地方，故曰“上”厕所。厨房烹饪之事也许可以让部下或助手去处理，故曰“下”厨房。

“厕所模式”的关键策略是示弱。一方主动“示弱”，对方就很难坚持“不甘示弱”。当父母用积极暂停的办法主动退出，就给了孩子缓冲和反思的时间与空间。积极暂停就是让“不可遏止”的愤怒转化为“可以遏止”的缓冲。通过示弱来给对方台阶，也给自己台阶。示弱的人事实上并不弱，相反，总是逞强的人才是内心脆弱。强者往往示弱，弱者总是逞强。

（三）止痴慢疑：不自我中心

止痴慢疑就是不痴迷、不傲慢、不怀疑。“痴慢疑”相当于孔子弃绝的“意必固我”四种坏毛病。不痴迷、不傲慢、不怀疑的基本途径是不自以为是，不好为人师，不轻易启发他人。不轻易启发他人就是孔子倡导的“不愤不启，不悱不发”（《论语·述而》）。孔子的本意是不启发或不轻易启发。可惜，孔子的“不愤不启，不悱不发”后来被误解为“启发式教学”。

“不启发”的原则就是抑制好为人师的冲动，把尝试错误的权利还给孩子，让孩子在尝试错误的过程中适应自然、适应社会，让孩子在尝试错误的过程中赢得进化的优势。

“不启发”接近中国的道家思想。道家崇尚道法自然，人类的自以为是有时反而会办坏事，自然有自然的法则，顺其自然，万物反倒会积极主动地生长、进化和发展。自然貌似残忍，却推进了万物的进化。自然让万物接受竞争和考验，自然总是让有竞争力的生物获得生机，那些不积极、不主动、没有竞争力的生物则被无情地淘汰。严复就认为，“天地不仁，以万物为刍狗。圣人不仁，以百姓为刍狗”（《道德经·第五章》）四句“括尽达尔文新理”。[①]也正因为如此，西方进化论视角的教育学和中国道家视角的教育学都主张“自然后果惩罚”的教育。

孩子最初总是积极乐观和积极主动的，呈现出“初生牛犊不怕虎”的积极状态。在积极乐观的驱动下，孩子会积极主动地做事并尝试错误。如果孩子运用积极乐观和积极主动总是能够获得成功，他就会顺利成长并长期保持积极乐观和积极主动的心态。如果孩子运用了积极乐观和积极主动，却仍然总是遭遇失败，孩子就有可能由积极乐观、积极主动转向习得性无助。

积极暂停是对积极乐观和积极主动的补充：当孩子保持积极乐观的心态和积极主动的行动之后，仍然解决不了问题，那么，父母可以让孩子接受自然后果的惩罚。积极暂停不仅意味着暂时搁置问题，平息怒气，调整心态，来日再战，还意味着顺其自然，让当事人接受自然后果惩罚并由此自我承受、自我调整。当亲子之间发生冲突或孩子不愿意接受父母的意见时，智慧的父母会用积极暂停的方式让孩子承担自然后果惩罚。就此而言，积极暂停就是《论语·述而》倡导的“用之则行，舍之则藏”。除此之外，《论语》还有两个说法：一是“忠告而善道之，不可则止，毋自辱焉”（《论语·颜渊》）。二是“以道事君，不可则止”（《论语·先进》）。“以道事君，不可则止”不仅适用于臣子与君主、朋友与君子的交往，也适用于父母对孩子的教育。

在积极乐观、积极主动和积极暂停三者之间，积极暂停最重要。只有父母做到了积极暂停，孩子才有可能发展出积极乐观、积极主动的美好品质。从进化心理学的角度看，积极暂停有助于孩子发展出进化功能和进化优势。就此而言，积极教育隐含了进化心理学和进化教育学的基本原理。

总之，积极心理学和积极教育学倡导三个积极：积极乐观、积极主动和积极暂停。积极心理学和积极教育学的基本假设是：积极心理具有自然选择中的竞争

---

① 严复.《老子》评语［M］//王栻. 严复集（第四册）. 北京：中华书局，1986：1075.

优势，积极心理的竞争优势有利于孩子发展出强大的进化功能。相反，尽管消极心理在自然选择中也有某些进化的功能，比如，因为害怕从而躲避或逃避危险，但总体而言，消极心理在自然选择中处于劣势。消极心理的竞争劣势容易导致退化和被淘汰。

思考与练习

一、选择题

1. 生命成长的基本特征是（多选）：

A主动且自由生长

B 有智慧且有情感

C 既有口语又有书面语

D 既竞争又合作

2. 积极乐观所考虑的三个维度是（多选）：

A 内因与外因

B 必然性与偶然性

C 主动与被动

D 普遍性与个别性

3. 主体教育倡导的三个“还给”是（多选）：

A 把参与决策的权利还给孩子

B 把我行我素的权利还给孩子

C 把尝试错误的权利还给孩子

D 把有所热爱的权利还给孩子

二、讨论题

阅读下面的材料并围绕后面的问题展开讨论。

积极乐观就是以乐观的解释风格对待生活中出现的任何困难和令人不快的事件。积极乐观的基本策略是三种解释模型：当好事情发生时，将好事情的发生归结为内因、必然性和普遍性。当遭遇坏事情时，将坏事情的发生归结为外因、偶然性和个别性。

讨论方向：

第一，积极心理学或积极教育学是廉价的心灵鸡汤或简单的成功学吗？

第二，积极心理学是否鼓励当事人平时积极努力，以便为“将坏事归结为外因而将好事归结为内因”提供强大的事实基础？

第三，为什么说，积极暂停是积极乐观和积极主动的解毒剂？

三、案例分析

根据同名小说制作的电影《狼图腾》讲述了狼与羊、狼与人、狼与自然的关系，同时也提示了动物的智慧、情感与意志以及动物的生长特征和生存方式。除了《狼图腾》，电影《帝企鹅日记》也讲述了动物的智慧、情感和意志。电影《小鞋子》和《天堂的颜色》则讲述了儿童的纯真与善良的故事。

在网上搜索并观看这几部电影，然后围绕以下问题展开讨论：

第一，电影中哪些情节凸显了狼的智慧和情感？

第二，电影中哪些情节提示了狼的生长特征和生存方式？

第三，除了《狼图腾》《帝企鹅日记》和《小鞋子》《天堂的颜色》，还有哪些类似主题的电影？

拓展学习资源

1. 刘黎明．西方自然主义教育思想史［M］．武汉：华中科技大学出版社，2014．重点关注西方自然主义教育思想的发展脉络。
2. 刘良华．教育哲学［M］．上海：华东师范大学出版社，2019．重点参考第二章“自然法与教育改革”。
3. ［捷克］夸美纽斯．大教学论［M］．傅任敢，译．北京：教育科学出版社，1999．重点参考夸美纽斯如何从植物和动物的生长特征提出相关的教育理论。
4. ［法］卢梭．论人类不平等的起源和基础［M］．李常山，译．北京：商务印书馆，1962．重点阅读卢梭对初民社会的人类特征的描述。

5. 马炜梁，寿海洋．植物的“智慧”[M]．北京：北京大学出版社，2021．重点参考某些植物的“捕食”智慧。

6. [加拿大]苏珊娜·西马德．森林之歌[M]．胡小锐，译．北京：中信出版社，2022．重点参考母亲树的特征。

7. 高德胜．论有所热爱的意义及其教育遭遇[J]．教育发展研究，2023(22)：1-10．

8. [美]塞利格曼，莱维奇，杰科克斯，等．教出乐观的孩子[M]．洪莉，译．杭州：浙江人民出版社，2013．重点了解“积极乐观”的基本策略。

9. [美]塞利格曼．塞利格曼自传[M]．庞雁，译．杭州：浙江教育出版社，2020．重点关注塞利格曼创建积极心理学的历程。

10. [美]契克森米哈赖．心流：最优体验心理学[M]．张定绮，译．北京：中信出版社，2017．重点了解“心流”的基本途径。

11. [美]德韦克．努力的意义：积极的自我理论[M]．王芳，左世江，等译．北京：中国人民大学出版社，2021．重点阅读前四章有关“成长型思维”的解释。

讲座视频：

学会示弱的人，才是真正的强者

讲座视频：

怎样培养孩子的内驱力

第四章 家庭教育的目标与任务

04

家庭教育的主要目标是让孩子养成良好的习惯，塑造健全的人格和强健的身体。很多父母最关心孩子的学习成绩好坏，但学习好坏主要取决于孩子是否建立了良好的生活习惯。学习好只是成长之树的果子，生活习惯是孩子成长的根部。从“根果理论”的视角来看，一棵树之所以结出饱满的果子，是因为这棵树的根系发达。良好的习惯不仅决定孩子的学业成绩，而且直接影响孩子的性格和身体。

第一节　培养习惯

让孩子养成良好习惯的前提是高质量的亲子陪伴。一旦有了孩子，父母最好减少家庭之外的应酬，尽可能回家陪伴孩子。下班的路，就是回家的路。在孩子成长的关键年龄，父母不要轻易把孩子交给孩子的祖父母、外祖父母或保姆。

当孩子处于学前阶段，家庭教育的主要目标是引导孩子建立三个健康的生活习惯：饮食习惯，睡眠习惯，玩耍习惯。当孩子处于小学阶段，家庭教育的主要目标是引导孩子建立文武双全、劳逸结合的生活习惯和良好的学习习惯。当孩子处于中学阶段，家庭教育的主要目标是引导孩子建立自信、自学、自治的“成人”习惯，遵守相关的“成人”规则。作为动词或动名词的“成人”是一个过程。一旦孩子建立了自信、自学、自治的“成人”习惯和“成人”规则，孩子就会成为完整而独立的人。

在培养好习惯的同时，也要警惕孩子养成某些坏习惯，并强化孩子的安全教育，家庭教育要将安全教育作为所有教育的基本前提。

一、培养好习惯

亲子陪伴主要包括陪孩子吃饭，陪孩子睡觉，陪孩子玩耍，并在陪吃、陪睡、陪玩的过程中陪孩子聊天。在玩游戏的过程中固然可以聊天，吃饭时和睡觉前也可以聊天。虽然中国有“食不言，寝不语”的古训，但在吃饭的过程中可以聊轻松的话题，在孩子睡觉之前可以给孩子讲故事（一般称为“睡前故事”）。

陪孩子吃饭、睡觉、玩耍不仅有助于孩子建立良好的生活习惯，也有助于建立心心相印的亲子关系和情感依恋关系。如果中学阶段的孩子跟父母关系不好，孩子不愿意跟父母沟通而更愿意躲进自己的房间，则很可能因为父母在孩子的学前阶段和小学阶段很少陪孩子吃饭、睡觉和玩耍。

（一）陪孩子吃饭：建立健康的饮食习惯

人在饥渴状态下会变得很脆弱，因脆弱而柔软。人不吃饭，就会饿死。怕死是人的本能，处于脆弱状态的人特别渴望得到帮助和救济。

陪孩子吃饭是中国家庭教育的基本传统，一般称为“餐桌教育”。父母需要通过餐桌教育来让孩子接受和参与“食育”（食物教育），形成正常的饮食习惯，促进孩子的身体健康成长，也需要通过餐桌教育来建立其乐融融的亲子关系。餐桌教育并不意味着父母在餐桌上教训、呵斥自己的孩子。餐桌教育恰恰不需要教训。全家人围着一张桌子吃饭，并不需要说太多的话。父母和孩子彼此牵挂着对方的饮食状态，聊一些轻松愉快的话题，偶尔听见杯盘发出清脆的碰撞声音，这就是最美好的餐桌教育。家庭文化、家族文化就在餐桌教育中一代又一代传承下来。

餐桌教育主要包括三个方面：一是享用食物；二是餐桌礼仪；三是餐桌互动。

1. 享用食物

饮食主要有两个目的或功能：一是解决饥渴，维持生命；二是享受美食，增进欢乐。在两者之间，解决饥渴是饮食的本体功能，享受美食是饮食的派生功能。

饥则食，困则眠，这是所有动物甚至所有生物的本能。小猪、小牛、小马、小羊出生的第一天，它们会主动寻找动物妈妈的乳汁。孩子出生的第一天，也会主动寻找并吮吸母亲的乳汁。母亲不必大费周折就能够让孩子学会汲取母乳，因为这是孩子的本能。同样，孩子长大之后，父母也不必大费周折地专门教孩子如何吃饭，孩子模仿大人吃饭的样子，自然就学会了。可是，如果没有养成在固定时间吃饭的习惯，或者，如果吃零食过多，孩子就很可能成为餐桌上的旁观者或捣乱者。

如果孩子只是挑食，只吃某种菜而不吃在父母看来更有营养的菜，这倒不是太大的问题。为了改善孩子挑食的倾向，父母可以转换做菜的方式，但更重要的是加大孩子的劳动量和运动量。加大劳动量和运动量之后，孩子就会饥不择食，不再“挑食”。

如果孩子不只是“挑食”，而是因为吃了过多零食或喝过多软饮料而拒绝吃饭或减少吃饭，父母就需要引导孩子控制零食和软饮料。如果控制零食和软饮料之后，孩子仍然不正常吃饭，可以让孩子在某一餐或两餐不吃甚至整天不吃。父母可以告诉孩子：“如果现在不吃午餐，就要等到下午六点才吃晚餐。”如果孩子依然不吃午餐，父母就要控制孩子的零食，即便孩子中途提出吃饭的请求，也必须按照固定时间开饭，让孩子接受“自然后果惩罚”（可参考俄罗斯电影《回归》中的餐桌教育策略）。

父母不必担心孩子不吃饭会影响孩子的身体健康。让孩子愿意吃饭最好的办法就是让孩子有饥饿感。相反，如果孩子本不想吃饭而父母却催逼着吃饭，这样才会导致孩子厌食或消化不良。商业领域惯常使用“饥饿营销”来刺激消费，“饥饿营销”的基本原理就来自餐桌教育。

享用食物的基本标准是津津有味地吃饭。津津有味地吃饭可能呈现为细嚼慢咽，也可能呈现为狼吞虎咽。细嚼慢咽固然不错，狼吞虎咽也并不可怕。只要孩子注意基本的餐桌礼仪，每个孩子都会在细嚼慢咽和狼吞虎咽之间形成自己的饮食习惯和吃饭节奏。

2. 餐桌礼仪

餐桌礼仪将帮助孩子在公共场合吃饭时成为一个“得体”的就餐者。

餐桌礼仪的第一个要点是礼让食物。即便对某个菜特别感兴趣，也要给餐桌上的其他人留出品尝的机会。中国民间有“不连续三次夹菜”和“不越位夹菜”的说法。“不连续三次夹菜”的劝诫是：即使是自己很喜欢吃的菜，也要有所节制，不能连续三次夹菜。“不越位夹菜”的劝诫是：每个人只能夹位于自己面前的菜，不能把筷子伸到别人面前的盘里去夹菜。如果餐桌设有“公筷”，则必须用“公筷”夹菜。

餐桌礼仪的第二个要点是餐桌谈吐的风度。吃饭时要尽量少说话（除非朋友聚餐）。如果偶尔说话，也要注意自己的谈吐。父母可以引导孩子成为一个说话风趣、谈吐得体的就餐者。同时也要提醒孩子，倾听比说话更重要，要学会做一个有风度的倾听者。倾听的基本策略是注意力集中，并以“及时回应”的方式表达对他人观点的强化、欣赏或认可。在康德看来，在社交场合，注意力分散或心不在焉是没教养的行为。①

餐桌礼仪的第三个要点是说话时口中不要有食物。减少口中的食物是为了避免说话时被食物噎住，也是为了避免因说话而导致食物“外泄”，飞溅到他人身上。即便口中没有食物，在就餐期间，也要小声说话，尽量避免唾沫飞溅到餐桌和餐盘上。

3. 餐桌互动

美好的餐桌礼仪主要呈现为两种形式：一是津津有味地吃饭吃菜，谈论饭菜的味道，赞美做饭人的手艺；二是在吃饭时分享开心的事情。

中国的传统教育有“食不言，寝不语”。即便不说话，也有心领神会、心心相印的无声交流。中国人就餐一般采用合餐制而不采用分餐制。合餐制相当于分蛋糕，一个人多吃，就意味着其他人少吃。这里面有一个默契互动的过程。

在就餐过程中，大家不仅关注自己喜欢吃什么菜，也关注家里的其他人喜欢吃什么菜。如果一盘菜或一盘肉是大家都喜欢的，那么，这盘菜或这盘肉就会成为相互谦让的对象。当妈妈说“宝宝吃”，或者孩子说“我不吃了，你们吃”，这就是美好的餐桌互动。

“食不言”并不意味着绝对不说话。不仅在饭前和饭后可以聊天，而且在就

① ［德］康德．实用人类学［M］．邓晓芒，译．上海：上海人民出版社，2002：102-103.

餐的过程中也可以分享一些温馨的感言或有趣的见闻。

餐桌上的互动交流既是检验家庭文化（以及与之相关的夫妻关系、亲子关系和兄弟姐妹关系）的“试剂”，也是培育家庭文化的“温室”。

总之，父母陪孩子吃饭的重要意义，是为孩子提供餐桌教育并在餐桌上保持亲子互动。如果没有特别的困难，父母最好每天赶回家和孩子一起进餐。如果没有特殊的原因，不要让孩子一个人吃饭。

（二）陪孩子睡觉：建立健康的睡眠习惯

陪孩子睡觉与陪孩子吃饭一样重要。孩子饿了，他会说：“饿了，饿死了。”孩子困了，他也会说：“困了，困死了”。不解决人的饥渴问题，人会死；不解决人的困倦问题，人也会死。如果饿了，孩子会处于脆弱状态；如果困了，孩子也会处于脆弱状态。人在脆弱状态特别需要有亲人的陪伴，只有亲人的陪伴才带来安全感。反之，当孩子处于困倦状态，谁陪孩子一起睡觉，谁就会被孩子视为最亲的人。

1. 分床睡觉

陪孩子睡觉既指父母跟孩子在一张床上睡觉，也指父母跟孩子在一个房间或一个房子里睡觉。也就是说，婴儿阶段的孩子可以跟父母在一张床上睡觉，也可以在自己的婴儿床里睡觉。

可以让孩子从小睡摇篮，再逐步睡在自己的小床上，最后在自己的房间睡觉。这样的好处是：父母的睡眠比较安稳，较少受孩子的影响。同时，孩子比较独立，也避免了何时分床睡觉的问题。

也可以让幼小的孩子跟父母睡在同一张床上，这原本也是绝大部分动物养育孩子的基本形式。让孩子跟父母睡同一张床的好处是：父母能够感受到孩子的一举一动，有利于父母对孩子的需要做出及时的回应。同时，同床睡觉既有利于孩子跟父母建立情感依恋关系，也有利于增进父母对孩子的感情。

如果让孩子跟父母同床睡觉，就存在何时分床的问题。一般而言，在上幼儿园期间或即将进入小学时，让孩子分床睡觉是较好的时机。在幼儿园期间，如果采用循序渐进的方式，孩子也非常抗拒和父母分床睡觉，那就先不强迫孩子。进了小学以后，随着孩子身心的发展和独立意识的增强，他会自然而然地希望有自己独立的小床甚至房间。如果孩子到了小学依然不愿意分床睡觉，也不要采用强硬的办法勒令孩子分床睡觉。可以采用以下的“脱敏疗法”。

第一，鼓励孩子参加同伴活动，逐步养成独立生活的习惯。孩子之所以不愿意独自睡觉，可能因为孩子太依恋父母而缺少独立生活的勇气。一旦有了独立生活的经历，孩子就会愿意独自睡觉。

第二，鼓励孩子参加类似军训、夏令营的活动。军训、夏令营一般会安排孩子跟同伴同住一室并分床睡觉。军训或夏令营活动结束后，父母可以鼓励孩子延续军训或夏令营的习惯，尝试在家里也分床睡觉或分房睡觉。

第三，在分房睡觉之前，让孩子先尝试在同一个房间分床睡觉。即便分房睡觉，父母也可以陪伴孩子入睡。等孩子入睡之后，再让孩子独自睡觉。如果孩子半夜醒来，执意要跟父母睡觉，则可以暂时满足孩子的要求，第二天再尝试分房睡觉或分床睡觉。

让孩子独自睡觉最好有一个渐进的过程。如果在幼小年龄就强制孩子分床睡觉或分房睡觉，不仅会影响孩子的睡眠质量，还可能会导致孩子出现心理问题，比如做噩梦、怕黑、严重焦虑、恐惧、神经质，等等。

2. 睡前故事

陪孩子睡觉的关键是给孩子讲“睡前故事”。在孩子入睡之前，父母可以给孩子讲故事。有些父母也可能会为睡前的孩子轻轻地哼唱儿歌或童谣。

睡前故事是最好的催眠曲。这些睡前故事既给孩子提供有趣情节，也给孩子讲述做人做事的道理。父母不必强调故事里的教育道理，结合有趣的情节和形象，孩子会不知不觉地从故事中领会和接受。

更重要的是，睡前故事会强化亲子互动和亲子关系。孩子除了在乎故事的内容，也在乎讲故事的人。因为对讲故事的人足够信任，所以有足够的安全感，可以安全无虞地入睡。也因此，经常给孩子讲睡前故事的那个人，也会被孩子视为最亲的人。

睡前故事也有助于孩子养成听说读写的习惯。学前阶段的孩子习惯于听父母讲故事，但小学阶段的孩子可能不再满足于听父母讲故事，而更愿意自己读故事，并且将自己读的故事讲出来。到了小学高年级，孩子可能不仅愿意读故事、给父母讲故事，还会自己创作故事。也就是说，睡前故事的生活习惯可以转换为孩子的学习习惯：从听故事发展为读故事、讲故事、写故事。听说读写的学习习惯不仅会影响孩子语文学科的学习成绩，而且会促进孩子的数学、英语、科学等其他学科的学习成绩。

3. 早睡早起

除了有助于建立彼此信任的亲子关系，父母陪孩子睡觉的另一个好处是帮助孩子建立健康的睡觉习惯和作息习惯。

按说，无论早睡还是晚睡，只要每天有足够的睡眠时间就没有问题。但是，除猫头鹰、蝙蝠等夜行动物外，整个人类和动物界普遍遵循“日出而作，日落而息”的生活节奏，“早睡早起”也因此成为古今中外普遍推崇的睡眠习惯。中国民间有“早起的鸟儿有虫吃”的说法。美国学者富兰克林（B. Franklin）的说法是：“早睡，早起，使人富有、健康和聪明。”

一旦形成早睡早起的习惯，人体就有了稳定的生物钟。人的生活起居如果顺应了自己的生物钟，人的体力、智力和容颜就会得到滋养。起居生活如果违反了生物钟的节律，人的体力、智力和容颜就会受到伤害。2017年诺贝尔生理学或医学奖颁给三个美国人，以奖励他们在有关生物钟分子机制方面的发现。他们的发现是：如果睡眠不够，熬夜或昼夜生物钟紊乱，人就会变笨和变丑。①

（三）陪孩子玩：建立健康的游戏习惯

除了陪孩子吃饭、睡觉，还要陪孩子玩耍或劳动。父母的三个陪伴其实是四个陪伴，因为在陪吃、陪睡、陪玩时，父母也会陪孩子聊天。父母在陪孩子吃、睡、玩和聊天的过程中，孩子不仅学习了基本的交往技能，也跟父母建立了健康的情感联结关系。如果父母很忙，实在没有时间和精力陪孩子玩，可以请孩子信任的其他人陪伴。

陪玩主要是陪孩子玩游戏。游戏可以分为不同的类型。从游戏的难易程度来看，游戏可分为小游戏和大游戏。从参与人数来看，游戏可分为独立游戏和群体游戏。从游戏的主题来看，游戏可以分为智力游戏、交往游戏、运动游戏、审美游戏和劳动游戏。此外，从游戏的空间来看，游戏可分为室内游戏和户外游戏。从游戏的材料来看，游戏可分为欣赏游戏和建构游戏（或结构游戏）。

① 张田勘．揭开生物节律的奥秘［N］．北京日报，2017-10-11(17)．

1. 小游戏与大游戏

小游戏是指不需要长期训练就可以玩的游戏，比如老鹰抓小鸡、跳方格、扔手绢、扔沙包、打牌、“石头剪刀布”和“鼻子眼睛眉毛”，等等。小游戏因其不需要努力学习就可以掌握游戏的技巧，因而更具有游戏精神，更有游戏的纯粹性。

大游戏是指必须经过努力训练才可以学会的游戏，比如弹钢琴的游戏、打乒乓球的游戏、打篮球的游戏、踢足球的游戏、唱歌、跳舞、弹钢琴、拉小提琴、弹吉他、书法和绘画，等等。孩子需要付出努力甚至艰苦的训练，才有可能掌握大游戏的基本技能。也正因为需要付出努力或艰苦的训练才能掌握相关的游戏技巧，大游戏更多地显示出游戏的精英气质。

小游戏一般适合幼儿园和小学低年级的孩子，大游戏一般适合小学高年级和中学阶段的孩子。父母可以引导幼儿园阶段的孩子玩小游戏，鼓励孩子在小学阶段逐步从玩小游戏到玩大游戏。最初可以让孩子尝试多方面的兴趣，然后在多方面兴趣的基础上逐渐发展出二到三个有竞争力的特长。兴趣只是“爱”，特长不仅意味着“爱”，还意味着“好”与“善于”，有自己的竞争力。孩子的时间和精力有限，不可能全面开花，不可能长时间坚持发展孩子的多方面兴趣。父母可以跟孩子一起协商，在尊重孩子意愿的基础上，重点发展一到两个特长。

孩子对于小游戏与大游戏的选择，主要受三个因素的影响。一是年龄因素。学前阶段的孩子一般选择小游戏，年龄太小的孩子无法掌握大游戏的基本技巧，小学阶段的孩子可逐步选择大游戏。二是意志品质。没有意志品质的孩子往往只能玩小游戏，意志力较强的孩子往往愿意将学习某个大游戏作为一种挑战的目标，并将掌握某个大游戏的基本技巧作为自我肯定的评价标准。三是家庭社会经济地位。某些大游戏需要专门的学习和较多的经费支持。社会经济地位较高的家庭，不仅愿意为孩子学习某些大游戏提供经费支持，而且将孩子会弹钢琴、会打球作为值得骄傲的文化资本。

2. 独立游戏与群体游戏

独立游戏是指单个人就可以玩的游戏，比如看电视、读书、一个人玩积木。群体游戏是两个或两个以上的人玩的游戏。群体游戏需要多个成员的协作与配合，所以，群体游戏也可称为合作游戏。

群体游戏是一种集体活动，可以让孩子在集体活动中既学会竞争又学会合作。也因此，群体游戏可以促进孩子的“社会化”或“社会情感学习”。离开了群体游戏或集体活动，孩子将很难实现社会化或社会情感学习。

但是，独立游戏也有其独特的价值。独立游戏可以帮助孩子养成独立生活的能力，养成独立精神和自由思想的人格品质。父母可以引导学前阶段的孩子积极参与群体游戏，尤其可以鼓励孩子参与大龄孩子的群体游戏。

3. 运动、劳动与审美游戏

从游戏的主题来看，游戏可以分为交往游戏、智力游戏、运动游戏、审美游戏和劳动游戏。这五类游戏大体对应德智体美劳“五育”。

交往游戏主要包括类似亲情的亲子游戏、类似友情的同伴游戏和类似爱情的“过家家”游戏。在三种情感游戏中，父母的主要责任是陪伴孩子在游戏的过程中强化情感联结关系。虽然父母在引导孩子玩智力游戏、运动游戏、审美游戏、劳动游戏的过程中也会发生交往，但是交往游戏主要指直接促进或改善人际交往关系的游戏。有研究者建议，当孩子很难与同龄人和其他成人建立稳定关系时，父母可以跟孩子玩一些身体接触的游戏。比如，父母可以跟孩子玩摔跤游戏、枕头大战游戏等。①

智力游戏一般呈现为语言游戏、数学游戏、科技游戏。陪孩子说话，给孩子讲故事，让孩子扮演小老师给他人讲课或发表演讲等，这是语言游戏。陪孩子数数，接触几何图形，了解空间关系，进行简单测量，区分颜色、大小和形状；陪孩子寻找生活中用数字作标识的事物；陪孩子计算生活中的事物并计算总数等。这些是数学游戏。还可以陪孩子观察动物的生活、植物的生长等。这些是科学游戏。

但是，一般意义上的游戏更多指向劳动游戏、运动游戏和审美游戏。三者之间，审美游戏最有游戏感，运动游戏次之，劳动游戏似乎最缺乏游戏感。不过，正因为审美游戏最有游戏感，反倒是审美游戏尤其是电子游戏最容易使人玩物丧

---

① ［美］科恩．游戏力：笑声，激活孩子天性中的合作与勇气［M］．李岩，译．北京：中信出版社，2018：26．该书原名*Playful Parenting*，可译为《游戏化教养模式》或《游戏化教养模式》。

志。正因为劳动游戏似乎最缺乏游戏感，孩子一旦能够从劳动或学习中找到游戏的欢乐，就会对游戏化的劳动或游戏化的学习保持持久的热情。

总之，父母既要陪孩子吃、睡，也要陪孩子玩。三者共同促进孩子的成长，增进亲子交往。父母陪孩子吃、睡、玩不仅有助于孩子建立好的生活习惯，而且有助于父母形成比较恰当的"教养模式"。每个父母都不希望自己的教养模式被他人视为"专制型"或"放任型"（含溺爱型和冷漠型），而希望自己的教养模式被视为"民主型"或"权威型"。但是，"民主型"或"权威型"教养模式需要父母愿意陪孩子吃、睡、玩，并在陪伴的过程中表现出"严慈相济"的耐心和爱意。

二、警惕坏习惯

陪孩子吃饭、睡觉、聊天，是父母陪伴的三个主要内容。只要做到了这三个陪伴，父母就很容易跟孩子建立起"宜人"的亲子关系，使孩子形成良好的饮食习惯、睡眠习惯和沟通习惯。但是，所有良好习惯的养成，必须以避免诱惑以及避免坏习惯为基本前提。在种种坏习惯中，父母重点要警惕孩子过度观看电视、过度使用手机和电脑、过度依赖零食和零花钱。

（一）警惕过度观看电视

电视机的普及给儿童的成长带来了资源，也带来了伤害。正因为考察了孩子看电视的种种伤害，美国幼儿教育专家斯波克（B. Spock）提出："我强烈反对的一件事情就是看电视。即使是高质量的儿童电视节目也会束缚孩子的想象力，因为电视为孩子做好了一切，几乎不需要孩子做什么努力。"[①]孩子过度观看电视可能导致如下后果。

第一，破坏孩子的阅读习惯。观看电视几乎不需要思考，而阅读是需要思考的。如果孩子养成了一种长期不思考的看电视的习惯，那么，这个孩子就不会愿意去过一种需要思考的阅读生活。

第二，破坏孩子的睡眠习惯。孩子观看电视不仅会造成晚睡而导致睡眠时间

---

① ［美］斯波克，尼德尔曼．斯波克育儿经［M］．哈澍，武晶平，译．海口：南海出版公司，2007：118．

不足，而且会因为兴奋而影响睡眠质量。孩子入睡之前，需要心情平静、静如止水，看电视会破坏孩子的宁静。电视以声光电的方式刺激孩子的感官。斯波克建议："如果你的孩子的卧室有电视机的话，最好把它撤掉吧。"[①]

第三，降低孩子的食欲。只要孩子在吃饭的过程中看电视不过度投入，全家人围坐在餐桌边一边吃饭一边看电视，或许可以视为现代意义上的天伦之乐。但是，如果孩子在吃饭时注意力主要集中于电视节目，那么，孩子就可能无法全身心地体验食物的美味以及享用食物时激发出来的美好感觉。久之，孩子会失去对食欲的自然追求和自然欲望并由此给身体的发育带来伤害。

第四，伤害孩子的视力。孩子的视力处于脆弱的稚嫩状态，视频的强光会让孩子的视力在不知不觉中受到伤害。不仅应该减少孩子在家里看电视或其他电子屏幕的时间和频率，在学校也应该如此。遗憾的是，随着电视机和电脑在家庭和学校的普及，在"现代教育技术"的推动下，电视机和电脑遍布家庭的各个房间，学校则升级变为"智慧学校"，孩子在种种电子屏幕的照射下，"近视眼"成为现代中小学生的常见病症，眼镜不仅在高中教室里几乎普及，在小学教室里也越来越多。

第五，导致孩子的性情紊乱。并非所有影视节目都适合儿童观看。大多数成人节目都在两个"头"（拳头和枕头）上做文章。观看"拳头"的暴力片将导致孩子产生攻击倾向[②]，观看"枕头"的情爱片将导致孩子性早熟。在没有对影片实行分级管理时，所有影视节目都暴露在儿童的面前，某些仅仅适合成人观看的影视节目会对孩子的成长带来不利影响。成人电影里的拥抱、接吻、过于亲密的动作表达以及裸露镜头，会过度激发孩子的情感欲望，导致孩子"情感早熟"甚至"性早熟"。人的生命是有节律的，孩子的身体、理智和情绪控制等还没有发展到可以观看那些成人节目的阶段。

第六，导致家庭关系冷漠。在没有电视机之前，父母围坐在一起给孩子讲故

---

① [美]斯波克，尼德尔曼．斯波克育儿经[M]．哈澍，武晶平，译．海口：南海出版公司，2007：354-356．

② [美]戴维·迈尔斯．社会心理学[M]．11版．侯玉波，乐国安，张智勇，等，译．北京：人民邮电出版社，2016：25．

事、父母听孩子讲故事、父母牵着孩子的手在户外散步或跑步，父母召唤孩子一起参与家务劳动，或者，带着孩子去看望老人或者走亲访友。电视机普及之后，全家人围坐在电视机前，屏气凝神、一言不发。孩子或父母多说一句话，都可能被视为对电视节目的干扰。

第七，可能导致孩子身体反常地瘦弱或臃肿。孩子的时间是有限的，如果孩子过多地观看电视，运动的时间就会相应地减少。如果孩子一边看电视一边嗑瓜子，后果则更加严重。孩子会不知不觉地消耗掉大量的瓜子。既无运动，又增加食物，孩子的身体就会格外的瘦弱或反常的臃肿。

因此，有人建议，可以每周设定一个"无电视日"。在这一天，全家人完全不看电视。[①]出于类似的考虑，如果家里的电视机坏了，也不必急着修理。父母可以引导孩子过几天不看电视的生活。父母可以利用这个空隙问一问自己：自从家里购买了电视机后，多久没有给孩子讲故事或听孩子讲故事了？多久没有牵着孩子的手在户外散步或跑步了？多久没有跟孩子一起做家务了？多久没有带着孩子去看望祖辈老人了？

（二）警惕过度使用手机和电脑

除了需要警惕过度观看电视，还要警惕过度使用手机和电脑。手机和电脑可以成为孩子的交往工具和学习工具，相关的网络交往和电子游戏也可以给孩子的生活带来欢乐，但是，过度的电子游戏或网络交往会影响孩子的生活与学习。

手机的最初功能是方便交流。但对孩子来说，智能手机的主要功能在于电子游戏。电子游戏的出现也算是游戏的进步，它以模拟和互动的魅力，借助声、光、电的刺激，给孩子带来特别的体验。电子游戏的问题在于，它多模态的感官刺激，容易让孩子对电子游戏产生依赖，也因此，家庭教育研究领域一度有"要毁掉一个孩子就给他一部手机"的说法。[②]教育管理部门也一度发出《关于加强

---

① ［美］希拉里·克林顿．举全村之力：培养健康、快乐、活泼的孩子［M］．曾桂娥，译．上海：上海三联书店，2009：237．

② 刘良华．为什么说，要毁掉一个孩子就给他一部手机［EB/OL］．微信公众号：新父母教育，2018-11-12．

中小学生手机管理工作的通知》。[①]该通知要求，中小学生原则上不得将个人手机带入校园。确有需求的，须经父母同意、书面提出申请，进校后应将手机由学校统一保管，禁止带入课堂。

世界各国都在积极关注智能手机给青少年带来的影响。比如，对孩子的身体健康造成伤害；容易造成手机成瘾症；容易引发多动症；容易受到网络欺凌；容易削弱青少年的阅读能力；容易降低学习成绩；等等。也因此，世界各国对青少年使用手机的管理也有相关的规定。比如：教室或校园内禁止使用手机；给手机装载相关监控软件；禁止晚上使用手机；等等。[②]

科学技术在征服和改造自然的同时，也带来了对自然环境的污染，同样，科学技术在征服和改造游戏的同时，也导致了对游戏生态的破坏。

电子游戏对游戏生态最大的破坏在于：它借助声、光、电等科技元素所造成的视觉、听觉和心理效果，使人的征服感、操控感和暴力倾向等情感欲望被过度激发和开发。人内心深处的征服感、操控感和暴力倾向等情感欲望被过度激发出来之后，对其他美好的游戏甚至对真实的生活就失去了基本的兴趣和耐心。

就此而言，最美好的游戏肯定不是电子游戏，生活游戏才是美好的游戏。为了让孩子更幸福、更欢乐，最好引导孩子寻找更接近生活、更接近自然的游戏。遗憾的是，那么多人（主要是儿童）痴迷电子游戏，不少人甚至依赖成瘾。不少孩子因为网瘾而严重影响正常的学习生活，还有的因为网瘾而废寝忘食并导致身体瘦弱或臃肿。

一旦孩子对电子游戏依赖成瘾，就很难改变。有父母甚至让网瘾少年接受电击治疗。[③④]电击治疗显然并不人道，但究竟没有多少人道的办法可以治疗孩子

---

① 教育部．关于加强中小学生手机管理工作的通知［EB/OL］.http：//www.moe.gov.cn/jyb_xwfb/gzdt_gzdt/s5987/202102/t20210201_511966.html.

② 吴涯，杨光富，张春颖．国外青少年智能手机使用的现状、危害及管控举措［J］．比较教育学报，2022(1)：94-107．

③ 有关杨永信采用电击治疗网瘾的报道，详见刘明银．战网魔［M］．北京：作家出版社，2008．

④ 王烨捷，白雪．“戒网专家”电击治网瘾惹争议［N］．中国青年报，2009-05-07．

的网瘾，网瘾少年的父母几乎无计可施。唯一可行的办法是：与其事后治疗，不如事前预防。

预防的最好方式是让孩子发展健康的审美游戏或运动游戏，让孩子尽早拥有艺术和体育的兴趣或特长。孩子有了艺体兴趣或特长，一般就不会迷恋电子游戏。即便孩子接触了电子游戏，也不会轻易上瘾。对孩子来说，游戏是生活和成长的一个必不可少的部分。孩子要么过健康的游戏生活，要么过非健康的游戏生活，但不可能过无游戏的生活。

如果孩子已经表现出足够的理性，那么，父母倒是可以让其适度玩一些电子游戏，可以增加孩子的生活情趣。理性的孩子要么会自觉管理玩电子游戏的时间，要么会跟父母约定玩游戏的频率。

但是，如果孩子没有表现出足够的理性，父母最好从一开始就鼓励孩子少玩或不玩电子游戏，这样亦不必担心孩子与同学、同伴没有共同爱好或共同语言。只要孩子有足够发达的艺术、运动兴趣或特长，孩子就会在同学、同伴的群体中享有威望，甚至会成为同学、同伴羡慕的对象。

问题在于，在父母完全没有掌控感的时候，孩子已经痴迷于电子游戏而严重影响正常的学习生活。与其如此，倒不如让孩子在学前阶段尽可能远离电子游戏而以古典的方式展开自己的生活。

也因此，我们主张不要过早地给孩子买智能手机。可以让孩子在幼儿园和小学阶段尝试使用父母的手机。如果孩子能够比较节制地使用手机，可以给中学阶段的孩子购买，同时约定使用手机的基本规则。比如，不能带手机到学校，不能在家里长时间玩手机。

与手机相关的电子产品是电脑，包括台式电脑、笔记本电脑和平板电脑。电脑是信息社会的重要工具，也能够给孩子的生活和学习提供便利。父母可以引导孩子正确地使用电脑，将电脑作为重要的学习工具。但是，父母要提醒孩子：电脑是学习的工具，不是玩具。

过度依赖电脑的坏处，几乎等同于过度依赖电视机和手机的坏处。孩子可能会在电脑上观看各种电影、电视剧或小视频，也可能在电脑上玩电子游戏。可以让幼儿园或小学阶段的孩子使用父母的电脑，但没有必要给孩子买电脑。如果孩子能够比较节制地使用电脑，父母可以为中学阶段的孩子买电脑，并跟孩子约定使用电脑的基本规则。

警惕过度观看电视，警惕手机和电脑，并非不让孩子看电视，不让孩子用手机和电脑。在信息化时代，完全不让孩子看电视，不让孩子用手机和电脑，这既不可能，也无必要。如果父母完全不让孩子看电视，不让孩子用手机和电脑，这个孩子要么被同龄人鄙视，要么导致孩子在脱离监管时“报复性消费”。一个在进入大学之前很少看电视、玩手机和电脑的孩子，在进入大学之后，一旦拥有了自由的时间，他可能会疯狂地利用电脑或手机刷视频、玩电子游戏并由此影响学业，严重的甚至会因为“挂科”过多而不得不中途退学。

（三）警惕过度依赖零食和零花钱

现代社会的典型特征是物质丰富、信息发达。除了少数贫困、闭塞的地区，一般家庭的孩子可以随时随地获得丰富的零食，而且随时随地可以看电视、玩手机。零食、电视和手机并非洪水猛兽，但是，当零食、电视和手机泛滥成灾时，就需要警惕。洛克在《教育漫话》中就特别提出，应该少吃糖果。①

值得警惕的零食主要指糖果和各种软饮料。为什么要警惕糖果？对于经济条件较差的家庭来说，父母需要想办法让孩子尽可能吃饱、穿暖。但是，对于经济条件较好的家庭来说，必须让孩子有“饥饿感”和“抗寒力”。

不要让孩子吃过多的糖果和其他零食。尤其应该禁止孩子饭前吃零食。饭前吃零食将直接导致孩子的身体处于虚假的饱和状态。在糖果面前不能节制的孩子，长大后的成就也会受到影响。吃糖果会导致孩子的身体出现反常的臃肿或者瘦弱。也因此，有些国家的家庭和学校对孩子吃糖果有严格的规定，比如规定“糖果可以吃，但只有星期六才能吃”。②

不加节制地吃甜食，不仅会影响孩子的身体，也会影响孩子的性格。完全抵制不住甜食诱惑的孩子，往往缺乏意志力。有研究显示，成绩不理想的孩子，饮食状况也比较混乱。成绩越差的孩子，越依赖便利店的食物。③

---

① ［英］洛克．教育漫话［M］．杨汉麟，译．北京：人民教育出版社，2006：22．

② 凯梅．在童话王国中长大：成长在瑞典［M］．天津：新蕾出版社，2005：60．

③ ［日］三浦展．阶层是会遗传的：不要让你的孩子跌入“下流社会”［M］．箫云菁，译．北京：现代出版社，2008：35-49．

为了满足人喜欢甜食的欲望，零食的生产商总是刻意减少食物纤维而增加糖分。孩子过度依赖甜食，就会导致“血糖失调”并由此引发记忆力衰退和各种慢性疾病。也因此有人提议，即便吃甜食或含糖的淀粉类食物，也要先吃蛋白质和脂肪类食物，最后吃淀粉类或糖类食物。[①]与之相关的建议是，先吃肉类或蛋类，后吃蔬菜。[②]

引导孩子尽量少吃糖果等零食，但不必完全禁止。完全禁止的后果是：禁止本身就隐含了偷吃的诱惑，而且，如果父母完全禁止孩子吃零食，孩子会更加嘴馋。他看到其他同伴吃糖果或其他零食时，他会羡慕、嫉妒，他若发现有人把糖果或其他零食掉在地上，他会偷偷地捡拾。若被同伴发现，不免会被嘲笑。

完全禁止吃糖果或其他零食的另一个后果是：孩子会误认为自己的家庭贫困，自己的家庭条件比别人差，从而产生自卑；或者，孩子会感觉自己的父母不通情理，这个家庭没有基本的温情，从而心生怨恨。

因此，父母可以让孩子吃少量的零食。可以给孩子两个选择：一是每周只有周末某时段可以吃零食；二是每天都可以吃，但要少吃。少吃的标准是：不能影响吃正餐。如果孩子对主食不感兴趣，不仅少吃主食，而且不吃肉食和蔬菜，就说明孩子已经出现过度依赖零食的苗头或者已经形成过度依赖零食的坏习惯。父母可以反思：孩子是否过度依赖零食，比如糖果、各种饮料。

在吃和不吃这二者之间，日常的家庭教育往往选择“每天少吃”而不是“每周一次”或完全杜绝。“每天少吃”显得自然、和谐，“每周一次”显得比较刻板和矫情，完全杜绝则太不近人情，也让孩子失去很多生活的滋味和乐趣。

亲子关系最好保持温暖、温馨的状态。家庭教育的日常规则只需要口头约定，并依靠默契和家庭文化（家庭生活习惯）来执行这些约定。既没有必要制订书面的“家庭契约”或举行正式的“家庭会议”，也没有必要对孩子偶尔出现的过错大发雷霆、小题大做。

---

① ［法］杰西·安佐斯佩．控糖革命［M］．张艳娟，译．杭州：浙江科学技术出版社，2024：59-88．

② ［日］三岛学．孩子的专注力，90%可以靠控糖提升：三岛学堂的神奇育儿法［M］．谢嘉怡，译．天津：天津科学技术出版社，2023：48．

但是，如果孩子出现了明显过度依赖零食的苗头，父母最好跟孩子提出正式的约定，甚至可以制订“成文规则”或“家庭契约”，规定“违规”的惩罚措施，并督促孩子执行规则。孩子一旦出现“违规”的行为，父母就采用“外柔内刚”的原则和“自然后果惩罚”的方法，让孩子承担违规的后果并建立规则意识。

父母既要满足孩子吃零食的需要，不因为禁止吃零食而让零食增加“禁果”的诱惑，同时又要警惕零食，不让孩子因为过度吃零食而影响孩子的身体健康。

零食的背后是零花钱。吃零食的规则要和零花钱的规则相配合。为了避免孩子过度依赖零食，父母最好控制孩子的零花钱，引导孩子制订零花钱的规则。零花钱的规则不仅可以避免孩子养成乱买零食的习惯，还可以培养孩子的挣钱、存钱、花钱的“财经素养”。

总之，父母最好引导孩子建立三个好习惯，包括吃饭习惯、睡眠习惯和沟通习惯。同时，父母还要提醒孩子警惕三个坏习惯，即过度观看电视，过度使用手机、电脑等电子产品，过度依赖零食和零花钱。如果孩子出现坏习惯的苗头或出现过于任性或胡闹的现象，父母可以按照“严慈相济”的大原则以及“外柔内刚”或“和善而坚定”的小原则帮助孩子建立规则。

三、强化安全习惯

父母要强化孩子的安全意识。据2015年11月30日的《人民日报》报道，中国每年有超过20万的儿童因意外伤害导致死亡，也就是说，平均每天有540多个孩子因意外伤害导致死亡。[①]“童话大王”郑渊洁曾因此撰写《皮皮鲁送你100条命》，作为孩子安全教育的教材。[②]安全教育主要包括三个方面：一是防霸凌、防性侵和防拐卖等交往安全教育；二是防车祸、防溺水、防踩踏等出行安全教育；三是防地震、防雷击、防火灾等灾害安全教育。

（一）交往安全教育

交往安全教育主要是“三防”：一是防欺凌；二是防性侵和防拐卖；三是防

① 王君平．我国每年超20万儿童意外死亡［N］．人民日报，2015-11-30(12)．

② 郑渊洁．郑渊洁家庭教育课［M］．天津：天津人民出版社，2018：33-34．

黄赌毒。

1. 防欺凌

就儿童而言，防欺凌主要是防校园欺凌（也称校园霸凌）。校园欺凌主要指一个或多个学生在校内外欺负、侮辱另一个或几个学生，给另一方造成身体伤害、精神损害或财产损失的事件。校园欺凌行为主要包括以下三种类型：一是身体欺凌，攻击受害者的身体；二是财产欺凌，强索金钱或损坏受害者的个人财产、教科书、衣服，等等；三是关系欺凌或精神欺凌，威迫受害者做违背意志的事情，给受害者取侮辱性的绰号或传播消极谣言、讥讽或侮辱受害者，搞派系并孤立、排挤受害者，等等。校园欺凌在四个方面有别于正常交往或正常冲突：一是错不在受害者或受害者未激惹加害者；二是故意伤害，而不是无意伤害；三是力量不均衡，以大欺小，恃强凌弱；四是令受害者感到精神痛苦。①

防欺凌的基本原则是：不做残忍的欺凌者，不做冷漠的旁观者，也不做沉默的受害者。如果遭遇他人的欺凌，可以采取以下五个步骤，有人用五个手指对应这五个步骤②,有人据此提出解决校园欺凌的“五指法”或“五指禅”③。（1）小拇指代表忽视，不予理睬。（2）无名指代表走开，避而远之。（3）中指代表友好交涉。友好交涉时，最好坚持三个原则：一是描述事实而不评价或少评价；二是表达自己的感受而不指责对方；三是请求或提出解决问题的方法而非抱怨。（4）食指代表严正交涉。严正交涉主要包括三个方向：一是喝止对方的欺凌行为；二是要求对方赔偿或道歉；三是表达自己的愤怒，提出警告或正当防卫。（5）大拇指代表报告与求助。当严正交涉无法解决校园欺凌的问题时，可以向老师、家长或公安机关报告并请求帮助。这五步也可以压缩为三步：第一步是友好交涉；第二步是严正交涉；第三步是报告并求助。

如果来不及向老师报告，可以直接向家长报告。家长要及时联系老师，要通过家校合作的方式解决问题。不少校园欺凌问题是可以通过家校合作得到解决

---

① 黄向阳．无人贻恨：校园欺凌判断与干预［M］．上海：上海教育出版社，2022：67-76.

② Rigby, K. Bullying in Schools and What to Do about It［M］. Melbourne：Australian Council for Education Research, 2007：265-266.

③ 黄向阳．无人贻恨：校园欺凌判断与干预［M］．上海：上海教育出版社，2022：222-229.

的。同时，家长不要跟欺凌者的父母争吵，更不能跟欺凌者及其父母打架。争吵或打架不仅不能解决校园欺凌的问题，反而会使校园欺凌的问题变得更加暴力和复杂。家长之间的吵架或打架可能会导致严重斗殴甚至发生严重的伤亡事件。如果家校合作仍无法让欺凌者及其家长道歉并解决问题，家长可以报警，学校也会上报给教育主管部门，以便争取相关的支持和帮助。

但是，要区分同伴之间调侃、嬉闹与校园欺凌的不同。在日常生活中，同学之间偶尔相互调侃、相互嬉闹是正常的。没有必要把正常的相互调侃、相互嬉闹上升为校园欺凌事件。只要没有违背他人的意志，相互调侃、相互嬉闹也是儿童身心健康发展的重要途径。匈牙利学者施皮茨（R. Spitz）的调查研究显示，如果缺少相互嬉闹，儿童的发展就会出现问题。施皮茨比较了两个群体的孩子。一个是孤儿院的孩子，这里的卫生条件不错，但在两年之内，这家孤儿院孩子的死亡率达到37%，活下来的孩子也有各种精神问题。另一个是监狱托儿所的孩子，这些孩子的母亲在进入监狱之前已经怀孕，孩子出生后，就被送到监狱托儿所。按说，在监狱托儿所长大的孩子容易出现身心健康问题，但是这里的孩子比孤儿院的孩子发展得更好。五年之内，监狱托儿所没有孩子死亡。原因就在于，监狱托儿所是一个相互嬉闹的地方，孩子在这里有足够的身体接触。[①]

日常生活要以“爱”为主，只有在非常时期才需要发挥人的“意志力”。在遭遇校园欺凌时，我们需要用意志来表达抵制或反抗。但在正常交往中，只要没有违背对方的意志，只要相互接受，就可以相互调侃或相互嬉闹。如果在正常的相互嬉闹中，因不小心导致了轻微的伤害，也不要视为校园欺凌。如果父母有疑虑，可以联系老师，查明缘由。父母要抵制校园欺凌，也要保护孩子们的正常交往。不要把正常交往视为校园欺凌，不要因为害怕校园欺凌而变得风声鹤唳、草木皆兵。如果觉得相互嬉闹容易升级为校园霸凌事件，可以鼓励孩子打球。打篮球、踢足球等竞技类运动其实就是“有规则的相互嬉闹”或“合理冲撞”。孩子的成长需要这样的相互嬉闹。

---

① R. Spitz. Hospitalism：An Inquiry into the Genesis of Psychiatric Conditions in Early Childhood[J]. The Psychoanalytic Study of the Child, 1945(1): 53-74.

2. 防性侵与防拐卖

防性侵的全称为防止性侵害。儿童性侵害是指加害者以权威、暴力、金钱或甜言蜜语，引诱、胁迫儿童及少年，与其发生性活动。这些性活动包括猥亵、乱伦、强暴、性交易、媒介卖淫等。性侵的实施者既可能是陌生人，也可能是孩子最熟悉、最信任或最亲近的人。孩子对后者没有防范意识，从来不会想到这些人会对自己进行性侵害。防性侵的主要方法如下。

第一，让孩子了解自己身体的哪些部位是不允许他人触碰的，对于不当或不舒服的身体接触，要勇敢地说“不”。陌生人或熟人都可能是性侵害的加害人，任何人提出的性接触，都要断然拒绝。有人推荐，最好的防性侵的护身符是，让孩子学会大声地告诉性侵者：“我不到14岁，你想坐牢吗？”① 如果怀疑孩子在学校遭遇性侵，父母可以跟学校沟通。但是，如果父母确认孩子遭到性侵，就要果断地拨打110报警，而不是跟学校沟通。

第二，注意交往的安全。不喝来历不明的饮料、茶水。在校园内或上学、回家的路上要结伴而行，不要去四周没人的地方。女孩不要单独与男同学去人少的地方，不要单独与除家人以外的男性在家里或封闭的空间会面。不要和陌生人搭腔，如有人盯梢或纠缠，尽快向人多的地方靠近，必要时可大声呼救，吓退坏人。独自在家时不要给陌生人开门，对于自称是父母的亲戚或熟人者，最好也不要独自开门待客，实有必要，也要先打电话向父母确认安全。上网时，不在网上留下自己真实的姓名、住址等信息，不结交网友，不和来历不明的网友线下会面。

第三，告诉孩子，如果受到委屈，应及时告诉父母。不要担心被父母责骂，要相信父母永远会站在孩子这边，相信父母是孩子的保护人。同时，父母也要观察孩子。有研究者提示，如果孩子跟某人在一起感到不安，父母一定要追根究底。②

万一孩子被性侵，父母要带孩子去看医生，防止孩子感染性病；接下来要给

---

① 郑渊洁. 郑渊洁家庭教育课［M］. 天津：天津人民出版社，2018：157-158.

② 刘晓，程毅. 家是另一个学校：给父母的12种家庭教育能力［M］. 上海：华东师范大学出版社，2021：94.

孩子提供心理支持，不让孩子再次受伤。同时，父母还要收集证据，然后与加害者直接交涉或向公安部门举报。

儿童被拐卖的现象虽然不常见，但也不是没有可能，甚至大学生也可能被拐卖。[①]防拐卖的主要办法有三个。第一，警惕陌生人。驾车的陌生人问路，要与其保持一定距离，不可贴近车身。不搭陌生人的便车，不接受陌生人的钱财、玩具、礼物或食物。放学时如果不是自己的亲人来学校接，要及时告知老师，由老师联系家长，在不能确认的情况下不能跟别人走。外出游玩时要征得家长的同意并将行程告知父母或其他家人，说明大概的返家时间。第二，结伴同行。外出时，最好与同学、朋友、家长等结伴同行。第三，机敏应对。如果发现危险，应向人多的地方靠近或跑进其他安全的房屋，并大声呼救，寻求帮助。如果已经被控制人身自由，应保持镇静，在确保安全的情况下，设法了解自己所处的地址及犯罪嫌疑人人数、口音等基本情况。寻找机会向路人或公安机关报信，说明自己所处的位置。

3. 防黄赌毒

防黄赌毒的完整说法是防止黄色色情，防止赌博，防止毒品。很少有儿童主动接近或卷入黄赌毒，但是，儿童有可能被引诱接近或卷入黄赌毒。

对于儿童而言，防毒品的主要内容是防止孩子吸食校园门口或网吧门口贩卖的伪装毒品。这些伪装毒品往往呈现为饼干、巧克力、跳跳糖、果冻等零食。也就是说，防毒品首先要从防止孩子买街边的零食开始。即便吃零食，也要到正规商店，不要在校园门口或网吧门口的移动商贩处购买。

防赌博的方法主要是控制孩子的零钱数量并知晓孩子使用零钱的方向。赌博的参与者主要是成人，但中小学阶段的孩子也可能会卷入赌博。传统的赌博方式主要是纸牌、麻将、摇色子（骰子）。现代的赌博方式主要包括赌场、赛马、赛狗、彩票和足球博彩，等等。

防色情主要是防止儿童沉迷于成人话题的聊天室和网络色情图片、网络色情文学、网络色情电影。防色情的消极办法是禁止孩子接近和接触色情图片、大尺度的成人电影和文学作品。防色情的积极办法是父母尽早给孩子提供性教育，不

① 新华社记者．“丰县生育八孩女子”事件调查［N］．新华每日电讯，2022-02-24(6)．

让孩子对性行为有神秘感。在幼儿园或小学阶段，就可以采用绘本或漫画的形式，给孩子提供适当的性教育。一般认为，孩子七岁前后，是适合开始性教育的年龄。①此外，也要防止信息泄露，不要轻易泄露自己的隐私、家庭住址及身份证信息等。

（二）出行安全教育

出行安全教育主要包括防溺水、防车祸、防踩踏三个方面。一般父母比较关注防车祸，但也要时时警惕防溺水和防踩踏。

1. 防车祸

传统的出行方式一般是步行或骑自行车。步行和骑自行车较少发生车祸。随着城镇化进程的加快，越来越多的家庭拥有汽车。儿童置身于车来车往的街道之中，随时都可能遭遇车祸。防车祸的主要办法有三。第一，不闯红灯。父母要率先做榜样，坚决不闯红灯。第二，不猛开车门。推开小车的车门前，先看车后是否有行人、自行车或摩托车经过。鼓励孩子采用左手开右边的车门或用右手开左边车门的办法，因为这样可以让身体面对车门，便于查看车后的路况。另外，最好从汽车右边的门下车。第三，不立于危险地带。如果在高速公路上出现爆胎或追尾等交通事故，不要守候在汽车附近。应立即把车辆转移到紧急停车带上，打开双闪灯，并在距车辆150米以上的位置放置警示三脚架。不要在车内或车辆周围逗留，避免后方来车而造成更大的车祸。造成人身伤亡的，车辆驾驶人应当立即抢救受伤人员，并迅速报告执勤的交通警察或者公安机关交通管理部门。

2. 防溺水

防溺水的主要办法如下。第一，提高游泳技能。平时要在安全的地方（比如游泳池）训练游泳，提高游泳技能。如果没有熟练掌握游泳技巧，不能私自下水游泳，必须在家长陪同下到安全的地方游泳。同时，也不要私自在河边、湖边、水库边、水沟边、池塘边追赶嬉戏，以防滑入水中。第二，不鲁莽行事。如果自己没有熟练掌握游泳技巧和救人技巧，不要擅自下水救人，也不要采用简单的手拉手的方式救人。可以寻找救生圈或类似树枝、木棍、长绳之类的工具，或向附

---

① 刘晓，程毅．家是另一个学校：给父母的12种家庭教育能力［M］．上海：华东师范大学出版社，2021：95．

近的成人求救。第三，及时施救。如果溺水者被救上岸，要尽快施救，不能延迟。首先，清除溺水者口鼻堵塞物，让其头朝下，撬开其牙齿，用手指清除口腔和鼻腔内的杂物。其次，倒出呼吸道内积水。救人者半跪，顶住溺水者的腹部，让溺水者头朝下，拍背。接下来，采用一对一的人工呼吸，同时做胸外心脏按压，用手指掐溺水者的人中。

3. 防踩踏

当人群受到惊吓时，会出现惊慌失措的失控局面并导致相互踩踏。踩踏事件主要发生在人群拥挤的公共场所，比如2014年12月31日晚，上海市黄浦区外滩陈毅广场东南角通往黄浦江观景平台的人行通道阶梯处，就发生了严重的踩踏事件，造成36人死亡。2022年10月29日晚，韩国首尔市梨泰院也发生悲惨的踩踏事故，造成了154人死亡。

其实，踩踏事件也可能发生在学校的走廊或楼梯。比如，2014年9月26日，云南省昆明市某小学发生踩踏事故，导致6人死亡，26人受伤，其中2人重伤。2017年3月22日，河南省濮阳县某小学发生踩踏事故，造成22名学生受伤，其中1人在送往医院的途中死亡，另外5人重伤。

防踩踏的主要办法有三。第一，不扎堆。尽量走在人流的边缘。人多的时候不起哄，不制造恐慌。顺着人流走，切不可逆着人流前行，否则，很容易被人流推倒。第二，不捡鞋。如果陷入拥挤的人流，即使鞋子被踩掉，也不要弯腰捡鞋子或系鞋带。第三，不前进。当发现自己前面有人突然摔倒了，要马上停下脚步，同时大声呼救，告知后面的人不要向前靠近，及时分流拥挤人流，组织有序疏散。

（三）灾害安全教育

灾害安全教育主要包括防地震，防雷击、电击，防水灾、火灾和台风等方面的安全。

1. 防地震

防地震的主要办法如下。第一，迅速转移至空旷的地方。在转移的过程中，要注意保护头部，用枕头或被子、脸盆、书包顶在头上，也可以用双手护住头部。第二，如果来不及跑到户外，应就近躲避，蹲或趴在屋内容易形成“三角空间”（比如承重墙的墙角处、厕所、厨房）的地方。不要靠近窗户，不要去阳台上，因为阳台的下面没有支撑物，容易因振动而掉落。第三，如果住在楼房高层，不要跳楼逃离，也不要乘电梯。

一般人认为，躲在桌子下面或床铺下面最安全，但是，有地震搜救经验的专业人员的答案却是：如果躲在桌子或床铺下，会更容易受伤。比较安全的方法是，采用比桌或床高度更低的姿势，蹲在桌子或床铺的旁边。因为桌子、床铺、汽车等都无法抵挡下落物的重压，而躺在其旁边，往往可能形成三角空间。家长和老师可以适时引导孩子进行地震应急演习，提高孩子的避震意识和避震技巧。

2. 防雷击、电击

防雷击的主要办法如下。第一，注意室内防雷。关闭门窗，预防雷电直击室内。尽量远离门窗、阳台和外墙壁；不要站立在电灯下；尽量不要拨打、接听手机和座机或使用电话线等上网；不使用太阳能热水器淋浴。雷雨来临前，要把电路断开，并拔下电源插头，防止电视机、电脑等引雷入室，并导致电器引发火灾；不要靠近、触摸任何金属管线，包括水管、暖气管、煤气管，等等；晒衣服的铁丝不要拉到窗户，防铁丝引雷，不要到室外收取晾晒在铁丝上的衣物。第二，注意户外防雷。雷雨天气时不要在高楼平台、山顶、山脊或建筑物顶部停留；不要在铁桥和高烟囱附近停留；不要在大树下躲避雷雨，空旷环境中的树木尤其可能会成为雷电放电的通路；不要在电线杆、广告牌、各类铁塔下避雨；不要在水边、洼地停留，应迅速躲入附近有防雷保护的建筑物或车辆、船舶内。第三，不要触摸或者靠近防雷地线；不要在旷野中打伞，不要高举羽毛球拍、高尔夫球棍、锄头等，避免增加人的高度而遭雷击；不要快速开摩托车、快骑自行车和在雨中狂奔，因为身体的跨步越大，电压就越高，也越容易伤人。开车时，不要将车停在开阔的空地或高地，不要将车停在树下或高大的烟囱下；收回汽车天线；关闭发动机引擎和收音机等设备。不要轻易下车，并关好车门车窗，不要触摸车窗把手、换挡杆、方向盘，把双手放在大腿上。

防电击的主要办法是：第一，不攀登、不跨越电力设施的保护围墙或围栏。不往电力线、变压器等电力设施上扔东西。不在高压电力线路底下盖房子、打井、打场、堆柴草、栽树和竹子。维修电器或接室内电线时，应先切断电源再工作。提醒孩子不要玩弄电气设备。第二，发现电力线断落时，不要靠近落地点，更不能触摸落地电线，应看守现场，立即找电工处理或报告管理部门。第三，发现有人触电，不要赤手去拉触电人的裸露部位。首先使触电者迅速脱离电源，断开电源，或用干燥的木棒、竹竿挑开电线。将触电者转移至安全的地方后，立即采用人工呼吸和胸外心脏按压法进行现场急救，同时拨打120急救电话，呼叫医务人员尽快赶到现场进行救治。

3. 防水灾、火灾和台风

水灾主要指洪水泛滥和暴雨积水对人类造成的灾害，一般称前者为“洪”，称后者为“涝”。国家有防洪防涝的措施以及相关的水利项目，比如修筑和加固防洪的堤坝，开辟排洪河道，兴建分洪工程，等等。对个人而言，防水灾的主要办法如下。第一，不到易发生山洪、泥石流的区域游玩、逗留。第二，如果遇到暴雨积水，开车时提前打开两边窗户玻璃。如果水深漫过车辆，要及时脱离车辆，人员撤至安全区域。如果车门不能打开，用东西敲击两侧车窗玻璃的四个角，易于击碎玻璃，迅速逃离现场。第三，洪水来临时，要学会自救。可向楼房顶或大树转移，等候救援人员营救。可用床板、箱子、柜子、门板等自制木筏逃生。

防火灾或煤气泄漏的主要办法如下。第一，不要玩火。火柴、打火机不是玩具，不能随便玩。第二，不要在楼道或室内给电瓶车充电。不要长时间给手机充电。第三，发生火灾时，用湿毛巾捂住口鼻，往逆风的方向逃离现场。一旦身上着火，不要乱跑，要马上站住，就地躺下打滚，以压灭身上的火。困于火场时，不要跳楼，要拨打“119”电话，向消防队员求救。

台风来临前，检查门窗是否牢固，及时关闭窗户，收起阳台重物和悬挂物，加固室外易被风吹动的物体，将车辆移到高处停放。台风来临时，远离玻璃门窗、危房和广告牌、霓虹灯等；远离河、湖、海的路堤，以免落水。台风过境后，谨慎使用水、电和煤气，要先检查后确认安全再使用。

总之，家庭教育的首要任务是陪伴孩子，并在陪伴的过程中让孩子养成好习惯，具体包括陪孩子吃饭，帮助孩子建立健康的饮食习惯；陪孩子睡觉，帮助孩子建立健康的睡眠习惯；陪孩子玩，帮助孩子建立健康的游戏或休闲习惯。同时，也要警惕孩子形成坏习惯，具体包括不过度观看电视，不过度使用电子产品，不过度依赖零食和零花钱。在所有的习惯培养中，尤其要培养孩子珍视生命安全的好习惯，强化孩子的安全意识。

第二节　健全人格

健全人格就是人格的正常和谐的发展，健全人格的重要指标是爱与意志。爱的成分主要包括爱自己、爱他人、爱自然。意志的成分主要包括与自己竞争、与他人竞争、与自然竞争。培养爱与意志的重要途径是基于“大五人格”①框架的“社会情感学习”。

一、爱的教育

爱的教育也可以称为情感教育。从爱的对象来看，爱主要包括爱自己、爱他人和爱自然。三者之中，爱自己是爱之根。不自爱的人，既不会爱他人也不会爱自然。爱他人是爱的主干与花朵。爱自然是爱之果，这是爱的最高境界，也是人的终极归属。与爱相关的情感是“有所热爱”。与爱相反的情感是心灰意冷，漠不关心。“恨并非爱的对立面，冷漠才是。”②

（一）爱自己的自爱意识

爱的教育的原点是自爱，自爱就是爱自己。爱他人、爱自然的前提是爱自己。不自爱的人，也不可能爱他人、爱自然。

爱自己的第一个含义是做对自己有利的事，不做对自己不利的事。趋利避害是所有生物的本性。人如此，动物如此，植物亦如此。

爱自己的第二个含义是自我接纳，不仅接纳自己的优点，也接纳自己的缺点。接纳自己的缺点包括不仅接纳自己相貌的缺憾，也接纳自己性格和才能方面的不足。只有接纳自己的缺点，才会与自己和解而不自我贬低或自虐、自残。不接纳自己的人往往会自我挑剔、自我怀疑、自我贬低甚至自虐、自残、自杀。

爱自己是适度自利而不是极度自私。适度自利是正常人的正常人格，而极度

---

① 大五人格理论是一种描述个体性格特质的模型，认为人类的性格可以通过五个核心维度来描述，这些维度相互独立且相对稳定，可以在不同的情境和时间中预测和解释个体的行为和情感反应。

② ［美］罗洛·梅．爱与意志［M］．宏梅，梁华，译．北京：中国人民大学出版社，2010：18．

自私是病态人格。心理学将自恋、操控他人、冷酷自私称为“黑三角”人格。①在“黑三角”人格中，最恶劣的人格是“冷酷自私”。嫉妒自私是损人利己模式，而适度自利是既爱自己也爱他人的“双赢”模式。

爱自己的第三个含义是自尊。自尊就是爱自己的名声，有自尊心。不自尊的人往往不珍惜自己的荣誉，表现出与自己身份、地位、荣誉不相称的行为。自尊是在“接纳自己”的基础上进一步“悦纳自己”。

自尊的外部表现是自信。自信就是自我悦纳、自我欣赏。自信是精神的营养药和兴奋剂。自信的人总是能够自我激励、自我唤醒、自我兴奋，并由此发展出强大的“自我效能感”，提升自己做事的效率。自信更重要的好处在于相信自己的价值观，不怀疑自己的人生，不让自己出现精神危机、“同一性危机”或“身份危机”。

（二）爱他人的友爱意识

情感教育的关键是爱他人。爱他人主要包括三种爱：亲爱、友爱和恋爱，也可称为三种情：亲情、友情和爱情。与之对应的是三种人：亲人、友人和爱人。除此之外，完整的爱他人还包括爱邻居和爱一切陌生人。

在亲情、友情与爱情三者之间，西方教育传统似乎侧重友情和爱情，而中国教育传统则更看重亲情。两种传统侧重不同，各有优势。亲情、友情与爱情哪一个更重要？这很难回答。最好将三者关联起来，寻找三者的内在关系。

正因为如此，重视“孝悌”精神成为中国的基本传统和古风。父母是世界上最可靠的朋友，对父母之爱可以扩展为对他人的爱和对自然的爱。中国传统教育的经典《尚书》就以“孝心”和“孝道”作为开篇。《尚书》难读，但第一篇并不难，它既是一篇政治哲学，也是一篇教育哲学。从政治哲学的角度来看，《尚书》开篇讨论的主题是“尧帝如何选拔接班人”，但从教育哲学的角度来看，《尚书》开篇的主题是把人格教育作为第一教育。或曰：把人品作为选拔干部的第一标准。

中国传统文化不仅重视子女对父母的“孝爱”，而且重视兄弟姐妹之间的“悌爱”。“悌爱”其实已经接近友爱。也因此，孝悌之爱可以扩展为对他人的友

---

① ［美］巴斯．进化心理学［M］．张勇，蒋柯，译．北京：商务印书馆，2015：208-209，369．

爱以及对权威的忠爱。《论语·学而》的说法是："其为人也孝弟，而好犯上者，鲜矣；不好犯上，而好作乱者，未之有也。君子务本，本立而道生。孝弟也者，其为仁之本与。"与之类似，《孟子·尽心上》的说法是："亲亲而仁民，仁民而爱物。"可见，中国传统教育将天伦之乐当作培养社会情感的基本途径。先有亲情，然后有友情和爱情。有了亲情与友情作为奠基，爱情就会水到渠成。相反，如果缺少美好的亲子关系及其情感依恋关系，孩子就难以发展出美好的友情和爱情。

相比之下，西方文化更重视友爱。在柏拉图、亚里士多德那里，友爱已经成为一个重要话题。柏拉图在《普罗塔戈拉》《会饮》《斐德若》和《斐多》这"四书"中大量讨论了友情以及相关的爱欲问题。亚里士多德在《尼各马可伦理学》中花了大量篇幅讨论友爱。亚里士多德甚至认为，动物比如鸟类和兽类也存在友爱。①

爱的教育的关键是让孩子学会与他人合作。合作的文化始于兄弟姐妹之间的相互帮助，同时，也可能始于孩子对父母的帮助。有了帮助父母或兄弟姐妹之间相互帮助的经历，孩子就会在学校养成帮助同学和帮助老师的习惯，并在帮助同学的过程中建立友情，在协助老师的过程中发展敬爱师长的意识。小学阶段正是发展友情和友爱的萌芽时期。发展正式的友情和友爱是中学阶段的重要任务，但小学阶段是发展友情和友爱的萌芽期和过渡期。

就学前阶段的孩子而言，亲情高于友情和爱情。学前阶段的孩子无所谓爱情，他们会将父亲或母亲作为自己的恋爱对象并认真地宣布，甚至要跟父亲或母亲结婚。学前阶段的孩子会产生简单的友情意识，而且以身边的亲人作为重要的友情伙伴。父母需要引导学前阶段的孩子发展出正常的友情意识，但此时的友情需要以亲情作为基础。如果孩子在父母那里找不到友情的影子，孩子就很难在其他人那里发展出友爱的感情。

小学阶段的孩子开始产生友情的渴望。友情既是亲情的重要补充，也是爱情的前提条件。缺乏友情的亲情终究会流于形式。无论孩子多么孝敬自己的父母，

---

① ［古希腊］亚里士多德．尼各马可伦理学［M］．廖申白，译注．北京：商务印书馆，2002：228-229.

倘若这种孝敬并不建立在友情的基础之上而仅仅因为血缘关系，这种孝敬之善，就是伪善。缺乏友情的爱情也会始乱终弃。谈恋爱也被称为“找对象”，是否意味着，男女双方彼此都能够从对方那里看到自己，能够看到自己喜欢的种种美好的身体特征或精神追求。

中国教育的传统是从亲情逐步过渡到友情，再从友情过渡到爱情和尊敬师长的忠义之情。从亲情发展到友情和爱情需要一个中间环节，这个中间环节就是同伴情谊。为了让孩子在小学阶段发展友谊，父母最好让孩子有必要的和同龄人的社会交往活动。即便父母不善于社会交往，有了孩子之后，当自己的孩子和别的孩子相互交往时，父母也可以与别的孩子的父母组建新的朋友圈。

孩子与其他同伴的交往是需要有共同语言的。如果缺乏共同语言，孩子就会被同伴忽视甚至排斥。孩子的艺术特长与体育特长就是孩子社交活动的共同语言。乡村的孩子因为立足于大地，大地随着季节的变换可以为孩子提供丰富的自然游戏，比如玩泥巴、摘果子，在安全的小河里玩水、抓鱼，等等。城市的孩子失去了自然游戏的天然场地，不得不发展适合城市生活的艺术特长与体育特长。小学阶段的孩子之所以必须发展出艺术特长和体育特长，除了因为这个年龄阶段是孩子艺术和运动的敏感期，还因为艺术特长和体育特长可以让孩子拥有社交的共同语言，孩子可以凭借自己的艺术特长和体育特长欢乐聚会，呼朋引伴。

（三）爱自然的环境意识

爱的最高境界是爱自然。爱自然主要包括爱植物、爱动物以及爱自然状态的婴儿。之所以将婴儿与动物并列，是因为婴儿原本就接近动物状态。

当一个人爱植物、动物和爱婴儿，他也可能会爱山和水，爱石头、木头等非生物。人类之所以爱山水，往往因为山水之中有花草、树木、虫鱼等植物或动物。人类之所以爱山石、木头、矿物质等非生物，也是因为它们与人类有关联。

爱自然的基本方式是顺应自然、亲近自然和参与自然。顺应自然是爱自然的底线；亲近自然是爱自然的中间状态；参与自然是爱自然的高级形式。

顺应自然就是接纳自然，不破坏自然，不与自然对抗，不违背自然规律，不忤逆自然之道。顺应自然首先意味着人与自然保持必要的“应和”关系。自然有白昼与黑夜，还有四季变化。四季之中，还有二十四节气。人的作息应该顺应自然的节奏，日出而作，日落而息，春生、夏长、秋收、冬藏。顺应自然还包括顺应人体的自然欲望。饥则食，困则眠，不与自然欲望对抗，不过度抽烟或饮酒，不熬夜，不破坏人体内部的“生物钟”。

亲近自然是同情心的原点（逻辑起点）。亲近自然比顺应自然更进一步。顺应自然是接纳自然，而亲近自然是对自然的理解、欣赏或同情。亲近自然最好从亲近动物开始，“向动物学习”。父母可以带着孩子参观自然博物馆，可以让孩子亲眼观看“由蛋到鸡”的生命发展过程，“由一个静止的物体变为一个活生生的生命，这个永恒的神话，永远令人着迷”。此外，父母也可以鼓励孩子照看家养小动物或植物。①

亲近自然是同情心的逻辑起点。对动物的亲近或同情可以逐步扩展为对所有生命的亲近和同情。按照孟子的说法，人对动物原本有天然的同情心或恻隐之心，人对一切生命的不幸都会感到惋惜和不忍。这就是《孟子·梁惠王上》所讨论的“人皆有不忍人之心”和“恻隐之心”。法国学者于连认为，孟子提出的“以羊易牛”或“孺子将入于井”及其恻隐之心，比宗教式的外在清规戒律或卢梭式的“怜悯心”，更具有道德奠基的理论意义。因为怜悯心的“设身处地”的根基是利己的个人主义，而孟子的“不忍心”属于非利己的先天本能之善。这是真正的“情感主义”哲学而不同于西方传统的理性主义哲学。②基于情感主义的同情心将使人由利己转化为利他，由自爱转向博爱，由个人主义转向古道热肠的世界主义。

爱自然除了爱婴儿和爱动物，也包括爱植物以及爱自然界的非生物。自然是人类的母体，人脱离自然而拉开了人与动物的距离，但是，人必须重新回归自然，融入自然。天人合一,万物一体，可以平息一切焦虑。这是中国道家的智慧。道家既顺应自然，也亲近自然。但是，真正的爱自然并不止于顺应自然和亲近自然，还包括参与自然。

参与自然就是人与自然保持友好的互动关系，人参与自然的运行，也让自然参与到人的生活里面来，通过互动的方式实现人与自然融为一体。参与自然的基

① 郭力．盛满奇迹的惊喜袋：成长在德国［M］．天津：新蕾出版社，2005：20-25．

② ［法］于连．道德奠基：孟子与启蒙哲人的对话［M］．宋刚，译．北京：北京大学出版社，2002：1-27．

本形式是“非职业化”的劳动、运动、审美游戏。通过“非职业化”的体美劳（体育、美育、劳动教育）就可以实现人与自然的重新融合与重新和解。

人原本安然地栖居于自然之中。在这点上，人与自然界的其他生物（动物和植物）没有什么差别。自从人开始以主体的姿态研究自然、开发自然、征服自然，人就从自然中抽身出来，人虽然不可能彻底离开自然，但现代人一直“身在曹营心在汉”，并由此成为既离不开自然却又外在于自然的悬浮体。悬浮现象导致现代人普遍染上了一种疾病，这种疾病叫“焦虑”。轻度的焦虑称为“神经质”，比较严重的焦虑称为“神经病”或“精神病”。

虽然很多现代人都有或多或少的焦虑症状，但比较严重的焦虑群体是孩子。学龄前的儿童以及小学低年级的儿童尚不焦虑。从小学高年级开始，尤其是进入中学之后，孩子普遍成为被拔起的秧苗。他们离开了生活的大地，缺少地气的滋养，他们会因为不顺心而焦虑、愤怒、吼叫。在古代，揠苗助长是一个笑话，在现代，揠苗助长却日渐成为一个较普遍的现象。

总之，爱的教育至少包括三种爱：爱自己，爱他人，爱自然。从爱的教育出发，父母需要引导孩子发展出情绪稳定（爱自己）、谦虚友善（爱他人）和开放包容（爱自然）的核心素养，引导孩子接纳自己、善待他人、亲近自然。

二、意志教育

意志是理性的核心。意志教育也可称为理性教育。爱是温暖的“日常情感”，意志是坚毅的“非常情感”。父母既需要引导孩子以爱的合作意识展开自己的日常生活，也需要引导孩子以意志的竞争意识来克服困难。

从意志的对象来看，意志的核心是竞争，具体包括三个方面：一是与自己竞争的自律意志；二是与他人竞争的权力意志；三是与自然竞争的抵抗意志。爱的核心是和谐与合作；意志的核心是竞争与抗争。爱的教育是引导孩子与自己和、与他人和、与自然和；意志教育就是引导孩子与自己竞争、与他人竞争、与自然竞争。完整的意志教育是中学阶段的主要任务，但小学阶段的孩子必须通过规则教育来为中学阶段的意志教育提供前提条件和心理准备。

（一）与自己竞争的自律意志

与自己竞争的自律意志主要是战胜自己、超越自己，具体包括三个方面：一是遵守规则，强化契约意识；二是遵守时间，强化时间管理；三是愿意吃苦，能延迟享受。三者之间，遵守规则是自律意志的核心，后两者是自律意志的辅助策略。学前阶段的孩子往往自我中心，他们只有“我要”的欲望，很少有“我不应该”的自律意识。小学阶段的孩子虽然增加了规则意识和初步的自律意识，但只有中学阶段的孩子才会具备比较完整的自律意识。

第一，遵守规则，强化底线管理和契约意识。遵守规则的底线是诚实守信，兑现承诺。遵守规则与兑现承诺可称为“双约”思维。

人类之所以制定或约定规则，是因为人有破坏规则的冲动。也因此，遵守规则和强化契约意识需要人与自己作斗争的自律意志。有人认为“只有偏执狂才能生存”①。青少年是自由自在的年龄，自我克制的自律意志并不需要孩子在所有方面都必须谨慎、克制或三思而行，但父母可以帮助孩子建立不违规、不违法的底线意识。

建立规则的积极说法是让孩子接受“应该做什么”的规则。建立规则的消极说法是让孩子接受“不应该做什么”的规则。比如，最好让孩子警惕电视机、警惕手机、警惕零食。让孩子在电视机、手机、零食的面前保持必要的节制，让孩子围绕看电视、玩手机游戏、吃零食这几个方面建立规则。

学前阶段的意志力训练，主要任务是建立“生活习惯”或“生活规则”。父母要引导孩子建立饮食习惯、睡眠习惯和活动习惯，让孩子学会吃饭，学会睡觉，学会活动。同时，父母要引导孩子警惕电子产品，警惕零食和零钱，注意公共卫生和环境污染。此阶段的家庭教育需要为孩子提供宽松教育，以此发展孩子的情感、语感和动感。

小学阶段的意志力训练，主要任务是在建立生活规则或生活习惯的基础上，进一步建立“学习规则”或“学习习惯”。小学阶段的家庭教育需要逐步由宽松教育转向严厉教育。

中学阶段的意志力训练，主要任务是在建立生活规则、学习规则的基础上，进一步强化“自信、自学和自治”的独立意识。中学阶段的家庭教育需要逐步由严厉教育再次返回自由教育，尽量让孩子参与决策、尝试错误、有所热爱。

① ［美］格鲁夫．只有偏执狂才能生存［M］．安然，张万伟，译．北京：中信出版社，2014．

第二，遵守时间，强化时间管理，坚持“要事优先”和“急事优先”原则。“要事优先”和“急事优先”也可以简称“双优”思维。这是人在时间管理方面的自律。“要事优先”是德鲁克（P. Drucker）的管理学原则之一，也是柯维（S. Covey）提出的“高效能人士的七个习惯”之一。在德鲁克看来，如果指望提高做事的效率，就必须学会先做重要的事，而且每次只做一件事。[①]有时候，也可以同时做几件事，就像一个钓鱼的人可以把三根钓鱼竿同时放到水里。但在大多时候，人只能一次做一件事，要有“要事优先”意识。

坚持“要事优先”的原则主要有如下三个策略。

一是确定哪些是最重要且紧急的事情。比如，在完成家庭作业和玩游戏这两件事之间，一般将完成家庭作业作为重要且紧急的事情。父母可以引导孩子养成先完成家庭作业然后再去玩游戏的习惯。在个人游戏和同伴交往之间，同伴交往具有优先性。因为个人游戏可以随时进行，而同伴交往只有在大家都有时间和相互约定的前提下才能进行。

二是确定哪些是可以“快速完成”的事情。这些事情可能既不是最重要的，也不是刻不容缓的，但它是近期必须完成的任务。如果这个近期必须完成的任务可能要花费一天或两天以上的时间，就暂时不要理睬这件事而专注于“要事”或“急事”。不让“要事”或“急事”受“琐事”的影响和耽搁。但是，如果这个近期必须完成的任务只需要五分钟就能完成，就可以考虑先处理这件事。“五分钟策略”与“要事优先”或“急事优先”原则并无冲突。因为，提前花费五分钟去处理某个或某些琐事，接下来可以让自己心无旁骛地专注于“要事”。

三是确定哪些事是“可延迟的任务”。所谓“可延迟的任务”，就是既不重要，也不紧急的任务。确定哪些事情是“可延迟的任务”是有困难的。当“延迟”可能意味着“放弃”时，确定“延迟任务”就更加困难。它需要当事人有判断力。这需要当事人有柯维所强调的“别让琐事牵着鼻子走”和敢于说“不”的勇气。[②]

---

① ［美］德鲁克. 卓有成效的管理者［M］. 辛弘，译. 北京：机械工业出版社，2022：123.

② ［美］柯维. 高效能人士的七个习惯［M］. 顾淑馨，等，译. 北京：中国青年出版社，2002：117-125.

有人用乒乓球代表重要的事情，用沙子代表紧急的事情，努力把乒乓球和沙子放入一个敞口的瓶子里。如果先装沙子，后装乒乓球，则乒乓球会无法装入瓶子。反之，如果先装乒乓球，后装沙子，则乒乓球和沙子都可以装入瓶子中。

第三，不怕吃苦，延迟享受。不怕吃苦和延迟享受即便不是意志力的全部，至少在意志力中占有重要的份额。从某种意义上说，意志力几乎就是不怕吃苦与延迟享受的自律意志。强大的人并不见得他的头脑有多么聪明，也不见得他的四肢有多么发达，重要的是，这个人有强大的不怕吃苦与延迟享受的自律意志。如果父母希望培养孩子的竞争力，就鼓励孩子养成不怕吃苦和延迟享受的自律意志。即便生活条件优越，也要有忧患意识。“有志者事竟成”几乎可以转换为“生于忧患而死于安乐”的历史智慧。人类的教育史，几乎就是意志训练史。遗憾的是，当人类依靠高科技而越来越远离灾难和苦难，人类的身体和意志也就越来越萎缩。

虽然没有必要因为“意志第一”的观念而否定知识和情感的地位和价值，但从获得知识、建立情感和培育意志的难易程度来看，培育“不怕吃苦”的意志力比获得知识和建立情感更困难，因此也更重要。父母不要让孩子轻易得到他想要的东西。在让孩子获得某个东西之前，最好让他付出相应的努力、代价和等待。

让孩子付出努力，就是让孩子为获得这个东西而去完成相关的任务。比如，让孩子坚持完成一项家务，坚持学会某个新知识或新技能（看一本书或研究一个问题）。孩子在做事的时候，需要父母的守望和幕后的关注，但父母不要轻易出手帮助孩子。如果孩子遇到了挫折，经历了失败，感到伤心，父母也要鼓励孩子不轻言放弃。只要孩子持久地做某件事情，他就会逐渐领悟劳动的价值以及任何美好东西背后的艰辛。

让孩子付出代价，就是让孩子用放弃某个东西来赢得另外一个东西。这样可以培养孩子的“代价意识”和“他者意识”，让孩子逐步由“自我中心”走向“考虑他人利益”的情感与意志。

让孩子付出等待，就是愿意延迟享受。父母承诺让孩子拥有某个东西之后，最好给出一个模糊时间，让孩子有所等待，不要让孩子立刻获得。等待既可以培养孩子的耐心，又可以让孩子因较长时间的等待而珍惜他终于获得的东西。

美国心理学家米歇尔（W. Mischel）所做的“延迟满足实验”（见资料4-1）

显示了延迟满足与学业成绩以及工作业绩的相关性。

资料4-1 “延迟满足”实验

研究者对一群4岁的孩子进行了一项对糖果控制力的实验。研究者在孩子们面前放了他们喜欢的棉花糖和咸脆饼干棒，并告诉孩子们：“你们可以马上吃掉这些糖果，但如果可以忍住现在不吃，等到我离开一会儿再回来，就可以多得到一颗糖作为奖励。”说完，研究者离开房间，留下这群孩子独自面对美味的糖果。有些孩子急不可待，马上把糖吃掉了。有些孩子忍了一小会儿，但最终还是没有等到实验者返回，也吃掉了糖果。大概有三分之一的孩子耐住性子、闭上眼睛或头枕双臂做睡觉状，也有的孩子用自言自语或唱歌等方式来转移注意。终于等到实验者回来，多得了一颗糖。[①]

研究人员在十几年以后再考察当年那些孩子现在的表现，并做了后续的研究。结果发现，那些愿意延迟满足的孩子比那些缺乏耐心的孩子更容易获得成功，他们不仅学业成绩比较好，而且工作业绩也更出色。[②]

延迟享受也就是学会等待的自律意志。培养控制情绪以及延迟享受的自律意志正是“情意教育”的核心目标。遗憾的是，当下的中国家庭教育普遍重视孩子的知识学习，却较少关注孩子的情感学习与意志训练。父母很少考虑：如果没有情感与意志，知识学习的效果真的会好吗？美好的家庭教育就是恢复教育的完整性，不仅重视孩子的知识教育，而且重视“情意教育”。当下中国的家庭教育最紧迫的任务就是从知识教育转向情意教育。父母可以在电影《阿甘正传》中体会情感和意志的重要意义。阿甘智商偏低，但他比周围的朋友过得更幸福。阿甘的幸福并不来自他的智商，而缘于他的情感和意志力。阿甘是“情意教育”的“爱弥儿”。

---

① 黄希庭，毕重增．心理学［M］．上海：上海教育出版社，2020：247．

② 周宇．自控力［M］．成都：四川文艺出版社，2020：9-10．

（二）与他人竞争的权力意志

与他人竞争的核心是权力意志以及与之相关的权利意识。渴望权力是人的本性。每个孩子都有自己的权力意志，每个人都希望发出自己的声音，希望“说话有人听”。也正因为权力意志是人的本性，就需要引导孩子说出自己的意见之后，同时也尊重他人的意见。理性教育的第一责任，就是引导孩子尊重他人。孩子成长或成熟的基本标志是“心中有他人”。一旦具备他人意识，孩子就开始变得有理性。

青少年的权力往往来自本人的实力与能力，主要是因为学习成绩和管理才能而赢得同学的敬仰、拥戴。相反，如果自己没有实力，即便因为意外的机会拥有了权力，也会不堪重任，岌岌可危。掌权者的最大忌讳是：“德薄而位尊，智小而谋大，力小而任重。”（《周易・系辞下》）

与他人竞争的积极意义是让孩子有见贤思齐、知耻而后勇的向善性，让孩子有奋起直追、不服输的紧迫感。竞争意识显示孩子不懈努力、一往无前的坚毅品质和不甘落后、自我超越的精神气质。

但是，与他人竞争并非简单地你争我抢，分出胜负，比出输赢。除了分出胜负、比出输赢，也可以在竞争中走向“双赢”。即便失败，即便技不如人，只要付出了努力，发挥出自己的最好水平，也就显示了自己的竞争力。也因此，《礼记》中的“射礼”既考察射箭者的“武功”，更重视射箭者的举止修养。“射礼”的原则是：“射者，所以观盛德也。”“射礼”在现代社会依然流行。比如，孩子参加运动会时，他会在比赛的现场反复听到“友谊第一，比赛第二”的提醒。

也可以将与他人竞争理解为追求卓越。卓越并非“卓尔不凡，超越他人”。“卓尔不凡，超越他人”也许算是一种成功，但这种成功以击败他人为前提，击败他人之后，自己并不见得幸福。“鹤立鸡群”或“独孤求败”的人很难获得持续的幸福体验。真正的幸福是自己开心，也让别人开心。

这样看来，“与他人竞争”虽然是重要的，但“与他人竞争”的最终方向是“与自己竞争”。如果说，与他人竞争的最大成功是“卓尔不凡，超越他人”，那么，与自己竞争的最大成功是“卓然独立，越而胜己”。

如果说权力意志是“我要”做什么的自由意志，那么，权利意志就是“我免于”做什么的自由意志。当自己的基本权利受到侵犯或剥夺时，每个人都需要维护自己的权利，让自己免于受侵犯或欺凌。在家庭教育中，如果说权力教育的核心是引导孩子参与家庭决策，那么，权利教育和权变教育的核心是告诉孩子如何保护自己的生命、财产和自由不受任何他人的侵犯。如果自己的身体受到侵犯，被同伴欺凌，就必须勇敢地抵制或反抗。如果自己无法抵制或反抗，就应该勇敢地告诉父母或老师，请求父母和老师提供帮助。

除了类似校园欺凌之后必须维护权利，权利教育还意味着引导孩子为自己的观点进行辩护。当孩子的意见与父母发生冲突时，父母最好允许孩子提出自己的辩护，把辩护作为权利教育的一个重要内容。当自己的意见或利益遭受他人的破坏或剥夺时，孩子可以维持自己的观点。

（三）与自然竞争的抵抗力

从爱的对象来看，爱主要包括爱自己、爱他人、爱自然。爱自然是爱的最高境界。意志主要包括与自己竞争（自律意志）、与他人竞争（权力意志）、与自然竞争（抵抗意志），与自然竞争是意志的最高境界。这里的自然既指自然规律和社会规律，也包括自然人性以及与之相关的因果关系。

人对自然之爱的行为（合作）主要包括顺应自然、亲近自然和参与自然。人与自然的意志行为主要包括与天命的竞争（我命由我不由天）、与天道的竞争（制天命而用之）。竞争的辅助措施是“修道”（学习和研究自然规律）。与自然竞争的三个方向接近《中庸》开篇提出的三个层次：“天命之谓性，率性之谓道，修道之谓教。”

第一，人与天命的竞争。人对待命运分化出两种态度：一是宿命论或前定论，相信人的一切都由命运安排。无论如何努力，人总是改变不了前定的命运。这是《了凡四训》的作者袁了凡前半生所持的观念。二是努力论或抗争论，拒绝接受宿命论或前定论，相信人并没有前定的命运。人的生活及其结果全赖人的努力。即便存在某种眼看就要发生的不太积极的结果，人的努力可以改变自己的命运。这是《了凡四训》的作者袁了凡后半生所持的观念。《了凡四训》就是以家训的方式，劝诫后人放弃宿命论或前定论，强化努力论或抗争论。《了凡四训》的核心就是八个字：“命由我作，福自己求”。[①]

---

① 袁了凡．了凡四训［M］．张景，张松辉，译注．北京：中华书局，2022：15．

与“命由我作，福自己求”类似，道家的说法是“我命由我不由天”。章太炎则结合王阳明的心学和佛教的唯识宗，提出“依自不依他”的理论。章太炎认为，孔、孟、荀至程朱、陆王、颜李各家学说虽然有不同的解释体系，但共同的精神是“自贵其心，不以鬼神为奥主也”。①

第二，人与天道的竞争。天道主要指自然规律。人与天道竞争相当于《中庸》提出的“率性”。“率性”之“率”，既可以解释为“率”即“顺”或“循”②，但也可以解释为“统率”或“率领”。

“顺循”的解释倾向于“自然为人立法”，强调人对自然的顺从。这是“爱”的道路。《中庸》第二十章称为“诚之”：“诚者，天之道也；诚之者，人之道也”。“诚”即天道，“诚之”就是人向天道投诚，顺从天道。

“统率”的解释倾向于“人为自然立法”，强调人对自然的控制与征服。这是“意志”的道路。《荀子·天论》称为“人定胜天”或“制天命而用之”。

人与天道（自然规律）的竞争主要是开发和利用自然物资，遭遇自然灾害时，人可以在理解和研究自然的基础上，实现对自然的对抗与征服。问题是，人如何理解和研究自然？这就是《中庸》所讨论的“修道之谓教”。

第三，人与人道的竞争。广义的天道包括自然规律和社会规律，但狭义的天道主要指自然规律，天道之外的人道主要指人性及其社会规律。

研究自然或自然研究是古今中外哲学研究的基本主题。中国古代已经出现比较丰富的自然哲学以及相关的研究成果，比如《周易》《道德经》《黄帝内经》，等等。相比而言，中国古典哲学更重视伦理、政治的思考，而以古希腊哲学为代表的西方古典哲学最初普遍呈现为自然哲学，关注万物的“基始”问题，关注“天上”的事情。后来，经过智者和苏格拉底学派的努力，西方哲学才开始关注政治学、伦理学等人间事务，逐步出现所谓“把哲学从天上拉回人间”的哲学转向。即便“把哲学从天上拉回人间”，西方哲学依然保留了自然哲学和自然科学的位置。

所谓“修道之谓教”，主要包括两个方向：一是学习和研究社会规律；二是

---

① 章太炎. 答铁铮[M]//章太炎全集（四）. 上海：上海人民出版社，1985：368-375.

② 朱熹. 四书章句集注[M]. 北京：中华书局，2011：21.

学习和研究自然规律。虽然学习和研究自然规律和社会规律，也可以用于人对自然和人类之爱，但学习和研究自然的主要目的是实现对自然和人类的对抗与征服。人对自然之爱只需要保持类似“日出而作，日落而息”的顺应态度即可，并不需要学习和研究自然。之所以要学习和研究自然，主要是因为人类有一种《荀子·天论》所讨论的“人定胜天”或“制天命而用之”的冲动。

三、爱与意志的平衡

爱与意志几乎是相反相成的两种品质。爱显示为人与自己、人与他人、人与自然的和谐，意志显示为人与自己、人与他人、人与自然的竞争。爱与意志相反相成，两者成全了人生的美好生活。但是，泛滥的爱与过度的意志，都会给自己和他人带来伤害。

无论爱还是意志，都需要保持适度状态，都不能太“过”，过犹不及。过度的爱或过度的意志，都会给孩子的生活带来困扰。如果孩子爱心泛滥，他可能会以爱心的名义让自己变得浮躁，同时也可能因“多管闲事”而让他人感到烦扰。如果孩子意志力太强，他可能会以自律的名义虐待自己，同时也可能因固执、偏执而让他人受伤。因此，完整的人格教育虽然以爱与意志为核心，却以“度的智慧”为最高境界。

通情达理的爱与意志，不仅意味着爱与意志的适度，也意味着爱与意志的转换。爱与意志的自由转换就是通情达理的最高境界。爱与意志的转换主要显示为三个意识：一是时间意识或先后意识；二是空间意识或内外意识；三是主次意识或主辅意识。

时间意识就是根据不同的时间或时代精神采取不同的应对策略。时间意识也可称先后意识。在某个时间或时代，如果对某个观点或某个行为感到不满，而当时又不便显示出抗议或愤怒，至少可以先保持沉默。沉默就是无声的反抗。沉默并非压抑，而是等待时机，在适当的时机，可以发出自己的声音。

空间意识就是根据不同的场合或情境采取不同的应对策略。空间意识也可称内外意识。爱心适用于内部关系以及其乐融融的日常生活世界，而意志比较适合外部关系以及非常时期的艰难生活或危机处理。持有“不要有恨，要爱”的信念当然美好，可是，人生偶尔也会遭遇用爱或同情的方法解脱不了的困境，比如大敌压境，比如自然灾害。在用爱或同情的方法无法化解困境的时刻，意志甚至恨意就成为必要。在面临暴力的情境中，即便不采用以暴制暴的方法，至少可以考虑“非暴力不合作”的方向。在“非常时期”，当爱心不能解决问题时，意志就会被召唤入场。爱与意志一起构成性格好的两个侧面。

主次意识或主辅意识就是某个阶段以情感为主、以理性为辅，而在另外的阶段则以理性为主、以情感为辅。它是对时间意识和空间意识的补充。在学前阶段，父母陪伴孩子时最好以爱的情感为主，以规则为辅；而在小学阶段，父母陪伴孩子时，最好以建立规则为主，以爱的情感为辅。

总体而言，健全人格的关键是“爱与意志”。所谓让孩子性格好，就是让孩子既有爱心，又有意志力。爱的教育的具体内容主要包括爱自己、爱他人、爱自然，以此保持人与世界的合作关系。意志教育的具体内容主要包括与自己竞争、与他人竞争、与自然竞争，以此实现人与世界的竞争关系。爱与意志是相反相成的两种品质，健全人格需要根据适度、适时、适地的原则，保持爱与意志的平衡。

第三节　强健身体

健康强壮的身体是个人幸福生活的基本前提。西谚曰：“健康的乞丐比有病的国王更幸福。”身体强健的基本标准是精力充沛（有精气神），四肢发达，少生病。强健身体的基本原则是顺应自然的生长规律。道法自然则生，背道而驰则死。按照道法自然的原则，父母可以从三个方面来强健孩子的身体：一是动静平衡，足够运动与适度静养；二是出入平衡，有足够饮食并及时排便；三是身心平衡，文明其精神，野蛮其身体。

一、动静平衡

动静平衡主要指足够的运动与足够的静养或静修。过度运动或不动都不利于身心健康。

（一）足够运动

如果说德智体美劳五育并进是民族强大的基本途径，那么，劳动和体育乃是五育并进的前提与基始。在静止有余而运动不足的当下，尤其需要强化运动，让运动成为时尚生活。

现代社会因过于追求知识而不得不“用体育培养精英”。体育的大方向是文武双全、动静结合。动的重点是训练力量，追求孔武有力。静的重点是静修而灵巧。体育既要使学生的身体变得孔武有力而且心灵手巧，让学生既有足够的活力，又有必要的野性。对于长期枯坐在教室里“读书”的现代学生而言，体育的重点是让学生有足够的运动量并由此而展示出文武双全、文质彬彬的身体力量与精神状态。

足够运动的起点可以是跑步。从跑步出发，父母可以引导孩子开展跑步、跳跃、打球、武术、游泳等“运动五育”。

有几份重要文件提示了有关体质健康的标准。一是1975年国务院颁布实施的《国家体育锻炼标准》，经过多次修订，2013年，国家体育总局、教育部、全国总工会发布了《国家体育锻炼标准施行办法》。二是1995年开始施行，后经多次修订的《中华人民共和国体育法》。其中第十条规定：“国家优先发展青少年和学校体育，坚持体育和教育融合，文化学习和体育锻炼协调，体魄与人才并重，促进青少年全面发展。”三是《国家学生体质健康标准（2014年修订）》，要求学校每学年根据本标准开展覆盖本校各年级学生的测试工作，并根据学生的学年总分评定等级。只有达到良好及以上的学生，方可参加评优与评奖。

《国家学生体质健康标准》并不是孩子身体好的绝对标准，但它可以提示父母关注孩子的身高、体重以及肺活量，同时引导孩子重视50米跑和坐位体前屈的锻炼。

除了参考《国家学生体质健康标准》，父母还应该引导孩子养成劳动和运动的习惯，通过劳动和运动让孩子成为有活力、充满激情的人。活力与激情是对理性的重要补充。单是理智或单是激情都不能成就伟大事业。没有激情，任何伟业都不可能善始；没有理智，任何壮举都不能善终。[①]有活力的孩子拥有更多的积

① 吴稼祥．一杯沧海［M］．北京：朝华出版社，2005：61．

极思维而少抱怨的心智模式。

（二）足够静养

尽管已有各种研究在探索人为什么需要睡眠[①]，但相关研究到目前为止仍然只是提出了一些简单的猜测。比如，睡眠的主要功能包括修复（恢复人的体力或精神的疲劳）、新陈代谢、增强免疫力、促进身体发育、巩固记忆等。此类猜测虽然也有意义，但睡眠的功能依然处于不可知的神秘状态。

睡眠之所以具有修复、新陈代谢、增强免疫力、促进身体发育或巩固记忆等功能，是因为睡眠可以滋养人的阴气，并与阳气一起合成元气。身体运动或思维运动需要消耗元气。白天的意识行为尤其是“聚精会神”的意识行为，一直在耗神、费神，心神或灵魂处于被驱使的劳役状态。只有闭目才可以养神，只有进入睡眠，人体才可以“钟灵毓秀”。按时睡觉，按时“御神”，人的精神才得到静养、滋养。“不时御神”则容易导致精疲力竭、神志不清、神魂颠倒、六神无主。

因此，《黄帝内经》把睡觉当作养生的头等大事。《黄帝内经·四气调神大论》所讨论的道法自然，皆以睡眠为首要事件。《黄帝内经》云：“故人卧血归于肝，肝受血而能视，足受血而能步，掌受血而能握，指受血而能摄。”（《素问·五脏生成》）也就是说，睡眠之所以重要，正因为“人卧血归于肝”。中医有“血粒归仓”之说，睡眠使血液归入肝仓，不睡则血液周身奔突（尤其供血于心脑）。《黄帝内经·宣明五气》由此认为，“心藏神”“肝藏魂”。

按照《黄帝内经》的养生智慧，人的身体的灵性和智力的灵性都需要自然的滋养。父母最好引导孩子尽可能过自然的生活，在自然中“采天地之灵气，吸日月之精华”。“采天地之灵气，吸日月之精华”主要有两种方式：一是饮食；二是睡眠。

饮食与天地日月的关系是：食物（包括粮食与河水）存在于天地之间，经过了太阳和月亮的亲吻。也因此，人进食的过程就是以天地灵气、日月精华滋养自己的身体。相反，过度加工的零食或污染的水源就失去了天地的灵气和日月的精华。

---

① N. Goel, H. Rao, J. Durmer, et al. Neurocognitive Consequences of Sleep Deprivation [J]. Seminars in Neurology, 2009(4): 320-339.

睡眠与天地日月的关系是：人一旦入眠，人就彻底实现了“人与天地万物同体”，接受天地之灵气和日月之精华的喂养。食物喂养人的身体，睡眠喂养人的灵魂。洛克的说法是：睡眠是自然赐予人类的甘露，酣睡的人就能饮到这种甘露。①

不仅人类需要睡眠，几乎所有动物都需要睡眠。据说，大象的睡眠时间只有人类的一半，每天只需要睡4小时。老虎和狮子则每天大睡15小时。②相比之下，植物不像动物那样需要足够的睡眠。植物和动物最大的差别在于：动物有灵魂，植物没有灵魂。

研究显示，睡眠除了有助于生长，还有助于维持大脑正常的功能和促进大脑的发育。

在童年和青少年期间，人的睡眠时间持续减少。新生儿每天需要睡16小时。③3岁前的孩子需要每天睡12小时左右；3~6岁的孩子每天需要睡11小时左右；小学低年级的孩子每天需要睡10小时左右；小学高年级的孩子每天需要睡9小时左右；中学生每天需要睡眠8小时左右。

尽管有报道显示，不少英国人平均每天睡6.5小时，不少美国人在工作日的每日睡眠时间不足6小时，但一般而言，成年人每天需要睡眠8小时左右。④也有研究显示，尽管大多数人每晚睡7.5~8小时，但也有人可以每晚只睡3小时而没有什么不良后果。判断睡眠是否足够的最佳标准是第二天的精神状态，如果感到精神疲惫，则说明睡眠不足。⑤

除了保证足够睡眠，最好养成早睡早起的习惯。所谓习惯决定命运，主要是类似早睡早起这样的习惯决定人的命运。

---

① ［英］洛克．教育漫话［M］．杨汉麟，译．北京：人民教育出版社，2006：24．

② ［英］沃克．为什么要睡觉［M］．姚若洁，译．台北：远见天下文化出版股份有限公司，2019：64．

③ ［美］麦克德维特，奥姆罗德．儿童发展与教育［M］．李琪，闻莉，罗良，等译．北京：教育科学出版社，2007：138．

④ ［英］利特尔黑尔斯．睡眠革命［M］．王敏，译．北京：北京联合出版公司，2017：18．

⑤ ［美］卡拉特．生物心理学［M］．10版．苏彦捷，等译．北京：人民邮电出版社，2012：293．

除了睡眠，静养的基本途径还有休闲生活，包括动的休闲生活和静的休闲生活。动的休闲生活主要包括运动游戏和劳动游戏。静的休闲生活主要显示为审美游戏。中国传统的审美游戏是“琴棋书画”。“琴棋书画”至今依然是审美游戏的主体。

父母可以引导孩子掌握弹琴、绘画、打球、跳舞等业余爱好，也可以鼓励孩子坚持训练某个业余爱好并达到掌握水平。但是，父母不要以发展孩子的业余爱好为借口，过度挤占和挤压孩子的业余时间，不要让孩子忙于各种业余爱好而失去静修的休闲生活。

静修生活之所以重要，主要因为静修有类似睡眠的功能。静修是人的“第二睡眠”。与睡眠类似，静修可以滋养人的灵气，让人神清气爽、精神饱满。静修在孟子那里被称为“养气”，通过“养吾浩然之气”来“求其放心”。[①]

（三）动静结合

动静结合的第一个含义是保持运动与静养的平衡。在我国的传统文化和医学中，早就研究过动静阴阳的极变关系，如：“动之始则阳生，动之极则阴生。静之始则柔生，静之极则刚生。”[②]日常生活既要有足够的饮食、运动，又要有足够的睡眠、休闲。使身体强大的基本方法是动静结合、阴阳相济。

动静结合的第二个含义是动中有静或静中有动。比如，瑜伽与太极拳就是静修与运动的结合。而且，某些动的项目，如果属于业余爱好，进入游戏状态，也能让人内心宁静，有静的功能。比如，打球是动的项目，但游戏化的打球也有静修的效果，或者说，游戏化的打球本身就是动静结合的项目。

动静结合的第三个含义是劳作与业余爱好的相互配合与转化。休闲生活是针对劳作而言的。劳作总是具有某种强迫性，而休闲生活的关键特征是自由，可以自由选择，也可以自由退出。这样看来，静的休闲生活除了审美游戏，还包括可以自由选择与自由退出的任何生活方式，比如发呆、聊天、看电影或电视、散步、旅游，等等。

相反，如果失去了自由选择和自由退出的精神，游戏立刻就转化为劳作。音

---

① 详见《孟子·公孙丑上》。

② 张介宾．类经图翼［M］．北京：人民卫生出版社，1982：4．

乐欣赏、美术创作或旅游可能是一种游戏，但对于专业工作者而言，音乐欣赏或美术创作可能是一种艰苦的劳作。对于导游而言，旅游也可能是一种艰苦的劳作。

同样，如果父母让孩子在学习之余去自由地弹琴、绘画、打球、跳舞，那么，弹琴、绘画、打球、跳舞就是孩子的休闲生活。但是，如果父母让孩子在放学之后疲于奔命地学习弹琴、绘画、打球、跳舞等各种技能，反而会成为孩子沉重的负担。孩子的业余时间一旦被过度挤占和挤压，孩子不仅会失去自由选择的主见与决策能力，而且会因为缺乏自由的静修生活而失去成长的灵性。

二、出入平衡

出入平衡也可称“收支平衡”，主要指足够饮食与及时排便。足够饮食是为了让身体获得足够的营养，既不能营养匮乏，也不能营养过剩，父母需要引导孩子养成健康的饮食习惯。及时排便是为了清除体内的毒素和垃圾，为后续的饮食腾出足够的空间。此外，出入平衡还意味着不过度压抑性的欲望和不过度掩饰欢乐、愤怒与悲伤，尤其不要将委屈、难过、愤怒憋在心里。有教养的人会保持情绪稳定而不会轻易动怒，但是，如果过度压抑情绪，会导致“七情内伤”。

（一）足够营养与营养平衡

有些父母往往会担心自己的孩子缺乏营养以至于影响身体和智力的发育，不少父母为孩子购买大量的钙片或其他补品。其实，只要家庭不处于赤贫状态，让孩子多吃五谷杂粮，就能够获得足够的营养。按照斯宾塞的说法，贫困家庭需要尽量让孩子多吃一些，以便保证足够的营养；小康家庭需要尽量让孩子节制，避免营养过剩。①没有食欲或食欲不强烈的人是不幸的。洛克的说法是：“不能从粗糙的木桶中饮到甘露的人是不幸的。”②中国民间的经验是：“要想小儿安，三分饥和寒。”

关于食物的选择，比较可靠的做法是，可以为孩子提供必要的肉类食品，同

① ［英］斯宾塞．教育论［M］．王占魁，译．北京：中国轻工业出版社，2016：159．

② ［英］洛克．教育漫话［M］．杨汉麟，译．北京：人民教育出版社，2006：24．引用时对译文略有调整。

时，让孩子多吃有利于消化的五谷杂粮。

孩子喜欢吃什么或不喜欢吃什么主要受父母烹饪方式的影响。比如，孩子不喜欢吃土豆，往往因为父母烹饪的土豆“难以下咽”。如果父母学会用多种方法烹饪土豆（烹饪土豆至少有10种方法），孩子就会喜欢这种食品，甚至会终身喜欢这种食品。在《芋老人传》的故事里，芋头的味道之所以被怀念，固然与当事人当时饥肠辘辘的饥饿感有关，但芋头被烹饪出独特的味道，也是重要的因素。

南方人普遍喜欢吃米饭，北方人普遍喜欢吃面食。这里面有地域的差异，但是，从“有利于消化”角度来看，面食优于米饭，而在所有面食之中，不过度加工的面食比过度加工的面食更有利于消化。比如，最好让孩子多吃米饭、面食、红薯、土豆、芋头、大豆等主食，少吃添加了大量防腐剂或添加剂的食品，尤其要让孩子少吃零食。零食只是副食和辅助食品。孩子如果将零食作为主食，身体将会受到零食的侵蚀和损害。

做菜的时候，需要使用食用油。几乎所有的食用植物油都是由种子炼成的。常见的食用油有菜籽油、葵花籽油、花生油、芝麻油、橄榄油，等等。食用油之所以重要，也因为它来自有生命力的种子。

除了民间手工所做的现做现吃（或存放比较短的时间）的零食之外，其他所有用包装袋密封之后出售的零食都要尽量少吃。这些食物里一般都有防腐剂。

除了关注孩子“吃什么”，父母也要关注孩子“怎么吃”的问题。中国人倾向于细嚼慢咽的吃法，细嚼慢咽也有生物学和医学上的理由。但是，从激发吃饭的情绪和胃口来看，最好的吃法既不是细嚼慢咽也不是狼吞虎咽，而是在细嚼慢咽与狼吞虎咽之间。

狼吞虎咽并不意味着不咀嚼。只是说，如果孩子吃饭时显得有气无力、漫不经心，如果孩子有一口没一口地吃饭，还不如让孩子适当提高吃饭的速度，让孩子津津有味地感受与品尝食物。

在考虑“怎么吃”的问题时，可以选择“全食物”的吃法。有些食品可以连皮带子地吃，“吃完整食物”。这样做的前提是，食物必须是绿色的、纯天然的、无残留农药的、没有上蜡的。父母可以提醒孩子，注意食物卫生，避免食物中毒。

“全食物”的另一个重要意义是吃完整的水果而不仅是喝果汁。无论是商店出售的果汁，还是在家用榨汁机榨出的果汁，都不如吃完整的水果。有研究者认为，如果吃完整水果，水果里的纤维素会减缓糖的摄入，但是，把水果压榨或打碎之后，纤维会被粉碎成微小的粉末，就不再能行使它的保护功能。虽然人在咀嚼时也会改变纤维的形态，但咀嚼不像榨汁机那样彻底破坏纤维。①

（二）及时排便与生活习惯

负责吃喝的地方是厨房，负责拉撒的地方是厕所。在厨房和厕所之间，厕所比厨房更值得敬畏。也因此，中国民间有“上厕所”和“下厨房”的说法。

吃喝是输入，拉撒是输出。人体需要保持输入与输出的平衡。父母需要让孩子摄入足够的营养，需要训练孩子形成正常的饮食习惯，也需要训练孩子形成正常的排便习惯。孩子一旦出生，就需要训练他定时排便的习惯。当孩子处于小学阶段时，父母可以训练孩子每天早晨大便的习惯。让孩子早晨起床后做的第一件大事就是“朝拜”厕所。

在家庭教育学发展史上，英国哲人洛克较早地专门讨论了排便习惯的问题。他认为最好养成早餐之后排便的习惯：一个人在早晨首次进食之后，应立刻尝试排便。无论何时，也不管是否有排便的需要，都要小心在意，奔向卫生间，短短几个月后，就能养成按时大便的习惯。②

排便与人的生活习惯相关。生活节奏对小便的影响不太大，父母只需要提醒孩子，不要憋尿即可。生活习惯会直接影响大便的节奏。如果生活习惯出了问题，比如熬夜、饮食不当、缺乏睡眠、紧张焦虑，就会扰乱大便。正常大便的基本前提是：足够睡眠，足够运动，正常饮食，情绪稳定。

（三）情绪发泄与精神的出入平衡

除了足够营养的输入与及时排便的输出，出入平衡也指情绪的输入与发泄的平衡。身体需要营养，精神也需要营养。尽管消极情绪也是有意义的，并非所有消极情绪都是坏的，但是，精神营养的主要成分是积极情绪。如果没有足够的积极情绪，人就会出现精神上的营养不良并导致多种疾病。如果积极情绪过多，长期处于亢奋状态，也会出现精神上的营养过剩并引发疾病。

---

① ［法］安佐斯佩．控糖革命［M］．杭州：浙江科技大学出版社，2023：122．

② ［英］洛克．教育漫话［M］．杨汉麟，译．北京：人民教育出版社，2005：25-26．

中医有“七情内伤”（也称“七情伤五脏”）的说法。喜、怒、忧、思、悲、恐、惊等七种情绪的压抑或过度表达，会对五脏（心、肝、脾、肺、肾）造成伤害。（1）心在志为喜，人逢喜事精神爽，可以跟他人分享自己的喜悦，也可以手舞足蹈。但是，长期压抑喜悦或过度表达喜悦会导致心神不宁、魂不守舍。所谓喜伤心，既指压抑喜悦，也指过度表达喜悦。（2）肝在志为怒，愤怒需要发泄。但是，长期压抑愤怒或过度表达愤怒会导致肝气郁结。所谓怒伤肝，既指长期压抑愤怒，也指过度表达愤怒。（3）脾在志为思，遇事需要三思而行，但是，过度思虑会导致脾虚消化不良。所谓思伤脾，主要指过度思考。（4）肺在志为悲为忧。遇到悲痛，可适度表达悲伤，也可以让自己号啕大哭。但是，过度悲伤或忧愁会导致肺气不畅，出现呼吸系统疾病。所谓悲伤肺，既指长期压抑悲伤，也指过度表达悲伤。（5）肾在志为恐，过恐则伤肾，过度的恐惧会导致肾气耗散或肾气不固，不能有效封藏。所谓恐伤肾，主要指过度恐惧，长期处于应激状态。①

在现代社会，怒伤肝、悲伤肺、恐伤肾、思伤脾常有，喜伤心不常有。对孩子来说，普遍存在的问题是“思伤脾”和“恐伤肾”。由于学业负担过重，孩子容易过度思考而导致脾虚和消化不良；也可能因为过度忧虑自己的学习成绩，而导致“恐伤肾”。成绩不好的孩子固然容易出现“恐伤肾”的问题，成绩好的孩子也会担心被他人超越而更容易惶惶不安。

对青春期的孩子和成年人来说，容易引发“心身疾病”的情绪因素主要是过度表达愤怒或压抑愤怒、过度表达悲伤或压抑悲伤。有关研究显示，焦虑、愤怒以及抑制愤怒的情绪、长期处于应激状态容易引发高血压、癌症等疾病。②

人不仅会遭遇应激事件，也会随时发生不愉快、不顺心、不满足的事件。即便拥有比较优越的生活条件，人也会遭遇出现情绪危机或心理危机。原因在于，人的意欲总是处于未满足状态。按照叔本华的说法，意欲得不到满足时，人处于匮乏的痛苦之中。意欲得到满足的那一刹那虽然给人带来欢乐，但满足之后又陷入餍足、厌倦的痛苦之中。而且，即便一个欲望暂时得到满足，必有别的更多的

① 吕志平，赵春妮．基础中医学［M］．2版．北京：科学出版社，2017：60-61.

② 姚树桥，杨艳杰．医学心理学［M］．北京：人民卫生出版社，2018：123.

欲望依然处于匮乏之中。在人的一生之中，幸福是短暂的，痛苦是永恒的。[①]这也正是“人生不如意十之八九”的原因。

一旦遭遇比较严重的困境或悲剧，人就会产生程度不同的情绪障碍，甚至出现抑郁症、躁狂症等心理疾病。严重的心理疾病需要接受专业的心理治疗，但日常的情绪障碍需要的不是治疗，而是发泄。人只要及时发泄自己的消极情绪，让自己有诉说的渠道并得到他人的理解和抚慰，情绪就会逐渐恢复平衡。

反之，如果让消极情绪长期憋闷在心里，就有情志致病的危险。情志致病不仅意味着坏的情绪会导致更坏的情绪，而且意味着坏的情绪会导致身体出现多种疾病。绝大部分身体疾病都与心理问题相关。长期将坏情绪憋闷在心里，会引发身体的各种病变，甚至会引发各种类型的癌症。

三、身心平衡

现代教育容易使孩子过度“用心”而忽视“强身”。人的精神越来越“文明”的同时，人的身体也就会越来越“文弱”。增强体质的基本原则是保持必要的身心平衡。强身而不用心则野蛮，用心而不强身则文弱。《论语·雍也》的说法：“质胜文则野，文胜质则史。文质彬彬，然后君子。”

（一）不过度思考

对于孩子来说，文明生活的基本方式是阅读和思考。但是，过度阅读以及过度思考会给身体带来伤害。卢梭甚至认为：“思考状态是违反自然的一种状态，而沉思的人乃是一种变了质的动物。”[②]

父母不必借口“人是理性的动物”或“非反思的生活是不值得过的生活”，就让孩子处于无休止的阅读与思考之中。人既需要过思考的生活，也需要过不思考的生活。思虑太多，身体就会受损。《黄帝内经》的说法是：“思则心有所存，神有所归，正气留而不行，故气结矣。”（《素问·举痛论》）

在家庭教育发展史上，英国哲人斯宾塞较早地注意到了“身心平衡”以及身心发展的“跷跷板现象”。他一再提醒父母，不要让孩子接受“过度教育”。如

---

① ［德］叔本华．作为意志和表象的世界［M］．石冲白，译．北京：商务印书馆，1986：273．

② ［法］卢梭．论人类不平等的起源和基础［M］．李常山，译．北京：商务印书馆，1962：79．

果孩子在童年期就进行强制性的智力开发，就会导致一种悲惨的结果：要么使孩子的身体虚弱，要么使孩子智力低下，甚至会使孩子早夭。过度教育必导致身心不平衡。

在斯宾塞看来，人的身心发展一直遵循“自然的安排”。自然是一个严格的会计师。如果孩子在某个方面的要求超过了自然的配额，“自然的安排”就会通过减少孩子在其他方面的配额来确保发展账目的平衡。如果父母坚持让孩子在某个方面获得早熟或超常发展，那么，“自然的安排”就会放弃其他方面的发展。身体的能量是有限的，如果父母让孩子在某个方面获得超出既定份额的发展，如果父母刻意强化孩子的阅读与思考，“自然的安排”就会牺牲身体健康发展的配额。一个方面的过度发展，总是伴随着另一个方面的缺陷。过度用脑不仅会影响孩子的身体发展，而且会影响大脑本身的正常发育。超出自然份额的脑力劳动，会不同程度地造成身体的紊乱。[①]身心发展的“跷跷板现象”提醒父母：在身体教育和心智教育之间，要保持两者的平衡。顾此则失彼，此消则彼长。

斯宾塞不仅较早地关注了“身心平衡”和身心发展的“跷跷板现象”，还较早地提出了类似“三世说”的社会转型与教育目的的变迁问题。他提出，在战乱社会，由于频繁出现侵略与防御的社会活动，教育偏向体能与勇气。那时的教育几乎全是身体教育而几乎顾不上心智的培养。在和平社会，由于社会活动主要依靠脑力而不是体力劳动，教育偏向心智教育而忽视身体教育。斯宾塞提出，正常的教育是将战乱社会的教育与和平社会的教育结合起来。身体乃是心智的基础，心智的发展绝不能以牺牲身体的发展为代价。关注身体的发展就是一种道德，斯宾塞称之为“身体道德”。一切违背健康规律的事情都是身体上的罪过。[②]如果天生残疾或因为后天不可控制的原因导致身体残疾，这与道德无关。可是，如果因为自身的疏忽而导致身体疾病，这就有悖于斯宾塞所讨论的“身体道德”。

也就是说，在乱世或贫困家庭，孩子为了谋生，不免会身体吃苦。当一个人有了足够的身体吃苦，他就可以承担心理吃苦或精神吃苦。这就是在乱世或贫困社会很少有人抑郁或自杀的原因。反之，如果一个人没有足够的身体吃苦，他就

---

① ［英］斯宾塞．教育论［M］．王占魁，译．北京：中国轻工业出版社，2016：184-191．

② ［英］斯宾塞．教育论［M］．王占魁，译．北京：中国轻工业出版社，2016：198-199．

很难承受心理吃苦或精神吃苦。在富裕社会或富裕家庭，孩子不仅没有足够的身体吃苦或身体锻炼，反而因为普遍追求知识学习而增加了心理吃苦或精神负担。

（二）不过度依赖文字和工具

人区别于动物的地方在于，动物只有口语而没有发达的书面语言。人不仅有口语，而且还发明了文字并由此开发了比较发达的书面语言。即便有些民族没有发达的文字，他们也有自己的记事符号。

文字的发明以及书面语和书本知识的产生，给人类带来了更加丰富的经验。凭借文字以及书本知识，人类可以传播间接经验而不再局限于口耳相传的直接经验。

但是，文字和书本知识也带来了新的问题。当人类不再重视和使用自己的感觉系统，不再身体力行，人的感觉系统以及身体就会逐步退化。科学技术的进步可以将人从繁重的体力劳动中解放出来，人可以由此而腾出手来从事更高级的精神活动。不过，科技在给人提供方便的同时，也导致人身体的衰退。“傻瓜相机”是所有高科技的一个隐喻：“傻瓜相机”并不意味着照相机是傻的，相反，“傻瓜相机”的使用者才是“傻瓜”。几乎所有科学技术的产生都是为了满足人偷懒的欲望。洗衣机被发明是为了满足人不想洗衣服的欲望，汽车被发明是为了满足人不想走路的欲望。

科技在满足人偷懒的本性的同时，也让人的感觉系统以及身体力量逐步萎缩。体力劳动者虽然不得不承受在田间或车间辛勤劳作，甚至不得不忍饥挨饿、风餐露宿，但体力劳动者在挥动镰刀或大锤的过程中锻炼了他们的四肢与筋骨，也磨炼了他们的意志。相反，脑力劳动者不必承受风吹雨淋之艰苦，但也因其远离或放弃体力劳动而逐渐变得文静、文弱。

自从人类享受了书本知识与科技的好处，便再也不愿意放弃对书本知识与科技的依赖。随着偷懒的欲望不断获得满足，人类最后可能期待生活的全面自动化，由智能化的机器人全面接管人类的劳动。不劳而获的首要问题不是“不道德”，而是“不健康”，因为，不劳而获必将导致身体萎缩和精神萎靡。

家庭教育和学校教育的重要目标，是引导孩子学习书本知识并推进文化与科技的发展。与此同时，父母和教师也要鼓励孩子亲身体验，身体力行，保持身心平衡而不过度依赖文字和相关的工具。

（三）保卫免疫系统

强健身体的积极办法是走向户外，增加户外运动；强健身体的另一个办法是相信人体的“自然免疫力”，不用药物破坏孩子身体的“免疫系统”。讲究卫生是必要的，但也不可过度清洁，不可染上“洁癖”。日本是比较讲卫生的国家，但这个“第一清洁”的国家正面临危险：极端的洁净嗜好正在使日本人的免疫力降低。[①] 人类需要走出过度清洁的自我家畜化的陷阱，摆脱过度清洁的束缚，保持人体与大自然的接触，使自己和细菌、寄生虫保持共生的关系。[②]

即便孩子生病，父母也不必惊慌。无论动物还是植物，都会在某个时候生病。对孩子来说，生病也是成长的一个部分。

洛克在其《教育漫话》中专门讨论了“少用乃至不用药物”的问题。他提醒父母，决不可让儿童服用任何药物去预防疾病。儿童有点小恙，不用动辄服药或看医生。万一请来的医生是个“多事之徒”，他立刻就会在病者的窗台上摆满药瓶、药罐，胃里塞满药丸。若是用药过猛，甚至会酿成重病。父母最好采用“任其自然”的方法。当父母尝试了“任其自然”的方法之后仍然不能解决问题，才可以谨慎地看医生。洛克知道不少父母并不信任“少用或不用药物”的劝诫，所以，他以自己“耗费精力研究过医学”的经历告诉父母，不可滥用药物、滥请医生。“我希望我的有关意见得到人们爽快地认同。”[③]

继洛克之后，卢梭提出“少看医生”或不看医生。卢梭提出，医生让人变得胆小。只有在没有医生的地方，才能找到一个真正勇敢的人。节制和劳动才是真正的医生。劳动促进人的食欲，而节制可以防止人因贪食过度而导致生病。卢梭之所以主张“少看医生”或不看医生，主要是因为他不信任当时的医学。也许由于出身和社会地位不同，卢梭对洛克总是持冷嘲热讽的态度。卢梭在《爱弥儿》中随时会对洛克的《教育漫话》提出批评。但是，在少吃药、少看医生这个问题

---

① ［日］藤田纮一郎．原始人健康法［M］．马英萍，译．北京：东方出版社，2008：29-30．

② ［日］藤田纮一郎．原始人健康法［M］．马英萍，译．北京：东方出版社，2008：63-68．

③ ［英］洛克．教育漫话［M］．杨汉麟，译．北京：人民教育出版社，2006：27-28．

上，卢梭难得跟洛克站在一起，态度也变得温和了。

随着现代医学的发展和进步，医学、医生、医药在人们心中的地位也在提高。在现代社会，很少有人能够做到绝对不吃药、不看医生。洛克、卢梭等人之所以主张少吃药、少看医生，是因为人体原本就有强大的免疫系统。人体是一架精密的机器，具有强大的免疫系统和自愈功能（或自我修复功能）。最好的治疗方法是“自然疗法”。人体的免疫系统可以对抗绝大部分疾病（少数疾病例外）。由于每个人的体内都有强大的免疫系统，时间就是最好的医生。如果人为地使用化学药物来杀死病菌，那么，化学药物在杀死病菌的同时，也会伤害甚至严重伤害免疫系统。

但是，现代许多人似乎抛弃了“道法自然”这个大观念。孩子在生病之后，有些父母抑制不住地焦虑，希望孩子立刻吃药并药到病除。人们只相信，吃药可以帮助人尽快恢复健康，但很少考虑吃药的后果：几乎所有的药物都是有毒的，药物杀死了病菌，也破坏了人体的免疫系统。

为了孩子身体健康，不仅不要随便大量吃药，而且要少吃营养品。少量补充营养品也许对孩子的身体是有益的，但更多的营养品由于其来路不明而更可能成为刺激孩子畸形发展的激素甚至毒药。

营养是重要的。父母引导孩子多吃五谷杂粮、多运动。五谷杂粮和运动是最好的营养品。按照《黄帝内经》的说法，最好的医学不是“治已病”而是“治未病”（《黄帝内经·四气调神大论》）。最好的药物不在药店，而在劳作的田间或奔跑的运动场。从劳作的田间或运动场归来的人总是周身流汗、神清气爽。现代人当然不可能再回到农耕或游牧时代，但可以从类似“日出而作，日落而息。凿井而饮，耕田而食。帝力于我何有哉！”（《击壤歌》）这样的诗歌中寻找拯救的方向和方法。

总之，增强体质的基本原则是顺应自然的生长规律，保持动静平衡、出入平衡和身心平衡。三者之中，动静平衡是增强体质的首要原则或第一原则，出入平衡和身心平衡可以视为由动静平衡派生的辅助原则。

思考与练习

一、选择题

1. 习惯好主要指（多选）：

A 游戏的习惯

B 合作的习惯

C 睡觉的习惯

D 吃饭的习惯

2. 爱的教育的主要内容包括（多选）：

A 爱自己

B 爱他人

C 爱自由

D 爱自然

3. 身体好的基本途径是（多选）：

A 动静平衡

B 出入平衡

C 充分发泄

D 身心平衡

二、讨论题

阅读下面的材料并围绕后面的问题展开讨论。

科技在给人类提供方便的同时，也导致人身体的衰退。科技在满足人偷懒的本性的同时，也让人的感觉系统以及身体力量逐步萎缩。体力劳动者虽然不得不承受在田间或车间辛勤劳作，甚至不得不忍饥挨饿、风餐露宿，但体力劳动者在挥动镰刀或大锤的过程中锻炼了他们的四肢与筋骨，也磨炼了他们的意志。相反，脑力劳动者不必承受日晒雨淋之艰苦，但也因其远离或放弃体力劳动而逐渐变得文静、文弱。家庭教育和学校教育的重要目标，是引导孩子学习书本知识并推进文化与科技的发展。与此同时，父母和教师也要鼓励孩子亲身体验，身体力行，保持身心平衡而不过度依赖文字和相关的工具。

讨论方向：

第一，在你的日常生活中，有哪些科技产品代替了人的体力劳动？

第二，请列举二到三个高科技产品，以此讨论科技在满足人偷懒的本性的同时，也让人的感觉系统以及身体力量逐步萎缩。

第三，请列举二到三个对身体有利而无害的高科技产品，并展开讨论。

三、案例分析

电影《少年的你》讲述了一系列校园欺凌与反欺凌的故事。陈念性格内向，学习成绩优秀。同班同学的意外坠楼，引出一系列校园欺凌事件，陈念被卷入其中。一个叫小北的少年在陈念最艰难的时刻闯入了她的世界。小北帮助陈念反抗校园欺凌，最后却发生意外的结果。

在网上搜索并观看电影《少年的你》，围绕以下问题展开讨论：

第一，校园欺凌包括哪些类型？

第二，你或你身边的同学是否曾经遭遇过校园欺凌？如果有，你当时有什么样的体验？你觉得应该如何对校园欺凌说不？

第三，除了《少年的你》，你还知道哪些涉及校园欺凌的电影或电视剧？

拓展学习资源

1. [美] 斯波克，尼德尔曼. 斯波克育儿经 [M]. 哈澍，武晶平，译. 海口：南海出版公司，2007. 重点关注书中有关电视的危害以及儿童痉挛症的讨论。
2. [英] 洛克. 教育漫话 [M]. 杨汉麟，译. 北京：人民教育出版社，2006. 重点阅读本书开篇有关身体教育的论述。
3. 凯梅. 在童话王国中长大：成长在瑞典 [M]. 天津：新蕾出版社，2005. 重点关注瑞典学校有关禁止带糖果进校园的内容。
4. [法] 杰西·安佐斯佩. 控糖革命 [M]. 张艳娟，译. 杭州：浙江科学技术出版社，2024. 重点关注第一部分“为什么要控糖”的讨论。

5. 郑渊洁．郑渊洁家庭教育课［M］．天津：天津人民出版社，2018．重点阅读第一单元“父母合格，孩子才能优秀，如何成为合格的父母”。

6. 黄向阳．无人贻恨：校园欺凌判断与干预［M］．上海：上海教育出版社，2022．重点阅读第十一章“从回避到反抗欺凌”。

7. Rigby, K. Bullying in Schools and What to Do about It［M］. Melbourne：Australian Council for Education Research, 2007.重点关注书中有关应对校园欺凌“五步法”的内容。

8. 刘晓，程毅．家是另一个学校：给父母的12种家庭教育能力［M］．上海：华东师范大学出版社，2021．重点关注书中有关儿童安全教育（包括性教育）的内容。

9. ［美］柯维．高效能人士的七个习惯［M］．顾淑馨，等，译．北京：中国青年出版社，2002．重点关注书中有关“别让琐事牵着鼻子走”的内容。

10. ［英］斯宾塞．教育论［M］．王占魁，译．北京：中国轻工业出版社，2016．重点关注有关“过度教育”或“过度学习”的内容。

11. ［日］藤田纮一郎．原始人健康法［M］．马英萍，译．北京：东方出版社，2008．重点关注第二章有关“家畜化”的论述。

讲座视频：

户外教育对孩子的成长非常重要

讲座视频：

想让孩子身体好，动静结合不可少

第五章 家庭教育的原则与方法

05

家庭教育的原则，是家长在向孩子进行教育时需要遵循的准则和基本要求，是根据孩子的身心发展特点，长期总结教育经验和规律得出的。本书主要讨论三个重要原则：一是严慈相济；二是言传身教；三是因材施教。家庭教育的原则是实施教育方法的基础，相关的教育指导方法也将结合具体的原则介绍。

第一节　严慈相济

家庭教育的第一原则是严慈相济。父母既要立足于孩子的自由意志，为孩子提供慈爱的陪伴，同时也要立足于社会规范，对孩子提出严格的要求。

严慈相济之所以重要，主要是因为人有自由意志。自由意志是“长大成人”的标志。但是，如果没有必要的严厉与规则，孩子的自由意志就可能蜕变为任性甚至胡作非为。所谓严慈相济，就是既尊重孩子的自由意志，满足孩子的需求，同时也要对孩子提出要求，让孩子遵循基本的社会规范。严慈相济的理想形态是民主型教养模式。从民主型教养模式的视角来看，严慈相济的基本途径是外柔内刚、因时施教和严慈有度。严慈相济的难点在于“度”的把握。“度”是高级的智慧，有人甚至将“度”视为人类学历史本体论的第一范畴。[①]“不及”固然不好，过度也不行，“过犹不及”。

一、外柔内刚：严慈的内外关系

严慈相济的主要策略是外柔内刚：对孩子的教育要求看起来比较温和、慈爱，但内心却保持必要的原则和标准。在纠正孩子的错误时，父母不必愤怒，也不必批评指责，更不必体罚孩子。父母最好平和地告诉孩子可以做什么和不可以做什么。美国学者尼尔森将“外柔内刚”的策略称为“和善而坚定”或“和善与坚定并行”。[②]

（一）情感联结

外柔内刚之“柔”主要是情感联结。即便父母感觉孩子提出的要求是不合理的，父母也要以“换位思考”的方式表达对孩子的理解，并在理解的基础上全部或部分地满足孩子的需求。

情感联结的策略之一是换位思考并转换说话方式。一旦换位思考，父母就会发现孩子的要求可能是合情合理的。或者，孩子的要求即便是不合理的，却是可以理解的。父母最好做到不吼不叫、不打不骂，尽可能维护孩子的尊严。被尊重是孩子愿意接受父母建议和改变行动的前提条件，只有切身感受到来自父母的真诚和尊重，孩子才可能接受父母的规劝或教训。否则，孩子会拒绝接受父母的教训，甚至会麻木、怨恨并继续犯错。

在换位思考的同时，父母最好转换说话方式。比如，“我想我能够理解你的想法，你是希望……”或者“我想我能够理解你的想法，你先说说你自己的思路，看我们是否有共同的想法”，等等。这样的话语模式容易让孩子接受来自父母的善意。

情感联结的策略之二是满足孩子的部分需求。按照德雷克斯提供的分析框架，孩子犯错主要有三种可能的原因：一是寻求关注；二是因受到压抑而决定

---

① 李泽厚．历史本体论·乙卯五说［M］．北京：三联书店，2008：10．

② ［美］尼尔森．正面管教［M］．玉冰，译．北京：北京联合出版公司，2016：5-21．

"争夺权力"；三是因为受到父母的责罚而"寻求复仇"。[①]针对寻求关注的孩子，父母可以详细地描述孩子最近在某个方面的出色表现，让孩子感受到父母的关注与爱意。针对"争夺权力"的孩子，父母可以适当放权，把尝试错误的权利还给孩子。针对"寻求复仇"，父母可以择机表达道歉或委托孩子做相关的事情，让孩子感受到来自父母的信任。

情感联结的策略之三是提供选择或提供奖励。父母可以为孩子提出两到三个替代方案，让孩子放弃原先的方案而做出新的选择。按照心理学的"锚定效应"，父母为孩子提供替代方案时，最好同时呈现最优方案和最差方案，让最差方案作为孩子选择的参照对象。在为孩子提供替代方案时，所提供的替代方案是孩子可以完成的任务或容易达到的目标。可以分几步走，先引导孩子完成某一个小目标，然后逐步接近大目标。如果孩子不那么任性，也可以让孩子自己提出二到三个替代方案，让孩子和父母一起商议和选择。

（二）约定规则并坚持原则

如果说外柔内刚之"柔"是情感联结，那么，外柔内刚之"刚"就是约定规则并坚持原则。有情感联结作为前提条件，约定规则并坚持原则可以通过类似"好的，同时……"（Yes, and）或"好的，但是……"（ Yes, but）这样的方式提出问题并寻求解决问题的办法。

第一，在建立规则时，只能在家里给孩子建立规则，而不能在公共场合给孩子制订规则。父母不能在公共场合呵斥孩子，也不能在公共场合大声给孩子讲道理。如果孩子在公共场所大声喧哗，父母却大声训斥孩子，"这是公共场所，大声喧哗是没教养的行为"，那么，父母应该反思，父母在公共场所大声训斥孩子，这也是没教养的行为。如果孩子在公共场所任性哭喊或打滚，父母可以果断带着孩子离开现场。即便回到家里，父母也不能因教训孩子而干扰邻居的日常生活。父母可以关闭门窗，避免孩子的大声哭喊或父母的训斥影响邻居的休息。

在家里给孩子建立规则时，要在家庭所有成员意见一致的前提下给孩子建立规则，而不能在意见不统一的家人面前给孩子制订规则。如果父母双方意见一

① ［美］德雷克斯，索尔兹．孩子：挑战［M］．甄颖，译．北京：生活·读书·新知三联书店，生活书店出版有限公司，2015：83-89．

致，那么，给孩子制订规则时，父母双方可以都在现场。如果父母双方意见不一致，则可考虑父亲或母亲单独给孩子建立规则，另一方适当回避。一般而言，爸爸比较容易坚持使用“外柔内刚”或者“和善而坚定”以及与之相关的“自然后果惩罚”的家庭教育策略。相比之下，多数妈妈往往“和善”有余而“坚定”不足。不过，现代家庭也可能出现“虎妈猫爸”的现象。家庭成员对孩子教育的意见不统一，容易造成家人之间发生矛盾，导致亲子冲突转换为夫妻冲突或婆媳冲突。妈妈在教育孩子时，溺爱孩子的爸爸或爷爷奶奶可能会认为是孩子妈妈小题大做，从而去保护孩子，阻止妈妈管教。反之，爸爸在教育孩子时，向来溺爱孩子的妈妈或爷爷奶奶可能会去保护孩子，认为孩子的爸爸小题大做，阻止爸爸管教孩子。因此，父母在给孩子约定规则时，最好单独进行。

当家庭成员意见不一致时，可以采用“积极暂停”的办法暂时搁置问题，而不要强迫其他家庭成员跟自己保持一致。夫妻之间或婆媳之间可以事先安排一个正式的或非正式的家庭会议，制订解决孩子坏习惯的方案，并由父亲或母亲单独跟孩子交涉。

在约定规则时，父母最好明确指出哪些规则是必须遵守的底线，并提供解释。底线的基本内容包括个人生命安全和公共道德。在制定底线规则时，父母本人也最好亲身示范，父母必须与孩子共同遵守个人生活规则与公共生活规则的基本底线。

第二，犯错受罚。惩罚的方式包括“人为惩罚”与“自然后果惩罚”。如果孩子任性地胡闹，父母可以采用“人为惩罚”与“自然后果惩罚”相结合的模式，让孩子承担后果。

人为惩罚的主要形式是直接批评或剥夺相关的权利。比如，有家庭只允许孩子星期六吃糖果①，如果孩子不遵守这个规则，用哭闹的方式威胁父母买糖果，父母就可以直接提出批评：“你以为哭闹就可以让父母帮你买糖果，这是不可能的。因为我们是有约定的，每周只能星期六才能吃糖果。”

自然后果惩罚就是让孩子承担自己的过失带来的不便并让他从中吸取教训。人为惩罚可能会引起孩子的反抗或怨恨，但孩子不会怨恨或反抗自然后果惩罚。

---

① 凯梅．在童话王国中长大：成长在瑞典［M］．天津：新蕾出版社，2005：60．

如果孩子想用哭闹或打滚的方式威胁父母，以便让父母满足自己的要求，那么，让孩子自己承担长时间的哭闹或打滚带来的“精疲力竭”，这就是自然后果惩罚。对于任性的孩子来说，自然后果惩罚比讲道理可能更有效。有人认为：语言虽然是沟通的唯一方式，但经常是最无效的一种。[①]

第三，不轻易妥协。当孩子第一次用哭闹或打滚的方式来威胁父母时，父母必须保持不妥协的姿态。如果孩子用不吃饭或更任性的方式来逼迫父母买手机，父母最好直接告诉孩子：“如果你觉得用不吃饭的方式可以解决问题，如果你觉得不吃饭就可以逼迫家长给你买手机，我也没有办法帮你。你可以不吃饭，我先去处理一点事。你如果觉得饿了，想吃饭了，你告诉我，我再来跟你讨论这件事。”

相反，一旦孩子哭喊、打滚或不吃饭，父母就大惊失色，惊慌失措，那么，孩子就会形成一个结论：只要有足够的威胁，父母就会满足我的任何要求。这一次用哭喊或打滚来威胁父母，下次可能会用绝食或撞墙来威胁父母。再后来，孩子可能会用更恶劣的方式威胁父母。孩子之所以采用种种任性的方式威胁父母，多半是因为父母没有制定明确的规则并监督执行。制订规则时，宁少勿多，在某个年龄阶段，可以只制定两条或三条规则。为了保证每一个规则都是可以实现的，父母可以先建立小规则，再逐步建立大规则。小规则是指孩子可以“说到做到”的规则。制订评价标准时，父母本人最好跟孩子一道接受评价。父母可以向孩子承诺，如果孩子遵守什么规则，改变哪个方面的不良习惯，那么父母也会改变某个方面的不良习惯。

（三）情感安慰

当孩子在亲子冲突中败下阵来，父母最好采用“情感安慰”的方式，让孩子“体面地接受失败”。父母可以向孩子发出邀请，让孩子感觉到父母的爱与关注。比如，父母可以对孩子说：“宝宝，过来，让妈妈抱一下。”或者对孩子说：“宝宝，别哭了，我们出去走一走。”也可以给孩子布置一个力所能及的任务，为孩子提供台阶，让孩子感觉自己可以做更有出息的事情。比如，父母可以给孩子分

① ［美］德雷克斯，索尔兹．孩子：挑战［M］．甄颖，译．北京：生活·读书·新知三联书店，生活书店出版有限公司，2015：241．

派一个任务，让孩子去超市帮父母买一瓶酱油。孩子之所以愿意接受新的任务，是因为孩子从父母的指令或请求那里感受到被信任、被重用的尊严。

惩罚孩子并不是教育的目的。教育的目的在于让孩子遵守约定、兑现承诺，强化规则意识。一般而言，只要父母给出台阶，孩子就会顺台阶而下，停止哭喊或打滚，会走到妈妈的身边，接受妈妈的拥抱。这时候，妈妈最好抱住孩子，轻轻抚摸孩子的背脊，也可以亲吻孩子的脸颊或额头。

孩子精疲力竭的时候，就是孩子最愿意妥协、最愿意接受劝诫的时候。在这个时刻，无论孩子显得多么可怜，父母都不能善心大发地告诉孩子："宝宝乖，别哭了，我们去买糖果。"这样会让"外柔内刚"的策略失去效果，前功尽弃。不要以为"只此一次"，孩子就不会形成坏习惯。相反，孩子的坏习惯正是因为父母采取了无原则的妥协态度。即便偶尔一次放弃了原则，也会前功尽弃，破坏孩子的契约意识，导致孩子无法建立规则。

比较可取的办法是：如果孩子不胡闹了，父母可以让孩子来到父母的身边，告诉孩子："要记住我们的约定，一周只吃一次糖果。以后要是想吃糖果了，直接告诉妈妈，不用哭喊，不用在地上打滚。只要你告诉妈妈，妈妈就去买糖果。我们有约在先，妈妈一定会兑现承诺，也希望你跟妈妈一道兑现承诺。"

一般而言，在孩子初次任性或胡闹时，只要父母采用三个策略，就可以纠正孩子哭喊、打滚或以头撞墙的错误。但是，如果父母纵容孩子的坏习惯，等到孩子到了中学阶段才发现问题的严重性，就很难改变孩子的任性或胡闹了。如果孩子在中学阶段依然任性或胡闹，比如用一些极端的方式来威胁父母，那么，多半是因为父母没有引导三岁之后尤其是小学阶段的孩子建立规则。

外柔内刚所呈现的"两头柔，中间刚"可以发挥两个心理效应。一是"首因效应"。"首因效应"也称"第一印象效应"。最初呈现的信息会给人留下深刻印象。从"首因效应"的视角来看，最初阶段的情感联结容易让孩子对父母产生好感。二是"峰终效应"。美国心理学家卡尼曼（D. Kahneman）发现，在事件的发生过程中，给人留下深刻印象的只是高峰与最终两个阶段的体验。[①]表面上

---

① ［美］丹尼尔·卡尼曼．思考，快与慢［M］．胡晓娇，李爱民，何梦莹，译．北京：中信出版社，2012：349-350．

看，“峰终效应”与“首因效应”是矛盾的。实际上，峰终效应包含了“首因效应”。因为，如果某个因素给人留下了深刻的第一印象，那么，这个深刻的第一印象本身就是高峰。

从“峰终效应”的视角来看，父母在坚持原则时，必须重视高峰与最终阶段的情感安慰。也正因为如此，立足于严慈相济或外柔内刚的坚持原则不同于“哭声免疫法”。“哭声免疫法”的基本策略是哭则不抱，不哭才抱。[①]“哭声免疫法”虽然也是做到了“坚持原则”，但它强化了“无情的坚持原则”。孩子可能因为父母采用“无情的坚持原则”而对父母产生怨恨和对抗。与“哭声免疫法”不同，外柔内刚重视“有情感的坚持原则”。“有情感的坚持原则”不仅重视最初的情感联结，而且重视最后的情感安慰。也只有这样，外柔内刚的策略才有利于孩子理解并建立规则。

二、先严后慈：严慈的先后关系

严慈相济除了需要考虑内外关系，还需要考虑先后关系。如果说严慈相济在内外关系上的基本策略是外柔内刚，那么，严慈相济在先后关系上的基本策略是先严后慈，把握时机。

（一）先严后慈

人有追求自由的心理倾向，每个孩子都希望父母对自己更宽松，给自己更多自由。如果父母采用先严后慈的模式，孩子会感觉自己最终赢得了宽松，这是可以接受的。如果父母采取先慈后严的模式，孩子会感觉自己受到了约束和挑战，会难以接受。“先严后慈易，先慈后严难。”与之类似，在俭与奢之间，人可以忍受先俭后奢，但很难忍受先奢后俭。《增广贤文》的说法是：“从俭入奢易，从奢入俭难。”[②]

孩子的成长是一个逐步“成人”的过程。孩子从被监护状态逐步走向独立状态的过程就是先严后慈的过程。由此，父母最好采用先严后慈的模式，而不是先慈后严。先严后慈的效果是：孩子从小受过比较严格的管教，建立了良好的生活

---

① 文颖君．哭声免疫法的危害［J］．大众心理学，2015(7)：28-29．

② 佚名．增广贤文［M］．李冲锋，译注．北京：中华书局，2021：175．

规则与学习规则，他会在遵从规则的前提下逐步追求自由，而不会轻易任性、胡闹。先慈后严的后果是：孩子从小接受特别宽松的管教，过度追求自由，容易任性、胡闹，而且，当父母发现孩子缺乏基本的教养，开始跟孩子建立规矩时，孩子会跟父母对抗。

心理学所讨论的“锚定效应”其实也隐含了“求优惠”或“占便宜”并由此愿意“讨价还价”的心理倾向。有研究显示，在大学校园内随机询问大学生，问其是否愿意带一群少年犯到动物园一日游。结果，只有17%的受访学生回答愿意。然而，在另一次调查中，问学生是否愿意连续两年每星期花两小时当义工，结果全部受访学生都回答不愿意。而当被问是否愿意带一群少年犯到动物园一日游时，居然有50%的受访学生回答愿意。①

从“锚定效应”的视角来看，父母最好掌握基本的“互惠”技巧，用先难后易、先严后慈的顺序，让孩子感到自己获得了好处。比如，为了避免孩子吃过多的零食，可以先给孩子提出一个比较高难的要求，然后再降低要求，让孩子自愿接受某个要求。如果父母心中希望孩子每天吃糖果不能超过三颗，那么，最好先提出一个高难度的要求，比如，每天最多只能吃1颗糖果。如果父母心中希望孩子每天玩电子游戏的时间不能超过1小时，那么，最好先提出每天最多只能玩30分钟。

（二）“慈—严—慈”的三明治模式

“慈—严—慈”的教育模式也被形象地称为“三明治模式”或“汉堡模式”。②这种模式的基本思路是：始于表扬，中间阶段提出问题或提出批评，最后回到表扬。即便孩子在成长的过程中出现了问题或错误，也不要指望采用简单的批评或指责就能够解决问题。即便提出批评或建议，也最好采用“始于表扬，终于表扬”的三明治模式。

第一步，先理解和肯定。要真诚理解孩子的难处，并真诚地表达对孩子的理解和肯定。

① ［美］海特．象与骑象人［M］．李静瑶，译．杭州：浙江人民出版社，2012：68．

② 刘晓，程毅．家是另一个学校：给父母的12种家庭教育能力［M］．上海：华东师范大学出版社，2021：42．

第二步，讨论并寻找解决问题的思路。在真诚理解、肯定和鼓励的前提下，父母引导孩子寻找引发问题的几种可能性。在种种可能性中，父母可以针对孩子出现的不恰当想法或不恰当行为，引导孩子一起寻找改进的思路和方案。

第三步，最后表达鼓励、信任和委托。相信孩子可以自己解决问题，相信孩子可以做得更好。最后的鼓励、信任和委托似乎回到了最初的理解和肯定，但鼓励不同于理解，信任和委托也不同于肯定。鼓励是相信孩子已经找到了解决问题的办法并相信孩子能够用这个或这些办法成功地解决问题。信任和委托不仅解决孩子已经出现的问题，而且托付孩子去承担新的项目和责任，让孩子感受到父母真实的认可。

（三）不同年龄阶段的严与慈

就孩子成长的三个关键年龄阶段而言，父母最好采取先慈后严再回到慈的否定之否定模式。学前阶段的孩子需要享受来自父母的宽松教育；小学阶段的孩子需要逐步接受比较严厉的规则教育；中学阶段的孩子需要再次接受比较宽松的教育。

第一，学前阶段的慈爱教育。父母要为学前阶段的孩子提供慈爱的宽松教育。如果父母对学前阶段的孩子严厉管教，孩子可能会显得唯唯诺诺、犹犹豫豫、无所适从。这样的孩子长大之后，也可能会显得懦弱、没主见、胆小怕事。

在传统的家庭教育中，母亲往往重视情感和平等，父亲往往重视规则和权威。也因此，当孩子处于学前阶段时，母亲的作用大于父亲，历史上有不少寡母能够把孩子培养成为“重要人物”，但很少有重要人物是由“父亲”一个人带大的，除非这位父亲能够扮演母亲的角色，比如法国人卢梭的父亲。

第二，小学阶段的严厉教育。父母为小学阶段的孩子提供适度的严厉教育、权威教育，让孩子心中有所敬畏：敬畏权威，敬畏规则。在孩子三岁之后，父母需要帮助孩子逐步建立规则。如果没有引导小学阶段的孩子建立基本的生活规则和学习规则，孩子就可能会出现任性、自私、自我中心等人格缺陷以及冒犯他人、侵害他人的反社会行为。

当孩子处于学前阶段时，母亲的陪伴更加重要。当孩子处于小学阶段时，父亲的陪伴会显得越来越重要。进化心理学研究显示，从小缺乏父亲陪伴的孩子，其身体发育也会受到影响。[①]父亲的出场将会给孩子带来力量、规则、秩序、挣扎、抵抗、意志力、理性。如果父亲不在孩子的身边，那么，母亲最好转换角色，承担孩子父亲的角色。小学阶段的孩子除了需要有权威型的父母，最好还有一个类似于电视剧《大宅门》里季宗布老师那样的“重要他人”。影响孩子成长的重要他人就是那个有威信的人。一两威信，胜过一公斤说教。

按照英国哲人洛克的说法：“孩童并非生来就处在完全的平等状态中，虽然他们生来就应该享受这种平等。他们的父母在他们出世时和出世后的一段时间，对他们有一种统治和管辖权，但这只是暂时的。他们所受的这种支配的限制，犹如在他们孱弱的婴儿期间用来缠裹和保护他们的襁褓衣被一样。随着他们的成长，年龄和理性将使他们摆脱这些限制，直到最后完全解脱而能使一个人自由地处理一切为止。”[②]洛克警告：“儿童的年龄越小，就越不应当依从他们的任性；儿童越缺乏理性，就越应当受到管教者绝对权力的约束。”[③]随着孩子年龄的增长，父母可以逐渐给他自由。

即便洛克在政治哲学中严厉抨击“父权制”，他在家庭教育中也高扬“父亲权威”和“畏惧之心”。在他看来，父母要让孩子接受权威的监护，待孩子长大成熟的年龄再逐步放手，让孩子自己做主。“子女年幼时，应该视父母如君主，即具有绝对权力的统治者，以这样的方式去敬畏父母；而一旦到了成熟的年龄，则应当视父母为他们最好的、唯一可信赖的朋友，以这样的方式去热爱与尊敬他们。”与之相应，父母首先要“凭借敬畏，取得支配其精神的力量。到了他们年龄稍长，就要用爱与友谊去维系”。[④]父母因为年龄的自然优势而拥有某种自然权威，但父母应该最终使得他们不再需要父母的监护。

孩子的成长是一个由权威引领到逐步摆脱权威的过程。“个人在权威中成长并逐渐摆脱权威”。[⑤]父母的权威是民主型教养模式的基本前提。当自由成为任

---

① ［美］巴斯．进化心理学［M］．张勇，蒋柯，译．北京：商务印书馆，2015：206．

② ［英］洛克．政府论（下）［M］．叶启芳，瞿菊农，译．北京：商务印书馆，1996：35．

③ ［英］洛克．教育漫话［M］．徐诚，杨汉麟，译．石家庄：河北人民出版社，1998：31．

④ ［英］洛克．教育漫话［M］．杨汉麟，译．北京：人民教育出版社，2005：37．

⑤ ［德］雅斯贝尔斯．什么是教育［M］．童可依，译．北京：三联书店，2021：82．

性并导致生活的混乱，权威就会被召唤入场。当孩子恢复秩序，自由就会再次回到孩子的身边。权威隐退，自由复出。

第三，中学阶段的民主教育。父母要为中学阶段的孩子提供宽松教育或民主教育，否则孩子容易出现叛逆或感到无助。中学阶段的孩子不仅身体发育接近成熟，理性思维也得到较好的发展。这个年龄段的孩子渴望自由和独立，不愿意听父母过多说教。如果孩子明显感觉父母的教育方式是错误的，他们可能会用自己的见识或思考提出言之凿凿的“反驳”，甚至会凭借自己的体力与父母对抗。中学阶段的孩子似乎突然变得“不听话”，但孩子“不听话”不是一件坏事。相反，父母应该尊重孩子的自由意志，坚守“严慈相济”的原则，让孩子尽早参与决策、尝试错误和有所热爱。

如果孩子在小学阶段还没有建立该做什么不该做什么的规则意识，这个孩子就可能在中学阶段依然无法无天，成为惹是生非的“麻烦制造者”。如果父母发现孩子到了中学阶段依然无法无天，“性格很坏”，那么，父母也只能“徐而图之”，不可急于给中学阶段的孩子定规则。急于给中学阶段的孩子定规则的父母很可能无法让孩子遵守规则，相反，父母的指责、批评会激发中学阶段孩子的叛逆、反抗。青春期并不必然叛逆，所谓“青春叛逆期”，常常是被父母或老师激发出来的。

洛克所谓“子女年幼时”要严厉管教，也主要是强调，父母需要以严厉教育的方式引导小学阶段的孩子建立吃饭、睡觉和聊天等生活规则。在此之前，父母最好为学前阶段的孩子提供爱的教育、宽松教育、自由教育，尽量少一些可怕的教育或严厉教育。即便引导学前儿童建立规则，也主要是建立生活的“小规则”而不是学习的“大规则”。小学阶段的孩子才需要建立学习的“大规则”。也因此，洛克也提醒父母，父母对孩子严厉管教，会导致孩子精神萎靡，失去活力。倒是那些调皮捣蛋、生机勃勃、精神饱满的孩子，长大之后，常常会变成杰出人物。[①]

三、勿忘勿助：严慈有度

严慈相济的关键是度的把握。过于严厉，则孩子容易变得胆小、懦弱。过

① ［英］洛克．教育漫话［M］．杨汉麟，译．北京：人民教育出版社，2005：39．

于慈爱，则孩子容易因为父母的溺爱而变得自私、自我中心、脆弱。严慈相济的度的把握虽然不容易，但可以通过“勿忘勿助”来把握严慈的度的问题。所谓“勿忘勿助”，就是既不忽视孩子的需求，也不过度帮助孩子。勿忘勿助源于《孟子·公孙丑上》：“心勿忘，勿助长也。”勿忘勿助主要包括三层含义：一是勿忘，不忽视孩子，不忘记孩子的需要；二是勿助，不过度帮助孩子，不越俎代庖；三是言传身教，为孩子提供可模仿的样式。

（一）不忘记孩子的需要

从消极的视角来看，家庭教育中的“勿忘”意味着父母不忽视孩子。从积极的视角来看，家庭教育中的“勿忘”意味着父母支持孩子的身体与精神的发育。之所以需要“勿忘”，是因为孩子容易因为生理或心理的不成熟而无法保护自己。或者，孩子容易因为理智的不成熟而误解父母的意图并做出错误的行动。按照德雷克斯的说法，孩子是天生的观察家，但他们容易对观察到的现象做出错误的解释。①

1. 不忽视孩子

不忽视孩子首先意味着不忽视孩子的生理需求，给孩子提供足够的营养、衣物。父母需要创造一定的经济基础，不让孩子因为家庭的贫困而影响身体的发育。更重要的是，父母要为孩子提供足够的心理陪伴或“心理营养”。研究显示，如果缺乏足够的心理营养，孩子会出现心理痛苦甚至会出现精神异常。②

父母的陪伴还意味着不轻易让幼小的孩子离开自己的视线。不少国家的“儿童保护法”或“儿童福利法”明文规定，让未满十二岁的孩子独自留守家庭，或让未满十二岁的孩子独自留守在汽车里，没有十八岁以上的成年人照看，这是严重的违法行为，父母会因此而被剥夺孩子的抚养权。即便让未满十二岁的孩子短时间内独自留守在家里或汽车里，也属于违法行为。③

某些父母可能会认为，短时间内让孩子离开自己的视线，父母很快就会返回

---

① ［美］德雷克斯，索尔兹．孩子：挑战［M］．甄颖，译．北京：生活·读书·新知三联书店，生活书店出版有限公司，2015：28．

② 李玫瑾．心理抚养［M］．上海：上海三联书店，2021：134．

③ 施雨．美利坚书生：成长在美国［M］．天津：新蕾出版社，2005：74．

来陪伴孩子，这不是什么问题。

中国目前尚未制定比较严格的儿童保护法或儿童福利法，但这并不意味着中国以后不会制定相关的法律。从人道主义的视角来看，一个父亲失去了自己的女儿，这已经让父亲遭受深深的痛苦了，没有必要再让这个父亲承受法律的制裁。但是，从长远的眼光来看，只有制定了比较严厉的儿童保护法或儿童福利法，才会减少对孩子的忽视以及因忽视给孩子带来的伤害。

2. 不打骂孩子

缺乏教育智慧的父母可能会打骂孩子。在贫苦社会，孩子尚能理解和忍受父母的责骂或体罚，但是，随着生活条件的丰裕，孩子越来越重视自己的人权和人格尊严，会对父母的打骂提出反抗或采取对抗行为。如果父母随意打骂孩子，孩子可能会离家出走或做出更极端的行为。

比打骂孩子更严重的是虐待儿童。虐待儿童在任何国家和地区都会受到谴责甚至会构成犯罪。虐待儿童是一个相对的概念，在不同的时代、不同的国家或地区，虐待儿童这个概念有不同的内涵。在美国，凡是没有照管未满十八岁的少年儿童，使他们受到非意外伤害，都算虐待儿童。具体而言，虐待儿童至少包括：父母、监护人或其他年长者对儿童施以躯体暴力，比如猛烈摇晃、殴打、烧烫、锁黑屋、不给食宿，等等；精神虐待，比如过分责骂、轻视、嘲笑，等等；造成儿童躯体与情感的伤害；对儿童的日常照顾、情感需求、生活监护、医疗和教育的忽视，等等。[①]

3. 积极支持孩子

勿忘的积极含义是支持孩子的日常生活、学业与业余爱好。父母支持的具体行为主要包括物质支持、精神鼓励与亲自陪伴。

在日常生活方面，父母需要为孩子提供必要的生活资源，至少要解决孩子的温饱问题和心理安全问题。不让孩子忍饥挨饿，也要亲自陪伴孩子，不让孩子缺乏基本的安全感。

父母最好积极支持孩子发展必要的业余爱好。学校虽然可能会为孩子发展业余爱好提供必要的平台和机会，但发展孩子的业余爱好主要靠家庭的支持。孩子

① 施雨. 美利坚书生：成长在美国［M］. 天津：新蕾出版社，2005：72.

一旦拥有一些特长或长期坚持的业余爱好，孩子就会逐步建立自信，也能从中获得同伴交往机会。业余爱好既让孩子学会与他人合作，又让孩子学会与他人竞争而且能调节学校学习的压力，给自己的业余生活增加内容和乐趣。

在学业进步方面，父母最好为孩子的学习提供必要的资源。可以陪伴孩子逛书店，购买必要的书籍，让孩子尽早养成阅读的习惯。可以陪伴孩子一起观看英文电影或英文电视剧，让孩子在观看英文电影或英文电视剧的过程中不知不觉地掌握英语的听说技能。也可以陪伴孩子一起参观博物馆或阅读自然史书籍，让孩子尽早接触自然和自然史，为孩子的理科学习奠定基础。

（二）不过度帮助孩子

如果说“勿忘”的主要任务是不忽视、不打骂孩子，那么，“勿助”的主要任务是不过度帮助孩子。在“勿忘”和“勿助”二者之间，现代父母不仅容易出现“勿忘”的问题，更容易在“勿助”上出现失误。

1. 不揠苗助长

之所以不能过度帮助孩子，是因为过度帮助会剥夺孩子亲自努力和亲自挣扎的机会。帮助的背后有另外一层含义，就是“看低”：“你自己搞不定的问题，我可以搞定。”“不帮”的积极意义在于，我相信你有能力解决这个问题。[①]在孩子遇到自己无法解决的困惑或困难时，父母可以为孩子提供及时的回应或帮助，但是，在孩子遇到自己能够解决的困惑或困难时，父母就不要越俎代庖、揠苗助长。

孩子的成长如禾苗的生长，父母的责任只是“护苗”而不是“揠苗”。父母既要做到“勿忘”，不要忘记“护苗”，也要做到“勿助”，过度帮助就是揠苗助长。为了论证勿忘勿助的重要意义，孟子特别讲了揠苗助长的后果。可惜，后人往往记住了揠苗助长的警告，却忘记了“勿忘勿助”的劝告。直到后来心学复兴，“勿忘勿助”才成为心学教育的重要原则。[②]

成语“揠苗助长”出自《孟子·公孙丑上》：有人担忧他的禾苗长得太慢，于是把禾苗往上拔。回到家后，他对家人说：我今天太累了，我帮助禾苗长高

---

① 李松蔚. 5%的改变［M］. 成都：四川文艺出版社，2022：171.

② 刘兴邦. 甘泉与白沙［M］. 广州：广州出版社，2017：47-55.

了。他的儿子很吃惊，跑去看禾苗，发现禾苗都已经枯萎了。这个故事提示，禾苗有自己的生长节奏，像这样拔苗助长的人，不但对禾苗没有好处，反而害了它。

真正智慧的父母会显得从容淡定。父母从容淡定的基本前提是：把孩子成长的过程理解为让孩子尝试错误的过程，把尝试错误的权利还给孩子，让孩子亲自挣扎，自己克服困难。

孩子亲自克服困难的过程就是“化蛹为蝶”的过程。在化蛹为蝶的过程中，蝴蝶幼虫需要亲自挣扎。当幼虫破蛹而出时，幼虫会在亲自挣扎的过程中让体液输入翅膀，直到翅膀完全干燥硬化，并等到体温回升后才展翅飞行。相反，如果有人看到幼虫的挣扎过于辛苦而用剪刀剪开蝶蛹的外壳，那么，蝴蝶虽然能够轻松地爬出来，但它无法展翅飞翔。现代社会的剖宫产也会带来类似的问题。剖宫产虽然避免了因“难产”带来的生命危险，减轻了母亲“生”孩子的痛苦，但也剥夺了孩子的亲自挣扎。

2. 让孩子帮助父母

勿忘勿助的最佳状态是建立互助的家庭文化：父母帮助孩子，同时孩子也帮助父母。让孩子帮助父母对孩子的成长有重大意义。只有让孩子帮助父母，孩子才会在帮助父母的过程中培养基本的爱心与基本的责任感。

不少父母感到困惑：我们那么爱孩子，为什么孩子并不那么爱父母？原因在于，父母爱孩子是人类的自然情感，但不能要求孩子也那么爱父母。亚里士多德（Aristotle）提供的解释是：父母爱孩子，就像一个画家爱他的绘画作品。画家爱他的作品很正常，但不能要求作品爱画家。父母爱孩子，也并非因为父母的爱是无私的，而是因为父母知道孩子是自己生命的延续，父母爱孩子意味着父母爱自己。孩子被父母视为自己的产品，而孩子不会将父母视为自己的产品。产品总是属于其制作者，而制作者却不属于产品。[①]也因此，父母最好主动示弱，以便让孩子帮助父母。

让孩子帮助父母的好处是，孩子在帮助父母解决问题的过程中会逐步产生一

---

① ［古希腊］亚里士多德．尼各马可伦理学［M］．廖申白，译．北京：商务印书馆，2003：251．

种信念："我离不开父母的帮助和支持，父母也离不开我的帮助和支持。"孩子会在帮助父母的过程中，把父母当作他的得意的值得炫耀的作品。孩子一旦把父母变成他的作品，他就会更加爱他的父母。这就是家庭教育中的"亚里士多德原理"。

"亚里士多德原理"在心理学领域被称为"富兰克林效应"。美国政治家富兰克林（B. Franklin）遇到了一个政治对手。为了赢得他的支持，富兰克林并没有讨好他，相反，富兰克林向他借书，归还时给他写了一封感谢信。后来，那个对手主动向富兰克林示好，他们成为朋友。①心理学对"富兰克林效应"的解释是：那些帮助过你的人，往往会再次帮助你；想让别人对你产生好感，就适当麻烦对方为你做一些小事。如果你想让一个人爱上你，不要做他的恩人，要让他做你的恩人。托尔斯泰（L. Tolstoy）在《战争与和平》中也讨论了这个问题：我们喜欢别人，不仅是因为别人对我们好，更是因为我们对他们好。社会心理学则从"认知失调理论"的视角来解释"富兰克林效应"或"托尔斯泰原理"：人一旦参与了对某个人的帮助，就会喜欢这个人。相反，如果一个人帮助了另外一个人，而他发现他所帮助的那个人是一个不值得帮助的人，就会发生认知失调。认知失调会让人感到不舒服。为了不让自己感到不舒服，为了避免"认知失调"，人就会尽量说服自己：这个人是可爱的，这个人是有吸引力的，这个人是值得帮助的。②

按照"亚里士多德原理"或"富兰克林效应"，父母不仅可以让孩子在帮助父母的过程中学会爱父母，改善亲子关系，也可以鼓励孩子逐步扩展帮助的范围，让孩子帮助父母之外的人，让孩子在帮助他人的过程中学会爱他人。这样看来，"亚里士多德原理"或"富兰克林效应"不仅可以用来解释孩子爱父母为何总是弱于父母爱孩子，而且可以用来培养孩子的爱心，让孩子在帮助他人的过程中将他人视为自己的作品。

可能会有父母发问："孩子那么小，父母这么强大，为什么要让孩子照顾父母？"类似这样的疑问恰恰说明，做父母的人很容易不知不觉犯一个错误：父母

---

① ［美］麦克雷尼．熵减心理学［M］．刘夏青，译．北京：中国青年出版社，2021：59–70．

② ［美］艾略特·阿伦森，乔舒亚·阿伦森．社会性动物［M］．邢占军，黄立清，译．上海：华东师范大学出版社，2020：262–263．

以为自己足够强大，于是就可以以爱的名义为孩子提供细致入微的照顾。这些强大的父母很少想过，父母应该在孩子面前主动示弱，以便孩子能够帮助、照顾父母。

中国家庭教育有“母强子弱”的说法。为了避免母强子弱的后果，父母最好在孩子面前适度“示弱”。示弱不只是假装弱，而是老实承认我们在很多方面不如孩子。比如，在接受新知识、新事物方面，孩子往往超过成人。成人有自己的优势，比如有很多生活经验，但是，也正因为我们有很多生活经验，导致我们习惯于依赖旧知识、旧事物。成年人往往有比较严重的路径依赖。习惯了某个路径，就不愿意尝试新路径。相反，孩子没有太多经验，也就没有那么多的路径依赖。

如果父母总是足够强大，强大到没有孩子插手的机会，那么，孩子就会缩手缩脚、止步不前。即便父母能够独当一面，也要有教育的智慧。从教育的角度来看，父母需要“主动示弱”或“积极暂停”，既不揠苗助长，也不好为人师，以便给孩子留出尝试错误的机会。中国绘画的最大特点是留白，与之类似，教育的最大智慧也是“留白”：不要把事情做完，要给孩子留出一些空间和时间，尽早让孩子参与家庭决策，尽早让孩子参与家务劳动，让孩子帮助父母并在帮助父母的过程中更加爱父母。父母最好经常向孩子发出邀请：“请过来帮我一下。”

3. 避免任何单向的帮助

互助的前提是自助，要尽量避免单向的帮助。自助的人，才有资格得到他人的帮助。中国民间的说法是“自助者，天助之”。西谚曰：“上帝只救自救之人。”

父母不能过度帮助孩子，否则必导致孩子自私、任性、无能。同样，孩子也不能过度帮助父母，过度帮助也可能导致父母变得自私、任性、无能。如果父母不珍惜孩子的帮助，孩子就需要有所节制。如果遇到类似电视剧《都挺好》中苏大强那样的父亲，孩子就可以暂时停止帮助或有所节制地提供帮助。

孩子不能过度帮助自己的父母，也不能过度帮助兄弟姐妹。哥哥或姐姐对弟弟或妹妹提供必要的帮助是应该的，因为哥哥或姐姐享受了作为老大的尊重或优先支持。但是，如果哥哥或姐姐从来没有享受作为老大的尊重或优先支持，也没有必要将帮助弟弟或妹妹作为应尽的义务。

作为父母，尤其要避免跟大孩说：“你是哥哥，你要让着弟弟。”如果大孩是姐姐，父母更不能说：“你是姐姐，你要让着弟弟。”这样说的后果是，大孩会认为父母“重男轻女”，她不仅会因此恨弟弟，也会因此恨父母。

第二节　言传身教

家庭教育的第二原则是言传身教。言传身教包括亲子之间的语言沟通和父母的亲身示范。无论是父母的言传还是父母的身教，都会给孩子带来示范的作用。孩子会模仿父母做事的行为，也会模仿父母的语言沟通方式。

一、言传的基本途径

亲子关系主要受亲子沟通模式的影响。父母最好通过民主的沟通方式与孩子建立民主的亲子关系。民主的亲子关系以及民主的亲子沟通主要包括三种类型：一是亲子回音与倾听文化；二是“好的，同时”（Yes, And）模式与赏识文化；三是非暴力沟通与叙事文化。

（一）亲子回音与倾听文化

亲子交流及其话语模式一般呈现为IRE话语模式。IRE话语模式主要有三个要素：一是父母的提问（initiative）；二是孩子对父母的回应（response）；三是父母对孩子的评价（evaluation）。IRE话语模式很可能沦为以父母为中心的控制模式，难以给孩子发出自己的声音留出真正自由的空间。如果孩子回应之后，父母的回音不只是做出评价而是保持开放的对话，比如重复或归纳，那么，IRE模式就会转化为回音模式（IRRv）。亲子回音强调父母对孩子的倾听并给出回应（Revoice，简称Rv）而不是简单的评价。①

有关研究显示，亲子回音主要有三个策略：重复或归纳，追问或征询，补充或点评。②这三个策略的基本前提是倾听。没有真诚的倾听，就不可能有真诚的回音。温暖的亲子回音的背后是倾听文化在起作用。

---

① H. Mehan. Learning Lesson：Social Organization in the Classroom[M]. Cambridge, MA：Harvard University Press, 1979.

② 刘良华，冯嘉慧．兴发教学论[M]．南昌：江西人民出版社，2022：28-38.

第一，重复或归纳。重复可能被视为比较低级的回音，但重复对方的话语有多种作用。首先，一方在重复对方的言语时，对方会感受到被倾听的尊重。如果没有投入而耐心地倾听，就会对他人的言说、提议与要求充耳不闻，视而不见。没有倾听，就不会重复。亲子聊天的关键不是言说，而是倾听，因相互倾听而彼此尊重。其次，一方在重复对方的“只言片语”时，只要不对所重复的某个观点表达鄙视或批评，对方就会感觉到自己的观点得到认可和尊重。这样的重复不仅可以表达亲子之间的相互倾听和尊重，而且可以用于强化和归纳对方的观点。[①]

归纳可以视为重复的变形。与归纳相关的话语策略包括重述、转述或者汇报。归纳、重述、转述、归纳总结或汇报可视为“重复”的变形。重述或归纳不会完整重复对方的说话，往往可能只选取对方所说的某个或某几个重要观点。

有深度的归纳是一方对另一方提到的某些观点进行提升，对另一方提出的某个闪现的灵感、只言片语或混乱不清的观点进行重新整理。这是将另一方提出的碎片化观点进行重构。这是从一团乱麻中理出头绪，使碎片化或一团乱麻的观点转化为结构清晰的新观点。这样的推进与转化堪称“经典回音”和“高质量回音”。

第二，追问或转问。追问是一方对另一方提出的某个观点的继续询问，让对方继续说下去。转问或征询是围绕对方的某个说法，征求其他人的意见，让其他人参与讨论。就家庭对话或家庭聊天而言，追问比重复更具有天伦之乐的精神。在多个家庭成员一起聊天的过程中，如果一方的说话已经占用了比较多的时间，转问或征询就比追问更具有“群聊”的精神。这样的回音能够将对方的观点与其他家庭成员的观点关联起来，形成一个“共享”话题。

第三，补充或点评。补充是一方围绕另一方的某个观点提出自己的看法。如果一方的看法是对另一方的观点作出判断，那么，补充就转化为点评。

民主的亲子关系和亲子沟通需要保持平等的对话状态。平等的对话状态既需要言说，也需要倾听。每个人都应将“倾听”作为聊天或对话的基本修养。每个人都应该考虑：聊天的关键是倾听而不是言说。倾听者并非全程倾听，倾听者也需要在倾听的过程中“见缝插针”地做出回应并提供回音，有时还需要提供补充

① 王媛媛．现代汉语回声话语研究［D］．上海：华东师范大学，2008：45-49．

或点评。点评最好考虑三个原则：一是不轻易评价；二是延迟评价；三是关注过程而不是结果。

“不轻易评价”原则也可称为“多陈述事实，少论断他人”原则。评价会伤人，也因此，评价容易演变为“暴力沟通”。非暴力沟通的基本策略就是多陈述事实，少论断他人。

“延迟评价”原则也可称为“倾听而不评判”[①]原则。即便在倾听的过程中有评价或评判的冲动，也要尽量让他人把话说完。在亲子对话的过程中，双方都应该坚持延迟评价原则，尽量让对方“畅所欲言”。如果过早地对某个观点做出评价，就会打断和终止后续的聊天。至于何时才适合做出评价，需要把握时机。比如，在一方已经提出了自己的观点，或者，一方已经比较充分地表达了自己的想法，或提出了问题、疑惑等，接下来需要形成共识、做出决策，那么，另一方就可以在倾听和尊重的基础上，做出整体评价。

除了多陈述事实而少论断他人，非暴力沟通还强调“多鼓励少表扬”。即便表扬，也尽量表扬努力的过程而不是成功的结果。

不要简单地认为所有类型的表扬努力都具有正面的意义。即便表扬对方的努力，也可能被认为这是一种安慰，而且，被表扬“努力”可能被理解为自己不够聪明，缺乏能力。真诚而具体地表扬努力，也可以用“好的，同时”这种话语模式来提出可改进的、建设性的意见，鼓励对方做得更好。

为了避免孩子出现“对表扬上瘾”，父母可以减少表扬，增加合作行动。多做事、少说话。

（二）“好的，同时”与赏识文化

沟通的基本形式是“提问”与“回音”。从亲子之间的“提问—回音”模式来看，可考虑三种亲子沟通的话语模式及其转换：一是从“我不知道”（No idea）转换为“不，因为”（No, Because）；二是从“不，因为”转换为“好的，但是”（Yes, But）；三是从“好的，但是”转换为“好的，同时”或“好的，而且”（Yes, And）。

表面上看，从“好的，但是”转换为“好的，同时”只是话语的转换，但

① ［美］尼尔森．正面管教［M］．玉冰，译．北京：北京联合出版公司，2016：84．

是，话语转换的背后反映的是赏识文化和尊重文化。如果没有形成和建立赏识文化和尊重文化，其话语就不可能有从“好的，但是”转换为“好的，同时”。

从“不知道”到“不，因为”的沟通可视为“负责任的言谈”。[①]“负责任的言谈”意味着父母从“都可以”的溺爱型教养模式转向“学会说不”的权威型教养模式，以“不，因为”的方式禁止孩子的某些不当行为。如果孩子的行为已经触碰了底线或涉及生命安全，父母必须以“不，因为”的方式及时提醒对方，使正在变糟的事情得到更正或改变。

从“不，因为”到“好的，但是”可视为“有技巧的言谈”。“有技巧的言谈”意味着言说者从简单否定对方观点，转向“先肯定，再提出不同意见”的“是的，但是”思维。如果孩子的行为不太适当但尚未触碰底线，父母最好以“好的，但是”的表达方式，先理解或肯定孩子的意见或行为，然后再提出自己的不同看法。

从“好的，但是”到“好的，同时”可视为“有尊重的言谈”，也兼有“负责任的言谈”。[②]父母可以在倾听孩子的基础上提出自己的补充意见。“好的，同时”是对“好的，但是”的推进或改进。“好的，但是”中的“好的”可能是表面的、敷衍的，因为“好的，但是”的重点在于以“但是”引出不同意、不赞成。而“好的，同时”中的“好的”意味着父母倾听好的声音，并重复或归纳孩子的观点，以此真诚表达对孩子的肯定和认可。有人认为，“好的，同时”既是一种思维方式，也是一种生活智慧和合作文化。[③]作为一种合作文化，父母必须先肯定和认可孩子的观点或行为，然后再以“同时”或“而且”的方式提出“补充意见”。

从“好的，但是”到“好的，同时”的转换并不容易，对于那些已经形成

① S. Chapin, M. O’Connor, N. Anderson. Classroom Discussions：Using Math Talk to Help Students Learn, Grades 1-6[M]. Sausalito, CA：Math Solutions Publications, 2003：30.

② 秦乐琦. 小学数学课堂回音的话语分析[D]. 上海：华东师范大学，2022：65-67.

③ K. Leonard, T. Yorton. Yes, And：How Improvisation Reverses “No, But” Thinking and Improves Creativity and Collaboration[M]. Chicago, IL：The Second City, Inc., 2015：21-50.

“不，因为”或“好的，但是”的话语习惯的父母来说，尤其需要训练自己的表达方式。表达方式的背后是父母对孩子的意见或行为表达真诚的肯定和认可。

赏识的前提是威信。既有赏识又有威信的言说方式也可称为“和善而坚定”。如果没有威信作为赏识和言说的前提条件，父母的赏识就会蜕变为讨好。讨好越多，言说越多，越令孩子厌恶。家庭教育的失败，常常因为父母在孩子面前失去了基本的教育威信。威信一旦丧失，父母在孩子面前便失去了“话语权”，父母对孩子的苦口婆心的叮嘱就失去了力量。

（三）非暴力沟通与叙事文化

有人认为，非暴力沟通有几个要素：观察、感受、需要、请求。①这四个要素可以归纳为三个原则：一是叙事而非评论；二是示弱而非软弱；三是请求而非抱怨。这三个原则也可以简称为示例、示弱、示范。

第一，叙事而非评论。观察并做出描述，只叙述事实而不评论。叙述事实是非暴力沟通的基本要素。一旦做出评论，就有可能陷入有意或无意的语言暴力。比如，父母说：“你上周花了1000元。”——这是叙述事实。父母说：“你花钱太大手大脚了。”——这是评论。从评论到叙事的转变貌似简单，实则艰难。也因此有人认为，不带评论的观察是人类智力的最高形式。②非暴力沟通的首要原则就是区分叙事和评论。非暴力沟通意味着多一些叙事，少一些评论。

第二，说出自己的感受而不指责对方。直接地说出自己的感受，让对方知道有一个有待解决的问题，这是问题解决的前提条件。相反，如果遮掩、回避、藏着掖着，对方就有可能感到莫名其妙。为了寻求对方的支持和帮助，说出感受时最好采取示弱而不是逞强的姿态。非暴力沟通的第二个原则就是区分示弱和软弱。③示弱并非软弱，示弱其实是一种自信的高姿态，而逞强源于自卑与怀疑，担心自己失去掌控力。示弱的人往往外柔内刚；逞强的人往往外强中干。比如，当父母说“你使劲敲门吓了我一跳！”，这是示弱，是非暴力沟通。当父母说：“不是多次告诉过你，要轻轻地敲门的吗？”或者说：“你下次再这样使劲敲门，

① ［美］卢森堡．非暴力沟通［M］．阮胤华，译．北京：华夏出版社，2018：6．

② ［美］卢森堡．非暴力沟通［M］．阮胤华，译．北京：华夏出版社，2018：29．

③ ［美］卢森堡．非暴力沟通［M］．阮胤华，译．北京：华夏出版社，2018：108．

我就不给你开门！”这是逞强，属暴力沟通。

第三，提出解决问题的办法而非抱怨。非暴力沟通的第三个原则是区分请求与抱怨。请求是提出自己的需要和解决问题的积极思路。请求意味着提出具体的问题或解决办法，而不是讲大道理或仅仅提供模棱两可的暗示。解决问题的积极心态是充分考虑对方的利益，用同理心和爱心去理解对方的利益，提供解决问题的多种思路，给对方提供选择的空间和机会，让对方参与选择。父母说：“我真搞不懂你为什么每次都那样使劲地敲门。”或者说：“你觉得使劲地敲门好玩吗？”这是消极的抱怨。父母说：“你下次敲门时，可以轻一点。或者，我们安装一个门铃。你愿意选择哪一个办法？”这是积极的请求。

总之，亲子回音、“好的，同时”、非暴力沟通以及与之相关的倾听文化、赏识文化和叙事文化的背后是民主家风。民主型父母往往会引导孩子学会用讨论、商谈、讨价还价的方式去处理生活矛盾，最终的方向是理解或制订相关的规则。父母在引导孩子尊重和敬畏已有的法律法规和相关规则的同时，最好邀请孩子参与家庭会议。在正式或非正式的家庭会议中，让孩子学会参与讨论，父母与孩子共同制订规则并遵守规则。在要求孩子遵守规则的同时，父母本人也要遵守规则。如果父母违规，也要主动承认错误并接受必要的惩罚。

二、身教的基本途径

言传身教的重点是父母亲身示范，为孩子提供可模仿的样式。身教的主要内容包括个人生活的示范和公共生活的示范。孩子既会模仿父母好的行为习惯，也会模仿父母坏的生活习惯。

（一）个人生活的示范

孩子的个人生活习惯几乎是对父母日常生活习惯的模仿。如果想让孩子少看电视、少玩手机、少吃零食，父母最好也少看电视、少玩手机、少吃零食。如果想孩子性格阳光，有爱心和意志力，父母本人最好情绪稳定，善待他人，做事有始有终。一个情绪不稳定的孩子背后，往往有一个情绪更加不稳定的父亲或母亲。在日常生活中，父母重点关注三个示范：一是跑步以及与之相关的游泳，游泳可以视为在水里跑步，二是早睡早起；三是尊重他人。

第一，跑步和游泳的习惯。从进化心理学的视角来看，跑步和游泳是可以救命的技能。在动物世界，跑得快的动物会活下来，跑得慢的动物随时会成为猎物。在“狩猎—采集”时代，跑得快的人会猎杀动物，跑得慢的人会成为动物猎杀的对象。跑步和游泳在现代社会虽然没有那么重要，但依然是现代人生存的重要本领，因为现代社会依然会发生人与人的争斗，也会发生类似火灾、水灾、地震的自然灾害。

即便父母没有跑步和游泳的习惯，父母也可以尽量参与孩子的跑步或游泳。父母可能没有孩子跑得快或游得快，但父母只要参与了孩子的跑步或游泳，他们就会对跑步或游泳更有兴趣。

第二，早睡早起的习惯。早睡早起首先意味着早起，但早起的前提是早睡。只有早起并早睡，才能保证足够的睡眠。早睡早起虽然不像跑步和游泳那样有救命的价值，但它是影响人的身体健康、学业成绩和工作业绩的重要因素。只要父母和孩子一起养成了早睡早起的习惯，孩子的生活质量和学业成绩就会明显提升。所谓习惯决定命运，主要是类似早睡早起这样的习惯决定人的命运。

孩子的睡眠时间受年龄的影响，学前阶段的孩子每天需要的睡眠时间为10小时左右，小学阶段的孩子每天需要的睡眠时间为9小时左右。中学阶段的孩子跟大人一样，每天需要睡眠8小时。也因此，父母的早睡早起与孩子的早睡早起并不完全同步。即便如此，父母早睡早起的生活习惯也会极大地影响孩子早睡早起习惯的养成。可以考虑的基本思路是：当孩子处于中学阶段时，父母可以与孩子保持同步的早睡早起节奏。当孩子处于学前阶段或小学阶段时，父母可以与孩子一同早起，但孩子必须比父母更早睡觉。

第三，尊重他人。父母尊重他人的习惯可以从夫妻之间相互尊重开始。如果夫妻相互尊重，孩子也会从中学会尊重他人。如果夫妻相互宽容并欣赏，孩子也会从中学会宽容并欣赏他人。一个男人如果不尊重他的妻子，那么，他的儿子就学会了在学校不尊重他的女同学；一个女人如果不尊重她的丈夫，那么，她的女儿就学会了在学校瞧不起她的男同学。有些夫妻之间关系不和，孩子夹在中间会感到很难受。夫妻之间如果经常吵架，孩子长大之后可能会对异性、对婚姻持怀疑的态度。因此，如果指望孩子的性格好，父母在孩子面前就需要注意自己的言谈方式和行为方式。

最幸福的孩子就是身边有通情达理的父亲和母亲。孩子的通情达理往往来自父母的通情达理。相反，一个自以为是且脾气暴躁的孩子，往往有一个暴君式的父亲或者母亲。孩子的暴力或戾气，往往可以从父母那里找到根源。如果父母习惯于使用简单粗暴的方式去处理生活矛盾，孩子就会对暴力或戾气有模仿的倾向或信念；如果父母习惯于用暴力的方式去对待自己的孩子，孩子就会崇尚以暴制暴。杀鸡给猴看的结果是，猴子也学会了杀鸡。

（二）公共生活的示范

父母的身教不仅会影响孩子的个人生活习惯，而且会影响孩子的公共生活习惯。如果指望孩子成为有公德、有教养的人，父母本人就要成为公德的引领者。公德主要有三个指标：一是不破坏公共秩序和公共安全；二是不侵占公共资源和公共财产；三是注意公共卫生，不污染环境。

第一，不破坏公共秩序和公共安全。不破坏公共秩序的基本要求是不闯红灯、不插队。父母最好引导孩子理解闯红灯或插队的危害。插队不仅会侵害其他排队者的利益，而且是对公共道德的挑衅。闯红灯不仅会扰乱公共交通秩序，而且会给自己的生命带来危险。不向车窗外抛物，不高空抛物。父母必须提醒孩子向车窗外抛物和高空抛物的危险。向车窗外抛物或高空抛物会严重危害他人的生命。乱停乱放车辆会扰乱交通秩序，不乱停乱放车辆，也要父母要亲自示范。

随着养狗成为越来越普遍的现象，遛狗也逐渐成为公共秩序和公共安全的隐患。狗是人类忠实的朋友，类似《忠犬八公》的电影不仅描述了狗对人忠诚的情感，而且讲述了狗的智慧与意志。但是，如果养狗者不注意规范，狗吠会给人的生活造成严重的干扰，遛狗时产生的粪便会破坏公共卫生。外出遛狗时，要牵好绳子，避免让他人受到惊扰。同时，要随身携带垃圾袋，及时清理宠物粪便。不少国家制定了有关养犬的法律或规则，比如养狗先领证；为防止犬吠，必须给狗戴上嘴套；必须给烈性犬戴上约束皮带和嘴套；烈性犬、大型犬被纳入禁养范围；等等。[①]

---

① 佚名．人犬之间，有法可依方能和谐共处［EB/OL］．微信公众号：新父母教育，2023-10-18．

第二，不侵占公共财产和公共资源。不侵占公共财产和公共资源的基本要求是不弄脏损坏公共设施，比如不乱贴乱画，不折损花草树木。

在城市生活中，父母要亲身示范好的公共生活习惯而避免坏的习惯。比如，不要把鞋子放在门外的过道上，也不要在楼道里堆放私人用品。把鞋子放在楼道或在楼道堆放杂物不仅会阻碍他人在楼道的通行，而且会引起他人嗅觉和视觉上的不适。楼道是公共空间，不能占用公共空间。表面上看，把鞋子放在楼道或在楼道堆放私人杂物是小事情，实际上，这是极度自私和没有教养的行为。指望孩子成为有教养的人，父母自己就要做好示范。

不过度占用公共资源还包括不过度占用公共座位。比如，不在公园座椅上睡觉，不用行李占用汽车、火车、轮船或飞机的座位。不要背靠在地铁车厢内的立柱上，地铁立柱的主要功能是为没有座位的乘客提供手扶的地方，一旦有人靠在立柱上，周围站立的人就无法手扶立柱。进入地铁或电梯时，如果人多拥挤，要将背包从背后转移到胸前。将背包抱在胸前不仅节省公共空间，而且可以避免因背包的转动而干扰他人。

父母最好提醒孩子，不要过度使用公共资源。比如，不要将共享单车变成私人专用的财产，更不可损害公共财产。严重的破坏或侵占公共财产会涉嫌犯罪。

第三，不危害公共卫生。传统意义上的公共卫生主要指不说脏话，不随地吐痰，不随地扔垃圾。现代意义的公共卫生包括不随地抽烟，不大声喧哗，不肆无忌惮地咳嗽或打喷嚏。

不说脏话，不随地吐痰、不随地扔垃圾往往最先得到关注。在文明的国家或地区，人们会将说脏话、随地吐痰和随地扔纸屑视为不可原谅的野蛮行为。需要吐痰时，可以用卫生纸包住，再投放到附近的垃圾桶。此外，文明的社会也会关注抽烟、咳嗽和打喷嚏问题。有教养的人在公共场合会尽量控制抽烟、咳嗽或打喷嚏的节奏。可以在无人的空地或指定区域抽烟。绝对不能在明确呈现了“禁止抽烟”标志的地方抽烟。咳嗽或打喷嚏时，最好用衣袖遮掩，不让咳嗽或喷嚏的唾沫飞溅到周围他人的身上。

随着智能手机的普及，噪声逐渐成为一种引人关注的环境污染。父母最好提醒孩子，不要在公共场合大声聊天、大声打电话、大声播放视频或音频。在公共场合聊天或播放视频、音频时，要以不让周围他人“听见”为基本前提。乘坐汽车、火车或飞机时，尤其要注意保持安静或控制音量。乘坐公共交通工具时，父母要引导孩子从小留意并听从类似“请不要高声喧哗，以免影响他人的休息”的提醒。

判断一个国家或地区的文明程度，可以考察那个国家或地区的汽车、火车或飞机上的安静程度。在文明程度高的国家或地区，其汽车、火车或飞机等公共交通工具，往往显得比较安静。人们在汽车、火车或飞机上安静地阅读、发呆或欣赏沿途的风景。即便有人在火车或飞机上聊天，聊天者也相互保持“低调”的声音，尽量不影响周围的人。即便有人在地铁里打电话，也总是尽量压低音量，并尽快结束通话，以免影响他人。

而在一些经济发展较差的国家和地区，在汽车、火车或飞机等公共交通工具上，往往显得特别喧闹。那里的民众习惯于高谈阔论，甚至习惯于在公共场所谈论私密的难堪的话题，完全无视他人的存在，不考虑别人的感受。就此而言，手机有一个重要贡献：手机普及之前，汽车或火车等公共场所比较喧闹。手机普及之后，大家都低头看手机，较少有人大声说话。不过，手机带来的另一个问题是，有人会在公共场合大声打电话，在公共场合制造噪声。之所以要警惕噪声，是因为噪声给他人的生活带来干扰。

公共场合的交往规则是：自己快乐，同时不让他人感到不舒服；自己自由，但要以不干涉他人的自由为前提。

三、言行一致

言传身教之所以重要，主要因为父母的言传身教会引发孩子的模仿学习。模仿学习的前提条件是父母的言行一致并由此在孩子面前保持足够的威信。

（一）模仿学习

对孩子来说，最有效的学习就是有“示范”的模仿学习。也因此，卢梭的建议是：“你们一定要少说多做，要善于选择地点、时间和人物。以实例教育你的学生，就一定能够收到实际的成效。”[①]有人甚至建议：“爸爸妈妈在教育孩子的

---

① ［法］卢梭．爱弥儿：论教育（上）［M］．李平沤，译．北京：商务印书馆，1978：321．

时候，闭上你的嘴，抬起你的腿，走你的人生路，演示给孩子看。”[①]

美国心理学家班杜拉（A. Bandura）和他的同事所做的“波波玩偶实验”（Bobo Doll Experiment）显示了儿童对成人攻击性行为的模仿（见资料5-1）。[②③]

资料5-1　波波玩偶实验[④]

波波玩偶实验是美国心理学家阿尔波特·班杜拉于1961年进行的关于攻击性行为是通过模仿而习得的重要研究。参加这项研究的被试由36名男孩和36名女孩组成，他们的年龄在37个月到69个月，平均年龄为52个月。24名儿童被安排在控制组，他们将不接触任何榜样。其余的48名被试先被分成两组：一组接触攻击型榜样，另一组接触非攻击型榜样。随后再按男女分组。最后各组分出一半被试接触同性榜样，另一半接触异性榜样。这样最终得到8个实验组和1个控制组。

每个儿童分别单独接触不同的实验程序。无论在攻击性情境还是在非攻击性情境中，榜样一开始都先装配拼图玩具。1分钟后，攻击型榜样便开始用暴力击打波波娃娃（一个1.5米高的充气塑料娃娃，上面印着小丑波波的图像）。榜样把波波娃娃放在地上，然后坐在它身上，并且反复击打它的鼻子。随后捡起木槌击打它的头部，然后猛地把它抛向空中，并在房间里踢来踢去，中间伴有攻击性语言。在无攻击行为的情境中，榜样只是认真地玩10分钟拼图玩具，完全不理会波波娃娃。10分钟的游戏以后，在各种情境中的所有被试都被依次带到另一个房间，

---

① 郑渊洁．郑渊洁家庭教育课［M］．天津：天津人民出版社，2018：13-14．

② A Bandura, D Ross, S A Ross. Transmission of aggressions through imitation of aggressive models[J]. Journal of Abnormal and Social Psychology, 1961：575-582.

③ A Bandura, D Ross, S A Ross. Imitation of Film-mediated Aggressive Models[J]. Journal of Abnormal and Social Psychology, 1963：3-11.

④ ［美］霍克．改变心理学的40项研究［M］．白学军，等，译．北京：人民邮电出版社，2010：96-105．

那里有非常吸引人的玩具，如救火车模型、喷气式飞机、包括多套衣服和玩具车在内的一套娃娃，等等。实验者先让被试玩这些有吸引力的玩具，不久以后告诉他这些玩具是为其他儿童准备的，并告诉被试，他可以到另一间房间里去玩别的玩具。在最后的实验房间内，有各种攻击性和非攻击性的玩具。允许每个被试在这个房间里玩20分钟，研究者在单向玻璃后依据多项指标对每个被试的行为的攻击性进行评定。

结果显示：观看了攻击型榜样示范的儿童，其后的攻击性行为数量“遥遥领先”；男孩比女孩更易做出身体攻击行为；在言语攻击方面，男孩和女孩没有差别；观察非攻击型男性榜样的儿童，比没有观察任何榜样的控制组表现出明显较少的攻击性。

班杜拉的这一研究结果，其革命性的意义是发现了儿童可以通过模仿的手段学习到新的并且他们之前不会的行为，这也揭示了父母和其他成人的榜样示范、言传身教对孩子的成长具有重要的引导作用。

（二）父母的威信

言传与身教的前提条件是父母在孩子面前有足够的威信。这需要父母言行一致。如果父母出错，父母可以用适当的方式，向孩子道歉。如果孩子出错，并让父母感到无助，父母要无条件地接纳孩子，永远对孩子抱有希望。

言行一致的关键在于诚信，并由诚信建立自己的威信。建立诚信或威信的有效策略是《论语·学而》所提出的思路：“君子不重，则不威，学则不固。主忠信。无友不如己者，过，则勿惮改。”父母可以跟孩子嬉戏，但当孩子出现胡闹的行为时，父母必须保持庄重，“不重，则不威”。如果父母的行为出现错误，也可以向孩子解释并改正，“过，则勿惮改”。相反，如果父母犯错却拒绝改正，父母就可能失去孩子的信任。《论语·子罕》再次强调：“主忠信。无友不如己者，过，则勿惮改。”建立威信的另一个策略是《论语·子张》所强调的“君子有三变：望之俨然，即之也温，听其言也厉”。远看显得庄严，接近时显得温和可亲，一旦遇到严肃的事情，说话却又显得庄重严厉，不可冒犯。

父母言行不一致不仅会影响父母在孩子心中的威信，也会导致“上梁不正下梁歪”的后果。法国哲人孟德斯鸠（Montesquieu）在《论法的精神》里对人的诚信问题做了专门的讨论。孟德斯鸠的警告是：如果欺骗被允许，社会交往就失去了基本的规则。[①]

言行一致主要是兑现承诺。不仅兑现积极的承诺，也兑现消极的承诺。父母不要轻易威胁孩子。一旦发出了威胁，就要言出必行。这是兑现消极的承诺。“千万不要威胁完孩子又不了了之。例如，你威胁孩子说，如果他继续胡闹，就拿走他的玩具，结果并没有这样去做。如果不能兑现，最好从一开始就不要做出这样的威胁，如果你确实发出了这样的威胁信息了，那么就一定要说到做到。”[②]

言行一致更多指向积极的承诺。在中国家庭教育史上，比较著名的案例是《韩非子·外储说左上》讲述的“曾子杀猪”的故事。曾子的妻子去赶集，其子也想去。曾子的妻子说：“你回去，等我回家后，杀猪，让你吃肉。”曾子的妻子从集市回来，看见曾子抓住一头猪，要杀猪。妻子制止他说：“我只不过是与小孩子开玩笑罢了。”曾子说：“小孩子是不能和他随便说玩笑话的。不能欺骗小孩子。现在你欺骗他，是在教他学会欺骗。母亲欺骗儿子，儿子就不会相信自己的母亲。”于是，曾子真的杀猪，煮肉给儿子吃。

（三）言传身教的失败与补救

一般而言，父母的言传身教将引导孩子走向健康幸福的发展道路。相反，如果缺乏家长基本的言传身教，孩子就可能失去成长的方向，甚至会引发严重的亲子冲突。发生亲子冲突之后，如果父母不重视跟孩子进行必要的沟通和解释，孩子就可能对父母产生误解甚至怨恨。

中外历史上有不少名人在教育自己的孩子时出现问题。名人的孩子是幸福的，父母的社会经济地位给他们带来了丰厚的文化资本。但是，名人的孩子往往会出现“成长的烦恼”。第一个烦恼可能来自名人缺乏言传身教。在言传和身教之间，名人往往重视身教而忽视言传，名人容易认为自己已经做了榜样，足可以让孩子理解和敬畏。殊不知，名人恰恰容易因为不重视言传而引发亲子冲突。第二个烦恼可能来自名人的孩子“过早暴露”于公众视野，失去了安静成长的私人

① ［法］孟德斯鸠．论法的精神［M］．许明龙，译．北京：商务印书馆，2012：368-369.

② ［美］海英，韦恩斯坦．21世纪进化论［M］．贾拥民，译．北京：中国纺织出版社有限公司，2023：230.

空间。第三个原因是名人的私生活容易外扬。好名声容易外扬，“家丑”也容易外扬。大众也可能不重视家庭教育或家庭教育的方法不当，但大众的失当或失误不会引起公众的关注。名人几乎没有自己的隐私，他们的家庭以及家庭教育如果出现问题，很可能被广泛报道或被记录。而且，他们自己也可能会自我反思，写成文字。

有不少文化名人为孩子提供了完整而有效的家庭教育，比如钱锺、曾国藩、梁启超、居里夫人（M. Curie）、波兰尼（M. Polanyi），等等。但是，也有不少文化名人在家庭教育上出现严重的问题。言传身教的失败，会导致孩子出现种种问题，比如：孩子拒绝上学，拒绝跟父母见面；或者，孩子整天沉湎于电子游戏，孩子成为街头的小混混；等等。言传身教的失败也可能导致亲子之间发生严重的冲突。

如果孩子的成长出现严重的问题，或者，亲子之间发生严重的冲突，父母能够做的，就是永不放弃，永远对孩子抱有希望。无条件地接纳孩子首先意味着父母要用建设性而非破坏性的方式对待孩子的缺憾，不能跟孩子对抗，尤其不能跟青春期的孩子对抗。其次，父母永不放弃孩子。无论孩子做了什么父母不认可的事，父母都要对孩子抱有“他会渐渐变好”的期待。再次，父母尊重孩子，爱孩子，而且让孩子感受到来自父母的尊重与爱。

如果孩子出现任性或胡闹的行为，父母接纳孩子往往有一个心理发展变化的过程。第一阶段，父母对孩子的行为感到遗憾或厌恶，为孩子制订规则，敦促孩子改变。第二阶段，当发现孩子不服从或反抗时，父母会感到愤怒，也因此会提升监护的力度，用各种方式惩罚孩子，甚至可能会辱骂和体罚孩子。第三阶段，当发现孩子用极端方式对抗父母，父母会感到委屈、绝望。孩子的极端行为一般表现为自残或者闭门不出，甚至会离家出走。在这个阶段，父母应反思自己的教育方式，逐步走向无条件接纳孩子。

概述以上，言传身教主要包括三个途径：一是言传，父母要注意与孩子的言语沟通；二是身教，父母要给孩子提供模仿的榜样；三是言行一致，并由此在孩子面前建立威信。

第三节　因材施教

家庭教育的第三原则是因材施教。因材施教的原则要求父母在进行家庭教育时，要根据每个孩子的性别角色、性格和智能特点等，有针对性地采取最适合、最有效的方式，促进孩子最好的发展。因材施教之所以重要，是因为因材施教背后隐含了对孩子遗传因素或天性的尊重。

因材施教主要有两种取向：一是发展孩子的优势，这是取长取向；二是发展孩子的短板为主，这是补短取向。虽然有人认为，水桶的短板决定一个桶装水的多少，但真正有效的因材施教是先取长后补短，以“优势教养”为主，以补短或救失为辅。因材施教的前提条件是，父母很了解孩子的秉性特点。为了确认孩子的优势和短板，父母最好把学习和生活的主动权（含参与决策、尝试错误和有所热爱）还给孩子。只有孩子展开了自主生活和自主学习，父母才有可能发现孩子的优势和短板，并针对孩子的特点提供适切的帮助。

一、性别差异与双性化

有人将人的气质分为男性气质、女性气质、双性气质和“气质未分化”。[①] 由于气质主要由遗传影响，后天很难改变，所以，不少研究者倾向于使用“男女双性化”这个概念[②]。

（一）男性与女性的性别差异

男孩和女孩有天然的差异，这些差异需要得到不同的对待。但是，有些差异被人为地夸大了，没有必要因为男女的性别差异而提供完全不同的教育。无论男孩还是女孩，都需要有共同的基本教育。

1. 理性与情感

一般来说，女性比较擅长感性思维、形象思维或直觉思维。

① S. Bem. The Measurement of Psychological Androgyny[J]. Journal of Consulting and Clinical Psychology, 1974(2): 155-162.

② 陈帼眉. 学前心理学[M]. 北京：北京师范大学出版社，2015：423.

虽然所有人都重视情感，但相比之下，女人通常比男人更善于表达情感，且更有耐心。

男女的这些心理上的差异与其身体特征也有关联。女人以柔性为美，男人以刚性为美。身体力量上的差异使男人和女人用不同的方式对待他人的错误或失误。女人看到孩子犯错时往往选择劝说或语言批评的方式，男人看到孩子犯错时更容易采用警告、禁止、剥夺权利甚至体罚的方式。在有暴力倾向的人群中，男性的比例远远大于女性。

2. 动与静

男孩身上的雄性激素使男孩天生就喜欢冒险，具有攻击性，他们必须经常处于活动之中。男孩和男孩在一起，很难容忍没有主题的聊天。男孩聚会是为了活动，男孩在活动的过程中，他们就找到了男人的感觉。他们必须有活动，必须整出一点动静来；他们必须折腾，让自己处于操作之中。

男孩需要活动，这是男孩身上的雄性激素在起作用。有些父母就是不明白：别人家里的女孩怎么那么安静？别人家的女孩怎么那么好养？我家的男孩怎么那么爱捣乱？他为什么一定要把抽屉全部拉开？为什么一定要把柜子推倒？为什么总是把玩具弄得七零八落？其实，原因很简单，这就是雄性激素在起作用。男孩和女孩就是不一样。如果他不是这样，他就会被其他同伴嘲笑。很少有男孩的父母炫耀说：“你那个孩子太坏了、太捣乱了，看我们家的儿子多文静！”

3. 行为模式与兴趣的差异

女性与男性的性别差异导致他们有不同的行为模式。女性可以整天逛街，她们愿意在百货商店里来回穿梭。

男性和女性的身体力量以及动作方式也不一样。男性喜欢展示力量的活动，比如打篮球、踢足球等；女性更擅长从事灵巧细致的活动，比如缝纫、编织毛衣、绣花等。所谓心灵手巧，一般用来形容女性；所谓孔武有力，一般指男性的身体力量。

男孩和女孩的性别差异也会影响他们对自己房间的布置：男孩可能更喜欢自己房间是浅蓝色的基调；他们的床被做成赛车的模型，墙上挂着篮球筐，还贴着体育明星的宣传海报；照片是他参加中学生运动会4×100米接力赛时拍摄的，照片上的他朝气蓬勃。女孩可能更希望自己的房间像小公主的卧室，浅粉色的窗帘，乳白色的小床，床上堆着各种各样的毛绒玩具。[①]

女性重视情感、言谈和手工的几个特点，正好适合陪伴学前阶段的孩子，并以此发展孩子的情感、语感和动感。男性的寡言少语以及阳刚气质正好用来陪伴小学阶段的孩子，让孩子在尝试错误中学习，引导孩子成长为通情达理、文武双全的人，养成劳逸结合的良好习惯。

（二）雄性激素与男性角色

在日常生活中，人们一般能够直接察觉男女之间的性别差异。但学术界更关注为什么会出现这些差异以及这些性别差异与人的跑步速度、学业成绩以及文理科学习有哪些内在关联。

2000年，美国学者威廉姆斯（T. Williams）等人在《自然》杂志上发表文章称：人的二指与四指的长度比例隐含了人的雌性激素与雄性激素以及睾酮浓度的信息。[②]这个话题和结论迅速引起相关的研究和争议，不少中国学者也做过类似的调查研究。[③④]

英国学者曼宁（J. Mannning）等人发现，人的食指和无名指的长度比例与人的运动能力、动手操作能力等特性有相关性。他的著作《指长比：繁殖力、行为和健康的指示器》，其书名也提示了这种相关性。[⑤]他的结论是，一般而言，女性的这两根手指长度很接近，男性的无名指往往比食指长得多。如果某个女士的无名指比食指长，则说明这个女士的跑步速度、动手操作能力、攻击性、生育能力比较强。如果某个男士的无名指与食指长度差不多，则说明这个男士的性情比

---

① 安君杨. 男孩穷着养，女孩富着养 [M]. 北京：中国言实出版社，2006：16. 引用时略有调整。

② T. Williams, M. Pepitone, S. Christensen, et al. Finger-length ratio and sexual orientation-measuring people finger patterns may reveal some surprising information[J]. Nature, 2000(3): 455-456.

③ 陆宏，霍正浩. 人类指长比的研究进展 [J]. 生命科学，2006(5): 487-490.

④ 袁建琴，阮昌雄，李芳辉，等. 食指与无名指指长比率（2D：4D）与运动能力研究评述 [J]. 体育学刊，2009(4).

⑤ J. Manning. Digit Ratio：A Pointer to Fertility, Behavior and Health[M]. New Brunswick：Rutgers University Press, 2002.

较接近女性。这种相关性背后的原因可能在于，人的无名指与雄性激素相关。[①]

BBC的纪录片《两性的奥秘》也介绍了人的手指长度比例与人的跑步速度、动手操作能力的相关性。[②]曼宁选择了6名跑步运动员，事先他并不知道这6名运动员的跑步速度。他对这6名运动员的手指长度进行了测量，然后按顺序做了编号。他用纸片将6名运动员的编号盖住，然后让他们将自己的编号挂在胸前，告诉他们：等跑步比赛结束之后才能看自己的编号。接下来6名运动员开始比赛。比赛结束之后，曼宁教授让他们按照比赛结果的名次依次排列。然后，他让运动员揭开自己的编号。

令人吃惊的是：运动员最后跑步比赛的名次，正好就是曼宁教授事先给他们按照手指长度的测量结果编排的顺序，只有第3名和第4名的顺序相互颠倒了。曼宁教授的解释是：第3名和第4名的食指与无名指的长度比例原本就很接近。

有研究者报告了有关儿童的食指与无名指的长度比例与其认知能力的关系。在记录了74名6~7岁的男童和女童的手指长度之后，他们把这些实验参与者的食指与无名指的长度比例与他们的语文、数学测验的成绩作了比较。结果发现，无名指比食指长的儿童，理科比文科要好；而那些无名指比食指短的孩子，文科要好于理科。那些比值最低的孩子同时也是数学与读写能力相差最悬殊的儿童。[③]

这些研究表面上是在测量食指与无名指的长度比例，实际上，它们在研究人的雄性激素对人的性格以及行为带来的影响。如果无名指比食指长得较多，则提示此人在胎儿时期从母体那里获得了较多的雄性激素。可见，男人和女人的性格差异以及行为的差异主要受雄性激素的影响。

（三）混合型

大自然赋予男性和女性不同的性别特点和不同的气质特征，比如，男性往往

---

① ［美］邓巴，巴瑞特，利希特．进化心理学：从猿到人的心灵演化之路［M］．万美婷，译．北京：中国轻工业出版社，2017：69-70.

② 刘良华．为何要培养“双性气质”的孩子［EB/OL］．微信公众号：新父母教育，2018-12-01.

③ 朱佳燕．学生食指与无名指的比率（2D：4D）与文理科思维的相关性研究［D］．上海：华东师范大学，2015：7.

倾向于冷峻与力量之美，而女性更追求可爱与优美。但是，家庭文化会影响甚至改变人的性格。在康德看来，社会风气可以让男性和女性改变追求的方向，使男人成为奶油小生，而使女人成为女汉子。[①]美国人类学家米德（M. Mead）曾对“三个原始部落的性别与气质”进行研究，她的研究发现，人的性别差异是文化选择的结果而并不是由生物因素决定的。[②]

1. 男性与女性的同一性

后天的环境和文化选择之所以可以改变人的性别差异，是因为人原本就是雄性因素和雌性因素的混合，只是比例不同而已。任何男性身上都有雌性因素，只是男性身上的雄性因素占比较大而已。同样，任何女性身上都有雄性因素，只是女性身上的雌性因素占比较大而已。按照荣格的说法，任何男人的内心深处都有一个女性化的另一个自我。反之，任何女人的内心深处都有一个男性化的另一个自我。[③]

也就是说，虽然男人与女人存在性别差异，但不同的社会以及文化环境可以改变人的性别差异。乱世崇尚男子汉气概，不仅男人追求男子汉气概，女性也可能会“不爱红装爱武装”。相反，太平世推崇女性特质。太平世不仅会导致女人更有女性特征，而且会导致坚毅、勇敢等男子汉气概的减弱。

相关的心理学研究显示，适当的“双性化”比纯粹的男性特质或女性特质更具有竞争优势。双性化即某个人既具有男性化特质也具有女性化特质。与“双性化”相关的概念是男性化、女性化和“未分化者”（如果某个人既没有突出的男性化特质也没有突出的女性化特质，他就是“未分化者”）。在现代社会，双性化人群的比例越来越高。有研究者对成都、重庆四所大学的600名本科生进行了测试，发现双性化者占31.7%，未分化者占29.7%，男性化者占18.7%，女性化者

---

① ［德］康德．论优美和崇高感［M］．何兆武，译．北京：商务印书馆，2001：44-45．

② ［美］米德．三个原始部落的性别与气质［M］．宋践，等，译．杭州：浙江人民出版社，1988：266．

③ ［瑞士］荣格．心理类型：个体心理学［M］．储昭华，沈学君，王世鹏，译．北京：国际文化出版公司，2011：355-356．

占19.8%。[①]

2. 双性化特质的优势

对父母来说，以下几个信息值得关注。

第一，在社会适应性、工作成就、学业成绩、生活满意度、主观幸福感等方面，双性化的性别特质要优于其他性别特质类型。[②]具有双性化特质的个体在许多场合下比只有典型男性化或女性化特质的人的表现更出色，他们在各种情况下都能应付自如。1974年前后，美国学者本姆（S. Bem）发表有关双性化的系列文章。[③]本姆注意到，在要求作出男性化反应的情境中，双性化特质的人能运用自身相应的男性特质而表现出色；在适合女性特质的情境中，他们又能善解人意，表现出相应的女性特质。因此，双性化特质的人比单一性别特质个体的适应性更强，更容易在社会中获得成功，且较少出现心理疾病。[④]

相关研究显示，在学业优秀的小学生和中学生中，双性化特质的个体比例最高，而学业不良者中未分化特质的个体占了绝大多数。[⑤]双性化特质的孩子不仅成绩优秀，而且兴趣广泛、全面发展，在班级、院系和学校中担当学生干部。[⑥]

第二，适当的双性化特质并非“坏事”。现代社会的工作越来越趋向标准化、程序化、网络化，不再像传统社会那样要求有性别的分工。于是，男生和女生逐渐摆脱了传统的性别角色观念，男生不再避讳直言自己的细腻和感性，女生

---

① 卢勤，苏彦捷．性别角色与基本人格维度的相关研究［J］．北京大学学报（自然科学版），2004(4)：642-651.

② 冯嘉慧．中小学生性别角色与学校适应的关系研究［J］．山西大学学报（哲学社会科学版）．2018(5)：133-138.

③ S. Bem. The Measurement of Psychological Androgyny[J]. Journal of Consulting and Clinical Psychology, 1974(2): 155-162.

④ S. Bem. Sex Role Adaptability：One Consequence of Psychological Androgyny[J]. Journal of Personality and Social Psycholgoy, 1975(4): 634-643.

⑤ 沈烈敏．性别角色特质与孩子学习成绩的相关研究［J］．心理科学，2008(5)：1269-1271.

⑥ 李少梅．大学生双性化性别特质与人格特征的相关研究［J］．陕西师范大学学报（哲社版），1998(4)：148-152.

不再局限于贤妻良母型的传统形象。父母倒是需要关注孩子的“未分化倾向”。

第三，小孩子在未分化群体中占比最高，但女生的性别特质在小学已比较稳定，以双性化倾向为主，而男生的性别特质到了初中或高中才趋向稳定。

为了让孩子有足够的竞争力，父母可以有意识地培养孩子的“双性化”处事风格。有研究显示，父母教养方式对个体性别特质的发展具有显著影响，民主型的教养方式最优，有利于双性化特质的发展；溺爱型的教养方式最差，助长未分化特质的形成。[①]

双性化的处事风格并不意味着抹平男孩和女孩的性别差异。与“双性化”相应的教育仍然需要承认男人和女孩的不同，需要以不同的方式教育男孩和女孩。“双性化”不是让男孩没有男子汉气概，也不是让女孩没有淑女风范，而是让男孩在男子汉气概的基础之上增加理解和服从的品质，让女孩在淑女风范的基础之上增加决断和刚毅等品质。

3. 顺木之天，以致其性

出色的父母总是“顺木之天，以致其性”，以不同的方式养育不同的男孩和女孩。

父母宜尊重男孩和女孩的天性差异，理解男孩的“好动”甚至“好斗”，欣赏女孩的优雅、灵巧和善良。如果女孩有什么心事，她可能愿意跟父母诉说。在轻松随意的交谈过程中，女孩就把秘密说出来了。

男孩则不同，如果男孩有什么心事，他可能不愿意说出来。父母最好不要勉强男孩说出他的心事。父母可以邀请他参与某项有挑战性的工作，邀请他到户外去跑步。在做事或运动的过程中，男孩就会把心事说出来。如果男孩有足够的活力，可以鼓励他参与某项有竞技性和挑战性的运动。柏拉图说，男孩子是所有野兽中最难驯服的。[②]这是对的，男孩必须有男孩的样子。

---

① 刘电芝，徐振华，刘金光，等．当代大学生性别角色发展现状调查分析［J］．教育研究，2009(12)：41-46．

② 林志猛．柏拉图《法义》研究、翻译和笺注（第二卷）：《法义》译文［M］．上海：华东师范大学出版社，2019：149．

海明威在《老人与海》里说："人可以被消灭，不可以被打败。"[①]孟子的理想更加刚烈："富贵不能淫，贫贱不能移，威武不能屈，此之谓大丈夫。"(《孟子·滕文公下》)对于男孩来说，这些标准都是值得追求的。

智慧的父母会把男孩培养成为精力充沛、自强不息的绅士，而把女孩培养成为优雅灵巧、厚德载物的淑女。女孩的优雅灵巧、厚德载物虽不如男孩的精力充沛、自强不息显得那么有力量，但是，优雅灵巧、厚德载物却能以柔克刚并以此显示人的"高贵"和"神性"。

除了尊重男孩和女孩在性格上的差异，父母也要理解并尊重男孩和女孩思维特点的差异。男孩往往动手能力、空间能力、方位感比较强，女孩则大多擅长语言和交际。女孩在两岁左右就"能说会道""叽叽喳喳"，但不少男孩到了三岁仍然"笨嘴笨舌""含含糊糊"。

父母可以让女孩适当参与男孩的游戏，培养充满活力、勇气的精神状态，因为善良与活力是所有人的基本要素。但是，总体而言，在具有一定的活力与勇气之后，女孩将在另外的地方显示出她的优势，比如文静、温柔、宽容、善良、敏感、富有爱心和同情心，等等。

同样，父母也可以让男孩适当参与女孩的活动，以使他们具有某种柔情、同情心和宽厚。但是，男孩在具有一定的善良和爱心之后，将在另外的地方显示出他的性别优势，比如精力充盈、意志坚定、喜气洋洋、激情澎湃、势不可当、豪侠仗义、浑身是胆、不知疲倦、不愿意停止与妥协的生命狂欢状态。体育界尽管有"女篮"和"女足"，但总体而言，篮球、足球主要是男子的运动。女子足球尚可以理解，如果让女子参与橄榄球的冲撞与征战，就比较可怕。

男人可以在某个时候显示女性的柔情，女人也可以在某个时候显示男人的豪情，现代人也许会在某个时候追求"双性化"的审美标准和人才标准，但是，无论审美标准和人才标准如何进化和转换，宇宙早就为整个动物界和人类做好了既对立又和谐的安排：天行健，君子以自强不息；地势坤，君子以厚德载物。

---

① [美]海明威．老人与海[M]．吴劳，译．上海：上海译文出版社，2004：122．引用时对译文有调整。

二、性格差异与中间性格

从大五人格的分析框架来看，人的性格差异主要表现为三个方面：开放和严谨；自信和谦逊；敏感和情绪稳定。其中开放和严谨的差异接近弗里德曼（M. Friedman）和罗斯曼（R. Roseman）所讨论的A型和B型的差异（或急性子和慢性子的差异）；自信和谦虚的差异接近荣格（C. Jung）所讨论的外向和内向的差异；敏感和情绪稳定的差异接近迈尔斯（I. Myers）和她的母亲布里格斯（K. Briggs）所讨论的理性和感性的差异。从“因材施教”的视角来看，父母既要以“优势教养”的方式引导孩子接受并认可自己的性格，发挥自己的性格优势，让孩子有足够的自信并实现身份认同。同时，家长也要引导孩子尝试理解另一种相反相成的性格并适当走向“中间性格”。

（一）急性子与慢性子

20世纪50年代，美国心脏病学家弗里德曼和罗斯曼将人的性格分为A型和B型两种类型，并发现“A型性格”与“冠心病”之间的关系。[①]

被称为A型性格的行为模式包括如下特征：（1）一种要达到个人目的的强烈而持久的内驱力，热衷于竞争。（2）心理和生理上的过分敏感，渴望得到别人的承认并为此不断超越自己，不断卷入有最后期限的任务之中，习惯于风风火火地完成各种活动。（3）控制欲望强烈，在任何地方都希望做领袖。

B型性格与A型性格完全相反。B型性格的典型特征为：（1）从容完成任务而不主动寻找新的挑战；（2）随遇而安，内心平和，即使参与竞争也心安理得地接受失败；（3）愿意服从他人的领导，有秩序感和纪律感。

A组被试长期为承诺、抱负和内驱力所牵制。而且，他们显然渴望在所有活动中都力争上游，不管是专业活动还是娱乐活动。此外，他们也承认有强烈的获胜欲望。B组被试与A组被试相比有非常显著的不同，尤其表现在缺乏时间紧迫感上。B组被试似乎满足于他们的生活现状，而且不愿意追求多个目标并避免竞争性的情境。他们很少担心自身的提高问题，而且将更多的时间用于与家人在一起以及参加非竞争性的娱乐活动。

---

① [美]Roger R. Hock. 改变心理学的40项研究[M]. 白学军，等，译. 北京：中国轻工业出版社，2004：282-289.

结果发现，两组被试在临床冠心病的发病率上存在极其显著的差异。A组中有28%的被试出现了明显的冠心病发病迹象，而B组中只有4%的被试有明显的迹象。

不过，很少有人属于纯粹的A型性格或纯粹的B型性格。大多数人的性格在A型和B型之间，属于AB型性格。AB型性格兼有A型性格和B型性格特点，是A型性格和B型性格的综合。

有一种比较特殊的AB型性格，它是A型性格和B型性格的比较完美而稳定的综合，可以称为O型性格。但是，所谓O型性格，实际上也还是AB型性格，它是特殊的AB型性格，最好称为BA型性格。①

（二）内向与外向

基于性格差异的因材施教主要指内向与外向两种性格。

有关性格的二元论主要呈现为荣格的内倾与外倾的区分。后来出现的理性与感性、社交（爱与人打交道）与独处（爱与物打交道）的分类，几乎都与荣格的分类模式相关。性格好可能既不是外向、理性或社交，也不是内向、感性或独处。性格好的人可能是那些兼有内向与外向、理性与感性、社交与独处的“双性化”倾向者。

在心理学界，比较有影响的二元论是内倾和外倾。内倾与外倾的正式分类始于瑞士心理学家荣格。1921年，荣格在《心理类型：个体心理学》一书中，将人的性格分为外倾型和内倾型两类。同时，又将人的心理机能分为感觉、思维、情感和直觉四种类型。荣格将两种心理态度（内倾与外倾）和四种心理功能组合起来，形成八种心理类型。②

荣格对内倾与外倾的区分，与他所提出的阿尼玛和阿尼玛斯两个原型有关联。在荣格看来，每个人除了具有生理学意义上的性别特征，还有心理学意义上的气质差异。女性可能含有阿尼玛斯气质（男性化特征），男性可能有阿尼玛

---

① 人们或许会将这里的A型性格、B型性格、AB型性格以及O型性格想象为人的血型，也的确有人相信“血型”会影响人的性格，但此处所说的A、B型性格分类与血型并非同一概念。参见：[德]艾克曼．血型的秘密[M]．陈婕，译．哈尔滨：哈尔滨出版社，2008．

② [瑞士]荣格．心理类型：个体心理学[M]．储昭华，沈学君，王世鹏，译．北京：国际文化出版公司，2011：255-311．

气质（女性化特征）。[①]这意味着在男性气质和女性气质之外，还有“双性气质”的可能。

在日常生活中，人们往往倾向于认为外向型是好性格而内向型是不好的性格。但是，心理学倾向于描述各种人格类型或性格类型，并不轻易判断何为好性格、何为不好的性格。甚至有心理学研究者专门为内向型性格辩护，认为内向型性格更容易成功。[②]

为内向型性格辩护是有意义的，但也不必矫枉过正。按照阿尼玛和阿尼玛斯的分类逻辑，内倾与外倾的二元论也隐含了第三类性格：兼有内倾与外倾的“双性化”。

内向的孩子容易被视为“问题儿童”，事实上，内向与外向都是正常的性格。只是因为世俗的偏见，人们容易给孩子贴上了特别的标签，而那些所谓的“问题儿童”，他们的身上可能蕴含了人类最宝贵的元素。

家庭教育领域往往倾向于鼓励孩子性格阳光、开朗、活泼、欢乐，但是，总有一些孩子的性格比较内向，不愿意过多与他人交往，更愿意独处，一个人安静地阅读或玩游戏。性格阳光、开朗固然是一种不错的类型，但是安静、内向的孩子依然有自己的优势，其总体优势甚至与性格外向的孩子势均力敌。至少，在心理学领域，内向与外向属于平分秋色的两种性格类型。

心理学研究领域并不认为内向或敏感的儿童是问题儿童，相反，有大量的工作恰恰需要具有内向或敏感气质的人才能承担和完成。比如，内向或敏感的父母或教师更善于关注孩子的内心世界，更能够洞察孩子的情绪变化。

内向或敏感也许不是什么严重的问题，不会引起父母的过度焦虑，感到问题严重并引发焦虑的是“自闭”儿童。

1943年，美国精神科医生坎纳（L. Kanner）第一次对孤独症进行描述，并为之命名。半个多世纪以来，人们仍然无法确定孤独症的真正原因。

---

① ［美］杜安·舒尔茨，西德尼·舒尔茨．人格心理学：全面、科学的人性思考［M］．张登浩，李森，译．北京：机械工业出版社，2016：62.

② ［美］兰尼．内向者心理学［M］．杨秀君，译．上海：华东师范大学出版社，2014：21-25.

孤独症也被人称为自闭症，一般被视为“发育障碍”，主要包括语言发展障碍、社会交往障碍、兴趣范围狭窄等。孤独症倾向一般在婴儿期或幼儿早期出现，通常在三岁前，就能明显地观察到孤独症儿童具有的行为特点。比如：较少或不会与人有目光或身体接触；语言发育缓慢，说话含糊不清，对抽象词语难以理解；难以用手势、表情和姿势等表达自己的思想；难以融入社会生活，通常一个人沉默不语或自娱自乐；行为呆板，常出现刻板动作，兴趣范围狭窄、单一。

这些症状成为美国精神病协会编写的《精神疾患的分类与诊断》和国际疾病分类的孤独症儿童诊断标准的基础。为了帮助孤独症儿童发展生活自理能力，更好地融入社会，一些医生、教师或心理学研究者尝试了各种方法。这些方法总体上显示为两种类型：一是“治疗”模式；二是“教育”模式。

以往，人们通常从“治疗”的角度推进孤独症儿童的社会化，普遍认为孤独症本身是一种身体缺陷和疾病。结构化教育模式是对治疗模式的批判和调整。

不过，无论是治疗模式还是结构化教育模式，其共同的思路依然是将孤独症儿童视为有待改善的“问题儿童”甚至是“有病儿童”。可考虑的新思路是：孤独症儿童需要被视为具有独特的人格特质的儿童，他们只是平凡人之中的一个少数的特殊群体。为孤独症儿童提供教育，不等于治疗、治病，因为孤独症本身也许并非某种“疾病”。

孤独症儿童只是在认知、能力上有别于大部分人，他们可能具有比常人更大的发展潜能。甚至有学者认为，没有必要让孤独症者学习良好的社交技巧，也没有必要让他们接受治疗。只要孤独症者不严重干扰他人，有独立生活的能力，他就有自由学习或自由生活的权利。对孤独症儿童的教育，并不一定要让其成为所谓的正常儿童，他们也并不一定要过通常意义上的“社交”生活。他们需要的是人们包容他们的社交障碍，减少他们的社交压力，尊重他们特有的生活方式，培养他们的长处，使他们的长处成为谋生的技能。①

也就是说，即便为孤独症儿童提供教育，即便推动孤独症儿童社会化，他们首先需要的也并非改变或改善，而是被理解和被尊重。他们的独特之处尚待发现，他们的特长尚待发挥。他们的独特点与特长一旦被发现和被保护，他们同样

① 冯嘉慧，刘良华．自闭儿童：治疗还是教育［J］．当代教育与文化，2013(1)：88-91．

能够利用自己的技能和特长展开独特的生活，实现自己的生命价值。

更重要的是，内向性格或轻度的“自闭”不仅不是某种疾病，相反，它是人类对美好生活的基本需要。在以“躁动不安”“心浮气躁”为特征的现代社会中，内向性格或轻度的“自闭”即便不是拯救现代性的唯一出路，至少也是一个悬隔杂念、维护宁静的重要方案。如果说人最宝贵的东西是纯粹的“赤子之心”，那么，为了保护人的“赤子之心”，为了重新恢复人的直觉和相关的智慧，教育需要使受教育者学会与喧闹的世界保持适度的距离，用括弧将世俗的世界悬隔，以宁静的修炼生长新的智慧。真正的智慧诞生于类似“内向”或某种“自闭”状态的宁静之中。智慧诞生于空灵的直觉、直观和顿悟，而并不来自循序渐进的积累，更不来自热火朝天、斤斤计较的“交际”。①

内向的孩子往往比较敏感。内向不是性格不好，敏感也不是。敏感是重要的生存品质，敏感的人能够察言观色，体察人情世故，见机行事。相反，钝感的孩子也有自己的优势。就日常的生活情趣而言，钝感比敏感更重要。适度的钝感是一种生存的力量。钝感虽然有时给人以迟钝、木讷的负面印象，却是赢得美好生活的基本手段和高级智慧。②

（三）感性与理性

迈尔斯和她的母亲布里格斯深入研究了荣格提出的心理类型。1942年，母女俩共同发展出迈尔斯—布里格斯量表（Myers-Briggs Type Indicator，简称MBTI，也可称“迈布量表”）。③MBTI将荣格的八种性格倾向扩展为十六种性格类型。

荣格重视内向与外向的分别，MBTI延续了荣格的内向与外向的区分，但更重视判断与感知的差异。判断偏重理性，感知偏重感性。

---

① 刘良华．教育现象学的观念［J］．教育研究，2011(5)：19-24．

② 有关钝感力的讨论，详见［日］渡边淳一．钝感力［M］．林青华，译．海口：南海出版公司，2013．

③ M. McCaulley. The Myers-Briggs Type Indicator：A Measure for Individuals and Groups［J］. Measurement and Evaluation in Counseling and Development, 1990(4)：181-195.

倾向判断的人关心的是做出决定、寻求结束、有计划的行动。此类人往往在他们的外在行为中显得有条理、有目的、果断。相反，倾向感知的人更愿意随意生活，只愿意做出粗略的计划，随遇而安，对周全的计划感到不适应，追求从容不迫的生活。①

夫妻之间如果一方属于判断型而另一方属于感知型，那么，两个人在旅行中就可能出现矛盾。一方可能会制订精细周密的旅行计划，哪一天到达哪里，入住哪个酒店，必须有完整的计划；另一方却只是大致确定旅行的目标，而且可能在旅行过程中见机行事，改变行程。

同一个班级的学生或同一个家庭的孩子也会出现差异。有些孩子善于做各种长期、中期或短期的计划，详细地安排自己的学习目标和学习内容；而另一些孩子可能更愿意过一种不被计划或框架驱赶和限制的、随意的生活。

MBTI直接或间接地推动了霍兰德量表的产生和发展。霍兰德量表不仅在心理分类上与MBTI保持了某种一致性，在对人格特质的类型与职业类型的匹配上，也有大量的暗合。②

迈尔斯和她的母亲布里格斯也注意到内向与外向的差异问题。在她们看来，内向和外向的差异将会转化为完全不同的生活态度。外向的人希望对环境采取积极行动，增加其影响力。内向的人专注于内在的、主观的状态，并尽可能长时间地保持这种专注。外向的人热衷于社交，而内向的人倾向于独处。③

很难说倾向于理性的判断型就是好性格而倾向于感性的感知型就是坏性格。

---

① I. Myers, M. McCaulley, N. Quenk, et al. MBTI Manual：a Guide to the Development and Use of the Myers-Briggs Type Indicator[M]. Counsuling Psychologists Press, Inc., 1998.

② M. McCaulley, C. Martin. Career Assessment and the Myers-Briggs Type Indicator[J]. Journal of Career Assessment, 1995, 3(2): 219 - 239. “类型表”相关资料详见：G. Macdaid, M. McCaulley, R. Kainz. Myers-Briggs type indicator：Atlas of Yype Tables[M]. Gainesville, FL：Centre for Application of Psychological Type Inc., 1986.

③ I. Myers, M. Mccaulley, N. Quenk, et al. MBTI Manual：A Guide To The Development And Use of The Myers-Briggs Type Indicator[M]. Counsuling Psychologists Press, Inc., 1998：31.

真实的生活既需要理性，也需要感性。理性和感性的两类人可以相反相成，因互补而合作。而且，同一个人也需要兼有理性和感性的“混搭性格”。

总之，个体的性格呈现出急性子或慢性子（或A型与B型）、内向或外向、理性或感性的倾向性。任何一种性格都有自己的优势和劣势。内向的孩子虽然不如外向的孩子乐观，但内向的孩子可能更有同情心和同理心。反过来说，外向的孩子虽然有口无遮拦的毛病，但外向的孩子会过得比较轻松，不会轻易让自己受到负面情绪的影响。对于父母来说，与其挑剔孩子的短板，不如采用“优势教养”的策略，发挥孩子的“优势性格”。在让孩子“自信”的前提下，走向“中间性格”。引导孩子走向“中间性格”并不意味着将慢性子改造为急性子、将内向改造为外向、将感性改造为理性。引导孩子走向“中间性格”的真正含义，是让孩子认同并坚守自己的优势性格，同时理解并接受自己的“另一个自我”。家长要引导孩子相信：每个人都是中间性格，只是稍稍倾向于某种性格而并没有绝对的急性子或慢性子（或A型与B型）、内向或外向、理性或感性。

三、多元智能与个别差异

按照美国学者加德纳（H. Gardner）的观点，人的智能有七种类型：语言智能、数理逻辑智能、空间智能、音乐智能、身体运动智能、人际关系智能、自我认识智能（后来，加德纳又增加“自然观察”智能）。这七种智能在每个人身上都存在，但不同的人有不同的优势。有的人长于语言，有的人长于数理逻辑。有的人语言和数理逻辑智能不发达，但是，他却长于身体运动或人际关系。

（一）多元智能中的优势智能

按照“多元智能”的理论，人和人之间有不同的聪明，而且“生来就不同”。如果承认这个观点，那么，家庭教育和学校教育就必须发生两个“颠倒”。

第一，不是孩子适应父母的教育方法，而是父母主动适应孩子的特点。“每个孩子都有自己的优势智力……每个孩子都是多种不同智力不同程度的组合，问题不再是一个孩子有多聪明，而是一个孩子在哪些方面聪明和怎样聪明。”[①]

---

① 霍力岩，等．多元智力理论与多元智力课程研究［M］．北京：教育科学出版社，2003：28．

第二，以特长发展为主以全面发展为辅，不是以全面发展为主以特长发展为辅。加德纳的说法是："当代没有人能够学会需要学会的一切东西。我们也许都希望像文艺复兴时代的男人和女人一样通晓一切，或者至少确信具有通晓一切的潜能。不过，显而易见，这样的想法是不现实的，因此选择是不可避免的。"①既然没有人能够学会所有的东西，就没有必要强迫孩子学习所有的知识，而应该顺应孩子的优势智能，让孩子尽可能发挥自己的长处去学习自己感兴趣的内容。

现在看来，中国的高考制度已经开始意识到这个问题，但解决这个问题并不容易。高考制度的考核依据是"全面发展"，这固然不错，遗憾的是，"全面发展"容易被误解为"均衡发展"甚至是"平均发展"。

解决这个问题的办法有两个。一是放弃培养"百科全书式的人才"的幻想，采用文理分科的办法，进一步减少理科考生的文科含量，比如降低理科生的语文考试要求。进一步减少文科考生的理科含量，比如降低文科生的数学考试要求。文科考生如果愿意学习理科，理科考生如果愿意学文科，可随个人的兴趣，而不必以高考制度的方式强迫孩子。二是保持现有的高考制度和招生制度，同时收集、关注并积极录取各种"特长生"。

按照多元智能的思路，高考制度应该让不同智能的孩子进入不同的专业，而不仅仅以"语言智能"和"数理逻辑智能"来确定大学入学的资格。

对于父母和教师来说，在高考制度和招生制度没有变革之前，可以采取妥协的办法，走中间道路：充分发挥孩子的"智力特长"或"智力优势"，让孩子以自己的特长和优势带动自己的全面发展。特长发展原本是全面发展的一个部分。只有那些有特长、有优势项目的人，才有可能凭借自己的特长、优势带动自己的全面发展。绝大多数人才都是"特长生"，而不是所谓的全才。

（二）生活习性差异

如果不承认孩子有生活习性或风格的差异，父母就会以"别人的孩子如何"驱使自己的孩子陷入尴尬被动的比较之中。如果学校教育不承认孩子存在生活习性或风格的差异，所谓的学校就会办成传说中的"动物学校"。

动物们决定创办一所学校，以应付日益变化的世界的需要。学校里开设的活

---

① ［美］加德纳．多元智能［M］．沈致隆，译．北京：新华出版社，1999：11．

动课程包括跑步、爬行、游泳、飞行。为了便于管理，动物们要学习所有的科目。第一批学员有鸭子、兔子、松鼠、鹰以及老虎。

鸭子在“游泳”这门课上表现相当突出，甚至比它的老师还优秀。但在“飞行”这门课上，它的成绩只是勉强及格，而对“跑步”这门课感到非常吃力。因为跑得太慢，所以放学后不得不放弃游泳，留下来练习跑步。它不停地补课练习，脚掌都磨破了，期末考试时终于获得了勉强及格的成绩。而它的游泳科目，由于长期得不到练习，期末时只获得了中等成绩。学校对中等成绩是能够接受的，所以，除了鸭子以外，没有动物在乎这件事。

兔子在刚开学时跑步成绩在班上名列前茅，但由于在游泳科目中有太多的作业要做，它不得不整天泡在水里，泡得它几乎神经衰弱了。

小松鼠本来在爬行课程上表现优异，但对飞行科目感到非常沮丧。因为它的老师只许它从地面上起飞，而不允许从树顶上起飞。由于它非常喜欢跳跃，并花了很多时间致力于发明一种跳跃的游戏，结果期末考试时爬行科目只得了C，跑步只得了D。

鹰由于活泼爱动，被视为“问题儿童”，受到老师们的严格管制。在爬行课上的一次测验中，它战胜了所有的同学，第一个到达了树的顶端，但它用的是自己的方式而不是老师所教的那种方式，因此它并没有得到老师的表扬。

学期末公布成绩，普普通通的老虎同学，由于游泳马马虎虎，跑、跳、爬成绩一般，也能飞一点，因此它的总分是班级里最高的。毕业典礼那天，它作为全体学员的唯一代表在大会上发了言。

生活在草原上的许多鼠类动物拒绝在这所学校里读书，同时也反对纳税，因为这所学校的管理者拒绝增加“挖掘”这门课程。为了子女的将来着想，它们没让自己的孩子在这所学校里就读，而是先把它们送到獾那里做学徒，之后又联合其他鼠类创办了一所私立学校。据说这所学校办得相当成功。[①]

（三）职业兴趣差异

加德纳提出的“多元智能”和霍兰德（J. Holland）提出的“职业兴趣”有内在的关联。霍兰德在《作出职业选择》（1997年版）一书中，将人的性格分为

① 张健鹏，胡足青．故事时代［M］．北京：当代世界出版社，2003：52．

六种类型。六类人格也被视为六个职业兴趣偏好。[①]

一是现实型。现实型的人倾向于跟具体事物、工具、机器和动物打交道，喜欢明确、有序或系统的操作活动，厌恶教育或治疗活动；善于从事人工、机械、农业、电力和技术；社会交往和教育能力较为欠缺。

二是研究型。研究型的人倾向于对物理、生物学和文化现象进行观察的、符号化的、系统的和创造性的研究，以便理解和控制这些现象；对说服性的社交和重复活动心生厌恶；有较好的科学和数学能力，语言说服能力较差。

三是艺术型。艺术型的人倾向于松散的、自由的、非制度化的活动；善于通过运用身体、语言或人工材料来创造艺术形式或产品；拒绝规定的、制度化的和有秩序的活动；这些行为倾向反过来导致其发展艺术能力，例如语言、艺术、音乐、戏剧、写作，文书或商业能力较差。

四是社会型。社会型的人偏爱说服他人的活动，旨在告知、训练、发展、治疗或启发他人。拒绝涉及材料、工具或机器的活动和具体的、有序的、系统的活动。擅长人际关系和教育活动，手工和技术能力较差。

五是管理型。管理型也可称“企业型”。管理型的人偏爱操纵他人，以达到组织目标或经济利益的活动。厌恶观察的、符号性的和系统性的活动。这些行为倾向反过来强化了领导能力、人际能力和说服能力，科学能力则较为欠缺。

六是常规型。常规型的人倾向于对数据进行明确、有序和系统的操作，比如保存记录、归档材料、复制材料、组织业务和数据处理，以实现组织或经济目标。厌恶模棱两可的、自由的、探索性或非系统化的活动。这些行为倾向导致其容易获得文书、计算和商业系统能力，反过来也导致了艺术能力的欠缺。

这六个类型的首字母按照固定的顺序排列成六边形RIASEC模型。[②]霍兰德的六型人格在职业生涯教育研究领域影响甚大。2010年前后，中国教育界流行

① J. Holland. Making Vocational Choices：A Theory of Vocational Personalities and Work Environments[M]. Odessa, FL：Psychologyical Assessment Resources, Inc., 1997：17-40.

② J. Holland. Making Vocational Choices：A Theory of Vocational Personalities and Work Environments[M]. Odessa, Fl：Psychologyical Assessment Resources, Inc., 1997：35.

的有关高中生人格测试以及“入职匹配”的各种“量表”，几乎都是霍兰德六型人格的变式或变形。霍兰德不仅描述了六种人格类型，而且认为六类人格正好对应六类职业。这个理论隐含的基本假设是：每个人都可以相信“天生我材必有用”，任何性格的人都可以找到适合自己的职业。

霍兰德六型人格至少在三个方面呼应了“大五人格”（大六人格）。第一，霍兰德六型人格与“大五人格”（大六人格）都呈现出相反相成的三维人格。第二，霍兰德六型人格中的每一种人格都可以呼应或匹配“大五人格”（其实是大六人格）的某种人格。第三，霍兰德六型人格中的三维人格与“大五人格”（大六人格）中的三维人格存在微妙的呼应或匹配关系。大五人格中的自信而谦逊呼应霍兰德六型人格的务实型与社会型；大五人格中的开放而严谨呼应霍兰德六型人格中的管理型（企业型）与研究型；大五人格中的敏感而情绪稳定呼应霍兰德六型人格中的艺术型与常规型。

总之，人的差异性主要包括三个差异。一是性别角色差异，主要是男性倾向和女性倾向的差异；二是性格差异，主要包括急性子与慢性子、内向与外向、感性与理性的差异；三是智能差异，主要包括多元智能中的优势智能的差异、生活习性的差异和职业兴趣的差异。在“因材施教”的原则下，父母既要以“优势教养”的方式引导孩子发挥自己的优势特性，同时也要引导孩子尝试理解另一种相反相成的特性。因材施教不是“只取长不补短”或“只长善不救失”，而是“先取长后补短”或“先长善后救失”。以“取长”和“长善”的优势教养为主，以“补短”教育或“救失”教育为辅。通过“取长”和“长善”的教育提升孩子的自信。在孩子自信的前提下，再适当进行“补短”和“救失”的教育。因材施教的经典案例是《论语·先进》所记载的“求也退，故进之；由也兼人，故退之”。

资料5-2　孔子对于“因材施教”的经典论述

《论语·先进》的原文如下。

子路问：“闻斯行诸？”子曰：“有父兄在，如之何其闻斯行之？”冉有问：“闻斯行诸？”子曰：“闻斯行之。”公西华曰：“由也问闻斯行诸，子曰‘有父兄在’；求也问闻斯行诸，子曰‘闻斯行之’。赤也惑，敢问。”子曰：“求也退，故进之；由也兼人，故退之。”

用现代文来说，其大意为：

子路问："听到一件事可以马上去做吗？"孔子说："有父兄在（要先听听他们的意见），为什么一听到就马上去做呢？"冉有问："听到一件事可以马上去做吗？孔子说："听到后就马上去做。"公西华说："仲由（子路）问听到一件事可否马上去做，您说'有父兄在'；冉求问听到一件事可否马上去做，您说'马上去做'。我感到困惑不解，大胆地来问问。"孔子说："冉求平日做事迟缓退缩，所以我要鼓励他大胆去做。仲由平日好勇逞能，有时胆大妄为，所以我要抑制他一下。"

这不仅是典型的因材施教的案例，也是孔子运用中庸思想解决实际问题的范例。从性格上说，仲由偏于"过"，冉有则偏于"不及"。孔子的不同回答，是要将两名弟子的性格从"过"与"不及"的两端拉回到"中道"上来。

思考与练习

一、选择题

1. 严慈相济的基本策略有（多选）：

A 外柔内刚　B 先严后慈　C 坚持原则　D 勿忘勿助

2. 言传身教的基本策略有（多选）：

A 言传　B 亲身示范　C 反复讲道理　D 既亲身示范又讲道理

3. 因材施教需要考虑的个体差异主要包括（多选）

A 性别差异　B 性格差异　C 身体差异　D 智能差异

二、讨论题

阅读下面的材料，并围绕后面的问题展开讨论。

尼尔森的《正面管教》提出了"和善而坚定"或"和善与坚定并行"的教育原则。有人在此基础上倡导"柔—刚—柔"的三明治教育模式。

讨论方向：

第一，如何理解“和善而坚定”的教育原则，它赞成什么，反对什么？

第二，何谓“柔—刚—柔”的三明治教育模式？

第三，“哭泣免疫法”可能会给孩子的成长带来什么后果？

三、案例分析

电影《好好先生》（*Yes Man*）讲述了一个中年男人因为一条“只能说Yes”的规则改变命运的故事。此前他总是向他人说“No”，并由此导致生活一团糟，经济窘迫，妻子也跟他离婚。后来，他偶然遇到几个机会，坚持以积极乐观、积极主动的心态向他人说“Yes”，他的生活也因此发生了一系列积极的变化。

搜索并观看电影《好好先生》（*Yes Man*），然后围绕以下问题展开讨论：

第一，言传在什么意义上跟身教一样重要？

第二，说No，说Yes, But，说Yes, But，分别适用于哪些情境？

第三，谈谈你了解的文化名人中，哪些人在言传身教方面表现出明显的适当或失败。

拓展学习资源

1. ［美］尼尔森. 正面管教［M］. 玉冰，译. 北京：北京联合出版公司，2016. 重点关注有关“和善而坚定”的内容。
2. ［美］德雷克斯，索尔兹. 孩子：挑战［M］. 甄颖，译. 北京：生活·读书·新知三联书店，生活书店出版有限公司，2015. 重点阅读第一章“现代父母的两难处境”、第六章“利用自然结果和合理逻辑结果”。
3. 文颖君. 哭声免疫法的危害［J］. 大众心理学，2015（7）：28-29.
4. 李玫瑾. 心理抚养［M］. 上海：上海三联书店，2021. 重点阅读第二章“心理彰显人之灵魂”。
5. 刘良华，冯嘉慧. 兴发教学论［M］. 南昌：江西人民出版社，2022. 重点关注有关“课堂回音”的讨论。

6. K. Leonard, T. Yorton. Yes, And : How Improvisation Reverses “No, But” Thinking and Improves Creativity and Collaboration[M]. Chicago, IL : The Second City, Inc., 2015. 重点关注该书有关“Yes, And”的讨论。
7. [美]卢森堡. 非暴力沟通[M]. 阮胤华，译. 北京：华夏出版社，2018. 重点关注书中有关“只描述不评论”的内容。
8. [美]霍克. 改变心理学的40项研究[M]. 白学军，等，译. 北京：人民邮电出版社，2010. 重点关注第七章有关“A型性格”与“冠心病”的关系的讨论。
9. T. Williams, M. Pepitone, S. Christensen, et al. Finger-length ratio and sexual orientation-measuring people finger patterns may reveal some surprising information[J]. Nature, 2000(3): 455-456.
10. 朱佳燕. 学生食指与无名指的比率（2D∶4D）与文理科思维的相关性研究[D]. 上海：华东师范大学，2015 : 7.
11. 冯嘉慧. 中小学生性别角色与学校适应的关系研究[J]. 山西大学学报（哲学社会科学版）. 2018(5): 133-138.
12. S. Bem. The Measurement of Psychological Androgyny[J]. Journal of Consulting and Clinical Psychology, 1974(2): 155-162.
13. [美]兰尼. 内向者心理学[M]. 杨秀君，译. 上海：华东师范大学出版社，2014. 重点关注书中有关内向者的优势的内容。

讲座视频：

什么是直升机育儿？

第六章 学前阶段的感性教育

06

人一生的成长和发展是一个漫长的过程，在不同的年龄阶段，其身心发展表现出不同的特征和规律。中国民间有“三岁看大，七岁看老”的说法。西方学者较早就提出了年龄阶段划分的观点，比如夸美纽斯（J. Comenius）认为，人的成长可划分为0~6岁、6~12岁、12~18岁几个阶段。[①]卢梭、皮亚杰和埃里克森等人也提出了类似的看法。就孩子在18岁以前成长和教育的关键阶段而言，目前比较一致也便于把握的划分法是学前阶段、小学阶段和中学阶段（青少年时期），学前阶段还可再细分为0~3岁的婴儿期和3~6岁的幼儿期，中学阶段也可再细分为12~15岁、15~18岁两个小阶段。对于家庭教育来说，对每个阶段的孩子，都需要进行促进身心全面发展的教育，但在人成长发展的不同阶段，因为身心发展的水平和面临的任务不同，家庭教育的重点也有所区别。父母需要在孩子成长和发展的各关键阶段进行针对性的引导和教育，本书着重阐述各发展阶段的重点教育内容。

在很多父母看来，学前阶段的孩子主要只是长身体，不太关注他们的情感和思维发展。事实上，学前阶段既是身体成长的关键时期，也是智力和情感发展的关键时期。婴幼儿时期是人的身心发展最为迅速的时期，其心理发展水平和质量对后面的儿童期、青少年期甚至一生都有重要影响。3~6岁儿童在语言、智力和

① ［捷］夸美纽斯．大教学论［M］．傅任敢，译．北京：人民教育出版社，1984：223.

社会性方面的良好发展，以及个性的初步形成，则是后面进入学校进行正规学习的重要保障。学前阶段的婴幼儿，各种感觉器官以及情感、语言和动作发展都处于关键期，也是家庭教育的第一个关键期，尤其是人生的前3年或前“1000天”[①]。

学前早期的孩子，主要通过看、听、触摸等感觉来认识世界，其核心素养是感性技能。整个学前阶段的孩子，都是以游戏作为主要活动，还没有到过“严肃的生活”的时候。[②]学前阶段孩子的主要任务是发展他们的各种感知觉、情感、语言和动作，也有人将之称为“情感、语感和动感”[③]，所以我们将本章的名称简称为“感性教育”。

第一节 情感发展与安全感的建立

对于学前阶段的孩子而言，情感的健康发展是生死攸关的大事。父母所要做的事情并不复杂，唯一重要的事情就是亲自陪伴，帮助孩子建立亲密的情感联结关系。孩子需要成为独立而强大的人，但“要想让孩子早日独立，就得先让孩子学会依恋”[④]。在学前阶段，孩子需要跟父母以及身边的重要他人建立亲密而稳定的情感联结。为了让孩子与父母建立亲密的情感联结，有些医生建议，孩子出生之后，孩子的父亲最好裸露上身，抱着赤裸的婴儿，让婴儿和父亲双方体验“肌肤之亲”，促进亲子之间的亲密关系。[⑤]

---

① [美]布卢姆．孩子，怎样爱你才对[M]．江水东，译．沈阳：万卷出版公司，2010：148．

② 郭力．盛满奇迹的惊喜袋：成长在德国[M]．天津：新蕾出版社，2005：9-12．

③ 刘良华．如何让孩子性格好身体好学习好[M]．上海：华东师范大学出版社，2021：3．

④ [美]布卢姆．孩子，怎样爱你才对[M]．江水东，译．沈阳：万卷出版公司，2010：115．引用时对译文略有调整。

⑤ 有关婴儿和父亲的“肌肤之亲”的案例，由美国北达科他大学王涛副教授提供。谨此致谢。

一、生命早期是情感发展的关键期

情感的发生和发展具有关键期，父母在孩子生命早期的陪伴照料和情感滋养，将深深地印刻在孩子的内心深处，对建立良好的亲子感情至关重要。人如此，很多动物也如此。

奥地利动物学家洛伦茨在动物研究中发现，刚出生的小动物往往追逐它最初看到的能活动的生物，并对其产生依恋的情感。

比如，小鹅出生第一天，它会把在面前移动的物体当作它的母亲。如果小鹅出生后见到的不是母鹅而别的物体，小鹅就会把那个移动的物体视为自己的母亲并愿意长期追随。如果在小鹅出生的当天，让一只母鸡在前面晃动，那么，这群小鹅就会整天依恋这只鸡妈妈而不再理睬它们真正的鹅妈妈。

洛伦茨把这种现象称为“印刻”。[①]实际上，他的老师海因洛特（O. Heinroth）在这之前已经发现了这种“印刻”现象，洛伦茨延续了他的老师的研究课题并使“印刻”现象广为人知。1935年，洛伦茨发表《鸟类生活环境中伙伴关系的影响》，对“印刻现象”做了详细的解释。[②]

洛伦茨做过一次实验研究：让灰雁出生时能够看到的唯一的活动对象就是洛伦茨本人。接下来，这些小灰雁就像依恋灰雁妈妈那样，一直尾随着洛伦茨，以此寻求安全感。而且，这些灰雁始终不与其他灰雁合群。[③]洛伦茨在另外的研究中发现，三岁之前尤其是半岁前后是孩子“情感依恋”形成的关键期。孩子半岁时，他的情感开始变得比较专注，他会专注于身边某个可能会发展出“亲密关系”的人而拒绝其他所有人。他会只对某个特定的有亲密关系的人微笑，而拒绝其他人，这就是我们平时所说的“认生”。

按照洛伦茨的说法，三岁前后的孩子容易将自己的情感寄托于某一个人，而拒绝其他所有人。这个阶段如果发生在育儿所中，婴儿会把某个护士当成母亲并

---

① 李长氓．印刻：心理学上的新见解［J］．西南师范学院学报，1982(3)：116-118.

② ［奥］洛伦茨．动物与人类行为研究：第一卷［M］．李必成，译．上海：上海科技教育出版社，2017：125-126.

③ ［美］布卢姆．孩子，怎样爱你才对［M］．江水东，译．沈阳：万卷出版公司，2010：88.

与之建立联系。而这种萌芽状态的关系却因护理人员的频繁换班被摧毁，这个不幸的宝宝只能怯生生地尝试结交下一个替代母亲。如果连这个也被夺走，他们会逐渐放弃对人的情感寄托。[①]最终，失去情感寄托的孩子会放弃亲情依恋。

按照埃里克森的人格心理发展理论，人在一岁前的基本任务是寻求信任感。当婴儿发出需要的信号后得到外界（主要是母亲）的积极回应和支持，婴儿就会对外界（主要是母亲）表达信任。他会相信他所处的环境是安全的，他会感觉他周围的人是可信任的。孩子半岁前后开始“认生”。他会辨认周围的亲人或陌生人，他开始寻求亲人并与之建立情感依恋关系。

这是孩子建立自我同一性或自我认同感的开端。如果婴儿无法从周围的环境获得照顾与爱的支持，他就会对周围的人和物产生怀疑和恐惧，就会产生自我认同危机或同一性混乱。不信任也并非完全是消极的，相反，埃里克森认为，不应该对任何他人都保持信任，不信任的感觉也是有意义的。正因为有了某种不信任感，孩子才会对潜在的危险保持警惕和预期，以免将来一旦遭遇挫折便束手无策。埃里克森认为，信任感与不信任感要保持适度的比例。比较有利的人格发展状态是信任感多于不信任感。

二、身体接触能促进情感依恋的形成和安全感的建立

人是社会性动物，母乳虽然是婴儿生存的基本条件，但是，对于心理成长来说，情感寄托也是与食物同等重要的生存条件。孩子需要基本的触碰和抚摸，并从中体验“肌肤之亲”的快乐，培养内心最初的柔软，并由此建立稳定的情感依恋关系和相关的学习技能。

美国心理学家哈洛（H. Harlow）在20世纪50年代所做的代理妈妈实验（见资料6-1）证明了温暖的身体接触对建立亲子之间情感联结的重要性。[②]

① ［奥］洛伦茨．人性的退化［M］．寇瑛，译．北京：中信出版社，2013：163-164．

② H. Harlow. The Nature of Love［J］. American Psychologist, 1958（12）：673-685.

资料6-1 哈洛的代理妈妈实验①

图6-1 哈洛实验中的一只幼猴从绒布妈妈那里获得慰藉

4只出生25天的猕猴（也称“哈洛猴”）被带到实验室抚养。实验室里有两个“代理妈妈”。一个布妈，一个铁妈（如图6-1所示）。布妈由木头做成，圆柱状的身体，圆圆的脑袋，笑脸。布妈的身上包着有弹性的海绵橡胶，外面包上棕褐色的毛巾布，背后有一个发热的灯泡。铁妈是一个钢丝网做成的圆柱体，背后也有发热的灯泡，但铁妈的脸是扁扁的，方形，表情冷漠阴沉，眼睛是两个黑洞。这个铁丝网适合攀爬，但不适合拥抱。经过长达165天的实验发现，所有幼猴都把绝大多数的时间用在与没有奶水的布妈的接触上。即便不得不到铁妈那里去吃食物，也会快速完成，然后回到布妈身边，抱着布妈，或者睡在布妈的身上。如果受到惊吓，小猴子会飞奔到布妈的身边，紧紧地抱着布妈。从出生第25天起到165天止，幼猴每天与布妈接触的时间为15~18小时，与铁妈接触的时间每天合计1~2小时。哈洛的实验研究显示：身体接触是建立健康的母婴联结的重要因素，而且这种接触必须产生触觉上的舒适感。在哈洛和他的研究团队看来，食物虽然是必须的，但温暖的拥抱才是生活本来的样子。

哈洛有关“情感系统”的研究掀起了一场儿童心理学领域的革命，因为他们在实验室控制的情境下第一次关注并强调了身体接触对建立母婴情感联结的重要性。当时流行的心理学观点是：婴儿不爱自己的父母，也不需要父母。他们之间唯一的关系是喂养关系。这个观点现在听起来很愚蠢，但当时却有不少人相信。哈洛的实验对这个观点提出了挑战。

有人做过有关“抚触”的实验研究。实验研究人员在育婴室对婴儿进行抚触。一天三次，每次15分钟。结果显示，经过抚触的婴儿比其他婴儿成长快

① ［美］格里格，津巴多．心理学与生活［M］．王垒，王甦，等，译．北京：人民邮电出版社，2003：308．

50%。他们在非睡眠状态时也更清醒、更活跃。在一年之后的认知与动作能力测试中，接受抚触的婴儿比没有接触抚触的婴儿长得也更结实、更聪明。后来，研究人员将抚触用于成人的治疗。抚触有助于睡眠，也有益于控制焦虑和免疫系统并由此影响人的身心健康。①

“哈洛猴”长大之后，被送回猴群之中。结果发现，那些长期由代理妈妈陪伴的猴子对同伴以及异性缺乏兴趣。哈洛想知道这些猴子是否有母爱。于是，他和他的研究团队设计了一个“强暴架”，把雌猴绑成受孕姿势，成功地诱使雌猴怀孕。但是，即便通过人工授精的方式怀孕，这些“哈洛猴”也对自己的孩子没有母爱，甚至虐待、撕咬自己的孩子。这些从来不知道爱为何物的猴子妈妈，对自己的孩子也毫无感情可言。“绝大多数无爱妈妈丢下孩子不管。更有甚者，一只母猴把孩子的脸压在地板上，吃掉了它的脚和手指；另外一只把孩子的脑袋放在嘴里咬个稀烂。”②

哈洛的实验引起了英国心理学家鲍尔比（J. Bowlby）的注意。1957年，鲍尔比给哈洛写信，随信寄来了他的《母子关系的本质》的手稿。哈洛很快给鲍尔比写了回信，并邀请鲍尔比来观看他的由代理妈妈养大的猴子。③

鲍尔比给家庭教育带来的重要贡献是他提出了“依恋理论”，并呼吁母亲亲自陪伴自己的孩子。鲍尔比研究发现，第二次世界大战之后，某些孤儿院的婴儿大量地抑郁或死去，其原因在于孤儿院的婴儿无法与某个固定的母亲替代者建立正常的情感依恋关系。与父母分离的孩子被送到孤儿院之后，最初会积极尝试将某个护士当成母亲替代者，并与之建立情感交往关系。但是，由于护理人员的频繁更换，孩子无法跟某个固定的人建立正常的情感依恋关系。最严重的情况是，孩子对情感寄托失去信心而彻底放弃。他们宁愿将自己的脸转向墙角也不再对

---

① ［美］布卢姆．孩子，怎样爱你才对［M］．江水东，译．沈阳：万卷出版公司，2010：185．

② ［美］布卢姆．孩子，怎样爱你才对［M］．江水东，译．沈阳：万卷出版公司，2010：132-133．

③ ［美］布卢姆．孩子，怎样爱你才对［M］．江水东，译．沈阳：万卷出版公司，2010：89．

人感兴趣。这些孩子会变得郁郁寡欢，抑郁而亡。[①]显然，在频繁更换保姆的家庭，也可能会出现类似的分离焦虑。

如果孩子已经跟身边的某个照料人建立了稳定的情感依恋关系，那么，与这个照料人尤其是与母亲的分离会给孩子带来严重的“分离焦虑”。分离焦虑一般呈现为三个阶段：一是抗议；二是绝望；三是疏离。最初的抗议可能在失去母亲或某个依恋的亲人的当下立刻开始，但也可能会延迟，通常会持续几个小时到一周时间。孩子通常会大声哭喊，摇晃床的护栏，发脾气，甚至会用头撞床，时刻关注任何可能是母亲的图像和声音。接下来是绝望阶段，接近“习得性无助”，不再大声哭喊，身体动作减少，失去活力，显得哀伤而安静。最后是疏离阶段，孩子会让自己不对任何他人产生依恋，他将自己的兴趣指向物而不再指向他人。孩子可能看起来很淡定，也可能显得很愉快，但他并不会真正的合群，合群是表面的假象，因为他对任何他人都不再关心。[②]

鲍尔比的研究在美国学者安斯沃思（M. Ainsworth）那里得到延续和发展。尽管有人在1943年前后就开始研究“依恋与分离”的问题，但直到1969年前后，安斯沃思等人进行有关“依恋与探索”的实验，才使“依恋模式”成为一个重要概念。安斯沃思的重要贡献是开发了以她的名字命名的“安斯沃思陌生情境实验”：妈妈和一岁大的婴儿被请到一个到处是玩具的让人开心的房间，以便观察妈妈暂时离开并让婴儿跟陌生人在一起时婴儿是否会继续自由地玩耍和探索，以及妈妈重新返回时婴儿对待妈妈的态度。[③]

安斯沃思由此总结出三种依恋类型。一是安全型依恋。妈妈暂时离开时，婴儿停止继续自由地玩耍和探索。当妈妈重新返回时，婴儿会继续玩耍和自由探索。二是回避型依恋。妈妈暂时离开时婴儿无动于衷，继续自由地玩耍和探索。

---

① ［英］鲍尔比．依恋：依恋三部曲（第一卷）［M］．汪智艳，王婷婷，译．北京：世界图书出版公司，2017：27．

② ［英］鲍尔比．依恋：依恋三部曲（第一卷）［M］．汪智艳，王婷婷，译．北京：世界图书出版公司，2017：29．

③ ［英］鲍尔比．分离：依恋三部曲（第二卷）［M］．万巨玲，等，译．北京：世界图书出版公司，2017：42-51．

这类婴儿几乎放弃了对母亲的依恋。三是矛盾型依恋。这类婴儿对母亲的离开感到不满并表现出“极度的悲伤”，因而停止玩耍和自由探索。当妈妈重新返回并拥抱孩子时，婴儿也会在跟妈妈建立联结和拒绝妈妈之间来回摇摆。婴儿会努力挣脱甚至大发脾气。在此研究的基础上，1978年，安斯沃思和她的研究团队发表了著作《依恋模式》。[①②]

鲍尔比和安斯沃思所做的有关情感依恋关系的研究，对于初入幼儿园的孩子的照护具有重要的指导意义。这类研究提醒父母，最好为孩子提供入园适应的准备，不让孩子因“分离焦虑”而在入园初期痛苦地哭喊。比如，父母不必在孩子入园之前就强化幼儿园的规矩并由此引发孩子对幼儿园的恐惧。父母可以带孩子提前熟悉幼儿园的环境，让孩子因熟悉、了解而亲近幼儿园。同时，幼儿园也可以为幼儿的父母提供“一周入园陪伴”的场地。父母本人也需要为孩子提供“安全型依恋”，既不让孩子因“回避型依恋”而对父母失望，也不让孩子因“矛盾型依恋”而哭喊或对父母发脾气。

哈洛、鲍尔比和安斯沃思等人的研究证明，幼猴和幼童的生长都需要情感的滋养，而且，健康的情感发育具有关键期。一旦错过关键期，孩子的情感发展问题将终身难以弥补。“罗马尼亚孤儿”的案例就是一个证明。1967年，为了应对出生率下降的问题，罗马尼亚政府颁布了“770法案”。法案规定人工流产是非法行为，除非碰到以下情况：第一，女性在45岁以上（在1974年降低到40岁，1985年重新升到45岁）；第二，女性已经生下了四个孩子（1985年提升到五个）；第三，女性患有生育会影响生命安全的疾病；第四，女性遭遇性暴力、近亲生育。这意味着几乎禁止堕胎和避孕，同时也意味着每位45岁以下的女性至少都应该生四个孩子。

在法案实施的23年里，罗马尼亚的人口数量迅速上升。但在此期间，有超过1万名妇女在地下堕胎手术中丧生，同时也比以往多出生了200万个婴儿。由

① M. Ainsworth, M. Boston, E. Waters, S. Wall. Patterns of Attachment：Assessed in the Strange Situation and at Home[M]. Hillsdale, NJ：Erlbaum, 1978.

② [美]威廉. 心理治疗中的依恋[M]. 巴彤，李斌彬，施以德，等，译. 北京：中国轻工业出版社，2014：23-26.

于一对夫妇难以抚养多个孩子，开始出现大量的弃婴，最后流落至孤儿院。这些孩子后来被命名为“罗马尼亚孤儿”或“罗马尼亚的弃儿”。[①]

“罗马尼亚孤儿”面临的问题是，孤儿院的护理人员不够，一个工作人员需要照顾几十个孩子。护工缺乏专业训练，对孩子采用简单粗暴的制度化管理：孩子们必须在统一时间起床，统一时间进食，统一时间换尿布。穆勒（G. Mulheir）在《孤儿院的悲剧》的演讲中透露，孤儿院的孩子很少接触人，长时间躺在自己的小床上，安静地盯着天花板、墙面或小床的栅栏。即便活动，也只能在婴儿床内做夸张的前后点头的动作。这个动作成为在孤儿院长大的孩子的典型标志。孤儿院保持了某种令人不安的宁静，房间里有几十个孩子，但没有人哭。即便尿布脏了，肚子饿了，感觉无聊，他们也只会发出痛苦的呻吟声。孩子们刚进入孤儿院时会哭会闹。当他们发现无论怎么哭闹也无人搭理时，他们开始进入一种习得性无助的宁静状态，不再发出多此一举的哭声。[②]“哭声免疫法”在“罗马尼亚孤儿”这里得到强化。

“哭声免疫法”的主要策略是哭则不抱，不哭才抱。据说，“哭声免疫法”与美国心理学家华生有关。[③]华生是美国心理学研究领域的风云人物，但是，他的家庭教育理论却让美国众多家庭受到伤害，同时也伤及华生自己的孩子。在1928年出版的《婴儿与儿童的心理学关怀》中，华生对亲子之间的亲密关系提出警告：父母永远不要拥抱和亲吻儿童，永远不要让他们坐在你的膝盖上。如果必须这样的话，那么，当他们说晚安的时候亲吻一下他们的额头。早晨起床后和他们握握手。如果他们出色地完成了一项极为困难的工作，就在头上抚摸一下，以示赞扬。这样一来，你就会发现，你可以多么轻松客观地对待他们，同时又不失你的慈爱。你会为以往那种令人作呕、多愁善感的养育方式而感到彻底的羞愧。[④]

---

① C. Nelson, N. Fox, C. Zeanah. Romania's Abandoned Children：Deprivation, Brain Development, and the Struggle for Recovery[M]. Harvard University Press, 2016：45–52.

② 穆勒. 孤儿院的悲剧[EB/OL]. 微信公众号：新父母教育，2023-05-16.

③ 文颖君. 哭声免疫法的危害[J]. 大众心理学，2015(7)：28-29.

④ [美]杜安·舒尔茨，西德尼·舒尔茨. 现代心理学史[M]. 叶浩生，杨文登，译. 北京：机械工业出版社，2014：297-298.

作为著名心理学家的华生，他的家庭教育理论在美国社会迅速产生影响。整整一代儿童，包括华生自己的孩子，都受华生家庭教育理论的影响。华生的儿子回忆说，他的父亲从未对他和他的兄弟表达过爱的情感。

儿子对华生的描述是："没有同情心，在情感上无法沟通，从不表达自己的任何感受和情感。"他对父亲的家庭教育表达了愤怒。他认为他的父亲剥夺了亲子关系的基础。"他从未亲吻过我们，或者把我们当成儿童看待"。华生的孩子从没有想过要在身体上亲近父母，因为他们都知道，那是一个禁忌。后来，华生的两个儿子从青春期开始就得了严重的抑郁症。一个儿子自杀，另一个儿子精神崩溃，一直在与自杀冲动作斗争。华生的女儿多次自杀未遂。华生的孙女后来也自杀身亡，华生的外孙女则患有抑郁症，酗酒，且常有自杀的念头。①

华生的观点看似极端，但它代表了一种观念。在推崇自由主义、个人主义的国家或地区，父母往往倾向于尽早让孩子独立。但是，孩子从依恋到独立有一个过程，父母不必急于让孩子独立。即便追求自由、独立的夏山学校的校长尼尔也认为，类似华生的"禁欲"主义式的家庭教育观念是一派胡言。他认为父母可以搂抱孩子，可以抚摸孩子，可以通过瘙痒来逗他开心，一个健康的孩子总是笑口常开。②

三、爱和陪伴是情感健康发展的保障

对低幼儿童来说，相较于拔苗助长式的超前学习或智力开发，他们更需要的是父母的爱和陪伴。拥抱、抚摸或亲吻（亲吻孩子的脸颊和额头）等满怀爱意和亲情的身体接触，是孩子情感发展的营养剂，是建立亲密亲子关系的基础，也是后续父母发挥家庭教育独特作用的情感基础。对三岁前的婴幼儿，需要让他们享受更多的自由、宽松、爱和亲密的身体接触。三岁之后，逐步引导孩子学习自理个人生活的技能，随着年龄的增长和能力的提高，再培养孩子独立生活和独立做事的能力。如果让孩子在学前阶段就接受严厉的管教，导致孩子与父母没有建立

---

① ［美］杜安·舒尔茨，西德尼·舒尔茨．现代心理学史［M］．叶浩生，杨文登，译．北京：机械工业出版社，2014：298．

② ［英］尼尔．夏山学校：养育子女的最佳方法［M］．周德，译．北京：京华出版社，2002：250．

亲密的情感联结关系，孩子到了青春期后，一是可能不与家长交流心事，二是不服从家长的管教，长大之后还可能发生情感危机，影响个人和家庭生活的幸福。

对幼儿来说，最好的教育就是父母亲自陪伴。不要以工作忙或其他任何理由拒绝陪伴自己的孩子。只有亲自陪伴孩子，孩子才会对父母产生情感依恋关系。从“哈洛猴”的实验结果来看，建立了情感依恋关系之后，即便母亲虐待自己的孩子，孩子也依然会对自己的妈妈固执地表达爱与信任。[①]培养孩子独立生活的能力是重要的，但就幼儿来说，心理上的过早独立会给孩子的成长带来严重的伤害。无论分床睡觉还是独立做事，都需要保持节奏，不必心急。孩子迟早需要开始学习知识，学会阅读和思考，但是，对于学前阶段的幼儿来说，重要的是情感、语言和动作的健康发展，不要过早地让孩子过理性的生活。虽然游戏对幼儿的成长来说是最好的形式，但是，需要警惕手机以及电子游戏。不要让手机、电视机以及电子游戏成为孩子的“替代妈妈”。

尽管学前阶段的孩子有足够的潜力开始认字和阅读，甚至可以学习比较复杂的数学、物理、化学知识[②]，但父母最好不要让孩子过早地进行抽象的“符号”学习。有学习的潜力并非意味着可以过度开发潜力。学前阶段是情感、语言和动作发展的关键期。三者之间，情感最重要。在这个阶段，父母最好给孩子提供柔软、亲密和温暖的陪伴，而不要让孩子从父母那里感受到僵硬、疏远和冷漠。培养孩子的独立品质是需要的，但对于学前阶段的孩子来说，还没有到独立生活、独立做事的年龄，教育培养可逐步推进。

在孩子处于学前阶段，父母最好亲自陪伴孩子，让孩子跟父母建立正常的情感依恋关系。在父亲和母亲之间，母亲往往对学前阶段的孩子的影响更大。有人将母亲比作大地，将父亲比作天空。孩子的第一需要是站立在厚实的大地之上，站稳脚跟。与母亲相比，父亲与三岁前后的孩子相处较少。父亲的重要性不能与

---

① ［美］布卢姆．孩子，怎样爱你才对［M］．江水东，译．沈阳：万卷出版公司，2010：120-121．

② 2005年5月18日中央电视台新闻调查：《神童的成长》。详见：刘良华．过度进行“早期智力开发”的后果［EB/OL］．微信公众号：新父母教育，2018-12-08．

母亲相提并论。[①]这个年龄阶段的孩子与母亲是合拍的，母子连心。鲍尔比等人的研究显示，婴儿会优先选择向母亲寻求亲近。即便母亲外出工作，父亲成为主要的照看者，婴儿还是更喜欢母亲。婴儿对母亲的优先依恋可能与婴儿在子宫里长时间听到母亲的声音有关。[②]也有研究显示，孩子之所以更爱母亲，是因为母亲的乳腺会分泌出一种属于“外激素”的化学物质，这个外激素是引导婴儿找到母乳的源泉。[③]

这并不意味着在孩子处于学前阶段只需要母亲的陪伴，只是说，对于幼小的孩子来说，母亲的陪伴比父亲的陪伴更重要。如果有条件，最好父母双方同时陪伴孩子。不少父母要么将孩子交给祖父母照料，要么只有母亲或父亲陪伴。阿德勒提醒，不仅父母要亲自陪伴孩子，而且父母双方都要跟孩子建立亲密关系。“父母或监护人不能让孩子只和一个人建立密切的关系，否则，孩子就不能很好地适应今后的生活。”[④]

如果父母双方不能同时陪伴孩子，那么就只能选择退而求其次的办法：要让孩子身边有一个主要陪伴者，让孩子跟这个主要陪伴者建立稳定的情感依恋关系。这个主要陪伴者可以是孩子的祖父母或外祖父母，也可以是孩子的其他亲人。有条件的家庭也可以让某个长期的家庭教师作为孩子的主要陪伴者，但最好不是保姆。

第二节　语言发展与潜能递减

学前阶段是儿童语言发展的敏感期。语言是思维的外壳和工具，母语与外语学习会促进孩子的思维发展。学前阶段的孩子尚未受到系统知识和逻辑推理的影

① 王东华．发现母亲［M］．北京：中国妇女出版社，2003：312-313．

② ［美］威廉．心理治疗中的依恋［M］．巴彤，李斌彬，施以德，等，译．北京：中国轻工业出版社，2014：31．

③ 饶毅．饶毅科学［M］．上海：上海科技出版社，2009：11．

④ ［奥］阿德勒．儿童的人格教育［M］．张庆宗，译．上海：华东师范大学出版社，2016：8．

响，可以借助语言展开丰富的想象。父母需要保护学前阶段孩子的好奇心和想象力。孩子在三岁前，如果有足够的语言刺激，其语言潜能就可能100%被开发出来。如果在三岁前缺乏足够的语言刺激，四五岁时才有人陪他说话，他的语言潜能可能只有80%被开发出来。如果九岁才有人陪他说话，那么，这个孩子可能会彻底丧失语言能力，一辈子都不会说话了，有人称之为“潜能递减规律”[①]。

一、母语与外语

学前阶段是孩子学习母语和外语的关键阶段。语言是思维的外壳，母语与外语学习会促进思维发展。学前阶段的孩子尚未受到系统知识和逻辑推理的影响，这个阶段的孩子可以借助语言展开丰富的想象。父母需要保护学前儿童的好奇心和想象力。

语言学习会影响孩子的思维发展。错过了语言发展关键期的后果之一，是孩子语言能力发展受损，更严重的后果是智力低下。语言与思维的关系（或语言与智力的关系）正是心理学研究一直关注的重要问题。在这个领域，有两位心理学家贡献最大：一位是瑞士心理学家皮亚杰，其专著是《儿童的语言与思维》[②]；另一位是苏联心理学家维果茨基，其专著是《思维与语言》[③]。这两位心理学家在语言与思维的关系问题上虽然有一些不同的看法，但他们一致地关注了语言与思维（或智力）的关系。[④]他们的研究表明，如果错过了孩子的语言发展关键期，孩子不只是语言技能不发达，更重要的是，孩子的思维或智力将受到影响。

在语言发展的关键期，如果父母不陪伴孩子说话，不给孩子讲故事，不经常跟孩子呢喃细语，那么，这个孩子不仅会成为一个不会说话或表达能力低下的

① ［日］木村久一．早期教育和天才［M］．河北大学日本问题研究所，译．石家庄：河北人民出版社，1979：195．

② ［瑞士］皮亚杰．皮亚杰教育论著选［M］．卢濬，译．北京：人民教育出版社，2015．

③ ［苏］维果茨基．维果茨基教育论著选［M］．余震球，译．北京：人民教育出版社，2004．

④ 皮亚杰和维果茨基在同一年出生，而且相互关注对方的研究。可惜维果茨基英年早逝，仅活了38岁。

人，还会因其语言功能的丧失而导致终身智力低下。

动物学研究也有类似的发现：几乎所有动物都有自己的语言，禽有禽言，兽有兽语，鸟类尤其拥有丰富的语言。莺歌燕舞一直成为人类羡慕的对象。鸟可以鸣唱复杂而美妙的和声，但是，“很多善歌型鸟类如果在其幼年阶段失聪而无法听见声音，就不能发出清晰的声调”。[①]

三岁之前，父母要多陪孩子吃饭、睡觉、聊天。语言和情感是连在一起的，谁在这个年龄多陪孩子聊天，谁就被孩子视为“亲人”。四五岁的孩子，除了陪伴他们说话，还可以引导他们结合生活情境认识一些常见的字。这个年龄阶段的孩子，不仅对声音符号敏感，对文字符号也是敏感的，没有考核压力的识字，对孩子也是一种探索游戏。当孩子处于小学阶段，父母本人最好逐步由给孩子讲故事过渡到让孩子读故事并让孩子讲故事，让孩子逐步由口语学习向书面语学习过渡。父母可以带着孩子一起读儿童绘本。

学前阶段不仅是母语学习的关键期，也是外语学习的关键期。孩子何时学外语比较合适，这是有争议的话题。有人担心，三岁前后是孩子学母语的关键期，过早让孩子学外语是对“不要输在起跑线”的误解[②]，也会对母语学习构成干扰[③]。但是，有研究表明，孩子越早学外语，其发音越纯正、越地道。[④]

孩子一出生就可以学习外语。大量移民家庭孩子的成长实践表明，儿童如果生活在同时具备两种语言刺激的环境中，他们也能同时学会两种语言。外语学习的确会对母语学习产生一定的干扰。同时学习母语和外语的孩子比只学母语的孩子，在母语学习速度上可能慢一些。比如，一般孩子在三岁前后可以比较流畅地说母语，而同时学习母语和外语的孩子，可能在三岁半或四岁才能比较流畅地说母语。但是，同时学习母语和外语的孩子有一个优势：一旦学会了母语，他同

---

① ［奥］洛伦茨．人性的退化［M］．寇瑛，译．北京：中信出版社，2013：95．

② 杨咏梅．全民误读“起跑线”——访中国工程院院士、教育部原副部长韦钰［N］．中国教育报，2015-6-5(5)．

③ 陈建生，杨玉娟．英语教育不宜过早［J］．学前教育研究，2007(3)：21-24．

④ ［美］伍尔福克．伍尔福克教育心理学［M］．伍新春，赖丹凤，季娇，等，译．北京：中国人民大学出版社，2012：22-23．

时也学会了外语。他会熟练使用两种语言，可以根据需要在两种语言之间自由切换。

母语学习和外语学习虽然有一些差别，但母语的语文学科和外语有大量交叉融合的内容，两者都是历史、文学与哲学的统一。外语学习有利于提升孩子的国际理解素养。外语教学虽然也需要中外文化的比较以及文化输出，但外语教学的主要价值在于培养孩子的国际理解素养。

外语学习与母语的语文学习有一个共同的原理：语言的起点或语言的第一性是声音（口语）而不是文字符号（书面语）。在声音或口语的听说之间，听优先于说。由于孩子在生活中已经接受了大量的听母语的训练，幼儿园阶段的母语学习可以多练习说话，小学阶段的语文学习可以侧重说和读。但是，外语学习是孩子重新开启的一门新的语言，需要重新回到听优先于说的原点。因此，父母可以将“听领先”作为外语学习的首要原则。

如果父母想让学前阶段的孩子学习外语，可以让孩子多看英文版的电影或电视剧。也因此有学者认为：“家长英语不好，也能培养英语小达人。”[①]不过，过度看电视会伤害孩子的视力，影响孩子的睡眠，破坏孩子的思维发展。即便为了学外语而看电视，也需要有所节制。

二、艺术语言

孩子不仅对语言的声音系统敏感，对语言的符号系统也是敏感的。这里的语言既包括母语和外语，也包括艺术语言。适合学前阶段孩子学习的艺术主要包括音乐和美术。

孩子是天生的歌者和舞者，只要音乐响起，孩子就会手舞足蹈。所有美好的儿童歌曲和儿童舞蹈，几乎都是对环境中人和动物的生活以及天籁之音的延续和模仿。孩子拥有尚未被世俗文明污染的赤子之心，只要置身于合适的音乐环境之中，孩子就会随声附和或摇曳起舞。只要父母善于保护和引导，几乎每个儿童都可以在学前和小学阶段快速学会唱歌和跳舞的技艺。不仅如此，孩子还可以迅速学会识简谱，甚至可以在短时间内学会识五线谱。

① 魏坤琳．魏坤琳的科学养育宝典［M］．北京：中信出版社，2019：82-86．

孩子之所以有丰盈的乐感，主要是因为，一个人的成长，复演了整个人类社会的漫长发展历史。处于婴幼儿阶段的孩子，大体相当于原始社会的原始人类。原始人接近动物状态。唱歌和跳舞原本是原始人的日常生活。那些保持了原始本能的少数民族也延续了这个自然状态：凡是会说话的，就会唱歌；凡是会走路的，就会跳舞。

遗憾的是，现代人在追求现代科技文明时，反倒遗忘和丢失了美好的歌舞传统。高科技满足了人类偷懒的欲望，同时也使人类逐渐丢失了原始的本能与美好。

父母最好在孩子感性发展的关键期，引导孩子学习琴棋书画，培养兴趣。例如，可以让三岁之前的孩子开始接触钢琴，但也只能是接触。三四岁的孩子还没有长出小肌肉群，手指缺乏力量。三四岁的孩子弹钢琴不仅按键艰难，而且会对手指造成损伤。一般而言，孩子可以在五岁左右开始弹钢琴。若在五岁左右开始学习钢琴，那么，孩子会较快地掌握弹琴的基本技能，而且会识简谱或五线谱。孩子对简谱或五线谱有天然的亲近感，而对于缺乏音乐素养的成年人来说，简谱并不简单，五线谱几乎就是天书。孩子并不像成人那样用逻辑思维去对待简谱或五线谱，他们的长项是图像思维或整体感知。

如果错过了关键年龄再让孩子学习弹钢琴，那么，父母很可能会发现，家里从此多了一个“不动产”。不少家庭虽然有一架比较高级的钢琴，但这架钢琴不是用来弹的，而是用来看的。当钢琴成为中产阶级的标配，它就可能成为一个摆设。

如果家里买了钢琴，孩子不愿意弹怎么办？在购买钢琴之前，父母最好先带孩子去朋友或同学家里观摩、体验。也可以带着孩子去拜访钢琴老师，让孩子尝试接受钢琴老师的辅导。

初次接触钢琴时，最好寻找一个善于兴起和激发孩子弹琴兴趣的老师。尽可能让孩子从弹琴的过程中找到游戏的感觉。孩子可能不喜欢弹钢琴，但孩子一定喜欢玩游戏。购买钢琴的三个原则是：在孩子没有弹钢琴的尝试和体验之前，不要轻易购买钢琴；在孩子没有弹钢琴的信心和决心之前，不要轻易购买钢琴；当孩子有了弹钢琴的体验和决心之后，最好让孩子亲自去挑选和购买钢琴。

一旦在琴棋书画等领域建立了自己的语感或节奏感，孩子就会迅速“上手”，心领神会，欲罢不能。对于那些已经学会了弹钢琴的孩子来说，孩子可能会说：小学时我妈逼着我弹钢琴，因为我不喜欢；到了中学，我妈逼着我不要弹钢琴，因为我太喜欢。

除了音乐，孩子对美术也有独特的理解。小孩子会拿彩色画笔在墙上、椅子上或桌子上涂鸦。幼小儿童的涂鸦有重要的生命意义和美学意义。智慧的父母不会阻拦孩子涂鸦，不会嫌弃孩子画得不像或不好。

孩子会在家的墙壁、家具上以及家庭成员和自己的服装颜色上接受色彩的熏陶。让孩子置身于自然和谐的颜色而不是五光十色之中，孩子才能够发展出和谐稳定的色彩感觉。

儿童虽然对新奇的声音和颜色比较敏感，但眼花缭乱的杂色并不利于培养色彩感。《老子》第十二章云：“五色令人目盲，五音令人耳聋，五味令人口爽。”父母应尽量让孩子避开眼花缭乱的颜色，为孩子提供和谐稳定的自然之色。

父母为孩子提供的服装款式和花色可能会对孩子的穿衣习惯构成终身影响。即便家庭不富裕，也不影响父母对孩子的服装款式和颜色的选择。爱美的母亲可能会在孩子的衣服上绣一朵小花，或者，用一块布料为孩子裁剪一件简单的衣裙。这样的习惯会在孩子幼小的心灵里播下美的种子，它会影响孩子的一生。

三、语言与思维

孩子与成人最大的不同在于：孩子有更强烈的好奇心和更丰富的想象力。可惜，当成人热衷于知识和逻辑推理时，容易丢失原有的好奇心和想象力。在学前阶段，儿童的想象力独占鳌头。上学后，大多数人的想象力将被知识驱逐。问题是，知识渊博而缺乏想象力的人，终身只能重复前人发现的知识而不能创造新知识。[①]

保护孩子好奇心和想象力的基本途径是留意并鼓励孩子的语言和思维方式，跟孩子一起研究他感兴趣的事物，给孩子讲故事，并鼓励孩子创编自己的故事，倾听孩子的声音。

如果有可能，最好记录和收藏孩子说出的每一个富有好奇心和想象力的精彩

① 郑渊洁．郑渊洁家庭教育课［M］．天津：天津人民出版社，2018：167．

句子。记录和收藏之后，不仅父母自己看，也给孩子本人看，让孩子与父母一起欣赏那些有趣的“童言童语”。比如，儿子说：“妈妈，长大了我要跟你结婚。”妈妈说：“好啊。你多少岁结婚呢？”儿子说：“15岁，20岁吧。”妈妈说：“可是妈妈已经跟爸爸结婚了。爸爸怎么办呢？”儿子说：“他可以跟他自己的妈妈结婚啊。”[①]

留住孩子的童心或保护并发展孩子的好奇心和想象力，其基本途径是让孩子在每个年龄段做他该做的事，在孩子应该发展感性经验、需要充分活动和游戏的学前阶段，就不要过早地让他们进行大量的文化知识学习，不要过早地让抽象的文化知识限制了孩子的想象力。

第三节　动作发展与感统理论

心理学的研究表明，学前儿童的思维活动离不开动作或实际操作。尽管这个阶段的孩子也有不同程度的图像思维或符号思维，但以动作思维为主。[②]如果父母让孩子过早、过度地接受符号思维的训练而缺乏足够的身体活动，尤其是爬行和手工活动，孩子就可能出现“感统失调”的问题。虽然人的思维大体沿着动作思维、图像思维和符号思维三个阶段展开，但是，由于动作思维隐含了实践的意向，动作思维既是人的思维和智力发展的起点，也是思维和智力发展的终点。人的思考和求知终究需要回到人的动作和实践中来，并接受动作和实践的检验。

一、感觉统合与感统失调

感觉统合理论由美国学者爱尔斯（A. Ayres）在1972年正式提出。[③]感觉统

① 刘晓，程毅．家是另一个学校：给父母的12种家庭教育能力［M］．上海：华东师范大学出版社，2021：36．

② ［美］布鲁纳．教学论［M］．姚梅林，郭安，译．北京：中国轻工业出版社，2008：9．

③ Ayres A. Sensory Integration and Learning Disorder[M]. Los Angeles：Western Psychological Services, 1972.

合是指大脑将人与环境互动过程中发生的信息统合起来，以便做出正确的身体反应。如果大脑无法完成人与环境互动信息的统合，身体就无法作出正确的反应，容易出现“感统失调”。一旦发生感统失调，孩子就会出现走路姿势怪异、笨手笨脚、写字错漏、好动、注意力不集中、严重害羞等问题。孤独症也与感统失调有关。因此，感统训练被作为治疗孤独症儿童的重要方法。①

感觉统合依赖于人体的感觉系统，主要包括视觉、听觉、触觉、前庭觉和本体觉等五个感觉系统。这五个感觉系统将人与环境互动的信息输入大脑，大脑对信息进行加工处理并做出适应性的反应。爱尔斯主要关注前庭觉、本体觉和触觉等三个方面的感统失调。

第一，前庭觉失调主要是大脑平衡觉的问题，具体表现包括：多动，喜欢自转而且不头晕；走路摇晃、踉跄；容易碰撞东西，容易跌倒；注意力不集中；说话比较晚。可能在两岁左右才学会说话。

第二，本体觉主要是四肢动作的问题。具体表现包括：手脚笨拙，系鞋带扣纽扣困难，写字慢，拖拉；运动技能弱；过于敏感，拒绝拥抱，或者低敏感，需要紧紧地拥抱才得到满足；不合群。

第三，触觉失调主要是皮肤觉的问题，具体表现包括：过度敏感或低敏感，没有疼痛感或者疼痛阈值很低；喜欢抱枕或讨厌被摸；爱哭闹，打人，啃指甲。这样的孩子可能会有洁癖的倾向，遇到稍微脏一点的东西就感到难受或发出尖叫。

第四，视觉的问题，具体包括阅读时容易跳读或漏字；写字颠倒偏旁；计算能力比较弱；等等。

第五，听觉的问题，具体包括听课容易遗忘，甚至充耳不闻；容易忘记他人分派的任务，即便接受一些小任务，也会临场遗忘；容易丢三落四；等等。

轻度的感统失调并非疾病，大部分孩子多少都有轻度的感统失调问题。轻度的感统失调将会随着时间的推移逐步得到改善。有些感统失调问题还可能有积极的意义而并非完全是负面的。感统失调可能导致某个方面的优势发展，这个优势

---

① ［美］邦迪，莱恩．感觉统合理论与实践［M］．韩平，艾坤，译．厦门：厦门大学出版社，2022：33-47．

可能会成为孩子的特异功能。

城市的孩子之所以比较容易出现“感统失调”问题，主要有三个原因。一是家庭成员少，父母比较忙，亲子互动较少。二是城市文化普遍重视“卫生”，有些父母甚至有“洁癖”倾向。这样的文化往往既不支持孩子爬行，也不鼓励孩子运动或劳动。同时，城市父母的职业比较专门化，孩子很难参与父母的劳动，甚至很少承担家务劳动。城市交通繁忙，马路上总是有来来往往的车辆，父母不敢放手让孩子到户外运动。三是过早过度开发孩子的智力，使他们缺乏足够的身体活动，学会走路之前缺乏足够的爬行，学会走路之后缺乏足够的运动或劳动。缺乏足够的身体活动已经使孩子的感统出现困难了，过早过度开发智力就会给孩子的感统带来雪上加霜的打击。

这三个原因也可以归纳为“两个多”：一是“管”得太多；二是“关”得太多，使孩子缺乏足够的爬行、手工活动和户外活动。也因此，预防感统失调的主要途径就是“少管，少关”。父母最好引导孩子参加足够的身体活动尤其是户外活动。如果有足够自由的爬行、足够尽兴的玩耍、足够投入的手工游戏，孩子就不会出现感统失调问题。

也有人将这三个原因归纳为“头重脚轻”[①]。一是“脚轻”。孩子学会走路之前爬行不够，或者，学会走路之后运动和劳动不够，导致孩子“脚跟不稳”。二是“头重”。过度的“早期智力开发”，导致孩子头脑发达，四肢“简单”。缺乏爬行、运动和劳动已经导致孩子“脚轻”，过度的“早期智力开发”又使孩子“头重”。两面夹击，孩子会出现严重的感统失调。就此而言，宁可让学前阶段的孩子“四肢发达，头脑简单”，也不要让孩子“头脑发达，四肢简单”。等到孩子到了小学阶段，可逐步强化孩子的文化学习，让孩子的身体发展与心理发展齐头并进。

二、经历爬行与足够运动

爬行是影响幼儿动作发展和大脑发育的关键活动。爬行是人类早期的基本生存方式。在从动物进化为人的过程中，直立行走只有一个很短的历史。在直立行

① 这是广东第二师范学院熊焰教授在有关“感统失调”的讨论中提出的观点。谨此致谢。

走之前，经历了漫长的爬行过程。直立行走虽然有很多好处，比如解放了双手，并使人类因此可以更加方便地制造和使用工具，但直立行走也有负面的作用，比如，给心脏、腰椎间盘、膝盖增加了负担。心脏病、高血压、腰椎间盘突出、膝盖疼痛等疾病几乎是人类的专属疾病，四肢爬行的动物很少有这样的疾病。

孩子从爬行到直立行走，几乎“复演”了人类从爬行动物到直立行走的过程。爬行不仅为直立行走提供了前提条件，而且具有独立的价值。即便发展到成人阶段，不少人也需要以类似“五禽戏”的方式恢复爬行状态，以此维护身体的健康。

爬行对孩子身体发育以及大脑发育意义重大。如果父母没有让孩子经历足够的爬行就让孩子依赖“学步车”等工具过早地直立行走，那么，孩子可能会出现“感统失调”问题。

孩子的爬行不仅会影响动作协调，也会影响智力发展。如果孩子在一岁前后没有足够的爬行，到了幼儿园或小学阶段就可能会出现比较严重的“感觉统合失调”问题，包括动作不协调，好动，坐立不安，注意力不集中，笨手笨脚，过度害羞，自闭，阅读时会漏字、错行，等等。

爬行是七八个月开始的动作行为，民间的经验是“三翻六坐八爬”。这个说法可能不太精准，但大致提示了孩子从翻身到坐再到爬的时间与节奏。孩子三个月就可以抬头、翻身；六个月就可以坐；八个月前后就可以“手膝爬行”。在“手膝爬行”之前，孩子在半岁前后就可以开始“抵足爬行”（以腹部为支点向前爬行）。在“手膝爬行”之后，到一岁左右就可以“手足爬行”并尝试直立行走。

孩子在一岁之后，开始由爬行发展为直立行走。但是，孩子在三岁前后的直立行走是一个“假象”。在从“直立行走”到“动如脱兔”或“健步如飞”之间，孩子仍然需要较多的四肢协同运动。从某种意义上说，从出生到六岁左右，孩子的所有动作几乎都是“爬行”的延伸或变式。父母需要引导孩子通过“全身游戏”来让孩子获得足够的爬行。所谓“全身游戏”，主要是指“四肢参与”的运动游戏或劳动游戏。四肢是全身的代表，四肢发达就是整个身体的发达。如果只有头脑或手指参与的游戏就算不上“全身游戏”。

相比之下，阅读、听故事、计算等智力游戏只是“动脑”，而弹钢琴、弹吉他、拉小提琴、玩积木等也只是“手指游戏”或“桌面游戏”。即便玩“乐高”，也还是手指游戏。只有跑步、打球、踢毽子、做饭、扫地、安装家具等运动或劳动，才算是“四肢参与”的全身游戏。学前阶段尤其是三岁之前的孩子，最好少一些智力游戏（含审美游戏），多一些四肢参与的运动游戏或劳动游戏。

父母可以让学前儿童学习游泳。游泳就是水上爬行或水中跑步。孩子一出生就可以开始学游泳。在出生之前，孩子已经在妈妈的子宫里有了将近十个月的游泳经历。出生之后，孩子跟水依然有某种亲缘关系。不过，从0岁就可以开始游泳并不意味着从0岁就可以开始规范的游泳“训练”。

如果以培养专业运动员为目的，孩子在三四岁就可以开始接受乒乓球“启蒙”，五岁半左右就可以开始正式的乒乓球训练。① 如果错过了五岁半，到十岁前后才开始打乒乓球，那么，这个孩子可以把打乒乓球作为一项业余爱好，但很难达到专业水平。这并不意味着只要三岁前后开始训练，每个孩子都可以成为专业乒乓球运动员。专业运动员需要天赋、兴趣和持久训练的意志力。

三、保护孩子的劳动热情

按照心理学家埃里克森的观点，孩子在三岁前后的基本任务是建立自主感。在这个阶段，孩子开始追求独立，要自己吃饭、做事、穿衣、走路、玩游戏，等等。如果父母支持孩子独立做事，让孩子在“尝试错误”中学习，那么，孩子就会因为自我掌控感而逐步发展出自信心和意志力。相反，如果父母或他人过分控制孩子的自由活动，越俎代庖，或者，孩子一旦出现错误，家长就呵斥甚至惩罚孩子，那么，孩子遭遇多次的失败和惩罚之后，就会产生自我怀疑和羞耻感。②

在建立自主感的关键期，婴幼儿如果连续遭遇失败，就会彻底放弃自主尝试。其实，即便到了青少年期甚至成年期，人在多次遭遇打击之后，也会产生“习得性无助”的绝望心理。成人的连续失败导致产生“习得性无助”与婴儿因

① 广州市清水濠小学是乒乓球特色学校。有关孩子最好在5岁半开始学打乒乓球的建议，来自容礼校长提供的资料。谨此致谢。

② ［美］杜安·舒尔茨，西德尼·舒尔茨. 人格心理学：全面、科学的人性思考［M］. 张登浩，李森，译. 北京：机械工业出版社，2016：104-108.

情感依恋失败而导致孤独或自闭，隐含了共同的心理学原理。

学前阶段的孩子是工作狂，简直就是不怕苦不怕累、勤勤恳恳、任劳任怨的“劳动模范”。孩子会把劳动当作游戏。孩子会跟着父母一起洗碗，他认为他有权参与所有的家庭事务。他不仅要参与洗碗活动，还坚持按照他自己的方式洗碗。孩子用很小的手捏拿一只大碗在水池里面抖动。等到拿起来的时候，他很可能会把碗摔到地上。如果父母缺乏陪伴孩子的耐心，在孩子犯错之后，父母可能会呵斥孩子：“走开，别添乱。”但是，智慧的父母总是相信：孩子会在尝试错误的过程中逐步积累成长的经验。

父母要保护孩子的劳动热情。孩子的劳动就是他的游戏和生活。如果在足够的爬行和运动的基础上，再加上足够的劳动，孩子就可以顺利实现“感觉统合”。

父母可以关注鲁迅的《故乡》中少年闰土形象以及电影《追风筝的人》[①]中仆人的儿子哈桑的形象。闰土和哈桑之所以能够“动如脱兔”，是因为这两个孩子在幼小时期都有足够的爬行、劳动和运动。

如果孩子在学前阶段缺乏足够的爬行、运动和劳动，那么，孩子不仅会出现走路不稳、手脚笨拙等动作技能的问题，还可能导致孩子在进入小学后出现做事磨蹭、拖拉、写字慢、注意力不集中等问题。磨蹭、拖拉、注意力不集中的部分原因可能就是感统失调。父母最好鼓励孩子增加运动和劳动。动生阳、静生阴，一旦孩子养成了运动和劳动的习惯，孩子就会逐渐建立雷厉风行的冲动和作风。改变习惯需要时间，也需要家长有等待和守望的耐心，不必急于求成。

有些心理的问题只能通过身体的改善才能解决。可以考虑发展孩子的体育特长，以快速运动和劳动的训练来提升做作业的速度。运动和劳动虽然不能包治百病，但运动和劳动是“感统训练”的重要途径。农村的孩子可能有更多的机会参加体力劳动，而城镇的孩子可能有更多的机会参加体育运动。

总之，学前阶段是孩子情感、语言和动作发展的关键期和敏感期。如果孩子在这个阶段获得了足够的情感滋养、语言刺激和动作训练，孩子不仅能充分享受学前阶段的快乐和幸福，而且能为一生的身心健康和幸福生活打下良好的基础。

---

① 该电影根据美籍阿富汗作家胡赛尼（K. Hosseini）的小说《追风筝的人》改编。

思考与练习

一、选择题

1. 对学前阶段的孩子，情感发展的关键策略有（多选）：

A 跟身边的某个人建立稳定的情感依恋关系

B 亲密的身体接触

C 言传身教

D 父母的爱与陪伴

2. 对学前阶段的孩子，语言发展的基本策略有（多选）：

A 尽早让孩子多说话　　B 足够的语言输入

C 从单词学习开始　　D 从语法学习开始

3. 导致孩子感统失调的主要原因包括（多选）

A 缺乏足够的爬行　　B 缺乏足够的户外活动

C 智力低下　　D 缺乏情感

二、讨论题

阅读下面的材料并围绕后面的问题展开讨论。

美国心理学家哈洛所做的猴子实验，其最初的结果显示，猴子跟替代母亲在一起也可以健康成长。这意味着母亲也可以不必亲自喂养和陪伴孩子。但后来的“强暴架”实验结果显示，这些“哈洛猴”即便做了母亲，她们对自己的孩子也缺乏母爱的感情，甚至虐待、撕咬自己的孩子。英国心理学家鲍尔比的研究也注意到“依恋”对孩子的成长特别重要，并呼吁母亲亲自陪伴自己的孩子。

讨论方向：

第一，哈洛用猴子做了哪些实验研究，获得了哪些结果和结论？

第二，鲍尔比的依恋理论提出了哪些重要的结论和建议？

第三，简述“罗马尼亚孤儿”的由来及其后果。

三、案例分析

电影《地球上的星星》讲述了一个感统失调的孩子伊桑的故事。伊桑的同学们一度认为他有智力障碍。幸运的是，伊桑遇到了一位优秀的老师。在老师的帮助下，他成了一个特别优秀的孩子。电影《王者之旅》也讲述了类似的故事。

搜索并观看上述电影，然后围绕以下问题展开讨论：

第一，伊桑在哪些方面显示出感统失调的特征？除了《地球上的星星》和《王者之旅》，还有哪些电影讲述了类似这样的故事？

第二，那个优秀的老师帮助伊桑完成了哪些训练？

第三，鲁迅在《故乡》里讲了“少年闰土”的故事，胡赛尼在《追风筝的人》中也讲了类似的故事。故事中仆人的孩子为什么反而比主人的孩子拥有更发达的感觉系统？

拓展学习资源

1. ［美］布卢姆．孩子，怎样爱你才对［M］．江水东，译．沈阳：万卷出版公司，2010．重点关注哈洛所做的猴子实验。
2. 李长谌．印刻：心理学上的新见解［J］．西南师范学院学报，1982(3)：116-118.
3. ［奥］洛伦茨．人性的退化［M］．寇瑛，译．北京：中信出版社，2013．重点关注第一部分“进化的自由度”。
4. H. Harlow. The Nature of Love［J］. American Psychologist, 1958（12）：673-685.
5. ［英］鲍尔比．依恋：依恋三部曲（第一卷）［M］．汪智艳，王婷婷，译．北京：世界图书出版公司，2017．重点关注第三部分“依恋行为”、第四部分“人类依恋的个体发生”。
6. ［英］鲍尔比．分离：依恋三部曲（第二卷）［M］．万巨玲，等译．北京：世界图书出版公司，2017．重点关注第一部分“安全焦虑与困扰”。
7. M. Ainsworth, M. Boston, E. Waters, et al. Patterns of Attachment：

Assessed in the Strange Situation and at Home[M]. Hillsdale, NJ: Erlbaum, 1978. 重点关注该书有关依恋模式的分类。

8. C. Nelson, N. Fox, C. Zeanah. Romania's Abandoned Children: Deprivation, Brain Development, and the Struggle for Recovery[M]. Harvard University Press, 2016.重点关注“罗马尼亚孤儿”的由来及其后果。

9. 文颖君. 哭声免疫法的危害[J]. 大众心理学, 2015(7): 28-29.

10. [美]杜安·舒尔茨, 西德尼·舒尔茨. 现代心理学史[M]. 叶浩生, 杨文登, 译. 北京: 机械工业出版社, 2014. 重点关注第十章“行为主义的开端”。

11. 王东华. 发现母亲[M]. 北京: 中国妇女出版社, 2003. 重点关注第四章第九节“父亲职责: 父亲在育儿中的位置”。

12. [苏]维果茨基. 维果茨基教育论著选[M]. 余震球, 译. 北京: 人民教育出版社, 2004. 重点关注书中有关“思维与语言”的讨论。

13. Ayres A. Sensory Integration and Learning Disorder[M]. Los Angeles: Western Psychological Services, 1972.重点关注书中有关感觉统合与学习失能的介绍。

讲座视频:

孩子的三个关键年龄段

第七章 小学阶段的习惯培养

07

随着年龄的增长，小学阶段的孩子在身体和心理上都有明显变化。按照《黄帝内经·上古天真论》的说法：女子七岁（男子八岁），“肾气盛，齿更发长”。“肾气盛，齿更发长”意味着孩子的生理发育有了明显的变化，为理性思维提供了基本的生理条件。心理学的研究表明，小学儿童的思维从以具体形象为主逐步向抽象逻辑思维过渡，开始出现比较明晰的自我意识，其社会自我逐步形成，社会认知逐步向客观化和深刻化发展。这是孩子走向“懂事”和理性的初始阶段，这也是孩子能否形成某些好习惯和改变某些坏习惯的关键时期。

在小学阶段，孩子逐步开始过“严肃的生活”①。学前阶段的重点是发展感性，而小学阶段的重点则是发展理性。学前阶段的孩子需要接受“自由自在”的宽松教育，小学阶段的孩子需要接受“文武双全”的全面教育和规则教育。文武双全之“文”的主要途径是智育，也可称为崇文教育。父母要引导孩子养成开始文化学习的习惯。文武双全之“武”的主要途径是体育，也可称为尚武教育，要引导孩子养成爱好运动的习惯。为了避免孩子在文化学习和体育运动中出现过度劳倦的问题，父母需要引导孩子发展自己的业余爱好，将“劳逸结合”作为“文武双全”的辅助策略。

小学一年级是学前阶段转向小学阶段的过渡期，需要父母和老师关注孩子的

① 郭力．盛满奇迹的惊喜袋：成长在德国［M］．天津：新蕾出版社，2005：11-12．

幼小衔接，做好入学的身体准备、心理准备、习惯准备、生活准备、学习准备和社会适应准备。[①]不仅小学一年级是“幼小衔接”的过渡期，甚至整个小学阶段都可以视为孩子从“感性教育”到“理性教育”的过渡期，要警惕过早或过度地学习知识，以避免出现“早熟”的危险。在卢梭看来，“人生当中最危险的一段时间是从出生到12岁”[②]。12岁之前的孩子需要充足的睡眠、充足的身体运动、正常平衡的饮食营养，这样才能促进身心的健康成长和发展。到了中学阶段，孩子才可以接受真正的理性教育。

第一节　文化学习的兴趣和习惯

小学阶段的孩子需要在学前阶段就开始建立的良好生活习惯的基础上，进一步培养学习的兴趣和良好习惯。小学阶段的孩子可重点培养三个方面的学习兴趣和习惯：一是艺术兴趣；二是人文兴趣；三是科学兴趣。

一、培养艺术兴趣

艺术是人类文明的重要标志之一。传统的艺术主要包括琴（含音乐游戏）、棋（含棋牌游戏）、书画（含美术游戏）。除了琴棋书画，现代艺术还包含舞蹈和戏剧。音乐、美术、棋牌、舞蹈、戏剧这五种形式可统称“艺术五育”。

一般而言，音乐包括声乐和器乐两种类型。就乐器而言，比较常见的西洋乐器有键盘类（如钢琴、电子琴、手风琴等）、弹拨类（如吉他、竖琴、曼陀铃等）、木管类（比如双簧管、萨克斯管、巴松管、长笛等）、铜管类（如小号、大号、长号等）、弓弦类（如小提琴、大提琴等）、打击乐器类（如大鼓、架子鼓、定音鼓等）。比较常见的我国民族乐器，有吹奏乐器（如竹笛、唢呐、箫等）、弹拨乐器（琵琶、阮、古筝等）、拉弦乐器（如二胡、马头琴、京胡等）、打击乐器（鼓、镲、木鱼等）。

① 钱志亮．科学的入学准备［M］．长春：北方妇女儿童出版社，2022：14-15．

② ［法］卢梭．爱弥儿：论教育（上）［M］．李平沤，译．北京：商务印书馆，1978：96．

在选择艺术项目时，男孩和女孩往往有一些差异。比如，器乐方面，男孩更喜欢萨克斯管、吉他、架子鼓而不太愿意接受古筝、黑管、长笛，女孩反之。钢琴被视为现代城市家庭的标配。钢琴的确是不错的选择，不过，就个性化或表演性而言，在学习钢琴之外，最好学习一种可随身携带的乐器，比如吉他、小提琴、长笛、二胡、马头琴，等等。

棋牌含围棋、中国象棋、国际象棋、军棋、跳棋、麻将、扑克牌等。

美术含绘画、书法、雕刻、雕塑等，父母可以引导小学阶段的孩子训练书法，包括硬笔书法和软笔书法。书法不仅可以发展孩子的艺术技能，还可以提升孩子在考试中的“卷面形象”。

在舞蹈方面，街舞既能发展孩子的节奏感，也能发展孩子身体的灵活性与肌肉的力量感。

戏剧一般包括话剧、歌舞剧、音乐剧、木偶戏、皮影戏以及与之相关的电影、电视剧，等等。父母可以鼓励小学和中学阶段的孩子参与“课本剧”、讲故事、相声、脱口秀、演讲，等等。其中，讲故事、相声、脱口秀、演讲和主持可称为“语言艺术”。现代社会交往越来越重视说话的艺术，演讲、做主持人或脱口秀可以帮助孩子“学会说话”并学习组织群体活动。

培养孩子的艺术兴趣需要尊重孩子的意愿，不必过于强迫和勉强。但是，兴趣与训练并不矛盾。只有通过训练掌握了艺术的基本知识和基本技巧，孩子才可能对艺术发生兴趣。艺术训练不同于艺术游戏。艺术游戏可以随心所欲，随意发挥，但艺术训练需要较长时间的训练，甚至需要艰苦的努力。如果缺乏基本的训练，孩子就很难掌握艺术的基本知识和基本技能。就此而言，文明并不容易。人的文明化需要有基本的克制、努力和训练。

从学习敏感性和时间自由度来看，小学阶段是孩子学习艺术的最佳时期。中学太忙，大学太晚，小学正好。

二、培养人文兴趣

培养人文兴趣的基本途径是让孩子尽早接触文史哲整合课程。哲学（philosophy）、历史（history）、文学（literature）和国际理解（international understanding）的整合，简称PHIL课程。父母或老师最好通过文学故事、历史故事和哲学故事来渗透教育学的道理。文史哲课程可以纳入学校教育的正式课程，也可以呈现为家庭教育的非正式课程。

学前阶段是孩子口语学习的敏感期，可以采用讲故事、听诵读为主。小学阶段是孩子书面语学习的敏感期。父母要引导小学阶段的孩子多阅读，且逐步从童话阅读扩展到历史阅读。

几乎所有的文学故事和历史故事都是文史哲的整合。历史故事与文学故事都是故事，两者的差别在于：文学故事往往是虚构的故事，而历史故事往往是写实的故事。即便采用写实的方式，历史故事也有虚构的成分。比如，司马迁的《史记》是著名的史学著作，但《史记》也有大量的虚构。如果没有虚构，司马迁在《史记·项羽本纪》中就不可能写出“鸿门宴”的故事。而且，几乎所有的文学故事和历史故事都是某种形式的价值哲学。价值哲学的重点是智（智慧）、仁（善良）、勇（勇敢）。《西游记》《水浒传》《三国演义》《红楼梦》等文学名著讲述的是智、仁、勇的故事；《史记》《资治通鉴》等史学名著讲述的也是智、仁、勇的故事。

阅读文学故事或历史故事可能呈现为休闲生活或审美生活，会让孩子的生活变得更有情趣。同时，阅读文学故事或历史故事也是体悟道德规范或审美情趣的重要途径。哲学往往直接讲道理，而文学故事和历史故事总是“文以载道”，用故事讲道理。孩子可能不愿意接受直接的“讲道理”或“讲道德”，但孩子会在阅读“文以载道”的文学故事或历史故事中潜移默化地接受教育。

父母可以引导小学低年级的孩子延续学前阶段的阅读习惯，重点展开童话阅读，尤其可以关注动物故事，通过阅读动物故事，培养孩子亲近自然的自然智慧。到了小学高年级，可以逐步由童话阅读转向历史阅读或小说阅读，通过历史故事或小说故事培养孩子理解人类社会的历史智慧。小学阶段的小说阅读可以重点关注《西游记》《水浒传》《三国演义》《红楼梦》四大名著。成年人也许可以从《论语》《孟子》《大学》《中庸》“四书”中理解中国文化，但对孩子来说，“四大名著”比“四书”更有阅读价值和教育意义。历史阅读可以重点关注“两个古文”：一是《史记》，二是《资治通鉴》。这两本书被称为“史学双璧”。小学高年级和中学阶段的孩子不仅阅读历史，还可以撰写历史小论文，以此培养孩子对人文社会科学的兴趣。

三、培养科学兴趣

培养孩子对科学的兴趣，或对学习理科课程的兴趣，其基本途径是尽早让孩子接触STEM方面的内容。STEM是科学（science）、技术（technology）、工程（engineering）和数学（mathematics）的整合。STEM可以纳入学校教育的正式课程，也可以是家庭教育的内容。

小学阶段的孩子已经能够解答一些比较抽象的问题。比如，一斤棉花和一斤铁，哪一个更重？把一杯水倒入一个大瓶子里，把同样的一杯水倒入另一个小瓶子里，哪个瓶子里的水更多？小学阶段的孩子之所以能够解答这些问题，是因为他们已经具备一定的抽象思维能力。但是，这个年龄段的孩子无论身体的力量还是思维的能力，都比较有限。按照心理学家皮亚杰的观点，小学阶段孩子的思维发展处于“具体运算阶段”，以形象思维为主。父母可以鼓励孩子用数学眼光、数学思维去理解生活问题，逐步让孩子通过“适度刷题”来找到“怎样解题”的数学思维。“适度刷题”并非盲目追求“刷题”的数量，真正有意义的“刷题”是不仅“大量练习”，而且“归类分析”。在必要的时候，父母可以鼓励孩子以小老师的身份讲述自己的解题思路。

理科学习可以从数学学习开始，也可以从自然科学类书籍的阅读开始。如果形成了自然史的阅读习惯，孩子就可能发展出对“理科”的学习兴趣。父母可以引导小学高年级的孩子阅读自然科学类书籍，比如《十万个为什么》、布封（G. Buffon）的《自然史》、法布尔（J. Fabre）的《昆虫记》，等等。小学高年级的孩子可以阅读类似威尔逊的《大自然的猎人：生物学家威尔逊自传》、达尔文的《达尔文回忆录》等与自然有关的故事。

同时，父母可以鼓励孩子成为“多面手”，并在“多面手”的基础上，发展“设计”的兴趣，以设计为中心开发产品。学校教育也可以鼓励学生动手做，但学生是否能够成为“多面手”，主要取决于家庭教育。父母可以鼓励孩子在幼儿园或小学阶段就养成“动手做”的习惯，让孩子在做中学的过程中逐步成为“多面手”。

如果一个孩子在小学阶段既有数学学习的兴趣，又有阅读自然科学书籍的习惯，以及动手动脑进行探索和实验的能力，那么，这个孩子在中学阶段和大学阶段就容易形成“理科”学习的兴趣。

虽然学前阶段是孩子思维发展的重要时期，但这并不意味着必须让孩子在这个年龄段学习超出他们认知水平的数学内容。按照斯宾塞的“跷跷板”理论，过早让孩子学数学和科学等理性知识，会挤占和压制孩子情感和动感等其他方面的发展。一个方面的过度发展，总是伴随着另一个方面的缺陷。①

过早发展孩子的理性，孩子的身体或性格可能会出现不良后果。理性疯长的后果是情感混乱、身体孱弱。又因为数学是唯美的符号世界，不少孩子可能长久地痴迷于数学世界而对真实的生活世界缺乏兴趣，可能不愿意与人交往，甚至对异性不感兴趣。

也就是说，即使学前阶段的孩子可以认识两千多个字和学习比较复杂的数学知识，但父母最好“放过”孩子，不要让孩子过早地进行识字、计算等文化知识的学习。②即便孩子已经具备这方面的潜能，也没有必要揠苗助长。

如果孩子在小学阶段就显示出对数学或物理、化学等自然科学的强烈兴趣，父母可以鼓励孩子保持这种兴趣。与此同时，父母可以引导孩子强化劳动和运动、同伴交往和业余爱好。只要孩子有足够的劳动和运动，孩子就会在真实的生活中找到身体活动与身体体验的欢乐。只要孩子愿意与他人交往并在交往的过程中显示必要的合作与礼貌，孩子就会在真实的生活中找到交往的欢乐。只要孩子参与游戏或愿意发展自己的业余爱好，孩子就会找到生活的情趣。

第二节　强身健体的习惯

健康、强壮的身体是人成长和发展的物质基础。如果没有足够的运动和意志力训练，体质会越来越虚弱，民族和国家的实力也会受到影响。因此，对完整的人的培养，既要“文明其精神”又必须“野蛮其体魄”。鉴于现代教育过度看重“文明其精神”的知识学习而忽视“野蛮其体魄”的身体教育，有人甚至呼吁

---

① ［英］斯宾塞．教育论［M］．王占魁，译．北京：中国轻工业出版社，2016：184-191．

② 刘良华．过度进行“早期智力开发”的后果［EB/OL］．微信公众号：新父母教育，2018-12-08．

"身体复兴运动"。[①]

一、培养运动的习惯

运动最能显示人的生命活动，也因此有"生命在于运动"的说法。运动的主要目的在于强身健体，提高防身和保家卫国的本领，训练人的意志力。运动既可以发展人的坚毅品质，也可以作为日常生活的游戏。

（一）运动五育

运动主要包括跑步、跳跃、打球、武术、游泳等五种形式，简称跑、跳、球、武、游。这五个方面的运动游戏可统称"运动五育"。

第一，跑步运动。跑步是所有运动的核心。学校体育主要在体育课、大课间、运动会强化"跑步"，家庭体育可以采用"亲子跑步"的形式，由父母跑步带动孩子跑步。

第二，跳跃运动。跳跃运动包括跳远、跳高和跳绳等。跳绳尤其重要，它既便于日常开展，又是当前学校的体质监测项目。父母可以引导孩子把跳绳作为业余爱好，争取达到国家体测标准的良好或优秀水平。

第三，球类运动。球类运动种类丰富，如乒乓球、羽毛球、网球、棒球、篮球、排球、足球等。打球既是运动，也是社交活动。

第四，武术，包括散打、拳击、跆拳道、射箭、击剑，等等。武术既可以用于健体防身，也可以用于军事训练。

第五，游泳。很多学校没有游泳设施，孩子的游泳技能训练主要由家庭和社区来承担。跑步和游泳既是体育运动项目，也是生活的基本技能，可以在日常生活中随时派上用场。

"运动五育"的主导项目是跑步（游泳可视为水中跑步）。跑步对人类以及所有动物都有重要的意义。老虎不善于跑步则不能猎获羊鹿，羊鹿不善于跑步则不能活命。同样，人类不善于跑步不仅不利于健康，而且不利于日常生活与军事行动。跑步尤其是户外跑步使人类"脚踏实地"，让人类借助跑步重新回到自然。

---

① ［美］霍尔．青春期：青少年的教育、养成和健康［M］．凌春秀，译．北京：人民邮电出版社，2015：28．

体育活动要么以跑步为基本内容，要么以跑步为基本前提。短跑和长跑本身就是独立的运动项目，篮球、足球、排球等球类运动则以跑步为基本前提。跑步不仅是各种球类运动的基本前提，而且是可以自由、独立、不依附于他人的可随时随地进行的运动形式。

（二）运动对孩子身心发展的影响

历史上，中国因过于崇尚文雅而导致身体弱化甚至挨打。也因此，中国近代一度强化“尚武”精神与“军国民教育”运动。梁启超在有关“新民说”的系列文章中，对中国人以文弱为美的病态审美提出批评：“手无缚鸡之力，心无一夫之雄；白面纤腰，妩媚若处子；畏寒怯热，柔弱若病夫。”后来，蔡元培（时任教育部长）对于民国教育所提出的意见书，开宗明义直陈：“则如所谓军国民教育者，诚今日所不能不采者也。”于是，“军国民教育”一时成为当时“新教育”的主要方针。虽然后来《新青年》的作者们对“军国民教育”颇有微词，但对于青年“手无缚鸡之力”的身体状况也一致地持批评态度。

运动的主要目的在于增进健康，增长力量。运动可以增进孩子身体的力量感和优美感，运动可以让人有强健的“行动能力”与“冒险精神”。运动让人不至于成为“思想的巨人，行动的矮子”。运动让人自信满满、雷厉风行、决策果断、敢于冒险，而不只是耽于幻想、优柔寡断。所谓“受教育”，就是使身体趋向强健、强悍甚至野蛮，使性格或人格趋向健全、坚毅、敏锐、热情、开朗。身体强健的人也能承受困难与困顿，并在克服困难的过程中沉着冷静或笑声朗朗。家庭教育不能只关注孩子的头脑，不能贬低、压制头脑以下部分的发展。

最好的营养品永远不在药店，而在劳作的田野里或奔跑的运动场上。学校运动场原本应该是让孩子尽情奔跑、追逐、跳跃、翻腾、对抗、冒险的地方，原本是让孩子周身流汗、气喘吁吁、狂野不羁的地方。但是，如果家长不愿意让孩子参与有一定冒险的运动训练，如果孩子在小学校受到一点点意外的伤害，学校就成为被告，那么，体育老师就不敢让孩子做任何“危险动作”，学校体育课就会变得越来越文静、文雅。既然学校体育课不能放心大胆地训练孩子的身体，孩子的身体发展就只能由父母自己负责。

除此之外，运动还可以培养孩子的“规则”意识。规则教育的方法不是只给孩子讲解规则，还要让孩子亲身参与运动以及相关的游戏，并在劳动和游戏中逐步建立规则，养成规范意识。也因此，卢梭提议，父母最好让孩子参与集体的体育活动。因为集体的体育活动不仅可以使孩子身体强壮、矫健，而且可以“使他们从小就养成遵守规则的习惯，养成友好和平等待人的精神，敢于拼搏和接受公众的监督，并渴望得到公众的赞许”。

（三）运动对孩子学业成绩的影响

一般认为，运动有助于提高孩子的学业成绩。但大量的研究表明，运动与学业成绩没有正相关的关系。甚至有研究认为，运动不仅不会提高孩子的学业成绩，反而会降低孩子的学业成绩。比较有意思的是，中国学者往往倾向于证明运动可以提高孩子的学业成绩，而不少西方学者的研究结果表明：运动跟学业成绩没有正相关的关系，即运动并不一定会提高孩子的学业成绩。

虽然运动不见得能够直接提高孩子的学业成绩，但运动可以激发孩子的生活激情，让孩子更加积极乐观和积极主动。喜欢运动的孩子不会轻易焦虑、抑郁。就此而言，运动可以间接地提升孩子的学业成绩。只是，如果孩子过度运动而很难静下来阅读和思考，那么，运动不仅不利于提高孩子的学业成绩反而会降低学业成绩。真正影响孩子学业成绩的主要因素不是运动，而是动静结合。

运动是重要的，但也没有必要夸大运动对于孩子学业成绩的影响。在动静之间，影响孩子成绩的主要因素是静而不是动。《庄子·大宗师》的说法是：“其嗜欲深者，其天机浅。”静能生慧，非宁静无以致远。

二、强化劳动的习惯

广义的劳动包括体力劳动和脑力劳动。如果将劳动习惯与学习习惯并列，那么，这里的劳动习惯主要指“出力流汗”的体力劳动或手工劳动。在卢梭看来，手工劳动的目的不是让他成为一个手工匠人，而是让他成为一个自由人。掌握一种手艺虽不能使人发财致富，但有了它，就可以不需要财富。

（一）劳动五育

小学阶段的体力劳动主要包括食物教育、财商素养教育、创意设计教育、卫生教育、职业生涯教育等五种形式，可简称食、财、创、卫、职。这五个方面的劳动游戏可统称“劳动五育”。

第一，食物教育，简称“食育”。这是20世纪初世界各国普遍关注的新课程。有些国家甚至颁布了有关食育的法律。比如，2005年日本颁布了《食育基本法》[①]，并在中小学推行食育课程。[②]食物教育是自治和自食其力的重要措施。

自食其力的完整含义是自己从事生产劳动，用自己的劳动产品来养活自己。在分工比较发达的社会，自食其力至少意味着通过自己挣钱来养活自己。求学阶段的孩子还不能自己挣钱来养活自己。孩子在18岁之前或在完成学业之前，父母有责任为孩子提供必要的生活和学习资源，让孩子有足够的条件完成学业。但是，即便18岁之前的孩子还没有到挣钱养活自己的年龄，至少需要逐渐学会自我独立，承担力所能及的家务劳动。在所有的家务劳动中，参与做饭和洗碗是最重要的。孩子一旦建立了良好的做饭、吃饭、洗碗的劳动习惯和生活规则，就大致实现了陶行知在《自立歌》中提出的标准："滴自己的汗，吃自己的饭，自己的事自己干。靠人、靠天、靠祖上，不算是好汉。"[③]按照俄罗斯电影《回归》展示的思路：一旦孩子掌握了以食物教育为核心的自食其力的本领，父母就可以放手让孩子自由独立了。

即便孩子做饭所需要的食材以及购买食材的钱不是自己亲自挣来的，至少，孩子在做饭的过程中经历购买食物、烹饪食物、品尝食物的过程，对食物以及食物的来源会有新的认识。孩子不仅可以在自制饮食的过程中掌握基本的烹饪技法，而且可以从中体验劳动的艰辛，培养责任感。

第二，财商素养教育，简称"财育"。父母可以采取多种办法，培养孩子挣钱、花钱和存钱的意识，逐步提高财商素养。父母可以给孩子开设一个银行账户，让孩子学会存钱和取钱。

第三，创意设计教育，简称创育。父母可以鼓励孩子从家具和环境的创意设计开始，培养孩子的设计意识和掌握一技之长的意识。创意设计教育包括家具的摆设、墙面颜色的粉刷以及小发明、小制作等。传统的创意设计主要指木工。卢

---

① 日本内阁府.食育基本法［EB/OL］.（2005-06-17）［2022-06-01］. https：//warp.da.ndl.go.jp/info：ndljp/pid/9929094/www8.cao.go.jp/syokuiku/about/law/law.html.

② 王世娟，李秀菊，高慧琛．课程统整的四个关键问题——日本食育课程体系的启示［J］.全球教育展望，2021（6）：12-26.

③ 陶行知．自立歌［M］//陶行知全集（第四卷）．长沙：湖南教育出版社，1985：50.

梭为爱弥儿推荐的唯一的手工就是“木工”。[①]在卢梭看来：任何一个公民，无论他是贫或是富，都要干活。[②]

第四，卫生教育，简称“卫育”。卫育的日常生活习惯包括不随地吐痰，不乱扔纸屑，不在公共场所大声喧哗，等等。作为劳动的卫生教育主要指维护厕所的清洁卫生，但也包括收拾房间、洗衣服、扫地等日常的清洁卫生。父母可以引导孩子尽早参与家庭的清洁整理工作，同时鼓励孩子参与学校和社区的扫除活动。

第五，职业生涯规划教育，简称“职育”。父母可以邀请孩子以见习或实习的方式，参与父母或亲戚、朋友的职场生活。父母也可以鼓励孩子在日记中讲述自己的职业与专业志向，以此强化孩子的职业生涯规划素养。

在以上五育中，财商素养教育比较特别。财商素养的基本途径是“开源节流”。虽然18岁以前的孩子很少有挣钱的机会，不具备“开源”的条件，但是孩子可以通过“节流”的方式来增加和积累财富。“节流”不只是节约花钱，“爱惜”物品和“修理”物品也是节流的重要方式。如果家具、玩具或衣物出现破损，父母可以邀请孩子修理家具、玩具或衣物。在修理玩具、家具或衣物的过程中，孩子可能会变得更细心、耐心、专注、节俭，动手能力增强。

如果孩子的衣物或玩具破损到不能修复的程度，父母当然可以为孩子买新的。但是，如果破损的衣物或玩具可以修补，如果父母拿出足够的耐心，克服困难，并邀请孩子一起修理破损的衣物或玩具，那么，经过耐心和努力修补好的旧衣物或旧玩具，就是送给孩子的一件特别的礼物。

当孩子的衣物破了或玩具坏了，孩子会面临三种选择。一是扔掉破损的衣物或者玩具，从此再也不要类似的衣物或玩具。这样的孩子容易养成缺乏专注力、缺乏爱心、缺乏责任感的毛病。二是不仅扔掉破损的衣物和玩具，而且不惜代价地购买新的衣物或玩具。这样的孩子容易养成不负责任、喜新厌旧的毛病。他可能不珍惜生活的资源，不尊重父母的劳动，而且容易养成任性、自私、自我中心的毛病。三是尽快缝补衣物或修理玩具。父母邀请孩子缝补衣物、修理玩具的好

---

① [法]卢梭．爱弥儿[M]．李平沤，译．北京：商务印书馆，1978：271．

② [法]卢梭．爱弥儿[M]．李平沤，译．北京：商务印书馆，1978：262．

处，不只是增进亲子关系，更重要的是，如果孩子在小时候养成了缝补衣物、修理玩具的习惯，那么，他长大之后，就可能善于“缝补生活”或“修复关系”。他可能会用自己的耐心和细心去对待生活中可能出现的种种裂缝或人际交往中的不愉快。据说有一对老夫妇，他们虽然不断有磕磕碰碰的争吵和争执，但也一直恩恩爱爱。他们的孙子问他们是怎样做到的，老人说：“在我们那个年代，东西坏掉的时候我们第一时间想到的是怎样把它修好。现在的人，东西坏了就只想着换新的。”

（二）劳动对孩子成长的影响

在从猿到人的发展过程中，劳动曾经起了重要的作用，而在从儿童发展到成人的过程中，劳动将再次起重要的作用。正是在这个意义上，劳动教育是五育并举的突破口和撬动五育融合的杠杆与支点。

第一，因劳动而性格好。人凭借自己的劳动，可以展开自治的自由生活。不劳动的人很难拥有真正的自由，因为不劳动的人不得不依赖他人的劳动。依赖他人的劳动，就会受到他人的控制。不劳而获者貌似主人，劳动者貌似仆人，其实，不劳而获的主人随时会受制于他的仆人。

更严重的后果是，不劳动的人往往是一个生活的旁观者而不是生活的参与者。袖手旁观的人容易不珍惜他人的劳动成果，而且容易对他人的劳动提出抱怨。一个从不做饭的孩子，他会挑剔父母做饭的质量。一旦孩子亲自做饭做菜，即便放盐过多，他也不会抱怨他人而是自我反思。只有参与劳动之后，人才会懂得劳动的艰辛，才会珍惜劳动成果，并由此而成为一个少抱怨、有责任感的人。这样看来，劳动可以让孩子体验劳动的艰辛并由此激发孩子尊重他人的劳动成果。

性格好有多种表现，比如乐观、开朗、少抱怨、少抑郁、善良、有同情心、有责任感，而这些品质正好可以通过劳动的方式得到培育和强化。学前阶段的孩子虽然乐于劳动，但他们仅仅把劳动当作游戏。小学阶段的孩子已经开始出现好逸恶劳的倾向，此时正是培养劳动习惯的关键期。将劳动作为游戏虽然能够带来快乐，却很难培育责任感。只有将劳动作为自治的任务并由此形成劳动的习惯，才有利于培养孩子的责任感和担当意识。

为了培养孩子的劳动习惯，父母最好利用学前阶段的孩子把劳动作为游戏的倾向，培养孩子生活自理的意识和能力，邀请孩子一起参与家务劳动或社区志愿活动。当孩子进入小学阶段，父母就可以让孩子学会管理自己的生活，承担必要的家务劳动，让孩子逐步由游戏化的劳动转向任务性的劳动。小学阶段是孩子建立规则的关键期，而规则的核心是自治的劳动习惯。

如果孩子在小学阶段没有建立自治的劳动习惯，到了中学阶段，孩子不仅不会劳动，而且会养成慵懒无聊、随时抱怨、挑剔指责甚至哭闹的毛病。到了中学阶段，孩子的种种坏毛病就很难改变。如果父母发现中学阶段的孩子没有形成好的劳动习惯和学习习惯，并由此责骂甚至责打孩子，那么，孩子很快就会出现种种“叛逆”行为。孩子的成长并没有所谓的“青春叛逆期”，所谓的“青春叛逆期”主要是被父母或教师的责骂或不信任激发出来的。

劳动是促进成长的最佳途径。在德智体美劳五育之中，劳动教育虽然位列最后，却也特别重要。德育虽然位居第一，但除了直接的德育活动之外，劳动教育也是实现德育目标的重要途径。有效德育不是空洞的说教，德育应该渗透于所有活动中，劳动教育就是一条很好的途径。

第二，因劳动而身体好。劳动不仅影响孩子的性格，也直接影响孩子的身体。虽然发展体育运动可以增强人的体质，但只有“教育与生产劳动相结合”，才能使身体健康得到根本的保证。人在出力流汗的劳动过程中，人的四肢以及身体其他部分都会得到锻炼。农民之所以没有专门的运动而依然身体健康，主要是因为农民在生产劳动过程中已经完成了必要的运动量。

农民的生产劳动往往是全身心参与的完整的活动。农民在生产劳动中需要思考如何解决问题，智力也因此得到发展。同时，农民在生产劳动中往往需要独立承担生产劳动的各个环节。有些劳动也许只需要动手或动脚，但更多的劳动需要四肢与腰背的协同配合，四肢发力，全身运动，周身流汗。完整的劳动导致农人四肢发达，身体健壮。在卢梭看来，劳动可培养出“体格强壮和性格坚忍的人”。[①]

农人不需要专门的运动，农人不跑步，也很少打球，因为农人在生产劳动的过程中已经进行了各种不亚于跑步或打球的运动。相反，各种运动几乎都是对劳动的模仿。

---

① ［法］卢梭. 科西嘉制宪意见书［M］. 李平沤，译. 北京：商务印书馆，2013：7.

现代人之所以容易出现身体瘦弱或肥胖的现象，主要因为现代人过于看重脑力劳动而忽视体力劳动。脑力劳动者被视为“白领”，体力劳动者被视为“蓝领”。即便“白领”的工资低于“蓝领”，人们也普遍愿意选择“白领”而放弃“蓝领”。

按说，“蓝领”工人的体力劳动有益于身体健康，而现代工业的分工体系又使“蓝领”工人即便从事体力劳动也无法获得“全面发展”。分工是现代社会的基本特征，分工也提高了现代社会的工作效率。但是，分工制度导致每个人都只承担劳动的某个环节，完成这个环节的“工人”只需要使用人体的某个部位。劳动的分工必导致身体的畸形发展。

正是针对分工导致的种种问题，马克思等人提出了“生产劳动与教育相结合”以及“教育与生产劳动相结合”。“生产劳动与教育相结合”强调生产劳动者接受教育。“教育与生产劳动相结合”强调受教育者参加生产劳动。就学校教育而言，当学校教育过于重视书本知识学习而导致学生过度用脑、神经衰弱，教育界迟早会呼吁“劳动教育”，提倡“教育与生产劳动相结合”。

所谓“教育与生产劳动相结合”，主要指教育与体力劳动相结合而不是教育与脑力劳动相结合。脑力劳动或各种形态的“智慧劳动”虽然也是重要的，但本原的劳动依然是“出力流汗”的体力劳动。丢掉了“出力流汗”的本意，劳动就无法承担使孩子“身心健康”和“全面发展”的大任。

第三，因劳动而更加珍惜学习机会。家庭教育中存在两个极端的现象。一个现象是，父母为孩子创造了良好的学习环境和学习机会，但孩子并不珍惜父母创造的条件。这样的父母容易对孩子大吼大叫。另一个现象是，孩子渴望学习，但由于家庭条件有限，父母不得不阻止孩子上学。于是，孩子开始主动学习并承诺父母：“只要让我上学，我放学之后一定帮父母做事。”

孩子渴望学习、主动学习固然令人喜悦，但是，孩子不珍惜父母为自己创造的学习机会，也并不完全是孩子的责任。相反，如果父母因为孩子不珍惜学习的机会而大吼大叫，主要责任在于父母不理解孩子。

父母对孩子大吼大叫主要有两种可能。一是家庭处于谋生状态，社会经济地位比较低。父母含辛茹苦地工作，以此为孩子创造尽可能好的学习条件，但孩子并不主动学习，父母责怪孩子“不惜福”。二是家庭比较富裕，社会经济地位比较高，但孩子并没有主动学习的动力，父母为孩子的懒散感到忧虑，担心孩子会成为“败家子”。

家庭的社会经济地位不同，孩子主动学习的动力来源就有差异。如果家庭处于谋生状态，那么父母可以让孩子直接参与相关的劳动。父母没有必要独自承担所有的劳动，没有必要让孩子只负责学习而不参与劳动。否则，孩子既不会理解父母劳动的辛苦，也不会珍惜父母的劳动成果。

即便父母对孩子说：“爸爸妈妈辛苦地工作，就是为了让你有一个好的学习环境，你怎么不珍惜？”孩子也不会理解。相反，孩子甚至会为父母卑微的社会地位感到羞耻。有些孩子甚至不愿意让自己的父母到学校参加家长会。他觉得父母的出现会让他在同学或老师面前丢面子。只有让孩子参与或分担父母的劳动，他才会珍惜父母的劳动，体谅父母的辛苦。从小参与劳动的孩子，不仅不会嫌弃自己的父母，而且会为父母感到骄傲。更重要的是，他很可能会在辛劳的过程中立下“改变命运”或“拯救家庭”的志向。

在小康社会或富裕家庭，许多孩子失去了劳动的基本资源。要么父母或祖父母包揽了所有的家务劳动，要么保姆承担了家务劳动的责任。即便如此，父母也应该给孩子留出必要的空间，让孩子承担力所能及的劳动。即便有专职保姆负责做饭、清洁卫生等工作，父母也最好让孩子参与做饭、搞卫生的劳动，至少，可以让孩子负责自己的房间、柜子、书包的整理。自治的生活习惯和责任感会不知不觉地转换为学习中的主动学习意识。

劳动本身就有运动的效果，也因此，农民一般不会专门去做大量的运动。富裕家庭的孩子没有那么多的劳动，才必须加大运动量，以弥补劳动的不足。如果既不劳动，也不运动，孩子就会身体慵懒，四肢孱弱，精神萎靡。更严重的后果是，孩子可能会失去对生活的激情，缺乏自治的责任感和长期坚持完成任务的意志力。一旦孩子缺乏生活的激情、自治的责任感和坚持做事的意志力，孩子就失去了主动学习的动力。

主动学习表面上看只是一种学习状态，但主动学习的背后是一种“精神动力”系统。父母不仅需要为孩子的主动学习提供物质条件，而且要为孩子的主动学习提供精神动力。孩子主动学习的精神动力有多种来源，比如长辈或同伴的榜样与示范，同学之间的比较与竞争，学校环境与孩子所在班级的班风。就家庭教育而言，孩子主动学习的主要动力来源是劳动习惯。劳动可以激发孩子学习的内在动机。相反，只读书而不劳动的孩子会导致不珍惜学习的机会，甚至认为学习不是为了自己的发展而是“为了父母”。孩子长大之后，到了成年，他绝不会愚蠢地认为学习是为了父母。原因就在于，父母总是催促孩子学习，而不让孩子参与家务劳动，不让孩子承担家庭责任，不让孩子参与家庭决策。父母甚至用吼叫、打骂的方式逼迫孩子学习。孩子一旦学习，父母就喜形于色；孩子一旦不学习，父母就愤怒责骂。久之，孩子就会产生一种错觉：学习就是为了父母。[①]

如果父母改变教育方式，只敦促孩子劳动，把劳动的权利还给孩子，那么，孩子就会将学习视为自己的事情。学习是为了让自己能够有一技之长，以便将来自食其力，让自己过有尊严的生活。这样的学习动力来自孩子内心深处的渴望，这就是一种学习的“内在动力”。

中国传统家庭教育向来重视“有余力，则学文”（见《弟子规》首章）。“有余力，则学文”既可以理解为“先有爱心”，善待他人，学会交往，有余力，再学习文化知识，同时也可以理解为先劳动，劳动之余，再学习。一旦孩子有了劳动和自食其力的责任感，孩子就会自然滋养出学习的内在动力。就此而言，劳动的首要价值在于培育孩子的责任感，并由此进一步激发孩子学习的内驱力。

（三）为何教育必须与生产劳动相结合

劳动既可以让贫穷家庭的孩子逐渐成为强者，也可以让富裕家庭的孩子能承担起守护家业的重任，打破“富不过三代”的魔咒。

从黑格尔的“主奴辩证法”的视角来看，每个人都想做主人，不想做奴隶。成为主人的好处在于，主人不仅可以满足自己被他人承认的虚荣心，而且可以不劳而获。人们之所以不愿意做奴隶，就是因为做奴隶不仅要辛勤劳动，而且不能充分占有自己的劳动产品。

但是，主人在享受不劳而获的特权时，也带来一个严重的后果：主人的不劳而获虽然是一种享受，但它是消费和消耗性的，它转瞬即逝，缺乏“持久的实质的一面”。主人失去了与物的直接联系，主人与物的中间横亘着奴隶并因此而失

① 2005年5月18日中央电视台新闻调查：《神童的成长》。详见：刘良华．过度进行“早期智力开发”的后果［EB/OL］．微信公众号：新父母教育，2018-12-08．

去了自己的独立性。[①]主人会因为不劳动而导致自己体力下降甚至智力下降。从他做主人的那一天开始，他的体力就注定了逐渐衰退。即便主人用运动代替劳动，由于运动不具有强制性，运动只能延缓而不能长久地阻止体力的衰退。

相反，当奴隶不得不劳动时，他的体力和智力会因为劳动而逐步上升和强大。奴隶的劳动带来了强健的身体和精神。奴隶因为劳动而找回了自我意识。劳动不仅“陶冶事物”，而且给人带来独立性，“开始意识到他本身是自在自为地存在着的”。奴隶在对主人的恐惧中丢失了自己，而通过自己的劳动“再重新发现自己”。奴隶的劳动过程，就是一个改造外物、摧毁异己者并因此而成为一个否定者的过程。在这个意义上，劳动不再被看成对人的惩罚，而是被看作“历史形成或进步的基础”[②]。

当主人的体力衰退到远远不如奴隶时，就会随时随地发生“主奴易位”的社会革命。不劳而获的主人迟早会沦落为奴隶，即便主人有某种贵族精神，但迟早也会成为“没落的贵族”。相反，奴隶迟早会成为主人。主人必败，奴隶必胜[③]，这就是黑格尔的“主奴辩证法”所提示的“历史的狡计”[④]。几乎所有的文学名著都在讲述“主奴辩证法”的故事。《红楼梦》如此，《白鹿原》亦如此。

劳动教育的最大价值就在于既让贫困的人“发家致富”，也让富裕的人不过早地陷入“富不过三代”的境地。对于有闲阶级而言，劳动教育就是强化“忧患意识”，并让人因“忧患意识”而发展劳动技能和劳动精神。教育虽不可能完全阻止或彻底避免“富不过三代”，但忧患意识和劳动习惯会延缓“富不过三代”的衰败速度。

---

① ［德］黑格尔．精神现象学（上卷）[M]．贺麟，王玖兴，译．北京：商务印书馆，1983：128．

② ［美］斯密什．阅读施特劳斯［M］．高艳芳，高翔，译．北京：华夏出版社，2012：218-219．

③ ［法］科耶夫．黑格尔导读［M］．姜志辉，译．南京：译林出版社，2005：591．

④ ［德］黑格尔．精神现象学（上卷）[M]．贺麟，王玖兴，译．北京：商务印书馆，1983：126．

三、养成自律习惯

小学阶段的孩子要逐步形成自律的规则和习惯。要养成以意志力训练为核心的自律习惯，其主要途径是军事训练以及与之相关的吃苦教育。军事训练可能显示为学校组织的短期军训，也可能显示为类似军队建制的童子军或少年军校。相比之下，童子军或少年军校更有利于激发孩子的尚武精神。

（一）军事训练

童子军最初只是男孩参加，后来出现了女童子军。童子军或少年军校的基本特点是户外活动，让儿童在户外学习户外生存技能，同时也学会了解自然和保护自然。[①]

西方童子军产生于1900年前后。创建童子军的初衷，就是为了解决“男孩危机”，强化男子气概。有人在讨论童子军问题时，甚至直接以《培养美国男孩的品德》[②]或《温和的男子汉》[③]为主题，强调竞争、独立、效率、合作、忠诚等品质。相关调查研究发现，童子军生活可以在以下6个主要方面促进青少年的成长：（1）强烈的个人价值观和个性；（2）积极的自我价值感和效能；（3）培养与父母和其他成年人以及与同伴的关系；（4）求知欲望；（5）创造性使用时间；（6）社会适应能力。[④]童子军尤其重视类似露营的户外活动。

1912年，中国教育界开始引入童子军制度。1949年后，我国的童子军解散。1990年前后，童子军再次引起关注。[⑤]不少研究者特别注意到童子军在儿童意志

---

① Boy Scouts of America. The Boy Scout Handbook[M]. Irving：BSA，2009：22.

② David Macleod. Building Character in the American Boy：The Boys Scouts，YMCA，and Their Forerunners，1870-1920[M]. Madison：University of Wisconsin Press，1983.

③ Benjamin Rene Jordan. A Modest Manliness：The Boy Scouts of America and the Making of Modern Masculinity，1910-1930[D]. San Diego：University of California，San Diego，2009.

④ 傅丽纯. 美国童子军的课程与教学[D]. 上海：华东师范大学，2016：8.

⑤ 田耕. 民国时期中国童子军运动问题研究（1912—1949）[D]. 北京：中国人民大学，2011.

品质方面的训练价值[1]，尤其关注童子军在“独立生存”[2]和“培养男子汉”[3]等方面的训练价值。也有研究者对民国时期的童子军制度展开系列研究。[4]

我国虽然取消了童子军制度，但后来有了“军训”和“少年军校”。父母最好鼓励孩子积极参加军训并支持孩子参加少年军校。军训和少年军校的目标不仅在于促进身体锻炼，而且更重视军事教育以及与之相关的意志力训练。

（二）体育与军事教育的关联

在战乱年代，军事教育的重点是让孩子学会打仗和打架，包括格斗、摔跤、拳击、击剑、射击，等等。在和平年代，体育需要将打仗和打架等军事活动转化为打球、跑步等体育活动，以此激发和保存孩子的“尚武”精神。之所以不少国家提出“用体育培养精英”的口号[5]，也是因为体育不仅使人健康，而且可以提升防身技巧与保家卫国的尚武精神。

如果说乒乓球、羽毛球、网球等小球侧重个人身体锻炼或休闲游戏，那么，篮球、足球或橄榄球则更多地隐含了某种军事训练的因素。也因此，有关乒乓球、羽毛球、网球等“小球”的专业术语往往呈现为漂亮、机灵、心平气和、沉着冷静等偏向阴性的文学词语，而篮球、足球或橄榄球的专业术语往往呈现为“前锋”“后卫”“门将”“射门”等军事术语。运动员所穿的球衣被称为“战袍”，教练则被称为“主帅”。这样看来，篮球、足球或橄榄球等体育运动一直在承担军事教育的大任。“校园足球”之所以被提倡，此中有深意。

（三）意志力与吃苦精神

人为的养护也许可以使身体免于风雨的冲击、烈日的暴晒或饥寒的威胁而变得白嫩、细腻、滋润。但是，过度的人为养护可能会使身体变得脆弱、娇柔、无

---

① 吴小玮．以训练为中心的儿童组织——民国时期童子军之研究［D］．上海：华东师范大学，2013．

② 徐应昶，等．民国童子军独立生存手册［M］．北京：海豚出版社，2012．

③ 美国童子军委员会．培养男子汉：教给孩子终身受用的生存技能和价值观［M］．洪友，译．天津：天津社会科学院出版社，2010．

④ 孙玉芹．民国时期的童子军研究［M］．北京：人民出版社，2013．

⑤ 薛涌．精英的阶梯：美国教育考察［M］．北京：新星出版社，2006：211-275．

力与无能。温室也许可以培养娇艳的花朵，但沁人心脾的花香与挺拔茁壮的大树必诞生于荒野。尽管人的身体不可能完全像动物和植物那样暴露在自然之中，但人的身体依然需要尽可能减少人为的保暖与养护，尽可能增加自然的生长与挣扎。

意志教育需要有基本的“吃苦”精神。意志教育几乎可以转换为“生于忧患而死于安乐”的历史经验。虽然趋乐避苦是人的本性，但是舒适的气候和安逸的生活容易消磨、腐蚀人的意志。尚武的民族对舒适的生活往往持警惕的态度。俗话说，饱暖思淫逸。如何改变太平世可能出现的纵欲与奢靡导致个人的堕落、家庭的衰败和国家的衰亡，在卢梭看来，只有体育运动，才能改变人们的懒散、贪图安逸和胡思乱想的坏习惯。[①]

避免个人堕落或民族衰败的好办法是重视劳动与运动，并在劳动和运动中培养人的意志力。意志力训练的基本途径是“苦其心志，劳其筋骨”的磨炼教育或挫折教育，其主要目标是培育勇猛果敢、刚毅坚卓、能吃苦不抱怨的男子汉气概。西南联大的校训为“刚毅坚卓”。

强大的个人或强大的民族，并不见得其头脑有多么聪明，也不见得其四肢有多么发达。个人或民族的强大主要取决于这个人或这个民族是否有强大的意志力。虽然没有必要因为“意志优先”的观念而否定知识和情感的地位和价值，但从“生于忧患，死于安乐”的角度来看，意志训练比知识教学和情感教育更重要、更紧迫。人在竞争中常以智慧或体力取胜，但在智慧与体力大致相当的前提下，狭路相逢勇者胜，意志力强大者胜。

意志教育至少意味着父母引导孩子在对抗性和冒险性的奔跑跳跃与合理冲撞中发展身体的野性与阳刚气象。和平年代没有必要让全民追求“尚武”精神，但是，如果一个国家的国民仅仅选择灵巧性有余而攻击性不足的小球或一律追求歌舞升平的生活，那么，这个国家迟早会出现“身体危机”或“民族危机”。

---

① ［法］卢梭．论波兰的治国之道及波兰政府的改革方略［M］．李平沤，译．北京：商务印书馆，2014：18．

第三节　劳逸结合的习惯

劳逸结合之“劳”包括脑力劳动和体力劳动，劳逸结合之“逸”主要指能够给人的生活带来安逸和休息的游戏与业余爱好。劳逸结合的基本途径是恢复传统的户外教育，让孩子回到大自然的母体，享受自然的疗愈。劳逸结合的关键是让孩子有足够的游戏生活，强化游戏精神，实现劳动、艺术与运动的整合。

一、过度劳累的后果

小学阶段是孩子建立学习习惯、劳动习惯和运动习惯以及相关规则的关键期。但是，小学阶段也是孩子容易焦虑的时期。不少孩子会在小学三年级前后开始感到“紧张”。有人称为“三年级现象”。[①]

首先，小学阶段孩子的自我意识增强。学前阶段的孩子往往显得懵懵懂懂，他们天真无邪、不谙世事。但是，小学阶段的孩子开始意识到人与人之间不仅有身高的差别，而且有智力、性格方面的差别。他甚至会模糊地意识到家庭与家庭之间存在经济条件或社会地位的差别。这个发现非同小可，可能会给孩子带来极大的压力。孩子可能会幻想永远留在小学低年级阶段，他“不想长大”，他甚至想回到幼儿园的生活。虽然有“不想长大”的幻想，但孩子也自知“回不去了”。他不得不压缩玩耍的时间，投入比较紧张的学习生活。他开始隐约感觉到自己身上的责任，但他又随时随地发现自己“微不足道”和“人微言轻”，对很多事情没有控制感。这让孩子倍感压力。压力是成长的资源，但是，如果压力过大，孩子就可能出现各种痉挛症或强迫症。

其次，小学三年级或四年级的孩子会感到学业难度突然增大，同学之间出现了比较明显的“成绩差别”。这让孩子不知不觉感到紧张。

更重要的是，小学阶段的孩子还要承担来自父母和老师的“规则教育”。一般而言，在小学阶段，父母开始对孩子寄予比较高的期望，不仅关注孩子的学业

---

① 王晶晶．写给亲爱的小学生家长：宁波市名优班主任的42封信［M］．宁波：宁波出版社，2020：86．

成绩，而且关注孩子的生活习惯、身体发展和性格养成。当孩子在生活习惯、身体发展和性格养成方面出现了问题，父母可能会对孩子提出批评、指责或惩罚。也因此，当孩子处于小学阶段中期时，有些家庭会出现比较紧张的亲子关系。学前阶段或小学低年级的孩子自由自在、无忧无虑，而在小学三年级以后，孩子不得不面对大量的学习任务，不得不遵守相关的规则。

自我意识的觉醒、学业负担的加重、礼仪规范的教育等，叠加在一起，让孩子感受到前所未有的压力。这个压力会持续到初中甚至高中阶段。如果父母不注意缓解孩子的心理压力，孩子可能在小学三年级前后出现比较严重的焦虑情绪。

无论艺术学习、文科学习和理科学习的崇文教育，还是劳动、运动和军事训练的尚武教育，如果过于强调努力和训练，孩子就会出现各种痉挛症或者强迫症。比如，一些小学生可能会频繁眨眼、耸肩、扭脖子、清嗓子、抽鼻子、干咳等。

美国育儿专家斯波克发现，尽管在两岁以上的孩子中，任何年龄都有可能出现痉挛，但痉挛常常发生在小学儿童身上。在孩子面临压力时，这种痉挛会表现得更加严重。一种形式的痉挛可能断断续续地持续几周或几个月，然后完全消失或者被另一种形式的痉挛所代替。眨眼、抽鼻子、清嗓子和干咳通常都是由感冒引起的。但是感冒好了之后，这些症状可能会继续存在。耸肩的原因可能是孩子精神紧张，希望通过耸肩来获得缓解。

如果孩子出现痉挛，这种症状不会因为父母的指责或勒令改正而得到缓解。斯波克的发现是："大约有10%的孩子会出现轻度痉挛的现象，但几乎都能在不去理会的情况下自行消失。"① 如果父母紧紧地盯住孩子的痉挛毛病，这样反而会让孩子紧张，因紧张而出现更加严重的痉挛。如果父母知道痉挛的原因原本就是孩子在这个年龄感受了来自学习或其他方面的压力，那么，父母就应该想办法让孩子放松而不是让孩子更加紧张。此外，过度焦虑和紧张还可能引起某种强迫症。斯波克注意到，有些孩子会要求自己迈过人行道上的每一条横线。虽然这种做法一点道理也没有，但孩子就是固执地觉得应该这样做。类似的例子还有，每

① ［美］斯波克，尼德尔曼．斯波克育儿经［M］．哈澍，武晶平，译．海口：南海出版公司，2007：146-147．

隔三根栏杆就摸一下。“如果你认为自己出了差错，就会严格地回到你认为完全正确的地方，重新开始。”①

孩子出现痉挛症的另外一个原因，可能是父母之间关系紧张或亲子关系紧张。父母经常吵架或者离婚，父母压制或鄙视孩子，都容易导致孩子陷入极度紧张的情绪状态，并由此引发痉挛症。如果父母之间的关系紧张与亲子关系紧张并存，孩子就很可能出现严重的不可修复的痉挛症。这类痉挛症可能会伴随人的一生。印度电影《嗝嗝老师》中的女教师，其痉挛症就明显来自父母关系紧张和亲子关系紧张两个方面的压力。这部电影是对美国电影《叫我第一名》的翻拍。美国电影《叫我第一名》中的男教师也同时承受了这两个方面的压力。

一旦孩子出现痉挛或强迫症，父母首先想到的往往是带孩子去看医生，希望通过打针吃药解决问题。医疗领域也的确为儿童痉挛或强迫症提出了一些有意义的解释以及相关的诊治措施，比如，如果儿童频繁眨眼，医生可能会将这种症状视为“异常瞬目”或“异常瞬目综合征”。医学的归因是：长时间看电视、电脑导致双目干涩（眼干燥症）。双目干涩导致瞬目，通过瞬目来促进泪膜分布而获得舒适感。与之相应的处方是：点“人工泪液”或“角膜保护剂”。减少看电视和电脑的时间。此外的医学解释还有：可能因为偏食，需要调整饮食习惯，补充维生素，等等。

这些解释不能说完全没有道理，但仅仅考虑了生理上的因素而忽视了精神上的原因。事实上，出现痉挛和强迫症的主要原因在于：这个年龄段的孩子开始出现较强的自我意识，他想改变自己在同伴中的地位；他甚至想拯救家庭，但是，他又感到自己微不足道、无能为力。他会感到自己生活在同伴的竞争和成人的压迫之中。

正因为痉挛症或强迫症来自孩子心理的紧张情绪，如果父母勒令孩子改正他的痉挛症或强迫症，孩子会因为更加紧张而使症状加重。比如，有些没有经验的父母发现孩子出现频繁眨眼的毛病之后，会向孩子发出指令：“过来！站好，看着我！”孩子原本因为紧张而频繁眨眼，此时会因为更加紧张而更频繁地眨眼。

---

① ［美］斯波克，尼德尔曼．斯波克育儿经［M］．哈澍，武晶平，译．海口：南海出版公司，2007：145．

即便当场不那么频繁地眨眼，过后也会变本加厉。

二、返回自然教育

现代社会的孩子之所以容易出现焦虑或抑郁，主要因为孩子过度思考和过度学习。解决问题的重要办法是返回自然。返回自然的基本途径是亲近大自然，加强户外教育。

（一）亲近大自然

大自然包括生物和非生物。就亲近生物而言，自然教育的主要方向就是向婴儿学习、向动物学习、向植物学习。

一是亲近植物。医学界将某种病人称为“植物人”，但是，“植物人”这个概念只是一个比喻，而且是一个蹩脚的比喻。“植物人”往往丧失认知能力、无任何自主活动，而植物却总是生机勃勃、野蛮生长。植物与动物共同的地方在于：它们都追求野蛮生长和桀骜不驯，它们都相互竞争且相互合作。

让孩子亲近植物的好处是，孩子不仅可以在树林、花草或森林中体验生机勃勃的生命状态，而且可以远离学习的压力和人际交往中可能出现的不愉快。植物是最好的疗愈师。

二是亲近动物。人与动物有共性，也有差别。到目前为止，人类往往过于强调人与动物的差别，较少关注人与动物的相似或相同。动物是人类的原型，也只有了解动物，我们才能理解人类。也因此有人认为，“我愈了解人类，我愈喜欢动物”；只有越了解动物的那些人，才能真正理解人类。①惠特曼的说法是，“我愿变成动物，与动物共处”（《自我之歌》）。②生物学家洛伦茨则想尽一切办法和野生动物建立起真正的友谊。③

惠特曼的愿望在尼采那里得到强化和解释。尼采在《历史的用途与滥用》中开篇就提醒说：“想想在那边吃草的那些牲口，它们不知道昨天或是今天的意义；

① ［奥］洛伦兹．攻击与人性［M］．王守珍，吴月娇，译．北京：作家出版社，1987：238．

② ［美］努斯鲍姆．政治情感：爱对于正义为何重要［M］．陈燕，卢俊豪，译．北京：中国人民大学出版社，2022：197-198．

③ ［奥］洛伦茨．所罗门的指环［M］．刘志良，译．北京：中信出版社，2012：28．

它们吃草，再反刍，或走或停，从早到晚，日复一日，忙于它们那点小小的爱憎，和此刻的恩惠，既不感到忧郁，也不感到厌烦。人在看到它们时，无不遗憾，因为即使在他最得意的时候，他也对兽类的幸福感到嫉妒。”①

三是亲近婴儿。婴儿的基本精神是不智、不仁、不敢。人类可以追求智慧、仁爱和勇敢，但必须保持在一定的范围之内。婴儿的“赤子之心”及其不智、不仁、不敢，就是智慧、仁爱和勇敢的前提与限度。

在西方，较早倡导“向婴儿学习”的哲人是德国学者尼采。尼采以骆驼、狮子和婴儿比喻“超人”的三次变形，将婴儿状态视为最高境界。骆驼代表传统道德规范和任劳任怨的顺从；狮子代表对传统道德规范的反叛；婴儿代表对顺从与反叛的超越和新价值的创造。“小孩（婴儿）乃是无辜和遗忘，一个新的开端，一种游戏，一个自转的轮子，一种原初的运动，一种神圣的肯定。”②

婴儿离自然很近，婴儿原本就接近动物状态。英语将婴儿称“it”而不称“he”或“she”。婴儿或学前阶段的儿童更容易将动物视为朋友。也因此，不少童话故事以动物为主角。当教育哲人将婴儿或儿童视为“成人之父”③时，即意味着，在婴儿身上，可以看到人类的原初状态。

婴儿既像动物那样生动活泼，也像植物那样生机勃勃。正因为婴儿有动物的生动活泼和植物的生机勃勃，婴儿才朱唇皓齿，明眸善睐，顾盼传情，天真无邪。如果一个人爱植物和动物，他也一定会爱婴儿。

（二）加强户外教育

自然教育的主要途径就是户外教育。几乎所有的动物和植物都追求户外生活。粗壮挺拔的植物只能在户外生长，室内生长的植物总是显得柔弱矮小。温室里长大的植物缺乏力量，其果实也不甜美。植物如此，动物亦如是。几乎所有动物都不愿意在笼子里生活。有些动物（比如麻雀）宁愿饿死也不愿意在鸟笼里被

① ［德］尼采．历史的用途与滥用［M］．陈涛，周辉荣，译．上海：上海人民出版社，2000：1．

② ［德］尼采．查拉图斯特拉如是说［M］．孙周兴，译．上海：上海人民出版社，2016：24．

③ ［意］蒙台梭利．童年的秘密［M］．北京：中国人民大学出版社，2008：72．

驯养。鸟在天亮之际，就开始叽叽喳喳地低语或鸣叫。即便家禽，比如鸡或鸭，一旦天亮，它们就挣脱笼子的羁绊，走向没有遮挡的户外，不到天黑，绝不回笼。在各类动物中，大概只有人类愿意长期待在室内，过室内的生活。种庄稼的农民尚有足够的户外生活，但是，工厂里的工人、办公室里的文员以及学校里的儿童，他们几乎失去了自由的户外生活，而且，他们并不为此感到惋惜。

有研究显示，动物爸爸或动物妈妈在教育幼小的孩子时，总是把孩子带到户外，让孩子在户外学会捕猎，学会奔跑，学会掌握基本的生存技能。[①]在人类早期的狩猎—采集时代，父母也是带孩子参与户外的采集或狩猎活动。“男人经常外出打猎，女人采集果实，儿童在营地周围嬉闹，模仿父辈的狩猎。”[②]现代学校为孩子提供了遮风避雨的教室，孩子大量的时间都在室内学习。室内学习为提供孩子了安全感，也带来了遮蔽和压抑。

户外教育的主要途径是户外运动、户外劳动和户外探究。户外旅行或军训是户外运动、劳动和探究的整合。现代教育倡导研学旅行，并建立了各种研学旅行基地。父母可以鼓励孩子参加学校组织的研学旅行活动。

户外运动包括户外跑步、散步、游泳等。现代人发明了各种室内跑步的机器，但最好鼓励孩子户外跑步而不必在跑步机上跑步。现代人建造了各种室内游泳馆，但最好鼓励孩子选择室外的游泳池。室外的游泳池不仅空气流通，而且视野开阔，亲近自然。若有条件，父母也可以鼓励孩子到有安全保证的海滨浴场去游泳。游泳必须注意安全，要有基本的防溺水知识，不可在野水域游泳。

户外劳动包括日常的户外劳动和劳动基地的户外劳动。乡村孩子要利用劳动的教育资源，尽量参加力所能及的户外劳动。城市孩子的劳动资源有限，父母可以鼓励孩子参加校园里劳动基地的种植活动，也可以鼓励孩子参加离学校较远的大型劳动基地的户外劳动。

户外探究包括一切室外的探索学习活动。父母可以鼓励孩子做户外的生物或微生物调查研究，并由户外的生物或生物调查研究逐步扩展为各类主题的自然探

---

① [德]德浩谢尔．以动物为镜：动物们的自然生活之道[M]．李媛，章吟，鱼顺，译．北京：中信出版社，2023：225-228．

② [英]莫利斯．人类动物园[M]．何道宽，译．上海：复旦大学出版社，2010：3．

究。室内读书和实验室内的研究固然重要，但户外的自然科学研究更能激发孩子亲近自然、理解自然和爱护自然的情意。

（三）走向游戏取向的体美劳课程

自然教育与户外教育虽然能够带来自由从容的生活，但是，自由从容的生活并不意味着无所事事。无所事事是空虚、寂寥而非自由从容。真正能够让人既自由从容又心有所属的活动，是立足于自然教育和户外教育的自然游戏，具体包括劳动游戏、艺术游戏和运动游戏。游戏（game）与劳动（labor）、艺术（art）、运动（sport）的整合，可称为游戏取向的体美劳课程（简称GLAS课程）。训练取向的体美劳课程构成LAS课程，无论劳动，还是体育或艺术，只要强化训练意识，这些课程就成为一种强迫的努力行为，而游戏取向的体美劳课程则是一种自由的兴趣活动。

第一，劳动游戏。劳动主要包括食物教育、财商素养教育、创意设计教育、卫生教育、职业生涯规划教育，简称食、财、创、卫、职，也可称为劳动五育。

游戏化的劳动就是让孩子在食物教育、财商素养教育、创意设计教育、卫生教育、职业生涯规划教育中找到游戏的感觉，将机械性劳动转化为创造性劳动或智力游戏。一旦展开创造性劳动或智力游戏，孩子就会在劳动中进入游戏状态，劳动就会成为孩子的“兴趣”。兴趣并不复杂，只要孩子愿意全身心投入某个活动，孩子就会对这个活动感兴趣。“兴趣就是一个人和他的对象融为一体”①。

第二，审美游戏。审美艺术主要包括琴、棋、书画、舞蹈、戏剧，也可称“艺术五育”。审美游戏就是将训练取向的艺术转化为自得其乐的艺术游戏。电影《音乐之声》的最大魅力就在于，这部电影呈现了种种自得其乐的艺术游戏。一旦追求标准化的技能训练，琴、棋、书画、舞蹈、戏剧的学习或表演就会成为一种机械的劳动；一旦转换为自得其乐的艺术游戏，琴、棋、书画、舞蹈、戏剧的学习或表演就会成为一种自由创作的享受。

第三，体育游戏。体育运动包括跑步、跳跃、打球、武术、游泳，也可称“运动五育”。运动原本是动物的基本特性。王阳明的说法是“大抵童子之情，乐嬉游而惮拘检”（《训蒙大意》）。所谓“乐嬉游”，也主要指儿童喜欢体育运

① ［美］杜威．民主主义与教育［M］．王承绪，译．北京：人民教育出版社，1990：146．

动。可是，如果过于强调体育运动的标准动作与规范训练，孩子也会厌恶和拒绝体育运动。GLAS课程中的体育游戏就是强化体育运动的自由选择与自得其乐，尤其强化立足于自然教育与户外教育的体育运动。

所有的游戏都会给孩子带来作品感和成就感。父母最好通过体育游戏、美育游戏和劳动游戏，让孩子过有成就感的生活，让孩子生活在自己的作品中。作品感和成就感是孩子成长的最好的营养液。

三、文明与自然的互动

婴儿脱离母亲的子宫之后，需要进入大自然。大自然是孩子的另一个母亲。如果强迫孩子长时间在室内生活，就可能导致孩子身体萎缩、心理脆弱。相反，让孩子享受足够的户外的自然生活，在户外劳动或运动，在户外奔跑跳跃，呼吸新鲜的空气，接受阳光的亲吻，孩子就会身心健康，安然无恙。

中国教育向来有追求“于穆不已”（生生不息）和“生意盎然”的自然教育传统。孔子教人，虽“学而不厌，诲人不倦”，但总纲是“兴于诗，立于礼，成于乐”（《论语·阳货》）。《论语·述而》的说法是：“志于道，据于德，依于仁，游于艺。”孔子所能想象的最佳教育境界，就是“成于乐”和“游于艺”的自然教育，“暮春者，春服既成，冠者五六人、童子六七人，浴乎沂，风乎舞雩，咏而归”（《论语·先进》）。宋代周子（周敦颐）动辄教“二程”“寻孔颜乐处”。所谓“寻孔颜乐处”，大体可以理解为“自然教育之乐处”。“二程”中的程颢得周子真传，秉持“天地之大德曰生”（《二程全书·遗书》）的古训，追求鸢飞鱼跃、万物皆有春意的自然状态。

自然教育应该成为人的终身追求，小学阶段尤其需要自然教育。按照心理学家霍尔（G. Hall）的说法，小学阶段是人的前青春期，它是人生中一个独一无二的阶段。这个阶段应该尽可能让孩子在自然中度过，让那些原始的野性蓬勃生长、恣意绽放，直到12岁再逐步收敛。如果他们能置身于乡野环境中，他们一定比那些最好的现代学校教育出来的孩子更有组织性，更有人文主义和自由主义精神。父母可以鼓励他们去大自然中四处游玩，让他们去田野，去森林，去登高望远，去海边徜徉，去闻闻花香，去亲近动物。孩子只有在户外才能找到真正的童年，才能尽情享受属于这个人生阶段的野性不羁。①

但是，返回自然教育并非彻底回到自然，也不可能过完全的户外生活。真实的生活是既在室内展开文化学习，也在户外展开自然教育，保持文明教育与自然教育的互动与转换。

在文明与自然的互动与转换上，东方文化与西方文化稍有差异。按照泰戈尔的说法，西方文化的源头是古希腊，而古希腊的文明诞生于城墙之内，砖块和水泥构成了西方文明的摇篮，因而西方文明的基本特征是“分而治之”，人与人、人与自然彼此隔离。东方文明则诞生于森林之中，东方人与自然保持了亲密的交流，强调个人与宇宙之间的和谐。②西方的城墙文明是对动物智慧的模仿，而东方的森林文明是对植物智慧的模仿。

总之，在小学阶段，家庭教育的任务主要是学习兴趣和良好习惯的培养。一是激发他们对文化知识、艺术、科学等广泛的学习兴趣，养成坚持、专注、细心等良好的学习习惯和品质。二是养成爱好运动、劳动的习惯，发展健康的身体和体魄，在运动和劳动中锻炼意志力和吃苦精神。三是养成劳逸结合的习惯，在进行广泛的文化知识学习之余，也要亲近自然，加强户外教育，并采用劳动、运动、艺术三者结合的方式，激发孩子的运动兴趣和热情。

思考与练习

一、选择题

1. 小学阶段的孩子可重点培养的学习兴趣包括（多选）：

A 饮食兴趣　　B 艺术兴趣　　C 人文兴趣　　D 科学兴趣

2. 强身健体的基本途径包括（多选）：

A 运动的习惯　　B 劳动的习惯　　C 游戏习惯　　D 自律习惯

---

① ［美］霍尔．青春期：青少年的教育、养成和健康［M］．凌春秀，译．北京：人民邮电出版社，2015：1-4.

② ［印］泰戈尔．人生的亲证［M］．宫静，译．北京：商务印书馆，1992：3-5.

3. 劳逸结合的基本策略包括（多选）

A 加强训练取向的体美劳整合　　B 警惕过度劳累

C 加强游戏取向的体美劳整合　　D 文明与自然的互动

二、讨论题

阅读下面的材料并围绕后面的问题展开讨论。

STEM是科学（science）、技术（technology）、工程（engineering）和数学（mathematics）的整合。有研究显示，美国从20世纪50年代开始逐渐重视科学、技术、工程和数学的整合。这个整合课程最初被称为SMET，1996年正式称为STEM。STEM课程可以培养出一些对科学、技术感兴趣的人，有了对科学技术学习的兴趣，就有两种可能的发展方向：一是成为科技领域的工程师；二是成为科技领域的拔尖创新人才。但是，过早地发展孩子的理性，可能会导致孩子缺乏基本的生活自理能力和厌学情绪。

讨论方向：

第一，以科学、技术、工程和数学整合为核心的STEM课程，对于培养孩子理科学习的兴趣有哪些重要的意义？

第二，以文史哲整合为核心的PHIL课程，对于培养孩子文科学习的兴趣有哪些重要的意义？

第三，以体美劳整合为核心的GLAS课程，对于孩子的人格发展有哪些重要意义？

三、案例分析

电影《音乐之声》讲述了一位家庭教师带着孩子玩游戏的故事，他们在户外唱歌、跳舞、爬树、划船，在室内玩木偶戏。游戏取向的艺术学习改变了孩子们的生活习惯，也改变了孩子们的情绪状态，最终也改变了孩子的爸爸对待孩子以及家庭教师的态度。电影《放牛班的春天》也讲述了类似主题的故事。与《音乐之声》和《放牛班的春天》相反，电影《叫我第一名》和《嗝嗝老师》讲述了孩子因过度焦虑引起的不良后果。

搜索并观看以上电影，然后围绕以下问题讨论：

第一，游戏取向的体美劳整合课程包括哪些具体的内容？

第二，游戏取向和训练取向的体美劳整合课程有哪些异同？

第三，在电影《叫我第一名》和《嗝嗝老师》中，哪些因素导致了孩子产生身体痉挛或抽搐？

拓展学习资源

1. ［法］卢梭．爱弥儿：论教育（上）［M］．李平沤，译．北京：商务印书馆，1978．重点关注第二卷有关儿童期的教育观念的内容。
2. ［英］斯宾塞．教育论［M］．王占魁，译．北京：中国轻工业出版社，2016．重点关注第四章有关体育和“精神紧张”的介绍。
3. ［美］霍尔．青春期：青少年的教育、养成和健康［M］．凌春秀，译．北京：人民邮电出版社，2015．重点关注第二章“肌肉及整体活动能力”。
4. 王世娟，李秀菊，高慧琛．课程统整的四个关键问题——日本食育课程体系的启示［J］．全球教育展望，2021(6)：12-26．
5. 陶行知．自立歌［M］//陶行知全集（第四卷）．长沙：湖南教育出版社，1985．
6. ［德］黑格尔．精神现象学（上卷）［M］．贺麟，王玖兴，译．北京：商务印书馆，1983．重点关注第四章有关“主人与努力”的内容。
7. 傅丽纯．美国童子军的课程与教学［D］．上海：华东师范大学，2016：8．
8. 吴小玮．以训练为中心的儿童组织——民国时期童子军之研究［D］．上海：华东师范大学，2013．
9. 薛涌．精英的阶梯：美国教育考察［M］．北京：新星出版社，2006．重点关注有关“体育与精英教育”的讨论。
10. ［美］斯波克，尼德尔曼．斯波克育儿经［M］．哈澍，武晶平，译．海口：南海出版公司，2007．重点关注有关“入学期”和“青春期”的内容。

讲座视频:

如何让孩子习惯好，家长这样做很重要

讲座视频:

劳动运动比学习更重要

第八章 中学阶段的意志教育

08

中学阶段的孩子属于人生的青少年时期，从12岁开始到18岁结束，这一阶段是个体身心发展的加速期和迈向成年的过渡期。12~15岁处于初中阶段，是个体身体发展的加速期，也被称为青春期或少年期。青春期的孩子，身体的各个方面都迅速发育并逐渐走向成熟，心理发展水平却相对不足，身心发展的不平衡导致出现一些特殊矛盾，可能会使其面临一系列心理危机。15~18岁可称为青年早期，在学习上正处于高中阶段。这个时期的生理发育已达到成熟，在智力发展上接近成人的水平，人格发展也更加丰富和稳定。

按照《黄帝内经》的说法，女子14岁则“天癸至，任脉通，太冲脉盛”；男子16岁则“肾气盛，天癸至，精气溢泻，阴阳和”（详见《黄帝内经》之《上古天真论》），身体发育接近成熟状态。按照皮亚杰的认知发展理论，中学孩子的思维发展处于形式运算阶段。思维模式由形象思维、抽象思维向辩证思维过渡，归纳、推理能力显著发展，思维的反省性和监控性明显提高，看问题不再那么绝对化。

如果说学前阶段家庭教育的重点是感性教育，父母必须重点关注孩子的情感、语感和动感等感性系统的发展，小学阶段家庭教育的重点是规则教育，父母必须重点关注孩子的全面发展，培养劳逸结合的习惯和规则意识，那么，中学阶段家庭教育的重点，则是在感性教育和规则教育的基础上，进一步发展孩子的意志品质。对于中学阶段的孩子，父母应逐步放手，让孩子在参与决策、尝试错误、有所热爱的过程中发展孩子的自信、自学和自治等品质以及与之相关的社会情感。

第一节 自信与优势教养

根据心理学的研究，中学阶段的孩子容易出现“身份认同危机”，缺乏自信。父母的主要责任就是通过提升孩子的“自我效能”来克服“身份认同危机”。提升自我效能感的基本途径是“优势教养”以及与之相关的“赏识教育”。

一、身份认同与自我效能感

按照埃里克森的说法，中学阶段的孩子特别看重他人对自己的评价和认同。[①]也因此，中学阶段容易出现身份认同危机。这个阶段的关键任务就是发展自信的品质并由此实现自我接纳和自我认同。

（一）成长的烦恼

中学阶段的孩子正处于性发育接近成熟的青春期，这是孩子处于心理和身体“变形”以及“化蛹为蝶”的关键年龄。孩子身体的成长速度加快，身高和体重似乎在一夜之间突然增加，男孩和女孩在这个阶段一般会出现第二性征。男孩会越来越像男子汉，开始长出胡须和喉结；女孩会越来越淑女，嗓音越来越圆润，皮肤越来越细腻。

在身体和心理出现“突变”的同时，中学阶段的孩子往往还会遇到“学业负担过重”的危机。这给孩子带来了“成长的烦恼”。身心的变化以及学业压力导致孩子容易出现角色的迷惑、慌乱或自卑倾向。这个年龄阶段可能是孩子最鲁莽、最自信的年龄，也可能是孩子最敏感、最自卑的年龄。

处于青春期的孩子特别敏感，他会留意别人对自己的评价，并悄悄地观察自己与别人的异同。他会有意或无意地关注自己的长相，会注意自己的服饰，会审视自己的性格、身体和智力等。一旦有人对他作出负面评价，他就会陷入自卑。尽管自卑能够给人带来自我超越的动力，但过度自卑会让孩子产生“破罐子破摔”的绝望感。这个年龄段的孩子既显得精力充沛又比较脆弱、情绪化，容易感

① ［美］杜安·舒尔茨，西德尼·舒尔茨．人格心理学：全面、科学的人性思考［M］．张登浩，李森，译．北京：机械工业出版社，2016：104-108．

觉疲劳，总觉得睡不够。

身份认同危机的主要表现是担心自己不被他人承认，包括对自己的外在形象不满意，担心自己的身体、性格和智力是否正常，担心自己是否足够优秀，等等。几乎每个青春期的孩子都会遭遇身份认同危机。只有当个体感觉自己不被身边的他人视为另类而融入了主流文化，身份认同危机才会解除。

如果不能克服身份认同危机，就有可能感到绝望。如果总是经历失败和打击，孩子的自信心逐步受到贬损，不仅会造成身份认同危机，而且会走向自卑和无助，甚至导致不同程度的"意志的瘫痪"，最终跌入"习得性无助"。"习得性无助"这个概念最早由积极心理学创始人塞利格曼提出。在实验研究中，塞利格曼将狗置于痛苦而不可躲避的电击之下，无论狗做出何种努力，都无法逃避痛苦的电击。最后，这只绝望的狗听天由命，不再做任何努力。即便拆除了电击的装置，这只狗也依然保持被动消极、麻木不仁的状态。[①]

人如果长期存在身份认同危机，可能会造成三种后果。一是青年人离家出走或远走他乡，成年人则更换单位。虽然自己不被身边的他人认同但在另外的地方获得成就感之后，身份认同危机才会解除。二是彻底绝望，不再努力，跌入"习得性无助"的"绝望之井"。[②]三是用反叛、反抗、攻击甚至犯罪的方式来提升自己的分量、影响力和存在感，并由此重新确立自己的社会地位。

（二）提升自我效能感

克服身份认同危机的基本途径是提升"自我效能感"。自我效能感是一种相信"我能行"的信念。[③]这个概念由心理学家班杜拉首先提出，后来成为心理学研究领域流行的术语。人生不如意十之八九，日常生活中难免会遇到挫折。但是，如果通过反复成功已经培养出强大的自我效能感之后，偶尔失败的负面影响

---

① ［美］格里格，津巴多．心理学与生活［M］．王垒，王甦，等，译．北京：人民邮电出版社，2003：433．

② ［美］布卢姆．孩子，怎样爱你才对［M］．江水东，译．沈阳：万卷出版公司，2010：134-135．

③ ［美］杜安·舒尔茨，西德尼·舒尔茨．人格心理学：全面、科学的人性思考［M］．张登浩，李森，译．北京：机械工业出版社，2016：215．

就会减少。即使遇到困难，自信的孩子也会愿意通过持续的努力来克服困难。偶尔的失败反倒可以增强自我激励的毅力。

按照班杜拉的观点，人的自我效能感主要来自四个方面的影响：一是自我成就感；二是观摩他人的成功经验；三是他人的赏识；四是身心状态。[①]其中，观摩他人的成功有两种可能的效应：一是看到他人那么成功而自己那么卑微，自己感觉更自卑；二是从他人的成功经验中看到走向成功的路径与可模仿的方法。这是班杜拉考虑的重点，他称为“替代强化”。替代强化意味着并非所有知识和技能都必须亲自尝试，有些知识和技能是可以通过别人的经验来为自己提供间接经验。

有关“身心状态”对自我效能感的影响，心理学研究领域提供了一些比较有趣的研究：通过调整人的身体动作来改善人的心理情绪。比如，虽然真正美好的微笑是“会心一笑”，但微笑也是可以训练的。比如，照相的师傅可能会建议照相的人喊“茄子”或“七”，也可能会建议照相的人伸出大拇指“点赞”或“比心”。“点赞”或“比心”的身体动作反过来也会影响照相者的心情。

某些航空公司在培训空乘人员时，以咬筷子来训练微笑的动作。类似这样的身体训练不仅会让人呈现微笑的姿势，也反过来影响人的情绪。当空乘人员出于职业的需要而展露笑颜时，他们也的确会让自己感到快乐。

有研究者让参加实验的人戴上耳机收听广播评论，然后让他们左右摇头或上下点头，以便测试耳机装置。然后，顺便询问他们是否同意刚才听到的广播评论。结果显示，点头的人更多赞成刚才听到的评论。点头的动作会强化自己的积极情绪，而摇头的动作会更容易导致负面的情感态度。[②]

身体姿势会影响人的自信心。如果某人以颓废的姿势坐一整天，唉声叹气，对所有的事情都以阴沉的声音做出回应，那么，这种忧郁的心情会一直持续。相反，如果甩开膀子大步流星地走路，或两手插在裤兜里站立在人群之中，情绪就

---

① A. Bandura. Self-efficacy: Toward a Unifying theory of Behavioral Change[J]. Psychological Review, 1977(2): 191 - 215.

② G. Wells, R. Petty. The Effects of Overt Head Movement of Persuasion: Compatibility and Imcompatibility of Response[J]. Basic and Applied Social Psychology, 1980(1): 219 - 230.

会好转。

实验研究显示，双臂交叉的姿势与决心和毅力是有关联的。那些双臂交叉的孩子在解决不可能解决的问题时，他们坚持的时间远远超过把手放在大腿上的人。[①]双臂交叉，紧紧地抱在胸前，有控制意念、屏气凝神的作用。同时，双臂交叉也有排斥外界信息的作用。也因此，业内人士会告诫应聘者，应聘时不要双臂交叉，因为这个动作容易给人“自我封闭”或“拒绝接受意见”的负面印象。

考试成绩好取决于孩子是否形成了清晰的知识结构，也取决于孩子是否有专注投入的心理状态以及激情洋溢的自我效能感。自我效能感是一种“我能行”的内心自信。这种“我能行”的内在自信受自身状态以及自我成就感、他人赏识的影响，但也没有必要让孩子做浅薄的自我煽情或自我励志。比如，没有必要总是狂喊：我能行！我是最棒的！我要上北大！我要上清华！简单粗暴的励志口号和励志行为有一定效果，但效果很有限。

（三）积极的自我反思

日常的自我反思主要是随时在头脑中评估自己学业成绩或工作业绩，比较正式的自我反思是写日记或照相。相比之下，写日记容易过度强化自己不愉快的经历，照相比较容易看到自己自信而美好的形象并消除不太美好的形象。

父母可以为孩子多准备几张自信而美好的照片，最好是一寸和两寸的彩色照片，以便在需要办理“准考证”时派上用场。

照片中的头像是否自信，可以用三个词语作为参考的标准：意气风发；成竹在胸；志得意满。

意气风发的形象意味着照相时需要抬头挺胸，保持昂首阔步的姿态。不要在准考证上用与身份证相同的照片。身份证有不同的用途，对照片形象的要求也会不同。成竹在胸的形象意味着对当前的局面或未来的局势有掌控感，对正在发生的事件知彼知己，完全掌握情况。在日常的照相情境中，有人之所以喜欢摆出胜利或点赞的手势，也是为了摆脱被动局面后获得点评的权利。志得意满的形象意

① ［美］迈尔斯．社会心理学［M］．侯玉波，乐国安，张智勇，等译．北京：人民邮电出版社，2016：142-143．

味着照相时具有傲视群雄的霸气。虽然不必虎视狼顾，但至少要有睥睨一切的豪情。

有了意气风发、成竹在胸、志得意满的照片，在考试的现场，就可以将准考证放在显眼的地方。在考试过程中，如果进展顺利，一气呵成，一般不会观看自己的准考证。但是，如果遭遇难题，陷入困境，考生就可能会抬头观看自己的准考证。暮气沉沉、心神不宁、茫然颓废的准考证照片，可能会降低孩子克服难题的信心。相反，意气风发、成竹在胸、志得意满的准考证照片，更能兴起和引发孩子克服困难的激情。

二、优势教养与自我成就感

观摩他人的成功经验和积极的自我反思虽然是有用的，但也只是提升自我效能感的辅助办法。真正有效的方法是父母的“优势教养”与孩子的“成功体验”[①]。

（一）扬长避短与适度偏科

扬长避短是一个古典教育智慧。在扬长避短和扬长补短之间，扬长避短更有利于提高孩子的自信心或提升孩子的自我效能感。

父母的责任就是“打开优势开关”[②]。父母可以引导孩子形成自己的专业特长（适度偏科）与业余爱好，并让孩子在自己的专业特长（适度偏科）和业余爱好中获得足够的成功体验。

成功的体验会增强人的自信心。有研究者采用钻管测试的方法观察小鼠的主动推挤、抵抗或后退行为。结果发现，连续多次赢的小鼠会比输的小鼠主动做出更多推挤动作，并且每次推挤会坚持更长的时间。[③]

---

① Lent, R. W. Social Cognitive Career Theory[M]// Brown, Lent. Career Development and Counseling：Putting Theory into Practice. New Jersey：Hoboken, John Wiley & Sons, Inc., 2013：115-146.

② [澳]沃特斯．优势教养[M]．闫丛丛，译．北京：中信出版社，2018：51．

③ 周亭亭，胡海岚．胜利经历重塑丘脑—前额叶皮层神经通路以稳固社会等级[J]．中国细胞生物学学报，2017(11)：1379-1382．

如果孩子在成长过程中从来没有获得过他人的赏识，或者在成长过程中没有足够的成就感，孩子就会厌学、逃学、辍学。人只有通过自己的特长才能带动全面发展。没有特长的发展只是平均发展，不是全面发展。人只有建立了自己的特长才能拥有成家立业的能力，孩子的特长可能成为孩子将来的专业。特长即使不能成为今后的专业和职业，也会成为生活中的业余爱好。有特长并由此发展自己的业余爱好的人，才是幸福的人。在小康社会或小康家庭中，不会玩的孩子可能是真正的差生。

父母可以鼓励孩子“适度偏科”。过度偏科可能导致孩子无法适应当前的考试制度。但是，适度偏科恰恰可以促进孩子的专业学习。父母可以鼓励孩子在不出现严重“短板学科”的前提下发展自己的“优势学科”。

父母不必过于担心孩子偏科或片面发展。相反，如果孩子对每门学科都平均用力，无所谓喜欢或者不喜欢，这倒是一个问题。如果孩子对语文、数学、外语、政治、历史、地理、物理、化学、生物学等所有学科都感兴趣，这当然是一个不错的状态。即便如此，父母也可以有意识地引导孩子逐步在某个学科的学习上花更多的时间和精力。

在孩子进入小学之后，可以引导孩子先多花时间学习数学和外语。原因是，孩子在这两门学科的学习过程中比较容易掉队。而且，孩子在这两门学科的学习中一旦掉队，就很难跟上同学的学习进度。当孩子不再为数学和外语学习感到焦虑之后，父母就可以放手让孩子发展自己最喜欢的某个学科了。

孩子喜欢或不喜欢某个学科，主要不是天生的而是后天形成的。孩子偏爱某个玩具、游戏或某个学科，肯定有遗传因素的影响，比如有些男孩从小就偏爱机械玩具，而有些女孩从小偏爱粉红色的芭比娃娃。但是，教育的作用和价值就在于：父母、教师或同伴可以通过“成功体验”的方式影响孩子对某个学科的兴趣，甚至可以由此推进孩子将来选择相应的专业和职业。

（二）培养业余爱好

除了专业特长，也要关注业余爱好。业余爱好和兴趣特长是中学阶段的孩子保持自信的重要支持。如果孩子在小学阶段已经显示出自己的特长，则可以鼓励孩子在中学阶段继续强化自己的特长。如果孩子尚未显示出自己的特长，那么，父母可以帮助孩子发现他的特长或优势。

人的成就和幸福虽然受专业知识和专业技能的影响，但主要取决于工作者对自己的工作是否具有持久的兴趣和热情，是否具有怡然自得的业余爱好和温暖舒适的人际关系作为强大的后盾。为了让孩子拥有足够的成功体验和幸福生活，父母最好让中学阶段的孩子逐步形成自己的学科偏好和业余爱好（游戏精神）。

一般而言，中学阶段的孩子很难从头开始学习某一项艺术技能或体育技能。中学阶段不仅错过了学习艺术技能或体育技能的敏感期，而且可能因为忙于知识学习而无暇顾及业余爱好。

比较可行的办法是：从自己已经具备的某项艺术技能和体育技能中选择几个项目，尽可能不让自己的业余爱好处于荒废状态。从日常生活和日常交往的需要来看，每个孩子最好熟练掌握一项或几项劳动技能、运动技能和艺术技能。业余爱好既可以提升自己的生活情趣，也可以增进同伴之间的社会交往。

可以鼓励中学阶段的孩子在劳动、运动和艺术等方面选择一个自己喜欢的项目并尽可能超越入门的水平。劳动、运动和艺术技能既适合“独处幽居之时”，亦适用于“高谈阔论之中”和“处世判事之际”。

（三）保护孩子的游戏精神

游戏精神是“优势教养”理论强调的“优势三要素”之一（另外两个要素是有特长和形成习惯）。[①]孩子一旦具有自己的专业特长和业余爱好，他们就会在专业特长和业余爱好中找到游戏感。有游戏精神的人即便算不上成功人士，至少拥有幸福的人生体验。借用培根的说法，游戏“足以怡情，足以傅彩，足以长才”[②]。反之，即便某个人拥有足够丰裕的物质或金钱，倘若缺乏基本的游戏精神，此人也只是一个精神的侏儒和灵魂的贫困户。美国电影《公民凯恩》里的凯恩貌似富裕、发达、成功，拥有庞大的金钱帝国，但是，终其一生，他依然只是一个可怜的孤儿。在临终之前，他念念不忘的不是他的财富，而是他童年时被父母剥夺的滑板游戏。[③]

对于中学阶段的孩子来说，比较健康而美好的游戏不是现代电子游戏，而是

---

① ［澳］沃特斯．优势教养［M］．闫丛丛，译．北京：中信出版社，2018：66-67．

② 王佐良．王佐良全集（第九卷）［M］．北京：外语教学与研究出版社，2015：210-211．

③ 刘良华．叙事教育学［M］．上海：华东师范大学出版社，2011：135-137．

艺术游戏、运动游戏和劳动游戏等传统游戏。父母最好引导孩子以传统的方式展开游戏生活。传统游戏都是真实的、生活化的、自然的游戏。人类在其长期的发展过程中已经开发了丰富多样的游戏，也还有大量美好的生活化的游戏等待被开发。

比较"另类的游戏"是电子游戏。科学技术在征服和改造自然的同时也带来了对自然环境的污染，同样，科学技术在征服和改造游戏的同时也导致了对游戏生态的破坏。电子游戏对游戏生态最大的破坏就在于：它借助声光电等科技元素所造成的视觉、听觉和心理感受效果，使人的征服感、操控感和暴力倾向等情感欲望被过度激发。人的内心深处的征服感、操控感和暴力倾向等情感欲望被过度激发之后，会影响人对其他美好的游戏甚至对真实生活的兴趣和耐心。

如果中学阶段的孩子已经有了比较严重的"网瘾"，最好不要通过简单粗暴的方式让孩子突然中断。应尽可能跟孩子商谈，制定家庭规则，让孩子守住不影响健康生活和正常学业的底线。严重网瘾的少年需要的不是教育，而是等待，等待孩子在"自然后果惩罚"中自我醒悟和自我调整。父母能够做的是永不放弃孩子，永远对孩子的自我醒悟和自我调整有信心。这需要父母有足够的耐心、智慧和勇气。

三、兴发教育与赏识教育

兴发教育就是兴起和引发孩子的主动性的教育。兴发教育源自中国古典教育所倡导的"兴于诗、立于礼、成于乐"。兴发教育的基本途径是赏识教育，通过赏识教育来兴起和引发孩子自信、自学和自治的激情与意愿。

（一）兴发教育的基本原理

从情知关系的视角出发，兴发教育重视情知教学对知识学习的兴发并由此引发孩子的自信。兴发教育立足于情知互动而强调情感教育，把满足孩子的情感需要作为教育的基本前提。在情感和知识之间，情感虽然有独立的价值，情感本身就是独立的教育目标，但是，情感同时又是促进学习知识的前提条件或中间环节。因此，在情知互动中，情感优先于或高于知识。情知互动的理论来源是《中庸》第二十七章提出的"尊德性而道问学"。先"尊德性"（存心养性），然后"道问学"（格物穷理），把发展心性作为知识学习的基本前提。立足于情知互动的对话教学就是亲子之间的相互对话、相互影响。

从学思关系的视角出发，兴发教育重视思考对知识学习的兴发并由此实现从“我求童蒙”到“童蒙求我”的自学意愿。《论语》有两个地方谈论学思关系。第一个说法是：“学而不思则罔，思而不学则殆。”（《论语·为政》）第二个说法却只是警惕“思而不学则殆”：“吾尝终日不食，终夜不寝，以思，无益，不如学也。”（《论语·卫灵公》）荀子延续了孔子的“吾尝终日不食，终夜不寝，以思，无益，不如学也”这句话，只是做了微调：“吾尝终日而思矣，不如须臾之所学也。”（《荀子·劝学》）与荀子不同，孟子延续了孔子的“学而不思则罔”的教训。孟子以“心之官则思，思则得之，不思则不得也”（《孟子·告子上》）来强调“思”的重要意义。兴发教育选择孟子或“思孟学派”的思路，在学和思之间，将思置于优先地位。所谓思，就是自动发问、自问自答、自学自得。

从知行关系的视角出发，兴发教育重视行动与实践活动对知识学习的兴发，并由此引发孩子基于问题解决的自治或自食其力。传统教学过于重视知识而忽视身体力行。兴发教育立足于知行互动而强调行动学习。知行合一重视《中庸》提出的“博学、审问、慎思、明辨、笃行”五步中的“笃行”。兴发教育旨在把主动做事、主动学习的权利还给学生。

总之，兴发教育就是在情知互动、学思互动、知行互动中发展学生自信、自学和自食其力的基本素养。

（二）走向赏识教育

家庭教育流行“赏识你的孩子”这个教育口号，有人为此专门著书立说。[①] 赏识他人虽然对所有年龄阶段的孩子都是重要的，但“赏识教育”对中学阶段的孩子来说尤其重要。这个年龄的孩子需要亲自尝试，并需要父母为孩子的亲自尝试鼓劲、加油。孩子只有获得足够多的成功体验与被赏识的机会，他才会建立自信与自我效能感。

赏识本身就意味着父母设立了“什么是一个好孩子”“什么是一个好人”的标准和期待。赏识之所以重要，就是为了让孩子逐步接受这个标准，让孩子迎着父母的期待而成为一个“好人”。

---

① 周弘．赏识你的孩子［M］．成都：四川少年儿童出版社，2000．

赏识甚至是培养意志力的重要策略。传统教育过于看重通过“吃苦”来培养孩子的意志力，现代教育更重视通过“赏识”来培养孩子的意志力。“优势教养理论”又被称为“不让孩子流泪的注意力培养”①。

孩子的自信心是在尝试成功和错误的过程中逐步建立起来的。即便尝试之后出错，孩子也会在尝试错误的过程中增加继续尝试的勇气。不要因为孩子在尝试中出错而指责孩子，更不能因为孩子在尝试中出错而剥夺孩子进一步尝试的机会或权利。

赏识孩子并不意味着不要批评。赏识并不与批评或惩罚对立，赏识的反面不是批评或惩罚，赏识的反面是“不善于赏识”。赏识是一门高级的教育技艺。如果父母善于赏识，掌握了赏识的技艺，就完全不必考虑所谓的批评或惩罚的问题。作为一门高级的教育技艺，赏识孩子可考虑以下一些基本策略。

一是真诚地赏识孩子。如果孩子考试得了满分，父母就应该真诚地祝贺和赞扬孩子最近努力的某些细节。父母不能敷衍地表扬孩子，更不能由于担心孩子骄傲而拒绝表扬孩子。如果孩子考了满分，父母就不要说：“很好，但不要骄傲，要继续努力，争取下次考得更好。”孩子已经获得满分了，下次怎么可能考得更好呢?

二是以关注和信任等精神奖励为主、以物质奖励为辅。精神上的关注和信任能够激发孩子对自己所做的事产生内在的兴趣和激情。坏的赏识会驱使孩子为了获得某种外在的奖励而做事或学习。有时候，孩子本来对学习或某件事怀有内在的兴趣，但是，如果父母轻率地使用奖励，孩子将逐渐由内在的兴趣转向为获得外在的奖励而努力，然后，会逐渐对外在的奖励感到麻木而选择彻底放弃做事或学习。

即便奖励，也要以精神奖励为主、以物质奖励为辅，以奖励日常用品或旅游活动为主，而不是简单地奖励金钱。而且，所奖励的日常用品最好是父母一直想给孩子买而没有买的用品，而不是奖励某些多余的大而不当的物品。比如，当孩子在某个方面表现出色，父母在赞扬孩子的时候宣布，我们去买一双运动鞋。或者，今年暑假我们一起去看大海或大草原。

三是赏识孩子努力的过程而不只是赏识孩子成功的结果。赏识孩子时，要把

---

① ［澳］沃特斯．优势教养［M］．闫丛丛，译．北京：中信出版社，2018：134．

赏识的重点集中于孩子努力的过程而不是成功的结果。父母可以告诉孩子："我就预料到你这次会考得不错，因为最近你开始形成了答题之后立刻检查的习惯。"或者说："因为这几个月你开始预习数学了，预习会让你走在老师的前面，这样就会对老师的讲课内容有所准备。"也可以跟孩子说："这次你的英语考得这么好，是因为你这个学期一直坚持听英语。"

多赏识孩子做出的努力行为，少赏识孩子的聪明。父母最好避免或减少一种说法："这个孩子很聪明，唯一的问题就是不努力。"这样的说法不仅不会让孩子变得更加努力，相反，它会让孩子更加不努力。因为不努力还能获得"这个孩子很聪明"的赏识，而努力之后如果依然结果不佳，自己就会成为别人眼中的"双差生"：不仅成绩差，而且智力也差。

（三）赏识教育的基本途径

赏识教育主要有三个途径：一是关注；二是奖励或表扬；三是信任和责任委托（简称信托教育）。表面看来，最强烈的赏识是奖励（或表扬）。实际上，能够兴起和引发孩子积极主动的赏识是信任和委托。如果父母信任并委托孩子处理家庭大小事务，把参与决策、尝试错误和有所热爱的权利还给孩子，孩子就会变得积极主动。

"关注"是赏识的初级形式。与关注相关的行为包括注视、肯定、提供帮助，等等。注视的直接形式是看着孩子，友好地看着他。肯定意味着不仅关注，而且对孩子的言行表达认可、赞成，比如父母准确地回忆孩子的某个行为或话语，准确地复述或概括孩子的某些说法，等等。除了注视和肯定，有时候还需要为孩子提供必要的帮助。当孩子遇到无法克服的困难时，父母可以为孩子提供某种建议或支持，等等。

奖励包括物质奖励和精神奖励。在所有的奖励中，物质奖励的刺激效应最强烈，但恰恰是这种最刺激的奖励，父母需要谨慎使用。父母最好把奖励的重点放在精神奖励上，精神奖励就是"表扬"。

信任和责任委托是赏识的高级形式。士为知己者死，女为悦己者容。信任是相信并委以重任，所以，信任已经包含了责任委托。信任的直接形式是让孩子自由地说话、做事，用人不疑。父母要学会一句口头禅："再试试，你可以的。”[①]“责任委托”意味着让孩子为父母承担某个工作。“重用”则是让孩子承担更大责任，甚至让孩子在某些领域全权代理。孩子是否能够在父母的帮助下承担责任甚至成为全权代理的负责人，这是孩子“长大”的标志。

第二节　自学与自主学习

自学是完全依靠自己的独立学习和自由学习，自学的起点是自主学习。自主学习可以呈现为自学，但也可以是在他人的指导下的主动学习。中学阶段的孩子可以独立地自学，但更需要在他人的指导下主动学习。下面从语文、数学、外语三门学科谈谈如何。

一、怎样引导孩子自学语文

语文是可学的，但几乎不可教。所谓语文是可学的，就是说，语文最好由孩子整体阅读、整体感受。父母或老师的作用只在于兴起和引发孩子自学的激情。所谓语文几乎不可教，就是说，对文章的写作技巧的分析，仅仅关注文章的段落大意、精彩词句、心理描写技巧，很难让孩子欣赏美文，也很难让孩子学会写作。父母最好引导孩子把重点转移到大量阅读。让孩子在阅读中心领神会、虚心涵泳、切己体察。父母的主要责任不在于讲解，而在于推动孩子自学语文。具体而言，有效的语文学习往往显示为三个特点。一是课外自学。语文出色的孩子很少来自“上课认真听讲”，更多来自孩子在课外的大量阅读。二是整体学习。语文出色的孩子很少来自课堂教学中的细读、精读，更多来自课外的“好读书，不求甚解”的整体泛读。三是有主见的学习。语文出色的孩子不仅因为大量阅读，而且因为大量写作，以写带读。

（一）语文学得好的孩子，得益于课外读书

有效的语文学习可能受教师的启发，比如，教师视野开阔、纵横捭阖、口若

① ［美］德雷克斯，索尔兹．孩子：挑战［M］．甄颖，译．北京：生活·读书·新知三联书店，生活书店出版有限公司，2015：63.

悬河、旁征博引的精彩讲课，对孩子的语文学习也是具有一定帮助的，但是，真正有效的语文学习几乎没有例外地显示为孩子的课外自学。无论教师的课堂讲授多么精彩，真实有效的语文学习主要显示为课外自学。语文教育家吕叔湘曾经说过："10年的时间，2700多课时，用来学本国语文，却是大多数不过关，岂非咄咄怪事！……少数语文水平较好的孩子，你要问他的经验，异口同声说是得益于课外看书。"①

另一位语文教育家叶圣陶的说法是：口耳授受本来是人与人交际的通常渠道之一，教师教孩子也是人与人的交际，"讲"当然是必要的，问题可能在如何看待"讲"和怎么"讲"。教师教任何功课（不限于语文），"讲"都是为了达到用不着"讲"。换个说法，"教"都是为了达到用不着"教"。②后来叶圣陶提出一条"教育隐喻"，他认为孩子的学习就像小孩学走路，教师的教就是扶持小孩走路："扶孩走路，虽小心扶持，而时时不忘放手也。我近来常以一语语人，凡为教，目的在达到不需要教"；要改变"教师滔滔讲说，孩子默默聆受"的现象；"尝谓教师教各种学科，其最终目的在达到不复需教，而孩子自为研索，自求解决。故教师之为教，不在全盘授与，而在相机诱导。"③

（二）为何提倡"好读书，不求甚解"

有效的语文学习意味着让孩子大量"泛读"、少量"精读"。"泛读"表现为陶渊明式的"好读书，不求甚解"，而"精读"则表现为反复分析某一篇"课文"的中心思想、段落大意、修辞手法。

在学校课堂上，语文老师引导学生展开某些"精读"虽然是必要的，但是，有效的语文学习需要在"精读"之外大量地"泛读"。"精读"往往发生在课堂教学之内（一般每节课45分钟），"泛读"往往发生在课堂教学之外，比如家庭、图书馆。

父母没有必要像教师那样引导孩子反复分析某一篇"课文"的中心思想、段

① 吕叔湘．当前语文教学中两个迫切问题［N］．人民日报，1978-03-16(3)．

② 叶圣陶．大力研究语文教学，尽快改进语文教学［J］．中国语文，1978(2)．

③ 中央教育科学研究所编．叶圣陶语文教育论集［M］．北京：教育科学出版社，1980：720-721．

落大意、修辞手法。语文学习最好的方式是“互文阅读”而不是在一节课上反复地学习一篇课文。父母只需要引导孩子阅读优秀的文章并以这篇文章为中心，阅读相关或相似的文章。这些文章部分来自语文老师的推荐，但父母也可以和孩子一起逛实体书店或网络书店，让孩子围绕某个主题或某个作家展开比较持久的主题阅读。

一篇美好的文章，未必经得起反复地分析；一部美好的电影，未必经得起反复地观看。如果想让孩子厌恶某部电影，那么，最好的办法就是让孩子一天或几天之内反复地观看这部电影；如果想让孩子厌恶学语文，那么，最好的方式就是让孩子在一节课或几节课之内翻来覆去地、循环往复地阅读同一篇课文。

互文阅读意味着让孩子读一篇文章之后紧接着去读别的文章，而不是让孩子反复阅读同一篇文章。“精读”教学的原理是范本教学或范文教学。范本教学或范文教学之所以是有效的，除了因为这个范本（或范文）是好文章，更重要的原因在于，它具有示例和范例的潜在效应，它能够牵引相关或相似的文章，它使相关或相似的文章在这里集合、聚集，并由此而相互印证、相互应和。好的范本教学、范文教学意味着以“精读”带领“泛读”，由范例、范文的阅读牵引出相关、相似文章的阅读。这种范本阅读本来是有效的办法，但是，当孩子反复阅读这篇范文或范本而完全不阅读相关的文章时，这种范本教学就被降格、退回到“孤本”或“独本”教学。

因此，父母需要协助语文老师推荐或提供优秀的文章，并以这篇文章为中心提供相关或相似的文章。比如，孩子阅读一篇胡适写的文章后，可以继续阅读与之相关或相似的其他作者的文章，或者，可以阅读有关胡适的传记。

总之，为了更有效地发挥范本的效应，父母可以鼓励孩子通过“知新而温故”而不是“温故而知新”的方式展开阅读，而且最好保持大量的“泛读”和少量的“精读”。如果让孩子反复精读同一篇文章，这里面隐含的教育观念是“温故而知新”。如果让他置身于互文阅读之中，让他在不断阅读新文章的过程中，悄悄地实现新文章和旧文章的相互解释，那么，这里面隐含的教育观念是“知新而温故”。“知新而温故”容易兴起和引发孩子持久的学习热情，“温故而知新”容易打击和破坏孩子持久的学习热情。

（三）以写带读：从阅读教学到写作教学

有效的语文教学意味着不仅整体阅读，而且“以写带读”。以写带读的相关说法是“不写文章不读书”。就是说，如果不是因为要写文章，就不要读相关的书。如果说阅读主要显示为对他人观点的接受和欣赏，那么，写作就是形成自己的思考，发出自己的声音。否则，读书越多，越没头脑。读书就等于乞行、寄生。[①]“人总是胆小怕事，内疚于心；他再也没有刚强正直的气质了。”[②]

“以写带读”或“不写文章不读书”首先意味着把写作训练作为语文学习的重点。无论精读还是泛读，最终都需要落实为写作。阅读虽然也有独立的价值，它是日常的人际交往的基本能力，但是，从语文学习的整体结构看，阅读只是写作的准备和条件，写作才是语文教学的核心目标。

就此而言，语文学习的重要目标就是教会孩子写作。因为，阅读能力强的孩子，不见得写作能力强，但是，写作能力强的孩子，往往有强大的阅读能力。中国古代的考试只考作文而不考阅读，这样的考试制度虽不见得完美，但也有其合理性。因为，一篇文章不仅能显示作者的写作能力，而且可以由此而考察作者的阅读理解能力，甚至可以由此而显示作者有关政治经济的“策问”能力。

休闲式的阅读当然是有意义的，比如，培根就认为休闲式的读书足以怡情，足以博彩，足以长才。[③]但从阅读与写作的关系来看，如果不把阅读转换为写作的资源，那么，阅读太多不仅无益反而会因为脑子里充塞了大量别人的观点而失去自己的主见。

正因如此，阅读虽然一直被人重视，但几乎所有的思想家都会在人生的某个时候忽然开始对“阅读”这件事展开批判。比如，叔本华就认为过度阅读是让自己的脑袋成为别人的“跑马场”或“游戏场”：“在阅读的时候，我们的脑袋也就成了别人思想的游戏场。……正如弹簧持续受到重压最终就会失去弹性，同样，我们的头脑会由于别人思想的持续侵入和压力而失去弹性。正如太多的食物会搞坏我们的肠胃并因此损害了整个身体，同样，太多的精神食物会塞满和窒息

① ［美］爱默生．自立［M］．蒲隆，译．北京：法律出版社，2009：20．

② ［美］爱默生．自立［M］．蒲隆，译．北京：法律出版社，2009：25-26．

③ 王佐良．王佐良全集（第九卷）［M］．北京：外语教学与研究出版社，2015：210-211．

我们的头脑。”①

为了不让自己的脑袋成为别人的跑马场，最好由过度强调阅读的语文学习转向“以写带读”或“不写文章不读书”的作文学习。按照“以写带读”或“不写文章不读书”的思路，孩子最好在阅读好的作品的当下就促发自己的复述或仿写。复述是借用原作品的思路和某些关键词，然后用自己的话重新叙述这篇文章。仿写是借用某个作者或某篇文章的思路去叙述某个新的对象或主题。复述是对原文的加工，而仿写已经接近自由创作。复述和仿写是作文学习的基本途径。

一旦进入复述和仿写的状态，孩子就会自动沉入相关文章的阅读，而且在阅读的过程中带着自己的期望。一旦在阅读中遇到精彩的句子，他就会怦然心动、心潮澎湃甚至满怀激情、手舞足蹈。反之，如果阅读不与写作发生任何关系，仅仅显示为没有目的地休闲阅读，那么，这种阅读虽然有循序渐进的积累效果，但对写作没有太大的帮助。

而且，如果过度陷入阅读而丢失了自己的思考和主题，那么，这种阅读就会使初学者失之迷惘。写作就是由漫无目的的散漫阅读走向有主题的阅读和思考，按照孟子的话说，以写带读就是“由博返约”。孔子讲“君子博学于文，约之以礼”(《论语·雍也》)。孟子受之启示，也讲“博约”，但不是以“礼”来“约束”自己的行为，而是以“思”来使所“学”返回“简约”。

“以写带读”或“不写文章不读书”是对日常阅读的改造和改进。低级的阅读是读者围着文章转；有意义的阅读是提问、批判与欣赏；高级的阅读不仅提问、批判和欣赏，而且“引用”和接受启发，从而开始自己的自由创作，让文章围着读者自己转。低级的阅读是“六经注我”，高级的阅读即便不是“我注六经”，至少也意味着因阅读他人的作品而接受启发、推进自己的写作。

父母可以为孩子提供一些快速作文的写作技巧，供孩子参考。比如，在教孩子写记叙文时，一般都会强调记叙文的几个要素：时间、地点、人物、事件及其原因、经过和结果。但是，如果指望孩子快速地写一篇好的记叙文，关键的要素并不在于时间、地点、人物、事件及其原因、经过和结果。因为，孩子即使记住了这几个写作要素，他可能还是无法快速地写出一篇好文章。比较可取的办法

① ［德］叔本华．叔本华美学随笔［M］．韦启昌，译．上海：上海人民出版社，2004：16．

是：不仅学会把一件事说清楚，而且尽快学会在一篇记叙文里同时列举两到三个相关的事件。

一个事件不成规模，三个以上的事件同时呈现却又可能因线索太多太杂而影响文章的秩序。而且，在一篇文章里列举两到三个相关的事件时，必须让这些事件有一定的顺序，最好使这几个事件呈现为递进关系或矛盾关系（或对立统一关系）。这样讲出来的故事才会显得有层次，才可能会引人入胜、扣人心弦。

教孩子学会在一篇文章里讲两到三个相关的事件，是一个重要的方法，因为，这个方法不仅可以用来写记叙文，而且可以用来写议论文。

议论文的关键是论点、论据和论证，与之相应的学科是哲学、历史和文学。这样看来，好的文章就是文史哲的统一。家长可以引导孩子尽早阅读历史。因为好的历史文章或历史故事既隐含了哲学道理，也呈现了文学的条理与文采。在条理与文采之间，有条理比有文采更重要。如果一篇文章有文采而没有条理，那么，这篇文章是不合格的。相反，如果一篇文章有条理而没什么文采，那么，这篇作文即使算不上优秀，至少，它是合格的。如果一篇文章有理（有论点）、有据（有论据），而且有条理，那么，这篇文章即使文采稍显欠缺，那也是一篇上乘之作。因此，在训练这三个技能时，可以先引导孩子学会"有条理"地写作或有条理地讲故事，然后，再引导孩子学会"有文采"地写作或有文采地讲故事。

如果不是这样，小学或初中语文老师大量地给孩子讲什么是文采，如何让作文显得有修辞，那会使孩子受惊吓，孩子可能因此而恐惧作文。

为了训练孩子有条理地作文，最好让孩子多写叙事作文（记叙文），少写议论文。尤其是小学和初中，要多写叙事文（甚至可以写比较简单的调查研究报告、历史研究报告、实验研究报告），少写空泛议论的议论文。

二、怎样引导孩子自学数学

学习任何一门学科都需要孩子学会自学，但相比之下，自学数学显得尤其重要。中学阶段的孩子比较容易出现"拒学"问题。[①]很少学生因为语文、历史

① 朱丽，程丽，张免，等．家庭治疗改善青少年拒学行为效果分析［J］．中国学校卫生，2019（3）：396-398．

等文科学习困难而拒学，拒学的主要原因是数学以及与之相关的理科学习出现困难。

（一）数学学习开小差的后果

听讲式的学习使人容易走神、开小差。无论教师如何提醒孩子“上课认真听讲”“不做小动作”“要集中注意力”“不要开小差”，孩子总会在某个时刻走神而想入非非。

在其他学科，比如语文或历史科目的课堂教学中，孩子偶尔走神、开小差之后尚可以觉醒后继续听讲，只要继续听讲，就可以心领神会，“回头是岸”。如果孩子因意外事故中断一周或一个月的语文学习，孩子再次返回语文课堂时，依然可以跟上学习的进度。而且，就保护孩子的好奇心和想象力而言，走神不仅不是一个需要克服的坏习惯，反而是一个保护和发展孩子好奇心和想象力的好习惯。也因此，童话作家郑渊洁认为，不要一味指责孩子走神，而要鼓励孩子通过走神来留住想象力。有时需要注意力高度集中，有时需要通过走神来进入另一种领域的注意力高度集中。①

但是，在数学学习过程中，注意力不集中会导致孩子跟不上教师讲课的进度，并最终导致孩子学业成绩低下，丧失学习的兴趣和信心。其原因在于，数学内容与其他学科的内容有显著差异。语文、历史等学科的学习内容呈现为苹果袋式的结构，学习者可以在任何时间、任何地点从苹果袋中取出一个苹果，但是，数学内容呈现为比较严谨的逻辑连贯的阶梯结构，步步为营，推理有据，运算有则，前后呼应。比如，不学加法，就无法学习乘法。孩子如果因开小差或其他原因没有爬过第一级阶梯，那么，他尚可能艰难地直接跳跃到第二级阶梯。可是，如果孩子因为开小差或其他原因，没有爬过第一和第二级阶梯，那么，他几乎不可能直接跃升到第三级阶梯。因此，在数学课堂教学中，孩子如果因偶尔走神、开小差或其他意外事件而中断三五天的数学学习之后，再次回到课堂听课，将很难听懂老师所讲的内容。

（二）强化预习习惯或自学习惯

为了解决孩子“注意力不集中”的问题，父母和老师可以鼓励孩子学会自

---

① 郑渊洁．郑渊洁家庭教育课［M］．天津：天津人民出版社，2018：106，127．

学。自学即便不能让孩子迅速进入“集中注意力”的状态，至少能够保证孩子“开小差”之后可以继续学习而不至于出现“掉队”或“跟不上进度”的后果。

自学数学的简单途径是强化“预习”并由此进入“适度超前”的自学状态。认真听讲的孩子偶尔成绩好，认真自学的孩子则持续成绩好。复习是重要的，但预习比复习更重要。复习是学习者跟着老师走，预习是学习者自己往前走。

孩子在预习和自学数学的过程中虽然最初会感到困难，但是，一旦形成了预习和自学习惯，孩子就可以避免“掉队”的危险，因为，孩子可以在任何时刻任何地方重新开始自学数学。

虽然自学数学最初会感到困难，但数学的教材结构本身也为自学提供了便利。数学教材往往是“例题+练习题”的模式，而且，练习题往往与例题有相似的结构，学生可以模仿例题去解练习题。反之，如果学习者在做练习题的过程中出现困难，就可以回头去重新琢磨例题。一旦彻底领会了例题，学习者就可以做相关的练习题以及各种“变式题”。

这也是为什么在各个学科的教学改革中，数学教学改革反复提倡“预习”“自学”或“自学辅导教学”的原因。比如中国科学院心理研究所卢仲衡主持的“自学辅导教学”实验、江苏邱学华主持的“尝试教学法”实验、上海顾泠沅主持的“尝试指导，效果回授”实验等，最初都是发生在数学教学领域。这些实验最初在数学教学领域积累经验之后，才逐步向其他学科推广。

在数学教学法研究领域，重视孩子自学数学以及主动学习的人不在少数。比如，美国学者波利亚（G. Polya）在提出他的著名的“怎样解题表”时，同时强调“孩子主动解题以及教孩子主动解题的教师必须有主动解题的经历”。波利亚所讨论的“怎样解题”是以孩子主动学习为前提的。他将“主动学习”特别提出来，作为他所拟订的三条学习策略中的首要策略（另两条策略是“最佳动机”和“循序渐进”）。在他那里，主动学习意味着“学习任何东西的最佳途径是亲自独立地去发现它”。[①]

① ［美］波利亚．数学的发现（第一卷）［M］．欧阳绛，译．北京：科学出版社，1982：499．

（三）父母与教师的合作

每一个父母都忐忑不安地期望自己的孩子能够适应学校生活，希望自己的孩子在学校能够努力学习。可是，如果父母在孩子没有形成自学习惯之前就把孩子贸然送进学校，孩子很可能无法适应学校生活。一个从来不知道自治为何物的孩子，突然被送进学校，将会处于“成长的危险”之中。

孩子处于“成长的危险”之中并不意味着学校的校长和教师没有尽到责任。无论教师多么优秀，在一个超过40人甚至60人的大班进行教学，教师很难照顾到每一个具体的孩子。即便教师在“集体教学”中尽可能关注每一个孩子的学习进展，也很难根据每个孩子的特点提供个别化的教学。在这种齐步走式的“集体教学”中，个别孩子“开小差”或“掉队”是正常的事情。成人总是警告孩子要“上课认真听讲”或“不做小动作”。可是，任何人在听课、开会的过程中都可能走神、发呆。人不是机器，只要是人，他就会有自己的想法，他会在听课、开会的过程中忽然偏离主题，想入非非。

问题不在于如何控制孩子在上课时发呆、开小差，而在于：如何让孩子在发呆、开小差之后跟上“集体教学”的进度，不让孩子掉队。

教师可以牺牲自己的休息时间，在课后为那些上课跟不上进度的孩子提供额外的个别化教学或辅导。可是，如果班级里掉队的孩子太多，即使教师愿意牺牲自己的休息时间，在课后为孩子提供额外的辅导，但教师个人的时间也是有限的。中国教育界一直在寻找解决“集体教学”中可能出现的孩子掉队的问题，目前比较有效的办法是：让孩子学会自学。

让孩子“学会自学”当然是教师的责任。可是，仅仅依靠教师，仅仅依靠学校，很难让孩子形成自学习惯。有些孩子在教师的引导下学会了自学，不过，总是有孩子在学校一直没有找到自学的感觉。他们听不懂教师的讲课，可是还必须坐在教室里一动不动。既没有快乐，也没有尊严。他们孤独地坐在教室里，除了差生和差生之间相互安慰之外，没有人关注他们，也没有人尊重他们。他们有时渴望得到关注，甚至故意捣乱，以便引起同学和老师的注意，于是，他们成了学校里的“问题学生”或“差生”。

为了不让自己的孩子处于“成长的危险”之中，父母唯一能够做的是：亲自为孩子提供家庭教育，让他在入学之前有足够的生活自理能力和自学能力，以便应对漫长的、充满不确定性的学校生活；并在孩子入学之后，与教师组成“教育同盟”，共同承担教育孩子的责任。

三、怎样引导孩子自学外语

外语学习比较严重的问题是，父母和老师总是强迫孩子背诵大量的单词和语法，以为学外语就是学习单词和语法。真正有效的外语学习需要一些努力，但是，如果仅仅只有努力，仅仅让孩子有意识地学外语，那么，外语就很难学会，甚至可以说，“外语是学不会的”。

（一）从学习到习得

外语学习常见的问题是追求教学的有效性而让孩子有意识学习。这种有意识的学习，常常因学习目标过于集中、学习目的过于明确而导致学习者的语言学习失败。真正有效的外语学习，是将传统的有意识学习或显性学习改造为无意识学习或隐性学习。有意识学习是正式学习，无意识学习是“习得”或非正式学习。

极端的有意识学习显示为心无旁骛、聚精会神、专心致志的状态。与有意识学习相关的训诫是“认真听讲，不做小动作”或“一心不能二用”。在外语学习的过程中，有意识学习的确是需要的，但是，从来没有哪个孩子在学习母语的时候是通过有意识学习的途径而学会的。母语学习之所以是有效的，因为孩子在学习母语的过程中几乎都是无意识“习得”而不是正式学习的。

任何孩子学习母语都是在听亲人或身边的人说话、发指令、讲故事的过程中无意之间学会的。孩子总是在不知不觉、隐隐约约、模模糊糊的“隐性学习”的状态中学会了母语。这种“隐性学习”看似没有时间意识和任务意识，看似没有效率意识和标准意识，但正是在宽松、舒缓、自由、率性的“慢生活”和“慢教育”的过程中，孩子掌握了母语。

外语学习需要考虑的途径，正是这种母语学习式的隐性学习或无意识学习，它意味着父母和老师需要让孩子从“直接学习”转向“附带学习”。人生中大量的知识或技能往往是在不经意的“附带知觉”或“附带学习”之中悄悄获得的，犹如我们平常所说的“有心栽花花不放，无心插柳柳成荫”。

也就是说，外语学习虽然需要某种程度的“集中注意力”或“不做小动作”，但是，真正有效的外语学习恰恰需要对学习的对象保持某种轻松的若有若无、若即若离的状态。这种若有若无、若即若离的状态，让注意力既直接面对学习对象的焦点和中心，同时又将视野扩展到焦点和中心的外围、背景。

由此，学习的对象就不再只是显示为一个孤零零的焦点，相反，这个焦点知识还会扩展为某种有边缘的焦点。这个“中心知识”成为某种“有背景的知识”，使所学的知识和技能成为整体学习而不是细节学习。如果不是这样，如果学习者仅仅关注了所学对象的焦点和中心，那么，这种学习就可能中断或失败。就此而言，所谓附带学习或边缘学习，就是放弃传统意义上的“聚精会神”的细节学习或细节教育，由细节学习转向整体学习、整体体验。

（二）听先于说，容忍沉默

美国外语教学法（第二语言习得）专家克拉申（S. Krashen）发现，外语学习之所以效率低下，主要原因在于父母和老师一直在采用“反教育”的方式。他认为外语学习的方法其实很简单，它就隐含在孩子学母语的过程之中。[①]父母和老师只需要问：孩子是如何学会母语的，那么，父母或老师就会发现学习外语的秘密。

学习母语的首要秘诀是“听”。先大量地听、少量地说，然后逐步过渡到大量地听、少说；一年之后，逐步发展到“既听，又说”。几乎每个孩子都是按照“先听”的方法来学会母语的。而且，父母在教孩子学母语时，总是允许孩子有一个“沉默期”，这个语言的“沉默期”往往有半年或一年，有的孩子学母语的沉默期甚至有两年或三年。遗憾的是，父母和老师在教孩子学外语的时候，几乎都违反了这个语言学习的规律。

英语学习也需要有沉默期。沉默期意味着尽量让孩子多听少说，而并非让孩子只听不说。多听少说也就是大量输入而少量输出。孩子最初说英语也最好大量模仿，而不是自己出声读英语。父母可以鼓励孩子利用“趣配音”的软件为英文电影配音。

（三）整体学习与整体感知

学习母语的第二个秘诀是“整体地听”。孩子还没学会单词的时候，母亲就

---

① Krashen S, Terrell T. The Natural Approach：Language Acquisition in the Classroom [M]. San Francisco：The Alemany Press, 1983：32-33.

会给他讲完整的句子；孩子还没学会讲完整句子的时候，母亲就给他讲完整的故事。就在母亲给孩子讲完整句子的过程中，孩子学会了单词。就在母亲给孩子讲完整故事的过程中，孩子学会了句子。从来没有哪个母亲会用类似“杯，杯，杯子的杯”这样的办法来教孩子学母语。但在正规教学中，不少老师会用这样的方法来教孩子。

如果期望孩子学会外语，父母所要做的事情其实很简单：寻找适合孩子听的外语材料，最好是视听材料而不是纯粹的录音材料，让孩子在看外文电影或电视剧的过程中听纯正的外语。虽然父母需要严格控制孩子看电视的时间，因为看电视太多会影响孩子的阅读书籍的兴趣，但是，为了让孩子学习英语，可以适当观看英语影视。孩子在观看英语电影或电视剧的过程中，既能了解外国文化，也能在不知不觉中“习得”外语。

遗憾的是，学校的外语教育由于过于强调教学效率和标准化考试，父母和老师要求孩子进行焦点学习和细节学习。这些原本属于不可言传的“附带知觉”中的“细节”于是被引入烦琐的讲解、讨论，或者进入那些以填空、简答、多项选择、阅读理解等为内容的频繁的练习或考试中。

外语知识的“细节”一旦被不恰当地突出为焦点性的言传内容之后，就会使孩子因此而陷入“怯场”或“焦虑”的厌学、逃学状态。某些孩子之所以放弃学习外语，并不意味着这个孩子不愿意学习外语或没有学习外语的潜能。相反，几乎所有的怯场、厌学或逃学都源自教师和父母逼迫孩子只关注某个知识的细节，而那些知识的细节原本是可以由整体学习附带掌握或顺便领会的。从这个角度来说，治疗怯场、厌学的有效办法是让孩子由细节学习重返整体学习。

父母最好为孩子提供整体学习的条件，让孩子尽可能避免细节学习，让孩子不陷入细节学习的泥潭之中。整体学习需要由课本学习、讲授教学的外语教学返回学习的原点，从记单词和语法的外语学习返回整体地听外语的学习状态。

总体而言，无论语文学习、数学学习、外语学习，还是其他学科的学习，首要的任务是学会自学。尽管教师或父母的引导也是重要的，但有效学习主要还是需要靠学生自身的主动性。自学的基本途径就是《中庸》所倡导的学思行：学就是学问，包括阅读和提问；思就是思辨，包括自问自答和相互讨论；行就是笃行，包括复述、练习和生活实践。为了让孩子学会自学，父母可以引导孩子为自己建造三个“脚手架”。一是拆分目标，将大目标拆分为若干个小目标。目标太大太难会导致孩子自暴自弃。二是知行结合。阅读范文或例题之后，最好做相关的模仿练习。不仅模仿练习，而且要学会自己考自己，从答题者转变为命题者。三是采用“费曼学习法”。“费曼学习法”的核心精神是“以教代学”，做小老师或小先生。如果孩子能够用简洁的语言将复杂的知识讲给“外行”听，并保证能让“外行”听懂，就说明孩子真正掌握了这个知识。如果在讲述的过程中出现“卡壳”，可以通过重新学习的方式查漏补缺。这说明，“费曼学习法”隐含了一个学习的基本原理：输出可以促进输入。①

第三节　自治与社会情感学习

中学时期是孩子走向成人的关键阶段。成人既意味着孩子到了18岁的年龄，更意味着孩子已经具有基本的自治或自我管理能力。自治或自我管理能力的核心是基于大五人格和实践智慧的社会情感。是否具备基本的社会情感以及与之相关的大五人格和实践智慧，这是孩子成人的标志，也是孩子走向成熟的基本途径。

一、大五人格

社会情感学习有多种思路，教育界普遍采用的思路是心理学界所强调的大五人格分析框架。心理学关注人格而较少谈论性格或品格。②教育学更关注性格，并对人格和性格几乎不加区分。

人们可以从多种角度来讨论或界定人的性格。在日常生活或小说、电影中，人们采用成千上万的词语来描述人的性格。最初，心理学家只是将那些描述人的性格的词语收集起来，并将这些词语进行归纳，形成类似“性格词典”的手册。后来，心理学家将这些词语进一步分类，进行聚类分析，逐步聚焦于大五人格。

① 尹红心，李伟．费曼学习法：用输出倒逼输入［M］．南京：江苏凤凰文艺出版社，2021：15．

② G. Allport. Personality and Character［J］. Psychology Bullet, 2021（18）：441-455.

20世纪40年代，美国心理学家卡特尔（R. Cattell）采用聚类分析的方法，从几千个词语中提取出十六个人格因素。从数千个词语到十六种类型是人格心理学研究的一个重大进展，但十六种类型仍然太多，既不便测量，也不便记忆。此前和此后出现的九型人格[①]、六型人格[②]、大五人格都可以视为“卡特尔十六种人格因素”的替代方案。在种种替代方案中，大五人格的影响较大。

大五人格也来自卡特尔的十六种人格因素。有人从十六种人格因素中提取出五个因素。美国心理学家戈登伯格（L. Goldberg）将这五个因素称为“大五”（Big Five）。

完美的分类总是隐含了某种对立统一的二元论思维，否则难以做到“不交叉、不遗漏”的两个分类原则。即便卡特尔的十六种人格因素，也隐含了二元论思维。英国心理学家艾森克（H. Eysenck）继续将卡特尔等人提出的人格因素归纳为两个维度，一是情绪稳定或神经质，二是外向性或内向性，并研发了艾森克人格问卷。[③]

继艾森克之后，美国心理学家麦克雷（R. McCrae）和科斯塔（P. Costa）提出了第三个人格维度：经验开放性，并开发了著名的NEO人格问卷，用于测量神经质、外向性和开放性三个人格维度。初获成功后，他们继续将大五人格中的另外两个因素也纳入问卷，并发表研发了“五因素模型”。在麦克雷和科斯塔的推进下，大五人格得到正式的确认。

大五人格主要包括五个方面。由于五个人格因素的英文首字母可以拼写为OCEAN，因此大五人格也被称为“海洋人格”。

一是神经质（neuroticism），也译为敏感，指忧虑、不安全、紧张、神经过敏。

二是外向性（extraversion），也译为乐观性，指自信、社交性、健谈、精力

---

① ［美］帕尔默．九型人格［M］．徐扬，译．北京：华夏出版社，2016．

② J. Holland. Making Vocational Choices：A Theory of Vocational Personalities and Work Environments［M］. Odessa, FL：Psychological Assessment Resources, Inc.1997：17-40.

③ ［美］杜安·舒尔茨，西德尼·舒尔茨．人格心理学：全面、科学的人性思考［M］．张登浩，李森，译．北京：机械工业出版社，2016：138-143．

充沛、爱好玩乐、重感情。外向性接近英国哲人罗素（B. Russell）关注的“活力”。在罗素看来，活力洋溢之处，便是充满生活的乐趣。活力能增加快乐，减少痛苦。“活力可增强人们对外部世界的兴趣，此外也可增强人们从事艰巨工作的力量。不仅如此，它更能防止人们陷入嫉妒，这是因为它能使人们的个人生活变得愉快之故。”①

三是开放性（openness to experience），指独创性、独立性、创造力、勇敢、富有想象力、有深刻见解、兴趣广泛。

四是宜人性（agreeableness），也译为亲和力或愉悦性，指谦逊、和蔼、性情温和、信任、礼貌、有同情心、有利他性和合作精神。

五是尽责性（conscientiousness），也译为严谨性，指仔细、可靠、勤奋、做事有条理、有计划、负责任。

在大五人格中，“神经质”显得比较特别。大五人格原本只有“神经质”而没有“情绪稳定性”，但后来的心理学研究以及教育学研究更愿意关注情绪稳定而不是神经质。

其实，神经质与情绪稳定原本就是人格的一体两面。神经质并不见得就一定是负面的，情绪稳定也不一定就是正面的。某些艺术家或哲学家都有不同程度的神经质。这些神经质成全了他们的艺术理解力和思考力。法国哲人卢梭就是典型的神经质性格的哲人，晚年发疯。德国哲学家叔本华（A. Schopenhauer）也有神经质，尼采更甚，晚年也发疯。著名哲学家维特根斯坦（L. Wittgenstein）在学生时代就与众不同，曾有自杀念头。传闻，波普尔（K. Popper）和维特根斯坦两个哲学家在剑桥相遇，波普尔责备维特根斯坦误导了整整一代哲学家，让他们研究谜题。波普尔认为，哲学不应该研究谜题而应该研究问题。维特根斯坦勃然大怒，将一根拨火棍朝波普扔去，然后拂袖而去。②

这样看来，神经质是天才人物或某些职业比如艺术家（包括那些有艺术气质的哲人）的基本特质。学术界所讨论的神经质与日常生活所理解的神经质往往有不同的内涵。日常生活所使用的神经质一词，往往含有极大的贬义，接近精

① ［英］罗素．教育与美好生活［M］．杨汉麟，译．石家庄：河北人民出版社，1999．31．

② ［美］塞利格曼．持续的幸福［M］．赵昱鲲，译．杭州：浙江教育出版社，2012：54．

神病。

也因此，可以考虑将神经质翻译为敏感。敏感这个概念兼有质疑、批判、怀疑的含义，当然也有疑神疑鬼的含义。从质疑、批判、怀疑等含义来看，敏感不是负面的消极人格，而是正面的积极人格。

与敏感相对的是钝感或情绪稳定。艺术或学术研究需要敏感，日常生活更需要钝感力或情绪稳定。钝感力包括宽容他人，容忍房间的凌乱。身体的钝感包括不过度讲卫生，与细菌共存，等等。①

如果将大五人格中的神经质分析出“敏感而情绪稳定”两种人格，那么，大五人格其实是大六人格。心理学界原本就有人在大五人格之外提出大六人格（HEXACO）：一是诚实或谦恭；二是情绪性；三是外向性；四是愉悦性；五是责任性；六是经验开放性。②可见，大六人格只是在大五人格的基础上，增加了“诚实或谦恭”，其他方面大体相同或接近。受中国传统文化的影响，有人在“大六人格”的框架中将“人际关系”作为一个新的人格因素。③

事实上，“愉悦性”已经包含了“诚实或谦恭”和“人际关系”，增加诚实或谦恭和人际关系显得有些多余。

可以考虑的思路是：将大五人格中的“神经质”扩展为相反相成的两种人格：一是敏感；二是钝感或情绪稳定。也就是说，将大五人格扩展为大六人格：一是神经质；二是情绪稳定；三是外向性；四是开放性；五是宜人性；六是尽责性。而且，在这六种人格中，不仅敏感与情绪稳定相反相成，而且另外四种人格也存在相反相成的关系。

第一，外向性与宜人性是相反相成的两种人格。如果将外向性译为自信，将宜人性译为谦逊，那么，外向性与宜人性就是“自信与谦逊”。

第二，开放性与尽责性是相反相成的两种人格。如果将尽责性译为严谨，那

---

① ［日］渡边淳一．钝感力［M］．李迎跃，译．上海：上海人民出版社，2007：65．

② ［美］杜安·舒尔茨，西德尼·舒尔茨．人格心理学：全面、科学的人性思考［M］．张登浩，李森，译．北京：机械工业出版社，2016：150．

③ 张建新，周明洁．中国人人格结构探索——人格特质六因素假说［J］．心理科学进展，2006（4）：574-585．

么，开放性与尽责性就是“开放而严谨”。

第三，神经质和情绪稳定是相反相成的两种人格。如果将神经质译为敏感，那么，神经质和情绪稳定就是“敏感而情绪稳定”。

这样看来，大六人格可以归纳为相反相成的三维人格：（1）自信而谦逊；（2）开放而严谨；（3）敏感而情绪稳定。

三维人格的思路比较符合麦克雷和科斯塔等人的分析框架。麦克雷和科斯塔开发的NEO人格问卷比较重视大五人格中的前三项：一是神经质（敏感）；二是外向性（自信）；三是开放性。但在日常生活中，人们更看重尽责性（严谨）、宜人性（谦逊）和情绪稳定性。

大五人格最初只限于心理学的讨论。后来，由于教育界采用大五人格作为“社会情感学习”的分析框架并提示了相关的实践路径，大五人格在教育界逐渐被广泛地关注。不过，社会情感学习理论在引用和借用大五人格时，对大五人格做了比较大的改造并提供了新的解释。

自从大五人格的理论被提出之后，一直有人尝试对其进行扩展或压缩。有人认为，五因素是不完全的，需要扩展；也有人认为，五因素太分散，需要进行简化处理，最好将其简化为两个因素，比如将神经质、宜人性、责任心纳入“社会性”。[①]也有人将开放、自信、敏感视为“刚”的人格；将严谨、谦逊、情绪稳定视为“柔”的人格。开放而严谨、自信而谦逊、敏感而情绪稳定一起构成刚柔相济的人格。[②]

二、实践智慧

有关社会情感的大五人格，其核心精神是原则性与灵活性相结合的实践智慧，这种实践智慧也被称为经权智慧。经权智慧之“经”即大道、中正、原则、规则、律法；经权智慧之“权”即权变，指权衡各种关系并保持灵活变通。经权智慧早在孔子那里已经成为一个重要主题。孔子甚至把权变的实践智慧视为至高

① ［美］卡弗，沙伊尔．人格心理学［M］．贾惠侨，张品，赵红梅，译．北京：中信出版社，2020：81-82．

② 刘良华．立足于学生主体的兴发教学改革［J］．教育导刊，2022(2)：5-10．

无上的艺术。《论语·子罕》曰：“可与共学，未可与适道；可与适道，未可与立；可与立，未可与权。”孔子之后，孟子尤其推崇经权智慧。

实践智慧或经权智慧的第一个策略是灵活变通，不教条主义，也不固执己见。孔子最看不起的是僵化、教条、固执、自我中心，将“意必固我”作为必须弃绝的四大恶德。《论语·子罕》曰：“子绝四：毋意，毋必，毋固，毋我。”有经权智慧的人不会自以为是、固执己见、师心自用。孔子既强调道德原则的学习和坚守，朝闻道夕死可也，甚至可以杀身成仁，同时，又主张在现实生活中要学会见机行事，权衡利弊。《论语·卫灵公》提出“君子贞而不谅”，即坚守正道而不拘泥于小信。

实践智慧或经权智慧的第二个策略是分场合，知进退。“用之则行，舍之则藏”。《论语·公冶长》记载孔子称赞宁武子：“邦有道，则知；邦无道，则愚。其知可及也，其愚不可及也。”所谓“愚不可及”，原本指大智若愚，可惜，“愚不可及”后来被降格为非常愚蠢的含义。

实践智慧或经权智慧的第三个原则是遵守双赢之道。双赢就是“成己成人”，儒家的经典说法是“己欲达，达人”，更经典的说法是“己所不欲，勿施于人”。如果接受并践行了双赢原则，孩子就不会因为过于自私和自我中心而造成人际冲突。有人将人际关系的思维归纳为六个类型：一是利人利己（赢/赢）；二是损人利己（赢/输）；三是损己利人（输/赢）；四是两败俱伤（输/输）；五是独善其身（赢）；六是好聚好散（无交易）。六者之间，利人利己的双赢之道是两全其美的最佳选择。①

利人利己就是双赢思维。损人利己、损己利人、独善其身就是单赢思维或“零和游戏”。与双赢思维相对的是单赢思维与“零和游戏”思维。“零和游戏”思维也称非合作博弈。这种思维的要点是：一方的收益必然意味着另一方的损失，各方的收益和损失之和永远为零。也因此，双方不存在合作的可能。“零和游戏”思维是一种非强即弱、非胜即败的二元论思维。

双赢思维也意味着用积极的眼光看待和理解他人。双赢思维总是看到他人的

---

① ［美］柯维．高效能人士的七个习惯［M］．顾淑馨，等，译．北京：中国青年出版社，2002：162-167．

长处和优势，而并不放大他人的缺点和短处，同时也并不指望改变他人的缺点和短处。德鲁克称之为“用人所长”并“容人所短”。[①]

父母可以亲身示范，以双赢思维与他人展开竞争。同时，父母也可以鼓励孩子以双赢思维与他人展开竞争。

三、社会情感学习

虽然社会情感学习在1994年才被首次提出[②]，但教育界早有对儿童社会化、社会智力[③]和情感智力（emotional intelligence，简称“情商”）[④]的研究。这些研究直接促成了社会情感学习的产生。

1994年，美国学者戈尔曼（D. Goleman）等人创建学术与社会情感学习组织（简称CASEL）。在戈尔曼看来，社会情感学习主要包括自我意识、自我管理、社会意识、人际关系技能、负责任的决定等五项核心能力。这与戈尔曼对“情商”的界定是一致的。[⑤]也有学者致力于“社会情感学习的中国化理解”，将社会情感学习界定为六个方面：自我认知、自我管理；他人认知、他人管理；集体认知、集体管理。[⑥]但是，更多研究者根据CASEL提出的五个方面，将家庭教育中的社会情感学习归纳为六大能力：情绪力、自信力、执行力、社会力、沟

---

① ［美］德鲁克．卓有成效的管理者［M］．辛弘，译．北京：机械工业出版社，2022：92-93．

② 杜媛，毛亚庆．从专门课程到综合变革：学生社会情感能力发展策略的模式变迁［J］．全球教育展望，2019(5)：39-53．

③ M. Rahim. A Structural Equations Model of Leaders' Social Intelligence and Creative Performance[J]. Creativity and Innovation Management, 2013(1): 44-56.

④ P. Salovey, J. Mayer. Emotional Intelligence[J]. Imagination, Cognition and Personality, 1990, 9(3): 185-211.

⑤ ［美］戈尔曼．情商：为什么情商比智商更重要［M］．北京：中信出版社，2010：49．

⑥ 毛亚庆，杜媛．社会情感学习与学校管理改进［M］．北京：北京师范大学出版社，2021：72-74．

通力、思辨力。[①]

教育学界普遍采用经济合作与发展组织（简称“经合组织”，OECD）对社会情感学习的界定。[②]经合组织（OECD）在2014年倡议：要培养认知、社会和情感能力全面发展的儿童。[③]第二年，联合国教科文组织（UNESCO）在《教育2030行动框架》中明确提出：“教育要更加关注儿童可持续发展的社会情感能力的培养。”[④]可见，社会情感学习主要是社会交往和人际关系的学习。传统教育过于重视孩子的知识学习而忽视孩子的社会情感学习，忽视孩子“爱与意志”的训练。社会情感学习不仅影响孩子的学业成绩，而且会影响孩子将来的事业成就。有人甚至认为：“一个人事业上的成功，只有百分之十五是由于他的专业技术，另外的百分之八十五要靠人际关系和处世技巧。”[⑤]

经合组织以大五人格模型为理论框架来界定社会情感技能。不过，教育学界在采用大五人格的框架来界定社会情感技能时，对大五人格做了几个重要的改造。

有人将大五人格“改造”为五大维度：任务能力（尽责性）；情绪调节能力（稳定性）；协作能力（亲和性）；开放能力（开放性）；交往能力（外向性）。[⑥]

其实，比较可靠的改造是将大五人格中的“神经质”扩展为“敏感而情绪稳定”，由此使大五人格扩展为相反相成的大六人格：开放而严谨、自信而谦逊、

① 张宏武，刘奕敏，薛圆圆．培养孩子的社会情感学习能力：家庭中的SEL[M]．北京：机械工业出版社，2022：35-36.

② 黄忠敬．社会与情感能力：影响成功与幸福的关键因素[J]．全球教育展望，2020(6)：102-112.

③ OECD, Skills for Social Progress：The Power of Social and Emotional Skills, OECD Skills Studies[R]. Paris：OECD Publishing, 2015.

④ UNESCO. Education 2030：Incheon declaration and framework for action：Towards inclusive and equitable quality education and lifelong learning for all[R]. 2015.

⑤ [美]卡耐基．人性的弱点[M]．谢彦，郑荣，译．北京：中国文联出版公司，1987：5（荐言）．引用时对译文有微调。

⑥ 黄忠敬，等．社会与情感能力：理论、政策与实践[M]．上海：华东师范大学出版社，2022：14.

敏感而情绪稳定。

自信、开放、敏感接近“爱”的品质，自信是爱自己，开放是爱世界，敏感是对世界的好奇与热情。与之相对，严谨、谦逊和情绪稳定接近“意志”品质。父母需要引导孩子养成爱的人格，让孩子保持开放、自信和好奇的心态，也需要引导孩子发展自己的意志力，让孩子保持严谨、谦虚和情绪稳定的心态。

开放而严谨的积极意义在于，开放的人往往思想开放，拥有多方面的兴趣，有好奇心、有想象力、有冒险性，敢于尝试错误。但是，过度开放会导致胆大而不心细，有勇而无谋。与开放的人相反，严谨的人有责任感，有原则性，按规则办事，自律、守时、守约，有契约精神，有强大的意志力。过度开放导致没有原则，过度严谨导致没有情趣。性格好意味着既开放又严谨，既有灵活性（开放）又有原则性（严谨）。开放和严谨虽然是相反的两种性格，但依然可以保持某种平衡：大事讲原则（严谨），小事讲风格（开放）；思想要开放，行动要保守（严谨）；做研究要开放——大胆假设；做人要严谨——小心谨慎。

自信而谦逊的积极意义在于，自信的人总是有主见、有主张，善于决策，能当机立断，不会犹犹豫豫、优柔寡断、议而不决。但是，过度自信必导致自负、狂妄、傲慢，不仅让个人因夜郎自大而视野狭窄、不思进取，而且让他人感受到被冒犯、威胁和侮辱。按照阿德勒学派的看法，“如果有人骄傲自大，那一定是因为他有自卑感”[①]。与自信的人相反，谦虚的人重视平等与合作，尊重他人，有同理心，不会激怒他人。过度自信导致自负，过度谦逊导致自卑。性格好意味着自信与谦逊兼而有之，既不自负，也不自卑。自信与谦逊是两种相反的性格。可取的办法是：做事自信，做人谦逊。在做事以及做学术研究的时候，最好自信。在与他人交往的时候，最好显得谦逊，对他人保持基本的礼貌和尊重。

敏感而情绪稳定的积极意义在于，敏感的人往往有怀疑精神和批判性思维，能够察言观色、体察人情世故，见机行事。敏感的人聪明且直觉发达。不太聪明的人或直觉不发达的人往往比较迟钝、麻木。敏感是一种联想和连接能力。敏感的人总是能够在貌似无关的事物之间捕捉到内在关联，能够在一团乱麻中理出头

① ［日］岸见一郎，古贺史健．被讨厌的勇气［M］．渠海霞，译．北京：机械工业出版社，2015：48．

绪，能够在现象中发现规律。大量的创新发明和知识贡献来自敏感。也因此，英国哲人罗素将“敏感”作为教育四大目标之一。[①]但是，过度敏感容易导致人际关系紧张。与敏感的人相反，情绪稳定的人往往从容淡定，有钝感力，有包容性，不会睚眦必报，不会疑神疑鬼。过度敏感导致人际关系紧张，过度钝感导致麻木不仁。性格好就意味着敏感与情绪稳定兼而有之。敏感和情绪稳定虽然是相反的两种性格，但依然可以保持某种平衡：学术研究需要敏感，日常生活需要情绪稳定。学术研究需要怀疑，“于无疑处有疑”；日常生活需要信任，“用人不疑，疑人勿用”。情绪稳定虽然可能给人以迟钝、木讷的负面印象，却是赢得美好生活的基本手段和高级智慧。[②]

这样看来，可以借用大五人格的分析框架来讨论社会情感学习的具体途径，但需要将大五人格做一些必要的转换，以便为社会情感学习找到具体的实践路径。

第一个转换是将大五人格中的神经质扩展为敏感而情绪稳定两个相反相成的人格，并由此将大五人格扩展为大六人格。

第二个转换是将大六人格进一步归纳为相反相成的三维目标：自信而谦逊、开放而严谨、敏感而情绪稳定。所谓让孩子性格好，就是让孩子成为自信而谦逊、开放而严谨、敏感而情绪稳定的人。

第三个转换是保持动态的发展过程。父母可以鼓励幼儿阶段和小学阶段的孩子以“自信、开放、敏感”为主，但随着孩子年龄和阅历的增长，父母可以鼓励孩子逐步学习社会情感，保持必要的“严谨、谦逊、情绪稳定”的人格品质。在幼儿阶段或小学阶段，父母可以更多关注和鼓励孩子发展自信、开放、敏感的个性品质，但在孩子逐步走向成人的过程中，父母可以鼓励孩子逐步提升谦逊、严谨、情绪稳定等社会情感。

青少年必须有青少年的样子，否则就是少年老成。老年人也必须有老年人的样子，否则就是为老不尊。苏轼曾经感叹“老夫聊发少年狂”（《江城子·密州出猎》），这句话既说明了苏轼为何总是遭贬谪的原因，也说明了苏轼本人亦明白，

① ［英］罗素．罗素论教育［M］．杨汉麟，译．北京：人民教育出版社，2009．38．

② ［日］渡边淳一．钝感力［M］．林青华，译．海口：南海出版公司，2013：中文版序．

"自信"和"狂妄"原本就是少年精神。

可以利用青少年"敏感"的特点，通过角色互换游戏或戏剧表演来让孩子走出"自我中心"，培养设身处地和换位思考的同理心。有研究者建议采用"同理心地图"的工具来实现设身处地和换位思考的效果。比如，儿子很生气，因为他想买价格上千元的乐高玩具，但妈妈不同意。儿子质问："我的生日就在下个星期，为什么不可以买呢？"妈妈说："生日礼物由父母决定，预算不超过150元。"为了化解这个冲突，儿子和妈妈各自从对方的角度来填写一份"同理心地图"分析表。这份"同理心地图"由六个部分构成：一是思考与感受；二是看到了什么；三是听到了什么；四是说了什么与做了什么；五是痛点在哪里；六是收获与希望。儿子和妈妈各自从对方的角度分别填写一份"同理心地图"的分析表之后，两人交换看对方的分析表，冷静地说出各自的担忧和期望，争取达成共识。[①]

思考与练习

一、选择题

1. 培养孩子自信心的基本途径包括（多选）：

A 扬长避短与适度偏科

B 鼓励自我中心

C 保护孩子的游戏精神

D 培养业余爱好

2. 自学语文的基本途径是（多选）：

A 课外阅读

B"好读书，不求甚解"

C 精读并做读书笔记

① 刘晓，程毅．家是另一个学校：给父母的12种家庭教育能力［M］．上海：华东师范大学出版社，2021：65-68．

D 以写带读：从阅读教学到写作教学

3. “大六人格”的基本要素包括（多选）

A 外向而好奇

B 开放而严谨

C 自信而谦逊

D 敏感而情绪稳定

二、讨论题

阅读下面的材料并围绕后面的问题展开讨论。

可以借用人格心理学的“大五人格”框架来呈现性格好的基本要素：一是开放性；二是严谨性；三是外向性；四是宜人性；五是神经质。

讨论方向：

第一，在开放性、严谨性、外向性、宜人性、神经质这五个要素中，为什么前面四个词语都倾向于积极人格，最后却突然出现了神经质？

第二，如果将神经质更换为情绪稳定，那么，神经质是否一定是不好的消极人格？

第三，如果按照外向和内向的二分法，在开放而严谨、自信而谦逊、敏感而情绪稳定中，哪些人格是外向型人格？哪些人格是内向型人格？

三、案例分析

电影《死亡诗社》讲述了一位推崇浪漫主义文学的基丁（Keating）老师带领一群中学生展开自由教育或进步教育的故事。基丁老师一直用“努力寻找自己的声音”和“两条路在树林中分岔，我选择走人少的那条”来激励、唤醒和鼓舞他的学生。这种自由教育让基丁老师和他引领的学生与传统的学校教育和家庭教育观念发生了一系列冲突。在老师的兴起和引发下，尼尔终于找到了自己的爱好。但是，父亲简单粗暴的干涉让尼尔感觉无法接受。尼尔用自己的方式做了最后的反抗。俄罗斯电影《回归》则讲述了另一种类型的亲子冲突。

搜索并观看上述电影，然后围绕以下问题展开讨论：

第一，哪些情节凸显了处于中学阶段的青年学生的反叛精神以及对参与决策、尝试错误和有所热爱的追求？

第二，哪些情节显示了尼尔的“有所热爱”以及父亲对尼尔的干涉？如何看待尼尔的自杀？

第三，除了《死亡诗社》和《回归》，还有哪些电影讲述了亲子冲突的故事？

拓展学习资源

1. ［美］格里格，津巴多．心理学与生活［M］．王垒，王甦，等，译．北京：人民邮电出版社，2003．重点关注书中有关“理解人类人格”的内容。
2. ［澳］沃特斯．优势教养［M］．闫丛丛，译．北京：中信出版社，2018．重点关注书中有关“优势教养”基本策略的内容。
3. 周亭亭，胡海岚．胜利经历重塑丘脑—前额叶皮层神经通路以稳固社会等级［J］．中国细胞生物学学报，2017（11）：1379-1382．
4. 刘良华．叙事教育学［M］．上海：华东师范大学出版社，2011．重点关注书中有关电影《死亡诗社》和《回归》的分析。
5. 周弘．赏识你的孩子［M］．成都：四川少年儿童出版社，2000．重点关注书中有关“赏识教育”基本策略的内容。
6. 吕叔湘．当前语文教学中两个迫切问题［N］．人民日报，1978-03-16（3）．
7. 叶圣陶．大力研究语文教学，尽快改进语文教学［J］．中国语文，1978（2）．
8. 朱丽，程丽，张免，等．家庭治疗改善青少年拒学行为效果分析［J］．中国学校卫生，2019（3）：396-398．
9. ［美］波利亚．数学的发现（第一卷）［M］．欧阳绛，译．北京：科学出版社，1982．重点关注该书有关“数学解题”的内容。
10. Krashen.S, Terrell T. The Natural Approach：Language Acquisition in the Classroom［M］. San Francisco：The Alemany Press，1983.重点关注书中有关英语学习的“自然法”内容。

11. 尹红心，李伟．费曼学习法：用输出倒逼输入［M］．南京：江苏凤凰文艺出版社，2021．重点关注书中有关“费曼学习法”的内容。
12. J. Holland. Making Vocational Choices：A Theory of Vocational Personalities and Work Environments[M]. Odessa, FL：Psychological Assessment Resources, Inc. 1997.重点关注书中有关“职业倾向”的讨论。
13. ［美］柯维．高效能人士的七个习惯［M］．顾淑馨，等，译．北京：中国青年出版社，2002．重点关注书中有关“双赢思维”的介绍。
14. ［美］德鲁克．卓有成效的管理者［M］．辛弘，译．北京：机械工业出版社，2022．重点关注书中有关“用人所长”和“容人所短”的论述。
15. 杜媛，毛亚庆．从专门课程到综合变革：学生社会情感能力发展策略的模式变迁［J］．全球教育展望，2019(5)：39–53.
16. ［美］戈尔曼．情商：为什么情商比智商更重要［M］．北京：中信出版社，2010．重点关注书中有关“情商”的讨论。
17. 黄忠敬．社会与情感能力：影响成功与幸福的关键因素［J］．全球教育展望，2020(6)：102–112.

第九章 中国家训中的家庭教育

09

每个人都希望自己的人生经验能够被后代延续，发扬光大。即便自己的人生没那么成功，至少也希望以家训的方式让后人避免犯错，少走弯路。这些家训或家书后来演化为各种形式的育儿经和启蒙教材。有些家训或家书只是昙花一现，并没有产生长期的影响，但有些家训或家书流传后世，成为家庭、家族甚至整个民族的核心价值观。家训、家书和家风是家庭教育学的一个重要组成部分，属于实践形态的家庭教育学。家训家书研究也因此一度成为中国家庭教育史研究的一个专门课题。[①②]

家训包含家书。那些具有明显的教育意图的教育自传、墓志铭或临终遗言也可以视为家训或家书。但是，狭义的家训和家书还是有明显的区别。家训是以简短的告诫或训诫对家庭成员或家族成员提出期望和要求，其语法格式往往是祈使句，具有指令性。这类家训甚至被家庭或家族成员定期诵读，被整理成文而影响其他家庭或家族。家书虽然也可能呈现为指令性的要求，但往往显示为比较温暖的情感交流或平等的交谈。家书与家训的另一个差别在于：家训不仅向在世的家庭或家族成员发出指令性的训诫，而且指向尚未出生的未来的家庭成员或家族成员，而家书的对象往往只是某个特定的在世家庭成员或家族成员。

① 朱明勋. 中国家训史论稿［M］. 成都：巴蜀书社，2008.

② 翟博. 中国人的家教智慧［M］. 北京：中国大百科全书出版社，2016.

这里重点讨论三类家训：一是以孔子家训、钱氏家训、苏氏家训为代表的中国古代家训；二是以曾国藩家书、梁启超家书、傅雷家书为代表的中国近现代家书或家训；三是以《三字经》《增广贤文》和“中华成语”为代表的大众蒙学家训。

第一节 中国古代家训

中国较早的家训可以追溯到《尚书》，但中国早期经典家训是隐含在《孔子家语》[1]和《论语》里的孔氏家训[2]。钱镠开创的钱氏家训延续了孔氏家训的传统。中国家训的发展，在宋元时期到达繁荣鼎盛。这一时期的家训数量、形式和质量都达到空前水平，其中最有影响的家训是以四川眉山“三苏”为中心的苏氏家训。

一、孔氏家训

孔子后人制定过《孔氏祖训箴规》。除了《孔氏祖训箴规》，孔氏家训还蕴含于《孔子家语》和《论语》两份重要的文献中。

（一）《孔子家语》里的家训

《孔子家语》中有关家庭教育的讨论集中于第八篇“致思”和第十五篇“六本”。

《孔子家语·致思》的开篇“孔子北游于农山”明显模仿《论语·先进》“风乎舞雩”，两者都讲孔子让弟子“各言尔志”的故事。“风乎舞雩”侍坐的有子路、冉求、公西华和曾点四人，而“孔子北游于农山”中侍坐的只有孔子最得意的三个弟子：子路、子贡和颜回。子贡的志向在于休养生息，予民福利；子路的志向在于勇武；颜回的志向在于德行与礼乐。三个人的志向分别代表仁、勇、智。在此基础上，《孔子家语·致思》提出了有关家庭教育的三个要点。

第一，要勤学与勤俭。孔子提醒其子孔鲤：“君子不可以不学”，就像容貌

①② 崇文．中国好家风：历代传世经典家训［M］．北京：时事出版社，2018：63-143．

不可以不整饬。《朱子家训》的开篇即“黎明即起，洒扫庭除”和“一粥一饭，当思来之不易；半丝半缕，恒念物力维艰”。[①]这个敦促“勤俭”的家训几乎成为中国的民间家庭教育学金句，并转化为千家万户的日常行为准则。

第二，要及时“归养”父母，否则，父母离世之后，悔之晚矣。“树欲静而风不止，子欲养而亲不待”[②]。《孔子家语·哀公问政》将施教的方法归结为两条：一是爱；二是敬。有人将这两个方法合称为“爱与意志”。[③]

第三，要理解自私与公益的相互转化关系。《吕氏春秋·察微》讲了两则经济学故事：一是“子贡赎人让金”的故事。“鲁国之法，鲁人为人臣妾于诸侯，有能赎之者，取其金于府。子贡赎鲁人于诸侯，来而让，不取其金。孔子曰：‘赐失之矣。自今以往，鲁人不赎人矣。’取其金，则无损于行；不取其金，则不复赎人矣。”二是“子路拯溺受牛”的故事。“子路拯溺者，其人拜之以牛，子路受之。孔子曰：‘鲁人必拯溺者矣。’”孔子见之以细，观化远也。《孔子家语·致思》选择了“子贡赎人让金”的故事。这两个故事一度成为经济学界乐于引用的经典案例，以此强化一个经济学伦理观念：个人的私利可以转化为公众的福利。

《孔子家语·六本》开篇将《论语》倡导的“智仁勇”三德扩展为六德，然后提出有关家庭教育的三个重要议题。

第一，要有“争”德：“良药苦于口而利于病，忠言逆于耳而利于行。汤武以谔谔而昌，桀纣以唯唯而亡。君无争臣，父无争子，兄无争弟，士无争友，无其过者，未之有也。”上位者要严于律己，《孔子家语·五仪解》云：“水所以载舟，亦所以覆舟。”同时要宽以待人，《孔子家语·入官》也提示：“水至清则无鱼，人至察则无徒。”

第二，要有“谦”德。以“孔子读《易》，至于《损》《益》，喟然而叹”，

---

① 朱熹的《朱子家训》最初只在朱氏家族内部流传，并不为外人知晓，影响有限。清代朱用纯为《朱子家训》作注，称《朱子治家格言》，自此，《朱子家训》影响逐步扩大。详见：李兵．习训齐家［M］．北京：中华书局，2020：201；颜之推，朱用纯．颜氏家训·朱子家训［M］．余耀东，译注．合肥：安徽少年儿童出版社，2016：228．

② 孔子家语［M］．王国轩，王秀梅，译注．北京：中华书局，2011：84．

③ 刘良华．爱与意志的教育：教育现象学的两个意向性［J］．现代教育论丛，2022(6)：29-36，110．

重申《尚书·大禹谟》提出的“满招损，谦受益”的训诫。然后，通过子夏与子贡的比较，论证谦逊与自傲的后果：“商也日益，赐也日损……商也好与贤己者处，赐也好说不若己者。”

第三，要忠孝，不要愚忠愚孝，要有“权变”智慧。《孔子家语》述“曾子耘瓜”，提示“小棰则待，大棰则走”（小棰则承受，大棰则逃走）的智慧。[①]

（二）《论语》里的家训

相比之下，《论语》更接近孔子的家训。《论语》篇章貌似驳杂随意，但孔子多次强调自己的思想“一以贯之”。孔子所谓“吾道一以贯之”，其实就在于他所追求的“仁、智、勇”。《中庸》将此概括为：“知、仁、勇三者，天下之达德也。”儒家追求的“君子”或“君子儒”，就是兼具三达德的人。在孔子那里，君子形象意味着智、仁、勇。智、仁、勇三者兼备就有中庸之道。中庸之道有两个核心精神：一是适度；二是适时。这两者所构成的中庸之道也称为经权智慧。

在智、仁、勇三者之间，孔子最看重仁，对“智”尤其是“小聪明”比较警惕。《论语·学而》和《论语·阳货》反复强调：“巧言令色，鲜矣仁。”能言善辩虽然重要，但更重要的是仁爱与善良。以至于明代家庭教育家吕坤在《呻吟语》中开篇就说：“深沉厚重是第一等资质，磊落豪雄是第二等资质，聪明才辩是第三等资质。”在吕坤看来，能言善辩不仅低于深沉厚重，甚至低于光明磊落。

《论语》只有三次叙述孔子对儿子的家庭教育。一是孔子问孔鲤：“学诗乎？”孔鲤对曰：“未也。”孔子曰：“不学诗，无以言。”鲤退而学诗。二是孔子问孔鲤：“学礼乎？”孔鲤对曰：“未也。”孔子曰：“不学礼，无以立。”鲤退而学礼。三是孔子对孔鲤说：“女（汝）为《周南》《召南》矣乎？人而不为《周南》《召南》，其犹正墙面而立也与！”可见，孔子的家训强调“礼”。而“立于礼”的起点是从学习《诗经》，尤其是从《周南》《召南》开始。前两次训话出自《论语·季氏》，最后一次训话出自《论语·阳货》。

如果将整部《论语》视为孔子的家训，那么，孔子的家训核心就是让孩子懂得管理智慧。《论语》始于“学而”，终于“尧曰”，暗示“学为圣人”的教育目标。与“圣人”相关的目标就是管理智慧，即便《论语》强调“仕而优则学，学

① 孔子家语［M］．王国轩，王秀梅，译注．北京：中华书局，2011：192．

而优则仕”（《论语·子张》），也还是指向人际交往的管理智慧。

在孔子看来，所有的管理智慧始于孝悌之爱，包括孝敬长辈、友爱兄弟姐妹。孝悌观念意味着亲情优先，友爱和恋爱次之。有了孝悌作为基础，就可以“移孝作忠”，由孝悌之爱发展为对朋友和领导的忠诚、忠信之爱，忠于上级、忠于权威、忠于朋友。忠诚观念意味着尽量顺从社会习俗、社会等级和传统权威，尽量克制个人冲动、个人思考和个人主张。

孔子倡导的“三达德”与柏拉图倡导的“三成四德”堪称“英雄所见”，异名而实同。后来洛克和罗素设计的“四有新人”，皆可视为“三达德”或“三成四德”的新版。洛克提出的“绅士应具备的四种品质”是“德行、智慧、教养和学问”。这四种品质可归纳为“智、仁、勇”三个要素。罗素设计的四有新人是“活力、勇敢、敏感、智慧”[①]。罗素的四有新人更接近柏拉图倡导的“三成四德”。

（三）《孔氏祖训箴规》

《孔氏祖训箴规》包括十条家训[②]：

1. 春秋祭祀，各随土宜。必丰必洁，必诚必敬。此报本追远之道，子孙所当知者。

2. 谱牒之设，正所以联同支而亲本。各宜父慈、子孝、兄友、弟恭，雍睦一堂，方不愧为圣裔。

3. 崇儒重道，好礼尚德，孔氏素为佩服。为子孙者，勿嗜利忘义，出入衙门，有亏先德。

4. 孔氏子孙徙寓各州县，朝廷追念圣裔，优免差役，其正供国课，只凭族长催征，皇恩深为浩大。宜各踊跃输将，照限完纳，勿误有司奏销之期。

5. 谱牒家规，正所以别外孔而亲一体。子孙勿得互相誊换，以混来历宗枝。

6. 婚姻嫁娶，理伦守重。子孙间有不幸再婚再嫁，必慎必戒。

7. 子孙出仕者，凡遇民间词讼，所犯自有虚实，务从理断而哀矜勿喜，庶

① ［英］罗素．罗素论教育［M］．杨汉麟，译．北京：人民教育出版社，2009．38．

② 王立刚．古来家族承冠冕：孔子与孔氏家风［M］．郑州：大象出版社，2021：80-81．

不愧为良吏。

8. 圣裔设立族长，给予衣项，原以总理圣谱，约束族人，务要克己奉公，庶足以为族望。

9. 孔氏嗣孙，男不得为奴，女不得为婢。凡有职官员不可擅辱。如遇大事，中奉朝廷，小事仍请本家族长责究。

10. 祖训家规，朝夕教训子孙，务要读书明理，显亲扬名，勿得入于流俗，甘为下人。

《孔子家语》《论语》和《孔氏祖训箴规》提出了中国家训的总纲。中国家训总纲的核心是“智仁勇”与“学而知之”。这个总纲可以作为后世提出的各种家训或教育目的分析框架。《论语》的开篇强调学习并将学习的起点确定为孝悌以及移孝作忠，而《颜氏家训》的开篇就提出“夫圣贤之书，教人诚孝”，接着又强调“上智不教而成，下愚虽教无益，中庸之人，不教不知也”①。明代《了凡四训》的核心，也只是八个字：“命由我作，福自己求”。②

除《颜氏家训》外，后来的“朱子家训”也直接延续了孔氏家训的核心精神。朱子家训有两个版本：一是宋代朱熹制定的“朱子家训”；二是清代朱伯庐制定的“治家格言”。朱伯庐制定的“治家格言”采用骈文体，朗朗上口，故影响更大。但朱熹制定的“朱子家训”的内容更紧凑、精致，更接近中国儒家道统，因此也接近“孔氏家训”。

朱熹制定的“朱子家训”保存于《紫阳朱氏宗谱》，其中比较有影响的句子包括：（1）慎勿谈人之短，切莫矜己之长；（2）勿以善小而不为，勿以恶小而为之；（3）勿损人而利己，勿妒贤而嫉能；（4）诗书不可不读，礼义不可不知。③

在朱伯庐制定的“治家格言”中，比较有影响的句子包括：（1）黎明即起，洒扫庭除，要内外整洁；（2）一粥一饭，当思来处不易；半丝半缕，恒念物力维艰；（3）子孙虽愚，经书不可不读；（4）处世戒多言，言多必失。（5）施惠勿

① 颜之推．颜氏家训［M］．檀作文，译注．北京：中华书局，2000：1-7．

② 袁了凡．了凡四训［M］．张景，张松辉，译注．北京：中华书局，2022：15．

③ 田猛．为有源头活水来：朱熹与朱氏家风［M］．郑州：大象出版社，2021：185-186．

念，受恩莫忘。[①]

可见，朱伯庐制定的“治家格言”中的不少格言直接延续了朱熹制定的“朱子家训”中的句子。两者都有“诗书不可不读”或“子孙虽愚，经书不可不读”，可视为“钱氏家训”的延续，三者仅有细微的差别。

后人不仅延续了孔氏家训的主题和内容，而且不少现代家训也延续了《孔氏祖训箴规》的十条数目，比如郑渊洁制定的“郑氏家训”[②]和蔡美儿制定的“蔡氏家训”也是十条。[③]

二、钱氏家训

古今中外，几乎没有哪一个名门望族能长时期保持兴旺的态势。但是，钱氏家族算是一个例外。就此而言，钱氏家训在中国历史上有特别的意义。

（一）钱镠与《钱氏家训》

钱氏家训的开创者是五代十国时期的吴越王钱镠。在钱镠统治期间，吴越地区成为五代十国乱世中的一片净土，为江浙地区的经济和文化发展做出了重要贡献。钱镠生前为子孙制定了家训，其后人钱文选将钱镠制定的家训总结为《钱氏家训》。《钱氏家训》直接或间接地影响了钱学森、钱三强、钱锺书、钱穆、钱伟长等优秀的钱氏后辈。

钱镠的第三十二世孙钱文选（1874—1957）毕业于京师大学堂译学馆，后留学伦敦并曾担任驻美旧金山领事。学成归来后，钱文选先后在六个省担任过盐运使或盐务所长、局长等职。后来钱文选潜心研究钱氏家族史，根据钱镠的《武肃王八训》和《武肃王遗训》等遗训，整理成《钱氏家训》。

学术界有关钱氏家训的研究，主要集中在三个方面：一是对钱氏家训的历史溯源研究；二是对钱氏子孙后代的生平研究，重点探究钱氏家族长盛不衰、人才辈出的原因；三是对《钱氏家训》的文本价值研究，对文本进行考证与解读。

---

① 田猛．为有源头活水来：朱熹与朱氏家风［M］．郑州：大象出版社，2021：190-191．

② 郑渊洁．郑渊洁给儿子的十条家训［EB/OL］．微信公众号：新父母教育，2023-08-26．

③ ［美］蔡美儿．虎妈战歌［M］．张新华，译．北京：中信出版社，2019：10．

（二）《钱氏家训》的具体内容

《钱氏家训》全文共600余字，分为个人、家庭、社会、国家四个篇章，对钱氏子孙的修身、持家、处世、治国作了详细的规范，是钱氏后族的行为准则。

个人篇

心术不可得罪于天地，言行皆当无愧于圣贤。曾子之三省勿忘，程子之四箴宜佩。持躬不可不谨严，临财不可不廉介。处事不可不决断，存心不可不宽厚。尽前行者地步窄，向后看者眼界宽。花繁柳密处拨得开，方见手段；风狂雨骤时立得定，才是脚跟。能改过则天地不怒，能安分则鬼神无权。读经传则根柢深，看史鉴则议论伟。能文章则称述多，蓄道德则福报厚。

家庭篇

欲造优美之家庭，须立良好之规则。内外六间整洁，尊卑次序谨严。父母伯叔孝敬欢愉，妯娌弟兄和睦友爱。祖宗虽远，祭祀宜诚；子孙虽愚，诗书须读。娶媳求淑女，勿计妆奁；嫁女择佳婿，勿慕富贵。家富提携宗族，置义塾与公田；岁饥赈济亲朋，筹仁浆与义粟。勤俭为本，自必丰亨；忠厚传家，乃能长久。

社会篇

信交朋友，惠普乡邻。恤寡矜孤，敬老怀幼。救灾周急，排难解纷。修桥路以利人行，造河船以济众渡。兴启蒙之义塾，设积谷之社仓。私见尽要铲除，公益概行提倡。不见利而起谋，不见才而生嫉。小人固当远，断不可显为仇敌；君子固当亲，亦不可曲为附和。

国家篇

执法如山，守身如玉。爱民如子，去蠹如仇。严以驭役，宽以恤民。官肯著意一分，民受十分之惠。上能吃苦一点，民沾万点之恩。利在一身勿谋也，利在天下者必谋之。利在一时固谋也，利在万世者更谋之。大智兴邦，不过集众思；大愚误国，只为好自用。聪明睿智，守之以愚；功被天下，守之以让。勇力振世，守之以怯；富有四海，守之以谦。庙堂之上，以养正气为先；海宇之内，以养元气为本。务本节用则国富，进贤使能则国强。兴学育才则国盛，交邻有道则国安。

《钱氏家训》中被广泛引用的训示是“子孙虽愚，诗书须读”①。在家庭和婚姻方面，钱镠因一封信流传千古。这封信不仅显示钱镠与夫人情投意合，彼此恩爱，而且表达别致，文采斐然。这封信中的名句是：“陌上花开，可缓缓归矣。”②钱镠的“陌上花”对后来的苏轼也产生了影响。

（三）《钱氏家训》与当代钱氏名人

自钱镠开始，钱氏家族历代皆有俊杰名留史册。仅仅两宋时期，吴越钱氏族人中出的进士就多达300人。③清代史学大家钱大昕就是钱镠的后代。④近代钱氏家族的人才更是呈现井喷之势，出现“人才家族”的奇观。比较著名的是“江浙三钱”：一是湖州钱氏；二是杭州钱氏；三是无锡钱氏。

1. 湖州钱氏：钱玄同与钱三强

钱三强是中国原子能科学事业的创始人，中国科学院院士，被称为“中国原子弹之父”。其父钱玄同是中国近代史上的“五四运动”悍将，著名的语言文字学家。

钱玄同出生于1887年，其父钱振常，与鲁迅祖父周福清为同榜进士。1906年，钱玄同赴日本早稻田大学学习师范，与鲁迅、黄侃师从章太炎。次年加入中国同盟会。学成归国之后，适逢陈独秀带领的新文化运动兴起。1915年，钱玄同就任北京高等师范学校国文部教授，兼任北京大学文字学教授。《新青年》的中心由上海迁到北京之后，钱玄同与鲁迅、刘半农等人一起倡导新文化。

1919年，钱玄同安排已经6岁的次子钱秉穹到蔡元培主办的北京孔德学校上

---

① 高涛．国学之花次第开：钱基博与钱氏家风［M］．郑州：大象出版社，2016：226-228．

② 钟叔河．念楼学短［M］．长沙：岳麓书社，2020：565．

③ 姚礼群，张伟．宋代钱氏家族人才状况初探［J］．宁波大学学报（人文科学版），1998（1）：14-19．

④ 甘希．《钱氏家训》的思想精华及其对当代家风建设的启示［D］．海口：海南大学，2019．

学。由于钱秉穹在德智体各个方面表现优异，被同学戏称为“三强”。钱玄同得知后，便给其改名为钱三强。钱三强后来成为新中国的著名“三钱”之一。钱三强不仅是一位出色的物理学家，更是一位出色的教育家。1992年6月28日，钱三强于北京病逝，享年79岁。

2. 杭州钱氏：钱均夫与钱学森

钱均夫于1880年出生于一个丝绸商人之家，幼年得到了较为良好的教育，后来东渡日本求学。回国后在上海成立“劝学堂”，教授热血青年，投身民主革命。就在孙中山领导的辛亥革命走向成功的同一年，钱均夫的长子钱学森于1911年12月11日出生于上海。

1913年，钱均夫赴北京教育部任职，三岁的钱学森也随父前往北京生活。钱学森在小时候就显示出不同寻常的神童特征。三岁时就能背诵百首唐诗、宋词，还能心算加、减、乘、除。五岁便可读懂《水浒传》，不满六岁便进入国立北京女子师范学校附属小学读书。由于钱均夫平时在外地供职，家庭教育主要由其妻章兰娟负责。夫妻俩特别重视钱学森的家庭教育。①1923年，钱学森就读国立北京师范大学附属中学。②1929年，钱学森考上了上海交通大学机械工程系，学习火车制造专业。1932年1月28日，日本侵略上海，出动2000架次战机，狂轰滥炸。钱学森响应孙中山提出的“航空救国”，决然选修航空工程课。1934考取清华大学公费留学生，准备前往美国学习航空工程。③

1948年，钱学森用自己的能力赢得了美国科学界的尊重，成为美国麻省理工学院最年轻的终身教授，声名显著。然而，钱学森听闻新中国即将成立的消息，内心十分激动，开始筹备回国事宜。钱均夫恰巧也寄信来：“儿生命之根，当是养育汝之祖国。叶落归根，是报效养育之恩的典喻，望儿三思。”④钱学森辞去了美国的职务，然而，在启程回国之际，先后遭受了拘留和长达5年的软禁。

---

① 钱永刚．听馆长讲钱学森故事［M］．上海：上海交通大学出版社，2021：1-10．

② 钱永刚，吴越．我的父亲钱学森［J］．领导文萃，2019(3)：3．

③ 陈思．国家荣光：应该被永远铭记的共和国灵魂人物［M］．北京：当代中国出版社，2018：150-165．

④ 钱永刚．听馆长讲钱学森故事［M］．上海：上海交通大学出版社，2021：40-79．

几经周旋，1955年9月，钱学森终于踏上回国的轮船。钱学森在中国航天和国防领域做出了重要贡献，1999年被授予“两弹一星”功勋奖章。2009年10月31日，钱学森在北京逝世，享年98岁。

3. 无锡钱氏：钱基博与钱锺书

钱基博生于1877年，是我国国学领域的著名学者。16岁就发表了《中国舆地大势论》和《说文》等学术论文。1905年开始学习物理、化学、生理卫生和日语，接受了新学的熏陶。

1910年，钱基博的长子钱锺书出生。在钱锺书周岁“抓周”时，他从众多的物品中，抓到一本书。为此他父亲钱基博就给他取名“锺书”。钱锺书是我国著名作家、学者。当年他以国语和英文全优的成绩被清华大学破格录取，后来成为清华大学文学院的“四大才子”之一。考入清华大学后，他的父亲经常给他写信，告诫他“立身务正大，待人务忠恕”[①]，并希望他“淡泊明志，宁静致远，我望汝为诸葛公、陶渊明；不喜汝为胡适之、徐志摩”[②]。

钱锺书精通中外文学，小说《围城》成为名著，《管锥编》堪称文学史上的代表作。除此之外，钱锺书还精通多种外文。钱锺书的一身傲骨，不能排除受家风的影响。1998年12月19日，钱锺书在北京逝世，享年88岁。

无锡钱氏著名的另外一脉是七房桥钱氏。这一脉当中比较有影响的钱氏后人是国学大师钱穆及其侄儿钱伟长。[③]

总之，钱氏家族历经千余年而不衰，与钱氏家族代代传承的《钱氏家训》息息相关，并且在历史的检验下越发绽放出鲜活的生命力。回溯钱氏家训的形成过程，自钱镠之后，其内容随着时代发展不断完善和补充。尤其是近代以来，钱文选的整理让钱氏家训重获生机。《钱氏家训》为钱氏后代的家庭教育注入了灵魂。

三、苏氏家训

钱镠的“陌上花开，可缓缓归矣”流传后世，也影响了宋代苏轼。苏轼治理

---

① 傅宏星．钱基博年谱［M］．武汉：华中师范大学出版社，2007：67-78．

② 傅宏星．钱基博年谱［M］．武汉：华中师范大学出版社，2007：78-89．

③ 钱穆．八十忆双亲 师友杂忆［M］．北京：生活·读书·新知三联书店，2005：7．

杭州时，遥想钱镠当年，感叹不已。[①]苏轼与其弟苏辙以及父亲苏洵一起被称为“三苏”。除了位列唐宋八大家的“三苏”之外，苏氏子孙辈中高中进士步入仕途的亦不在少数，使得苏氏家族一直保持着较高的社会地位和声誉。有关研究显示，三苏远祖可追溯至东周著名纵横家苏秦（“三苏”亦推崇纵横术）和西汉出使西域的苏武。[②]“三苏”家学源远，唐代宰相苏味道被贬为眉州刺史，其后代一支遂定居于眉山，繁衍至“三苏”。

（一）“三苏”之前的苏氏家训与家风

在“三苏”之前，苏氏家训主要有以下三个特点。

一是乐善好施，不求闻名。苏洵祖父苏杲，“性好善，事父母极于孝，与兄弟笃于爱，与朋友笃于信，乡闾之人，无亲疏皆敬爱之。性好施，常曰：‘多财而不施，吾恐他人谋我，然施而使人知之，人将以我为好名。’是以施而尤恶使人知之。”[③]苏杲乐善好施的品格备受乡人称赞，同时也被年幼的苏序所传承，甚至青出于蓝而胜于蓝。苏序“喜为善，性简易，无威仪，薄于为己而厚于为人，与人交，无贵贱皆得其欢心。凶年尝鬻其田以济饥者。既丰，人将偿之，曰：‘吾自有以鬻之，非尔故也。’卒不肯受。力为藏退之行，以求不闻于世”。苏序在为人处世上尤效其父，同样乐善好施。尤其可贵的是，两人都不愿意张扬其善行，不求因此而闻名于世。“然行之既久，则乡人亦多知之，以为古之隐君子莫及也。”[④]

二是兄弟相亲，婆媳和睦。在对待家庭问题上，苏氏家族中敦亲和睦一直是主旋律。苏序回忆其叔父玩尝以入狱而求苏杲，曰：“入狱而死，妻子以累兄。”既而得释，玩曰：“吾非无他兄弟，可以寄死生者，惟子。”族中兄弟有难，到了要托付妻子之时，首先想到的不是其他兄弟，而是苏杲，认为只有他能托生死之

① 钟叔河．念楼学短［M］．长沙：岳麓书社，2020：564．

② 丛艳姿．也无风雨也无晴：苏轼与苏氏家风［M］．郑州：大象出版社，2018：8-16．

③ 苏洵．嘉祐集笺注：卷15［M］．曾枣庄、金成礼，笺注．上海：上海古籍出版社，1993：384．

④ 苏洵．嘉祐集笺注：卷15［M］．曾枣庄，金成礼，笺注．上海：上海古籍出版社，1993：387．

事。足见族人对其的信任，若非平时就对兄弟有所关照，很难想象其是可以托付生死之人。苏序自身也继承家父遗风，遇“族人有事就之谋者，常为尽其心，反复而不厌。”[①] 自古以来被视为最难处理的婆媳关系，在苏氏家族中也处理得当。苏杲“娶宋氏夫人，事上甚孝谨，而御下甚严”[②]。苏序娶“史氏夫人，眉之大家，慈仁宽厚。宋氏姑甚严，夫人常能得其欢，以和族人。”[③]由是可见，苏家的婆媳关系一直都非常和谐，这一传统也延续至苏洵身上。其妻程夫人亦是一位聪明睿智、心地仁慈的贤妻良母。在侍奉史氏时能顺其志、得其欢心。[④]

三是不留余财，不累子弟。眉山苏氏之后一直是书香世家，但并不富裕，甚至有时还处于极其贫困的地步。当年程夫人嫁入苏家时，“程氏富而苏氏极贫”。但是苏家却一直不愿意积累财富，虽能治财，却也广施，以是家中常无余财。究其原因，“不累子孙也”。苏序曾回忆其父对于财富的态度，“时蜀新破，其达官争弃其田宅以入觐，吾父独不肯取，曰：‘吾恐累吾子。’终其身田不满二顷，屋弊陋不葺也。”[⑤]苏序受其父影响，衣食稍有余，辄费用，或以予人，立尽。……旋复有余，则曰：“吾固知此不能果困人也。”益不复爱惜。在饥荒之年，甚至还放弃求财的机会，将储存多年的粟米救济族人乡亲。[⑥]由此可见，苏家对于财富的态度之淡泊。足以生存即可，不使余财累子弟。这种态度在苏洵一辈当中也有所体现。程夫人视其家财既有余，乃叹曰：“是岂所谓福哉！不已，且愚吾子孙。”因求族姻之孤穷者，悉为嫁娶振业之……比其没，家无一年之储。”[⑦]可见这种对待财富的态度一直在苏家传承，塑造了苏家轻财重义的品格。

（二）“三苏”时期的苏氏家训与家风

“三苏”之前的眉山苏家就已有德名在外。苏洵祖父和父亲在良善品德方面的一脉相承很难说不是良好家训的作用。到“三苏”为中心的时期，苏氏的家庭

---

①③　苏洵．嘉祐集笺注：卷15[M]．曾枣庄，金成礼，笺注．上海：上海古籍出版社，1993：387．

②　苏洵．嘉祐集笺注：卷15[M]．曾枣庄、金成礼，笺注．上海：上海古籍出版社，1993：384．

④⑤⑦　苏洵．嘉祐集笺注：卷15[M]．曾枣庄，金成礼，笺注．上海：上海古籍出版社，1993：525．

⑥　苏轼．苏轼文集：卷16[M]．孔凡礼，点校．北京：中华书局，1986：495．

教育也有着明显的飞跃。苏洵的两个儿子苏轼和苏辙皆中进士且有所作为。苏洵与其妻程夫人皆有影响。

第一，顺其天性，因势利导。“苏老泉，二十七，始发愤，读书籍。”三字经中的这个典故正是苏洵的读书之路。苏洵年少时“独不喜学，年已壮，犹不知书。职方君（苏序）纵而不问，乡闾亲族皆怪之。或问其故，职方君笑而不答，君亦自如也。”[①]苏序作为苏洵的父亲，面对苏洵不好读书的行为，既不恼怒也不苛责，只是顺其自然天性，任其“落拓鞍马间，纵目视天下”。

苏序对苏涣却有不同的期待。苏涣聪颖好学，“其勤至手书司马氏《史记》、班氏《汉书》。公虽少年，而所与交游，皆一时长老，文词与之相上下”[②]。于是，一向“居家不治家事，以家事属诸子”的苏序，“自总以家事，使公（苏涣）得笃志于学”[③]。

苏涣静而好学，苏序便鼓励其继续读书，积极出仕。最后苏涣亦不负所望，以进士及第为官。而苏洵天性自然，个性不羁，如果强要其读书，容易适得其反，形成逆反心理。此外，苏序亦深知苏洵的天赋秉性，甚至还向乡人道：“吾儿当忧其不学耶？”[④]可见苏序对两个孩子的教育方式是建立在对他们天性的理解尊重之上的[⑤]。最后，苏洵也不负父亲的期待，成为一代文学大家。

在“三苏”的成长和发展过程中，程夫人也起了重要作用。程夫人出身名门世家，为眉山大理寺丞文应之女。程氏入门后，谨执妇职，孝恭勤俭，深得族人喜爱。面对不好学的苏洵，她也没有丝毫抱怨或者轻视。一日（苏洵）慨然谓夫人曰：“吾自视，今犹可学。然家待我而生，学且废生，奈何？”夫人曰：“我欲

---

① 苏洵．嘉祐集笺注：卷15[M]．曾枣庄、金成礼，笺注．上海：上海古籍出版社，1993：520．

②③ 苏辙．栾城集：卷25［M］．曾枣庄，马德富，校点．上海：上海古籍出版社，2009：518-522．

④ 苏轼．苏轼文集：卷16[M]．孔凡礼，点校．北京：中华书局，1986：495．

⑤ 刘静．苏洵“父子知音”说考论——兼谈苏序、苏涣对苏洵的教育和影响［J］．乐山师范学院学报，2008(8)：15-19．

言之久矣，恶使子为因我而学者！子苟有志，以生累我可也。”[①]从“吾欲言之久矣，恶使子为因我而学者”也足见程氏的知书达理。同时更加难得的是，她能尊重丈夫的秉性，不想要扭曲丈夫的心意，而由其自身意志来决定。最后还帮助丈夫分担生计，使得苏洵可以专心治学，终成大儒。

苏洵的两个儿子苏轼和苏辙延续了父辈的差异。苏洵针对苏轼和苏辙的不同个性，因材施教。苏辙曾说：“惟我与兄，出处昔同。幼学无师，先君是从，游戏图书，寤寐其中。”[②]苏轼与苏辙幼时学习也受到父亲教育方式的影响。以游戏为引导，循循善诱之，让他们对读书建立起天然的好感“寤寐”于书籍之中，为两兄弟后来成为一代文豪打下基础。苏洵为兄弟俩取的学名亦可见其对二者天性的洞察以及引导与期盼。他在《名二子说》中写道：“去轼则吾未见其为完车也。轼乎，吾惧汝之不外饰也。……是辙者，善处乎祸福之间也。辙乎，吾知免矣。”[③]知子莫如父，苏轼性格外露，父亲担心他以后在为人处世时口无遮拦，不会隐藏自己的锋芒；苏辙性格沉稳。最后兄弟二人的命运冥冥之中也印证了苏洵的担忧。

如果说，苏氏家风最大的亮点是苏轼与苏辙兄弟之间的兄友弟恭，那么，苏氏家风中最大的困扰则是以苏轼为代表的恃才傲物。苏轼对自己的这个弱点似乎也有自知之明，也因此自嘲：“人皆养子望聪明，我被聪明误一生。惟愿我儿愚且鲁，无灾无难到公卿。”[④]苏轼狂傲的第二个例证，是苏轼讥讽王安石的《字说》。王安石相信“波者，水之皮也”，苏轼则以“滑者，水之骨乎”讥之。王安石相信“笃，为竹鞭马”，苏轼则以“以竹鞭犬，有何可笑”讽之。又以“鸠

---

① 苏洵．嘉祐集笺注：卷15[M]．曾枣庄，金成礼，笺注．上海：上海古籍出版社，1993：525.

② 苏辙．栾城集：卷25[M]．曾枣庄，马德富，校点.上海：上海古籍出版社，2009：511-518.

③ 苏洵．嘉祐集笺注：卷15[M]．曾枣庄，金成礼，笺注．上海：上海古籍出版社，1993：414.

④ 林语堂．苏东坡传［M］．张振玉，译．长沙：湖南文艺出版社，2016：195.

字为何由九鸟合成”戏之。[1]苏轼狂傲的第三个例证，是苏轼嘲笑洛党首领程颐。程颐以《论语》所言“子于是日哭，则不歌”阻止众人由祭祀宋神宗继而祭奠司马光，苏轼则回“明堂乃吉礼，非歌之谓也”，于是率众人祭奠司马光。苏轼每次调侃他人，皆有理由，且有文采，但由此也遭他人记恨。苏轼后来被一贬再贬，固然与党争和时势相关，但与其恃才傲物也不无关系。苏轼以“问汝平生功业，黄州惠州儋州”（《自题金山画像》）总结自己的一生，大体属实。

第二，诗书传家，推崇纵横术。眉山苏氏一脉，自苏序起，不论喜好读书与否，皆有作诗之兴。苏序虽然少不好读书，但是晚好为诗，能自道，敏捷立成，不求甚工，有所欲言，一发于诗。[2]而到了苏洵一代，苏序长子以文学举进士，次子苏涣进士及第，苏洵亦成为一代文学大家。苏氏对子孙辈文化教育的重视一以贯之。元代孙友仁在《两苏先生神道碑阴记》总结：“初老泉先生（苏洵）之未第也，闭户十年，贯穿诸子之书，穷研百代之史。而二先生（苏轼、苏辙）侍侧，得于心传面命之际，莫不自家法中出来。[3]苏洵多次落第后“乃大究‘六经’、百家之说，以考质古今治乱成败、圣贤穷达出处之际”，在这个过程中，也深深地影响着苏轼苏辙兄弟。苏洵教育二子从小抄写史书，牢记百代兴衰之缘故。据记载，苏涣早年学习时，曾多次抄写《史记》《汉书》。苏轼对手抄史书更是“成癖”，在年少时就经常手抄史书，即使年至四十，仍乐此不疲[4]。这些也为“三苏”的文风奠定了基础。后来“三苏”的作品当中多可见历史典故的引用，或者借古讽今的议论。“三苏”所作著名同题文《六国论》，便是针对当朝的政治现状而发。

除了史书，儒家经典和纵横术也是苏氏家风家教的主要内容。苏洵“平生

---

① 丛艳姿. 也无风雨也无晴：苏轼与苏氏家风［M］. 郑州：大象出版社，2018：96-97.

② 曾巩. 曾巩散文全集（志铭，赠职方员外郎苏君墓志铭）［M］. 北京：中国建设出版社，1996：399.

③ 郏县档案馆编. 三苏坟资料汇编［M］. 郑州：河南大学出版社，1986：47-48.

④ 马斗成，李希运. 眉山苏氏家族教育探析——以三苏时代为中心［J］. 史学集刊，1998（3）：69-75.

好读《诗》《春秋》”[①]；“二公（苏轼、苏洵）少年皆读《易》”[②]；苏轼在科考礼部复试中，以“春秋大义”拔得头筹——即以《春秋》对义取为第一；苏辙年少时便著《孟子解》，撰写自己对《孟子》一书的理解，晚年为子孙讲解《春秋》，“(苏）籀从祖父（苏辙）习《春秋》而喜之。”[③]因一生都对经书研习、思考，苏氏父子三人晚年时在经学上的造诣已非同一般，并撰写多本经学论著，这也成为苏氏家学的重要一部分。[④]其纵横术虽然可远溯先祖苏秦，但主要与“三苏”关注的《易经》有关。苏洵积极关注《易经》，临终前叮嘱苏轼和苏辙继续钻研，“三苏”皆注《易经》，在易学史上占一席之地。纵横术成就了“三苏”，也给其政敌留下把柄。[⑤]

第三，不畏强权，不慕功名。苏氏家训不仅重视后世子孙的文化造诣，更重视其品行养成。程夫人读《后汉书·范滂传》后慨然太息。苏轼侍侧曰：“轼若为滂，太夫人亦许之否乎？”太夫人曰：“汝能为滂，吾顾不能为滂母那？”苏轼奋厉，有当世志。太夫人喜曰：“吾有子矣。”[⑥]范滂乃东汉名臣，因敢于直谏而得罪权贵遭人陷害，因不愿牵连他人而准备自首，向其母诀别时，其母深明大义，以忠孝难两全激励儿子。在这一个小事件当中，可看到程夫人极其注重对苏轼两兄弟的德行教育。后来的苏轼也确实没有辜负程夫人的一片苦心，在朝廷为官时不畏强权，一心为公，虽然官场失意，但在为政期间善待百姓，深得民心。

除了程夫人的言传，在德行方面，苏氏家族榜样辈出，使得子孙能够得到身教的影响。据史料记载，苏涣在任职凤州司法时，当时太后的亲戚王蒙正也在凤州任职。苏涣为官期间受到外戚王蒙正的赏识与举荐，但是王为人跋扈，因而苏

① 苏辙．栾城集：卷12[M]．曾枣庄，马德富，校点．上海：上海古籍出版社，2009：1280-1314．

② 孔凡礼．三苏年谱[M]．北京：北京古籍出版社，2004：1246．

③ 舒大刚．三苏后代研究[M]．成都：巴蜀书社，1995：288．

④ 盛晓文．宋代眉山苏氏家族家庭教育研究[D]．长春：东北师范大学，2014．

⑤ 丛艳姿．也无风雨也无晴：苏轼与苏氏家风[M]．郑州：大象出版社，2018：148．

⑥ 苏辙．栾城集：卷25[M]．曾枣庄，马德富，校点．上海：上海古籍出版社，2009：502-512．

涣不愿接受其好处。放弃平步青云的机会而选择坚守自己做人的准则。[①]这样的榜样在前，苏氏子孙们亦深得家风熏陶。

（三）后“三苏”时期与家风

“三苏”之后的苏氏家族不断发展壮大，其子孙辈代代皆有成员以进士或者因恩荫入朝为官。在地方上任职时也多有政声，其文学修养也没有落下，而这一切都离不开“三苏”在家庭教育方面的言传身教。

一是为政以德，爱惜百姓。眉山苏氏自苏涣、苏洵一辈开始，代代皆有族人进入仕途为官。不论官职高低，苏氏子孙中为官者皆敢于直言，爱惜百姓，逐渐在整个家族中形成了一种为政以德、爱惜百姓的家风。苏轼为人刚正，居官清廉，不苟合，不媚时，对君，敢犯颜直谏；对民，是恫瘝在抱。他在地方上的不少政绩，至今广为传颂。这种品质也影响到了后辈子孙，“三苏”子孙后代为官者，在政治上亦坚守为政以德、爱惜百姓的家风。

苏轼曾称赞长子苏迈：“长子迈作吏，颇有父风。”苏迈任兴德县尉时，颇有政绩，后人立“景苏堂”纪念之。于信阳就任时，迈亲率官民防大水，“城赖以完”。之后又力排众议，开仓出粟，“民赖以安”[②]。苏辙之孙苏简曾在严州为官，深得百姓爱戴，转任别处后“严人思其遗爱，再除守严州”。于广东任上又“措置海盗有方”，便利百姓。[③]

二是尊亲敬祖，爱护晚辈。苏洵撰有《苏氏族谱》一卷，概述了苏氏家族的起源发展，记述苏氏先祖的嘉言懿行，教育后代不忘祖宗先人，孝悌忠信、和睦友爱，继承和发扬先辈优良传统。比如关于孝慈仁爱方面，苏洵在《苏氏族谱亭记》中写道：“少而孤则老者字之，贫而无归则富者收之。而不然者，族人之所共诮让也。”在为人处世方面，苏洵在《族谱后录下篇》中这样忠告后人：“事父母极于孝，与兄弟笃于爱，与朋友笃于信……薄于为己而厚于为人。”小家的修为，族亲的家传，到兼济天下的义举，代代传承。

---

① 苏辙．栾城集：卷25[M]．曾枣庄，马德富，校点．上海：上海古籍出版社，2009：518-522.

② 陆心源．宋史翼[M]．北京：中华书局，1991：45-47.

③ 陆心源．宋史翼[M]．北京：中华书局，1991：44-45.

对族中长辈的亲敬，对同族亲友的关怀，是苏氏家风的重要组成。更重要的是，苏轼与苏辙两人相互理解与支持，成为后世“兄友弟恭”的典范。“他们在进退之中同富贵，共患难，友爱弥笃，无所怨尤，世所罕见。”①

苏轼对后辈子孙也极其爱护。苏洵临终前，嘱托苏轼照看子侄。②兄弟俩的仁爱和孝心，子孙辈给予了很好的回报。苏轼在被贬黄州惠州儋州，尤其是乌台诗案发生时，三个儿子均在不同时期陪伴在他身边，度过了艰难的时光。

三是赏识教育，鼓励期待。赏识教育是为苏门一大特色，对于孩子的闪光点，他们会毫无保留、毫不隐讳地予以赞扬③。“誉儿虽是两翁癖，积德已自三世种”，苏轼承认自己和弟弟苏辙有誉儿的“癖好”。其实这不仅是“两翁癖”，更是整个大家族的癖好。

苏洵曾让苏轼模仿欧阳修呈给皇帝的奏章。苏轼很快完成后交给苏洵评阅。看到文章中“匪伊垂之，带有余；非敢后也，马不进”④几句话时，苏洵评说：“此子他日当自用之。”苏轼被贬黄州时，长子苏迈陪往。一天夜里，苏轼和苏迈对坐联句，相谈甚欢。苏轼对儿子的学问十分欣慰，作《夜坐与迈联句》称颂：“传家诗律细，已自过宗武。短诗膝上成，聊以感怀祖。”⑤

苏氏家族对于孩子的赏识教育之中其实暗含着对他们的期待。苏洵对两个孩子的教育期待从其取名上便可见一斑。“轼”是车厢前面供人凭倚的横木；“瞻”是望的意思。苏洵是希望儿子从小就能登高眺远，树立远大的志向，日后光宗耀祖。苏东坡送别长子苏迈走上仕途时，赠其一方砚台，砚底刻有铭文：“以此进道常若渴，以此求进常若惊。以此治财常思予，以此书狱常思生。”⑥这一方砚台也暗含着对苏迈为官的鞭策与期待。

---

① 丛艳姿．也无风雨也无晴：苏轼与苏氏家风［M］．郑州：大象出版社，2018：183．

② 脱脱．宋史（苏轼列传）［M］．北京：中华书局，1977．

③ 盛晓文．宋代眉山苏氏家族家庭教育研究［D］．长春：东北师范大学，2014．

④ 王宗稷．苏轼文集编年笺注［M］．李之亮，笺注．成都：巴蜀书社，2011：556．

⑤ 王宗稷．苏轼文集编年笺注［M］．李之亮，笺注．成都：巴蜀书社，2011：534．

⑥ 王宗稷．苏轼文集编年笺注［M］．李之亮，笺注．成都：巴蜀书社，2011：599．

纵观眉山苏氏一脉的家族家训史，在历代苏家族人对子孙后代的教育中不断完善，其中蕴含着宝贵的家庭教育思考，是苏氏家族在多年传承之中人才辈出的关键。今尝试以教育目的、教育方法、教育内容三者加以概括总结，以求更为清晰地呈现苏氏家训的主要内容。

总之，苏氏家训在教育内容上可分为立言、立德、立功。以文学和纵横术传家，以德行立身，以功业立世。在立言方面，苏家自苏序之后文才累代而出，成为宋朝为数不多的文学世家之一，其中一个重要原因就是苏氏家训当中对于“经史子集”的重视与学习。在立德方面，苏氏家族重视子孙后代的孝悌忠信，乐善好施。苏家众人性格虽各异，但是乐善好施却是代代相传的。在孝悌忠信方面，既有父辈的身教也有母亲的言传。在立功方面，苏氏家训重视修身、齐家、治国、平天下的功业。“修身、齐家、治国、平天下”是千百年来儒家对于中国读书人的要求，也是苏氏家训的教育目的。为了达到修身、齐家、治国的教育目的，苏氏家训当中也蕴藏着积极的教育方法：一曰因势利导；二曰赏识鼓励；三曰言传身教。经过几代苏氏族人的传承，逐渐形成了别具特色的苏氏家训。以修身、齐家、治国为目的，以言传身教为方法，以德行、文学、纵横术为内容，培养“穷则独善其身，达则兼济天下”的苏氏族人。

第二节　中国近现代家书

近现代不少人模仿古典家训，对子女提出系列要求。但是，近现代的家训更多呈现在家书中。中国近现代比较有影响的家书是曾国藩家书、梁启超家书和傅雷家书。他们通过家书和亲身示范，感化自己的孩子和其他家人。

一、曾国藩家书

曾国藩是中国近代史上的重要人物。曾氏特别重视家庭教育，把教育子弟视为自己的重要义务和职责。曾氏一族也涌现出曾纪泽、曾广钧、曾约农、曾宝苏、曾宪植等一批著名的外交家、诗人、教育家、科学家和管理人才。[①]《曾国藩家书》汇集了曾国藩与其家人的书信，包括与祖父母书14封、与父母书48封、与叔父书9封、与诸弟书249封、教子书115封。曾国藩的家庭教育思想主要体现在他写给诸弟和曾纪泽、曾纪鸿二子的364封家书中，所涉内容包括修身、教子、持家、交友、用人、处世、理财、治学、治军、为政等方面。

（一）进德做人：孝友、慎独

曾国藩家训首先看重品格教育，强调进德做人，尤其以孝友、慎独和求仁为主要方向。

曾国藩将“孝友”视为道德教育之首。他在给二子的书信中写道：“孝友为家庭之祥瑞，凡所称因果报应，他事或不尽验，独孝友则立获吉庆，反是则立获殃祸，无不验者。”[②]他在家书中以亲身经历作为案例教导儿子，多次言及自己早年间在京师做官时总是受到诸弟的帮助，而自己一辈的兄弟姐妹各家之所以能够获得“田宅之安”，也大抵是兄弟之间的互相帮衬所致。因此，他告诫两个儿子在自己身故后必须“从孝友二字切实讲求”，要做到“视两叔如父，视叔母如母，视堂兄弟如手足”。[③]曾国藩本人身体力行，践行孝友。无论军政要务多么繁忙，他都会抽出时间写信给自己的长辈和兄弟。

在孝友的基础上，曾国藩还强调通过“慎独”的修养来完善自身的品德修养。他在写给二子的家书《日课四条》中指出了四条具体的修身之道：“一曰慎独则心安；二曰主敬则身强；三曰求仁则人悦；四曰习劳则神钦。”[④]

慎独意味着即使在独处时也能严于律己，不妄取，不苟为，仰不愧，俯不怍。这是儒家学说中修身的最高境界。曾国藩认为慎独是养心最好的方法，能够使人得到“泰然”的快乐，可谓“人生第一自强之道，第一寻乐之方”[⑤]。与慎独相关的是主敬。主敬指的是保持良好的精神状态，无时无刻不对工作和生活保持

---

① 严俊杰，黄正泉．浅析曾国藩的家庭教育思想［J］．船山学刊，2007(4)：37–40．

② 曾国藩．曾国藩家书［M］．钟叔河，点校．长沙：湖南大学出版社，1989：574．

③ 曾国藩．曾国藩家书［M］．钟叔河，点校．长沙：湖南大学出版社，1989：575．

④ 曾国藩．曾国藩家书［M］．钟叔河，点校．长沙：湖南大学出版社，1989：577–579．

⑤ 曾国藩．曾国藩家书［M］．钟叔河，点校．长沙：湖南大学出版社，1989：577．

庄敬严肃的态度。曾国藩在家书中指出："若人无众寡，事无大小，一一恭敬，不敢懈慢，则身体之强健，又何疑乎？"①

在曾国藩那里，慎独的主要内容是"不忮不求"。在同治九年（1870年）六月初四谕纪泽、纪鸿的信中，曾国藩特别跟两个儿子强调："余生平略涉儒先之书，见圣贤教人修身，千言万语，而要以不忮不求为重。"曾国藩认为：忮者，嫉贤害能，妒功争宠；求者，贪利贪名，怀土怀惠。②曾国藩所强调的"不忮不求"是对《论语·子罕篇》的引用。而《论语·子罕篇》是对《诗经·邶风·雄雉》的引用："不忮不求，何用不臧？"曾国藩所讨论的"怀土怀惠"，是对《论语·里仁》"君子怀德，小人怀土；君子怀刑，小人怀惠"的引用。在曾国藩的家书中，很多重要的训诫都来自《论语》。

（二）修业为学：有志、谦虚

为人之后方是为学之道。曾国藩的为学之道强调有志、有恒、虚心。在他看来，立志是求学成事的前提③，有志则断不甘为下流④。他在给诸弟及儿子的信中多次提及立志为学。他重视读书明理。要有出息，有作为，非读书不可；欲治学有成，就要有志向，要苦心发奋。⑤

曾国藩家训强调君子立志在于宏，因为古往今来凡能成就大事者，无不心怀大志，志存高远。曾国藩在给四位兄弟的家书中反复强调立志的重要性："人苟能自立志，则圣贤豪杰，何事不为？……若自己不立志，则虽曰与尧舜禹汤同住，亦彼自彼，我自我矣，何与于我哉？"⑥也就是说，立志则可能成为圣贤或豪杰。反之，如果没有大志向，对于自己的人生道路选择毫无目标和追求，那

---

① 曾国藩．曾国藩家书［M］．钟叔河，点校．长沙：湖南大学出版社，1989：578．

② 曾国藩．曾国藩家书［M］．檀作文，译注．北京：中华书局，2020：457-458．

③ 李冲锋．《曾国藩家书》：进德修业有智慧——"家书抵万金"之二［J］．博览群书，2020(8)：99-103．

④ 曾国藩．曾文正公家书［M］．北京：线装书局，2012：90．

⑤ 林凤．浅析《颜氏家训》与《曾国藩家书》教育思想的异同［J］．现代教育科学，2011(8)：42-43．

⑥ 曾国藩．曾国藩家书［M］．钟叔河，点校．长沙：湖南大学出版社，1989：139．

么，纵有良师益友，最终也不能有所成就。

恒心是通往志向的必经之路。曾国藩多次在书信中提示弟弟及儿子，人光有志向是不够的，还得有恒心、有毅力，万事贵在坚持。如若一个人立下宏大志向却不能够日日坚持，那么志向终究是空话。一个人立志读书不难，难的是日日躬身于读书进德，从不间断。“有恒，则断无不成之事”。[①]如果做到了有恒，有志有识自然会得到。

在有志之外，曾国藩还提倡虚心的治学之道。“吾人为学，最要虚心。”[②]曾国藩本人严于律己，经常在书信中反思自己的不足：“兄不胜悔恨，恨早岁不曾用功，如今虽欲教弟，譬盲者而欲导人之迷途也，求其不误难矣。”[③]

为了戒骄、戒逸、戒奢，曾国藩以身示范，在书信中时常显示其谦逊与不懈的努力。他认为自己有今日之功，皆因祖宗积德所致。如果不懂得谦谨自持，必会招致减损。因此，他反复提示，家人切勿倚势骄人。[④]他在给四弟的书信中写道：“在外无他虑，总怕子侄习以骄、奢、逸三字。家败，离不得个奢字；人败，离不得个逸字；讨人嫌，离不得个骄字。弟切戒之。”[⑤]正是这种对于“戒骄、戒逸、戒奢”的坚持，使得曾氏家族代有英才。

（三）半耕半读：习劳、节俭

在为人与为学之外，曾国藩还关注为生之道。他所看重的为生之道主要在于习劳、节俭，分别对应着戒逸、戒奢。

习劳与节俭相关。曾国藩在家训中特别重视劳动教育，告诫兄弟与儿子须遵守“半耕半读”的家规，在家训中时时强调“节俭”二字。在他看来，历朝官宦贵族之家往往逃不过“富不过三代”的规律。大多数的家败都源于“奢”。若贪爱奢华、骄奢倦怠，家族就会迅疾走向衰败。唯有一直保持勤劳节俭或习劳的家

---

① 曾国藩. 曾文正公家书［M］. 北京：线装书局，2012：90.

② 曾国藩. 曾国藩家书［M］. 钟叔河，点校. 长沙：湖南大学出版社，1989：141.

③ 曾国藩. 曾国藩家书［M］. 钟叔河，点校. 长沙：湖南大学出版社，1989：115.

④ 范国强，马艳霞. 曾国藩家书中的家训思想及其德育意义研究［J］. 南方论刊，2017（1）：15-17，112.

⑤ 曾国藩. 曾国藩家书［M］. 钟叔河，点校. 长沙：湖南大学出版社，1989：353.

风，家族才有可能长久地兴盛。与其给子女留一份富足的财产，不如培养他们良好的习惯。家勤则兴，懒则衰。

为了营造习劳、节俭的家庭氛围，曾国藩给家人立下规矩：家中男丁要闻鸡起舞，操习技术，刻苦读书；家中妇人要操持家务，纺纱织布，烹饪洒扫，日日不惰。[①]

二、梁启超家书

梁启超号任公，又号饮冰室主人，是中国近代史上的风云人物，也是著名的政治家和教育家，是一位百科全书式的学术大师。在繁忙的政务和文化活动之余，梁启超尤其注重家庭教育。梁启超的九个子女皆学业有成，被后人称为"一门三院士，九子皆才俊"。《梁启超家书》主要记录了20世纪10年代至20年代梁启超及其子女的四百余封书信往来。家书内容主要涉及做人、治学与吃苦自立等主题。

（一）做人立本：德性、责任、勤奋

梁启超把做人放在家庭教育的首位，尤其看重德性、责任与勤奋。

德性教育主要包含两个方面。一是重视亲情。他在家书中时常提醒儿女要孝敬长辈，并在"事亲以孝"上身体力行地做出榜样。二是注重礼法。1926年10月，梁启超"极不情愿"地给徐志摩和陆小曼证婚之后，在给孩子们的家书中告知子女德性的重要性："品性上不曾经过严格的训练，真是可怕。我把昨日的感触，专写这一封信给思成、徽音、思忠们看看。"[②]通过评价他人，告诫子女不可任意破坏礼法。[③]

在责任教育方面，梁启超强调做人要勤勤恳恳，做好自己本分的事情，做天地间堂堂正正的人。他多次在书信中强调，无论身处何种身份职业，都要做有责任心的人："天下事业无所谓大小（士大夫救济天下和农夫善治其十亩之田所成就一样。），只要在自己责任内，尽自己力量做去，便是第一等人物。"在他看

① 江颖颖．谈《曾国藩家书》中子女教育方法的现代启示［J］．内蒙古农业大学学报（社会科学版），2011（5）：313-315．

②③ 梁启超．梁启超家书［M］．林洙，编．北京：中国青年出版社，2013：127．

来，只有能肩负起责任的人，才能成为“第一等人物”[①]。人生只有知道了负责任的苦处，才能真正感受到尽责任的乐处。尽小的责任能得到小的快乐，尽大的责任能得到大的快乐。“人生在世，常要思报社会之恩，因自己地位做得一分是一分，便人人都有事可做了。”[②]

除了德性和责任，梁启超也重视勤奋。他认为“万恶懒为首，百行勤为先”。当梁思成、梁思永兄弟在清华学堂为学业表现感到忧虑时，梁启超告诉他们：“汝等能升级固善，不能也不必愤懑。但问果能用功否，若既竭吾才则于心无愧。若缘怠荒所致，则是自暴自弃，非吾家佳子弟矣。”[③]在治学的结果和努力的过程之间，梁启超更看重努力的过程与治学的态度。

（二）治学立身：趣味、张弛、博精

梁启超家训的治学之道主要追求趣味、张弛有度与博精结合。梁启超将趣味看作生活的原动力：“我生平对于自己所做的事，总是做得津津有味，而且兴会淋漓。”[④]若生活丧失趣味，则生活也成了无意义。因此，教育必须和趣味结合起来。他在演讲中指出：“人生在幼年青年期，趣味是最浓的，成天价乱碰乱迸；若不引他到高等趣味的路上，他们便非流入下等趣味不可……教育事业从积极方面说，全在唤起趣味；从消极方面说，要十分注意不可摧残趣味。”[⑤]唯有引导孩子找到生活与学习中的趣味，才“能够永久保持不厌不倦的精神”。

也因此，梁启超充分尊重孩子的个人兴趣。他曾热情建议梁思庄学习国内奇缺又大有前途的生物学，希望她做个“先登者”，后来发现她对文学更有兴趣，心中大悔，又立刻写信给她“自己想想拿定主意”。

除了趣味，梁启超也重视张弛有度，提出要“猛火熬”与“慢火炖”相结

---

① 梁启超．梁启超家书［M］．林洙，编．北京：中国青年出版社，2013：61．

② 梁启超．梁启超家书［M］．林洙，编．北京：中国青年出版社，2013：36．

③ 梁启超．梁启超家书［M］．林洙，编．北京：中国青年出版社，2013：31．

④ 梁启超．饮冰室文集点校：第六集［M］．吴松，王文光，卢云昆，等，点校．昆明：云南教育出版社，2001：531．

⑤ 梁启超于1922年4月10日在“直隶教育联合研究会”所作的演讲《趣味教育与教育趣味》。

合。[①]他认为幼学阶段是人生的关键阶段，若上来就加以高温猛火，必毁灭儿童的天性，不利于孩子的健康成长。无论是“猛火”还是“慢火”，都需要把握时机，要循序渐进。太过猛进，“像装罐头样子，塞得太多太急”，不见得便会受益，反而可能损伤孩子的学习兴趣。[②]与张弛有度相关的原则是劳逸结合。当梁思顺为追求课业的学习速度而过度劳累时，他写信告诫“必须休息，而且多游戏运动”。[③]

在学问的内容方面，梁启超强调“专精”与“广博”的结合：“我们要做博的功夫，只能择一两件专业为自己性情最近者做去，从极狭的范围内生出极博来，否则，件件要博，便连一件也博不成，这便是‘好一则博’的道理。……资料越发丰富，则驾驭资料越发繁难，总先求得一个‘一以贯之’的线索，才不致‘博而寡要’，这便是‘以浅持博’的道理。”[④]他常常担心梁思成所学过于专向单调，“渐渐会走入孤峭冷僻一路去”，因而写信让他多“分出点光阴多学些常识，尤其是文学或人文科学中之某部门”。[⑤]他也曾在家书中叮嘱梁思庄，“专门学科之外，还要选一两样关于自己娱乐的学问，如音乐、文学、美术等”，以拓宽自己的视野，不受限于专门的学科。[⑥]

（三）寒士家风：吃苦、自立、乐观

梁启超家训借鉴了曾国藩家训的“勤”和“俭”，并在此基础上增加了磨炼人格的“寒士家风”。他将寒士家风视为“自立之道”。[⑦]民国初年的梁氏家族已跻身上层社会，梁启超却以“寒士家风”时刻要求子女。“寒士”并非穷苦之意，而是节俭、勤奋、上进的精神。寒士家风代表了梁启超家训的为生之道，集中体现为吃苦、自立、乐观。

---

① 梁启超. 梁启超家书［M］. 林洙，编. 北京：中国青年出版社，2013：181.

②⑥ 梁启超. 梁启超家书［M］. 林洙，编. 北京：中国青年出版社，2013：182.

③ 梁启超. 梁启超家书［M］. 林洙，编. 北京：中国青年出版社，2013：22.

④ 梁启超于1923 年1月9日为东大国学研究所做的演讲《治国学的两条大路》。

⑤ 梁启超. 梁启超家书［M］. 林洙，编. 北京：中国青年出版社，2013：180.

⑦ 刘晓飞，廉武辉，刘小艳. 从“家风”建设看梁启超的“梁氏家教”［J］. 教育文化论坛，2016(2)：8-12.

吃苦和自立指向意志教育。自立是最终的目标，吃苦是达成自立的方式和途径。梁启超强调“人贵自立”①。一个人能否成才，关键要看是否有坚强的意志力。这是战胜一切挫折的武器。因此，他从不溺爱子女，坚守寒士家风，鼓励子女们在逆境中磨炼德性，时刻警惕因为生活过于安逸而消磨志气。他既支持孩子们的必需消费，不必太苦，用钱“不必太过节省”，饮食上“尤不可太刻苦”。同时，他强调要养成能吃苦的韧性和节俭的好习惯，以磨炼人格。“有志气的孩子，总应该往吃苦的路上走”。无论周遭环境是困苦还是舒服，只要培育起自己的意志力和自信力，便可以“随遇而安”。

梁启超寒士家风的另一个追求是乐观，以乐观的态度对待失败与挫折。他经常与孩子们分享自己的经历，并引导孩子们在失败中感受到奋斗与坚持的乐趣：“我所做的事常常失败——严格的可以说，没有一件不失败——然而，我总是一面失败一面做。因为，我不但在成功里头感觉趣味，就在失败里头也感觉趣味。”②1923年5月，梁思成不幸被汽车撞折腿骨，导致美国留学不得不推迟一年。梁启超写信安慰：“人生之旅途苦长，所争决不在一年半月，万不可因此着急失望，招精神上之萎畏。汝生平处境太顺，小挫折正磨练德性之好机会，况国内多预备一年，即以学业论，亦本未尝有损失耶。”③

总之，梁启超家训的重点在于吃苦、自立、乐观的寒士家风。同时强调两个方面的修身：一是德性、责任与勤奋等做人品质；二是追求趣味、张弛有度与博精结合的治学之道。

三、傅雷家书

傅雷字怒安，号怒庵，著名的翻译家、作家、美术评论家。傅雷有两个孩子。长子傅聪是享誉国际的钢琴家，次子傅敏是一名优秀的英语教师。《傅雷家书》记录了1954—1966年这十二年间傅雷写给傅聪的书信。《傅雷家书》主要有

---

① 梁启超．梁启超家书［M］．林洙，编．北京；中国青年出版社，2013：21．

② 梁启超．饮冰室文集点校：第六集［M］．吴松，王文光，卢云昆，等，点校．昆明：云南教育出版社，2001：3316．

③ 梁启超．梁启超家书［M］．林洙，编．北京：中国青年出版社，2013：58．

两个版本。一是三联书店1981年版，作者是傅雷，编者是傅敏。后来多次增补、再版。二是译林出版社2018年版，作者是傅雷、朱梅馥、傅聪，编者是傅敏。《傅雷文集》（安徽文艺出版社1998年版）也收录了这些家书。

读《傅雷家书》，既可以体验中国家训的智慧，了解傅雷和傅聪的成长历程，也可以扩展艺术知识。更重要的是，可以倾听一位中国父亲对儿子的爱与关切。1955年4月21日的信尤其令人感动：傅雷因为傅聪在波兰获大奖后长时间没给他写信而惶惑、自卑、不知所措，后来得知傅聪给傅雷写的信被邮局弄丢，傅雷才释然。

（一）艺术训练：刻苦训练与人文修养

傅雷家训的主要内容是督促傅聪强化艺术训练，重点包括刻苦训练与人文修养。

在傅雷那里，艺术训练的首要原则是严格要求，刻苦练习。傅雷希望儿子能够抓紧时间，越忙越需要掌握时间。傅雷常常在书信中反复强调要珍惜分分秒秒，合理安排自己的时间，且严格遵守。他认为："一个人的机会、享受，是以千千万万人的代价换来的，那是多么宝贵。你得抓住时间，提高警惕，非苦修苦练，不足以报效国家对得住同胞。"①傅聪也确实养成了吃苦耐劳的精神。他每天坚持练琴七八个小时。即便在酷暑天气，衣裤尽湿也不轻易休息。②

因为对孩子的要求过于严苛，傅雷后来对孩子感到愧疚。《傅雷家书》第一篇（1954年1月18日信）就表达了他的歉疚："孩子，我虐待了你。我永远对不起你。我永远补赎不了这种罪过。"第二天的信（1954年1月19日信）又接着说："可怜的孩子，怎么你的童年会跟我的那么相似呢？我也知道你从小受的挫折对于你今日的成就并非没有帮助，但我做爸爸的总是犯了很多很重大的错误。自问一生对朋友、对社会没有做什么对不起的事，就是在家里，对你和你妈妈做了不少有亏良心的事。"③

其实，傅雷对孩子的教育也并非简单的严苛，除了严苛，也有满满的爱。傅

① 傅雷，朱梅馥，傅聪．傅雷家书［M］．傅敏，编．南京：译林出版社，2018：49．

② 王晓璇．一纸家书教泽深：傅雷与傅氏家风［M］．郑州：大象出版社，2021：72．

③ 傅雷．傅雷家书［M］．傅敏，编．北京：生活·读书·新知三联书店，1998：3．

雷的家庭教育属于比较典型的“权威型教养模式”，既对孩子有高要求，对孩子的需求也有高回应。

傅雷的权威型教养模式与他本人的成长经历有极大的关系。傅雷3岁时，父亲去世，母亲李欲振24岁守寡。因望子成龙，对傅雷严格管教，相信“棍棒底下出人才”。傅雷小时候顽皮，母亲便威胁要将他拧到河边溺死。冬天的夜里，如果傅雷读书倦怠，母亲便用蜡烛油烫傅雷的肚脐。有几次，因为傅雷贪玩，母亲用绳子将他捆绑在桌子腿上，要他面对父亲的灵牌认错悔过。因傅雷过于顽劣，屡教不改，母亲感到绝望，欲上吊自杀，被他人劝阻。傅雷受此刺激，开始发愤学习。①

傅雷有了孩子后，他几乎完整地延续了当年母亲的教育方法，严格规定孩子能做什么和不能做什么，对两个孩子严厉管教。②傅雷在1961年7月7日的家书中说：“我教育子女的方法非常严格，非常刻板，甚至很专制。我一直怕宠坏孩子，尤其是聪（傅聪）。”

除了严格训练，傅雷特别看重与艺术相关的人文修养。1954年12月27日的家书推荐傅聪读《世说新语》和王国维的《人间词话》。1954年12月31日的家书说，傅雷给傅聪寄了几本书：《古诗源》《唐五代宋词选》《元代散曲选》。叮嘱傅聪“要仔细看，而且要多看几遍”。1955年12月11日的家书推荐傅聪重点读《毛泽东选集》中的《实践论》和《矛盾论》。1956年10月11日的家书显示，他为傅聪购买了《宋人画册》第七集和《麦积山石窟》《中国古代雕塑集》。1961年5月1日的家书显示，他给傅聪邮寄了《李白集》《十八家诗抄》和丹纳的《艺术哲学》。1962年9月23日的家书显示，傅雷给傅聪邮寄了《中国文学发展史》《宋词选》和《世说新语》三本书。他说：“《世说新语》久已想寄你一部，因找不到好版子，又想弄一部比较小型轻巧的，便于出门携带。今向友人索得一部是商务铅印。……我常常认为这部书可与希腊的《对话录》媲美，怪不得日本人历来作为枕中秘籍，作为床头常读的书。”

可见，傅雷在敦促傅聪训练钢琴的同时，也鼓励傅聪多读诗词、小说、书

① 王晓璇．一纸家书教泽深：傅雷与傅氏家风［M］．郑州：大象出版社，2021：20-21．

② 王晓璇．一纸家书教泽深：傅雷与傅氏家风［M］．郑州：大象出版社，2021：14-15．

画、雕塑等各类艺术文献，以此加强傅聪的人文修养。他尤其看重《世说新语》。不仅要求多读人文艺术方面的书籍，也要求亲近自然，走进博物馆。在1961年10月5日的家书中，傅雷反复敦促傅聪要去博物馆、美术馆，要去户外、郊外，“往大自然中跑跑”。

（二）人格培育：礼貌、担当与反思

傅雷的家庭教育特别看重人格养成。他在1954年9月4日的家书中骄傲地对傅聪说：“你从小到现在的家庭背景，不但在中国独一无二，便是在世界上也很少。哪个人教育一个年轻的艺术学生，除了艺术以外，再加上这么多的道德的？”

虽然傅雷重视傅聪的钢琴训练，但他仍然把人格教育作为第一教育。傅雷在1960年12月31日的家书里说：“先为人，次为艺术家，再为音乐家，终为钢琴家。”这样的说法在傅聪给父母的回信中，也多次被重复、强化。[①]

傅雷在家书中反复叮嘱的人格教育，主要包括礼貌、谦逊与担当。傅雷夫妇经常在书信中提醒傅聪，要改掉生活中的坏习惯，要注意礼节。傅雷在1954年8月16日的家书里说：在西方家庭做客，要合乎西洋的礼仪。围巾和大衣要脱在衣帽间。不穿大衣时，也应除去围巾。手插在上衣袋里比插在裤袋里更无礼貌。在饭桌上，两手不拿刀叉时，也要平放在桌面上，不能放在桌下，也不能搁在自己腿上或膝盖上。

礼貌既指礼仪和对他人的尊重，也包括谨言慎行和保持谦逊。傅雷在1954年5月31日的家书中反复嘱咐，让傅聪牢记在心：说话要小心，“嘴巴切不可畅，尤其在国外！对宗教的事，跟谁都不要谈”。1954年3月21日的家书提示：即便获得“极盛”的成功，也要“如临深渊，如履薄冰”，保持郑重、危惧、戒备。

不仅要有礼貌，也要帮助他人、有担当。在傅雷看来，“人的伟大在于帮助别人，受教育的目的只是培养和积聚更大的力量去帮助别人”（1961年7月7日信）。他认为，傅聪并非一个不知感恩的人，但傅聪很少向人表达谢意。于是，傅雷在1960年12月31日的家书中说：朋友对我们的帮助、照应与爱护，不必一

① 傅雷．傅雷家书［M］．傅敏，编．北京：生活·读书·新知三联书店，1998：352，329．

定要报以物质，而往往只需写几封亲切的信，使他们快乐，觉得人生充满温暖。

为了提高自己的人格修养，傅雷特别看重反思。他本人多次反思自己的性格，同时引导孩子通过反思来改善自己的性格。

傅雷从小没有兄弟姐妹的陪伴，又被母亲严格管教。孤独的傅雷养成了孤僻甚至乖戾的性格。在法国留学期间，因恋爱不顺而企图自杀。即便成家立业，也经常会无名地暴怒。

法国留学归来后，傅雷受刘海粟邀请，在上海美术专科学校任职。傅雷个性倔强，狷介，古怪，却有赤子之心，对他人的缺陷直言不讳，刚正不阿，疾恶如仇，推崇“威武不能屈”。两年后，傅雷选择辞职，闭门从事翻译。傅雷受母亲的教诲，养成严格细腻、不敷衍、不马虎、不苟且的精神。他把这样的精神献给了翻译工作。

傅雷长期坚守自己的刚正不阿的性格，但对自己性格中的敏感、易怒等毛病也多次反思。当傅雷发现傅聪也延续了傅雷的这些性格缺陷时，也敦促傅聪反思。1961年3月28日的家书提示，傅雷自己容易在小事上发脾气。在这点上，傅聪太像他爸爸。“我屡屡提醒他别受我的坏习惯影响。父母的缺点与坏脾气应该不断地作为孩子的诫鉴，不然的话，人的性格就没有改善的指望了。”傅雷的妻子在1961年10月5日的家书中说：“你跟爸爸相似的地方太多了，连日常生活也如此相似。……你的主观、固执、看来与爸爸不相上下。”也因此，她提醒孩子，不要延续父亲的坏脾气，要及早注意，克制自己，戒掉上代的悲剧性格。

傅雷和儿子彼此将对方视为反思的镜子。傅雷在1962年4月1日的家书中说：“孩子，你说过我们的信对你有如一面镜子。其实你的信对我们也是一面镜子。有些地方你我二人太像了，有些话就像是我自己说的。”

（三）生活教育：节约、淡泊与理性

在生活教育方面，傅雷家训特别看重节约、淡泊与理性。

傅雷夫妇常常提醒子女要掌握理财的技巧，保持收支平衡，养成储蓄的习惯。1955年12月21日的家书建议傅聪尝试每周制作家用的预算和决算，并两厢核对看看是否超过，借此培养孩子的理财能力。傅雷在1961年7月8日的家书中说：光是瞧不起金钱不解决问题。相反，正因为瞧不起金钱而不加控制，临了竟会吃金钱的亏做物质的奴隶。单身汉还可以用颜回的刻苦办法应急，有了家室就不行。越是轻视物质越需要控制物质。1962年2月21日的家书提醒傅聪要警惕经理人，要学会跟他们打交道，不要被他们任意剥削。傅雷在1964年3月1日的家书中强调，收入的“入口”操在他人手中，不必奴颜媚骨地乞求，但花销的“出口”完全操在我手，由我做主。

有了理财的技巧，就有了追求淡泊的基础，可以守住清贫的高洁生活（1964年3月1日信）。傅雷多次在书信中提及名利的问题。他在1956年7月29日的家书中说，名利只是社会上一般人所追求、惊叹的东西，而对于个人本身的渺小与伟大却并不相干。1962年11月25日的家书则由淡泊发展至“孤独”。他认为，孤独是艺术家的本分。“艺术家固然可怜，但是没有他们的努力与痛苦，人类也许会变得更渺小更可悲。”

傅雷在家书中讨论最多的是学问与理性。傅雷在1962年3月8日的家书中提示，他一生从来不曾有过“恋爱至上”的看法。他把真理至上、道德至上、正义至上以及学问第一、艺术第一作为立身原则。无论恋爱多么狂热，也不能侵犯这些原则。朋友也好，爱人也好，一旦遇到重大关头，与真理、道德、正义相关的问题，绝不让步。为了提升傅聪的理性思维，傅雷在家书中多次给傅聪讲哲学思维。1955年12月21日的家书，几乎通篇都在给傅聪讲述辩证唯物主义哲学。

傅雷鼓励孩子坚持真理至上、道德至上、正义至上，他本人和妻子因坚持真理至上、道德至上、正义至上而终结自己的生命。1966年8月3日被红卫兵“抄家”。9月2日傅雷夫妇被当众批判。9月3日凌晨夫妇俩一起自杀。

总之，曾国藩、梁启超、傅雷三人的家训，在教育目的、教育内容和教育方法上，呈现出某些一致的追求。他们重视为人、为学和为生并做到了以身示范。他们都推崇儒家文化，把人格教育放在首位而把知识与技术的学习放在次要位置。三者强调修身齐家，并重视培养子女的社会担当。三个人的家训也有一些明显的差异。一是父亲形象的差异。曾国藩比较重视等级，也比较重男轻女，几乎不给女儿写家书；梁启超没有传统的独断专横式的家长作风，保持平等交流的姿态，有民主意识；傅雷夫妇特别关注孩子的成长细节，但倾向于“高控制”[①]。二是在教育内容上有不同的侧重。曾国藩家训侧重于意志教育；梁启超家训侧重

① 傅雷，朱梅馥，傅聪．傅雷家书［M］．傅敏，编．南京：译林出版社，2018：232.

于情感教育和趣味主义；傅雷家训更重视教育中的理性而非情感，坚持理大于情。三是择术取向的差异。曾国藩家训信奉程朱理学，在中国“数千年未有之大变局”的时代背景下，重视学以致用，不太看重艺术；梁启超家训比较尊重子女的意愿和兴趣，强调自立并鼓励孩子选择实业而不是从政；傅雷家训侧重艺术教育，他认为德艺俱佳的世界钢琴家能够在实际上改变外国人对于中国人的看法。

第三节　中国传统经典里的家庭教育思想

中国家训的普及版本是传统经典文本。比较有影响的传统经典文本是《三字经》和《增广贤文》以及成语故事。长期以来，《三字经》《增广贤文》以及成语故事担当了中国家训的重任。父母可以引导孩子阅读并理解《三字经》《增广贤文》以及成语故事的做人原则、求学方法与交往智慧。

一、《三字经》的家庭教育思想

中国早就有蒙学教材形式的家训，宋代的蒙学教材尤其发达。不少宋代学者亲自编撰蒙学教材，比如欧阳修的《州名急就章》、朱熹的《训蒙诗》《童蒙须知》、吕本中的《童蒙训》、吕祖谦的《少仪外传》、王应麟的《三字经》，等等。宋代的《三字经》《百家姓》与南北朝时期周兴嗣撰写的《千字文》并称为“三百千”。

（一）《三字经》的蒙学地位

《三字经》是蒙学识字读本，也是中国的古典家训。《三字经》的内容丰富，涵盖教育、伦理、社会、历史、天文、地理、术数、国学典籍等各个方面，被称为“启蒙教育的百科全书”。有人认为，《三字经》是古代儿童读物中最有代表性的一种。它流传时间最长，范围最广，影响最大。[①]现代家庭教育领域也不断有人从《三字经》中寻找家庭教育的灵感。[②]

① 赵忠心，周学敏．中国家庭教育发展史［M］．南昌：江西高校出版社，2020：213.

② 蔡笑晚．我的事业是父亲［M］．南宁：接力出版社，2007：49-55.

《三字经》统一采用三字一句的韵文形式，三字一句，四句一组（或六句一组）。《三字经》既像诗，又接近儿歌，便于朗读、背诵和记忆。《三字经》被誉为“千古奇书”。有人认为，“若能句句知诠解，子史经书一贯通”[①]。明代赵南星称《三字经》“句短而易读，殊便于开蒙”，故此为蒙学第一书。1990年，《三字经》英译本被联合国教科文组织列入“世界儿童道德教育丛书”。

不少研究者讨论了《三字经》的成书年代、作者、版本等问题。[②]一般认为，《三字经》的作者是南宋时期的王应麟。有人认为，宋代以前的童蒙教材都是四言，至南宋时才在蒙学发达地区出现三字句的儿童教材，但都很短或不便传授。只有《三字经》是全篇以三字为句的新型文体。[③]按照历史学家周谷城的说法，蒙学教材能够长久流行，为社会长期接受，在传授基本知识、进行道德教育、采取易于上口易于记忆的形式等方面，确实有其长处和优势。[④]

从残存的遗文和王国维等学者的考证来看，中国最早的启蒙识字读本，如《史籀篇》《仓颉篇》等，都是用四言写成的。“四言相对于三言，虽然只多了一个字，除了增加编写的难度之外，对于成人来说没有什么不同，但对于儿童特别是低幼儿童来说，三言则意味着负担的减轻，意味着更加容易接受。”[⑤]

《三字经》继承了历史上编写蒙学教材的传统，吸取了《急就篇》《千字文》《三字训》等蒙学教材的优点。与《千字文》相比，三字一句更适合低幼儿童的年龄特点，通俗易懂，朗朗上口。《千字文》的成文方式是四字一句，共250句，1068字，也因此被称为千字文，后人难以改动。《千字文》的长处为《三字经》所吸取。《三字经》共1100多字，除重复外，生字大约800多。家长与孩子一起诵读时，如同唱游和儿歌。

《三字经》古称“小纲鉴”，将儿童需要读书积累的百科知识，纳入一个清

---

① 李良品.《三字经》的成书过程与作者归属考略［J］. 社会科学家，2004(5)：156-160.

② 宫丽艳，刘经纬. 近年来《三字经》研究述评［J］. 宁波大学学报（教育科学版），2013(2)：24-28.

③ 欧阳光. 也谈《三字经》的成书年代［J］. 文史知识，1996(2)：123-124.

④ 萧良有，杨臣诤. 龙文鞭影［M］.长沙：岳麓书社，2002.

⑤ 徐梓.《三字经》的渊源及其蕴含的中华文化［J］. 传承，2009(7)：51-53.

晰的知识体系。作为一本启蒙读物，《三字经》不只是给孩子读的，也是给家长读的。不仅在于其基本的识字功能，更重要的是它的社会教化功能。[①]有学者认为，《三字经》适合所有中国人阅读。[②]

（二）《三字经》的教育之道

《三字经》开篇就着重强调家庭教育的重要性和有效教育的根本所在。“人之初，性本善。性相近，习相远。苟不教，性乃迁。教之道，贵以专。”父母一定要明白，每个人的禀性本来是很接近的，后天的生活环境和学习环境不同，人与人之间的差异就越来越大。如果不及时教育，孩子的善良禀性就会变坏。

好的教育方法是让孩子做到专心致志，持之以恒，不能半途而废，要为孩子选择良好的教育环境。以孟母择邻断杼和“窦燕山，有义方”的家庭教育典型案例，说明父母教育及其有效方法的重要。最后用比喻的方式，强调教育如同琢玉一样，玉石不打磨雕琢，就不会成为精美的器物；人不学习，就不知道仁义道理。

《三字经》也可以视为倡导《论语》精神的蒙学教材。《论语》重视“孝悌”之爱，《三字经》则强调：“父子恩，夫妇从。兄则友，弟则恭。长幼序，友与朋。君则敬，臣则忠。此十义，人所同。”

子女在小时候要亲近老师和朋友，要学习礼节和仪式。通过黄香温席和孔融让梨的故事，提醒孩子要孝敬父母和尊重兄长。“首孝弟，次见闻。知某数，识某文。”首先学的是孝敬父母和兄弟友爱的道理，其次是学习看到和听到的知识。知晓数字和算术，认识文字和人文。

（三）《三字经》的学习之道

作为家庭教育的读本，《三字经》特别重视孩子的学习方式，强调“勤学苦读”并重视“榜样”的教育力量。通过讲述名人故事，推进儿童相信“勤学”的力量。《三字经》列举了六类勤学苦读的榜样。

第一类榜样是古代圣贤者，随时随地学习。古代圣贤孔子，尚且不忘勤学。

---

① 王有英．“三、百、千”与社会教化［J］．纪念《教育史研究》创刊二十周年论文集（4）——中国学科教学与课程教材史研究会议论文集，2009(9)：110-113.

② 钱文忠．《三字经》适合全中国人来读［J］．成才之路，2009(2)：1.

虚心向一个聪明的孩子项橐学习，还说“后生可畏，我当拜你为师”。回头他对弟子们讲：三人行，必有我师矣。要不耻下问。

第二类榜样是官居高位者，仍读书不断。宋朝赵普，官已经做到了中书令，仍天天阅读《论语》，即使自己当了高官，仍然很勤奋地学习。

第三类榜样是家贫无书者，也不忘勤奋学习。西汉时的路温舒把文字抄在蒲草上，公孙弘将《春秋》刻在竹片上。买不起书，还要想尽办法，自我勉励，坚持读书。

第四类榜样是自我激励者，不用扬鞭自奋蹄。晋朝的孙敬读书时把自己的头发拴在屋梁上，以免打瞌睡。战国的苏秦读书疲倦时，就用锥子刺大腿，头悬梁，锥刺股，不用别人督促而自觉勤奋苦读。

第五类榜样是条件艰苦者，想方设法坚持读书。晋朝人车胤，把萤火虫放在纱袋里照明读书。孙康也是晋朝人，则利用积雪的反光来读书。孙康家贫，没钱买灯油，晚上不能读书，只能早早睡觉。他觉得时间这样白白跑掉，非常可惜。一天半夜，他从睡梦中醒来，发现窗缝里透进一丝光亮。那是地上积雪的反光。为何不借用白雪的光亮来读书呢？孙康倦意顿失，立即穿好衣服，取出书籍，来到屋外。屋外地上映出的雪光，比屋里要亮多了。孙康不顾寒冷，立即读起书来，手脚冻僵了，就起身跑一跑，同时搓搓手。此后，每逢有雪的晚上，他就不放过这个好机会，孜孜不倦地读书。这种苦学的精神，促使他的学识突飞猛进，成为饱学之士。后来，他也当了高官。

第六类榜样是身体劳累者，不辞劳苦。如囊萤，如负薪，如挂角。自古以来这六类故事成为激励孩子不畏艰难、不辞劳苦的勤学典范。这些勤学的故事说明，有心人会为自己创造条件和努力的机会。艰辛只是暂时的，艰难后的体验和收获更宝贵。

汉朝的朱买臣，以砍柴维持生活，每天边担柴边读书。隋朝李密放牛时把书挂在牛角上，有时间就读书。不管多么劳累，他们都能坚持读书学习。唐宋八大家之一的苏洵，号老泉，小时候不想读书，到了27岁的时候，才开始下决心努力学习，后来成了大学问家。宋朝的梁灏，在82岁时考中状元。像苏老泉、梁灏这样年纪的老人，尚能勤学苦读，好学不倦，最终获得成功，令人钦佩。正处于学习年龄的青少年，更应该把握大好时光，立定志向，努力用功。否则，少壮不努力，老大徒伤悲。要想成为一个有用的人，必须从小勤奋好学。只要从小志向高远，勤学苦学，定能成功。

“学而优则仕”是所有读书人的终极目标。儒家知识分子所拥有的家国情怀、修齐治平、心怀天下的远大理想就融入日常的读书明理之中。

二、《增广贤文》的家庭教育思想

如果说《三字经》是中国幼儿的蒙学读本，《增广贤文》则是中国人的成人教育读本。成人读本主要针对成人或渴望进入成人世界的青少年。由于成人更关注成功或幸福，成人读本或多或少呈现为“成功学”或“励志书”。成功学和励志书容易给人造成轻佻、浅薄的印象，也因此常被戏称为“毒鸡汤”。但是，也有严肃的充满哲理的成功学，比如《增广贤文》。世界各国都有自己的经典成人读本，其中比较有影响的是中国经典《增广贤文》、犹太经典《塔木德》和美国经典《人性的弱点》。

《增广贤文》为中国人提供了大量的有关为人处世的“古训”。《增广贤文》开篇就提示：“观今宜鉴古，无古不成今。”[①]《人性的弱点》则主要关注现代名人的成功之道并总结出有关“如何赢得朋友并影响他人”的基本准则。《增广贤文》总共318条警句名言，主要聚焦于家庭教育、学习方式和做人做事三个主题。

（一）自食其力与严慈相济

《增广贤文》的主题之一是自食其力以及与之相关的严慈相济。这是家庭教育的基本原则。第116条云：“儿孙自有儿孙福，莫为儿孙作牛马。”这一条可作为家庭教育的第一原则。有人将这条视为《增广贤文》中十二条家庭教育谚语之一。[②]与之相关的训诫是“有意栽花花不发，无心插柳柳成荫”和“但行好事，莫问前程”。父母需要关心并帮助孩子，但更需要坚守“勿忘勿助”的原则，不可溺爱，也不可越俎代庖，更不可失去自我。之所以要坚持“儿孙自有儿孙福，莫为儿孙作牛马”，首先因为孩子的成长主要受遗传和家长亲身示范的影响。第

① 佚名．增广贤文［M］．李冲锋，译注．北京：中华书局，2021：1．以下所引《增广贤文》皆出自这个版本，不再注明具体的页码，偶尔注明条目。

② 赵忠心，周学敏．中国家庭教育发展史［M］．南昌：江西高校出版社，2020：361-362．

150条云："龙生龙子，虎生豹儿。"这样说的依据是：只要有正常的遗传和家长的亲身示范，孩子就会健康成长。

此外，"儿孙自有儿孙福，莫为儿孙作牛马"，还可以理解为：让儿孙自己作牛马，而不要为儿孙作牛马。生活艰苦，孩子就会主动承担改变命运的责任。这就是"穷人的孩子早当家"的道理。不过，《增广贤文》同时也提示："人贫志短，马瘦毛长。"既让孩子吃苦，也不要人为地让孩子过贫穷的生活，以免孩子因过度贫穷而失去自信，变得自卑。

父母让孩子自己担当，在尝试错误中学习，这是为孩子一辈子的幸福奠基。这也是拯救孩子的生命。第67条云："救人一命，胜造七级浮屠。"世人只知救命就是挽救生理的生命，殊不知，培养出一个有教养的孩子，这是更重要的救命，这才称得上"胜造七级浮屠"。

家庭教育中的严慈相济原则也可以派生出先严后慈。从关键年龄来看，对学前阶段孩子的教育需要宽松，以便培育安全感和自信心；对小学阶段的孩子需要严格一些，以便建立规则；对中学阶段的孩子需要返回宽松，以便让孩子在尝试错误中学会自我管理、自我负责、自食其力。不过，如果暂时不考虑学前阶段，就漫长的人生及其家庭教育而言，家长不仅应该坚持严慈相济，而且应该进一步坚持"先严后慈"。与"先严后慈"相关的家庭教育原则是"先俭后奢"。第222条云："从俭入奢易，从奢入俭难。"这句原本出自司马光家训《训俭示康》。

（二）勤学与学思结合

《增广贤文》的主题之二是学习以及与之相关的学思关系。学思关系的核心主题是既要读书、交友，同时也要有自己的思考、主见。

中国文化传统普遍推崇读书。第208条云："世上万般皆下品，思量惟有读书高。"读书要努力，"少壮不努力，老大徒伤悲。"第313条云："闲时不烧香，急时抱佛脚。"努力的基本要求是惜时，"光阴似箭，日月如梭"。第37条云："先到为君，后到为臣。"第38条云："莫道君行早，更有早行人。"

读书之外，也要有朋友之间的相互提醒和点拨。第63条云："同君一夜话，胜读十年书。"《礼记·学记》云："独学而无友，则孤陋而寡闻。"

第137条云："人无横财不富，马无夜草不肥。"这个说法虽然显得过于消极，但从教育学的视角来看，这里所谓"横财"或"夜草"，亦可把之看作专业学习之外的业余爱好。

（三）通情达理与交往之道

《增广贤文》的主题之三是人际交往以及与之相关的情理关系。《增广贤文》开篇第2条讲：“知己知彼，将心比心。”这一条先说“知己知彼”，但落脚在“将心比心”。也就是说，“知己知彼”虽然语出《孙子兵法·谋攻篇》，但此处的“知己知彼”主要指“将心比心”的同理心，它与军事无关。就此而言，“知己知彼，将心比心”可理解为《论语》的金规则“己所不欲，勿施于人”，亦可理解为家庭教育的三大原则之一。这条原则的核心精神就是“外柔内刚，通情达理”。事情发生之后，先做情感联结，再讨论解决问题的办法或讲大道理。这条原则的理论前提是理解人性。第264条云：“人为财死，鸟为食亡。”这一条的字面意思是讲人的本性是贪财，其实也表明了人的第一本性是怕死的求生欲，包括食欲和性欲。《孟子·公孙丑上》的说法是：“食，色，性也。”人之所以爱财，也是为了满足食欲。

情理关系除了指向先做情感联结后解决问题，还大量地体现为情感交往。《增广贤文》偶尔讲亲情，“羊有跪乳之恩，鸦有反哺之义”，但大量讨论友情。友情之所以重要，首先因为朋友是一个圈子。物以类聚，人以群分。第151条云：“龙游浅水遭虾戏，虎落平阳被犬欺。”中国人有“多一个朋友多一条路”的说法。这些说法虽然显得功利，但朋友之间的交往不仅能够带来日常的快乐和情感的共鸣，在遇到困难的时刻朋友总会伸出援手，这也是事实。

交友之道的关键在于善良、友爱、真诚、讲义气。即便第136条讲“人善被人欺，马善被人骑”，这一条也只是提醒，做任何事，都要有度。“度的哲学”是中国第一哲学。何况第138条紧接着就补充：“人恶人怕天不怕，人善人欺天不欺。”即便第29条讲“贫居闹市无人识，富居深山有远亲”，也只是暗示，交友的基本前提是自身强大，自己要有立身之本。

第144条讲友爱：“送君千里，终须一别。”第255条云：“座上客常满，杯中酒不空。”第24条则云：“相逢不饮空归去，洞口桃花也笑人。”第284条云：“醉后乾坤大，壶中日月长。”第81条云：“竹篱茅舍风光好，道院僧堂总不如。”

第262条讲真诚：“忠言逆耳利于行，良药苦口利于病。”第164条讲诚信：“一言既出，驷马难追。”第65条讲义气：“茫茫四海人无数，那个男儿是丈夫。”

这一条可能源自五代时期花蕊夫人《述亡国诗》："君王城上竖降旗，妾在深宫那得知。十四万人齐解甲，更无一个是男儿。"此诗堪称"义气"或"意志力"的叹词与颂词。这一条虽然主要针对战乱年代的抵抗意志，但也适用于日常生活中对"义气"和"意志力"的期待。与之相关的说法是："路遥知马力，事久见人心。"这一条也可表述为"路遥知马力，日久见人心"。

除了善待朋友，也要善待邻居。第22条云："美不美，乡中水；亲不亲，故乡人。"第49条云："远水难救近火，远亲不如近邻。"反之，身边的他人过不好，自己也会受其影响。第68条云："城门失火，殃及池鱼。"这一条也可以表述为"大神打架，小鬼遭殃"。

交友之道的底线是宽容。第74条云："水至清则无鱼，人太紧则无智。"这一条也可以表述为"水至清则无鱼，人至察则无徒"。第280条讲不可以貌取人："凡人不可面相，海水不可斗量。"这一条也可以表述为"人不可貌相，海水不可斗量"。

宽容就是"和"的智慧。第206条云："天时不如地利，地利不如人和。"宽容与"和"的智慧至少意味着尊重他人的私人生活，少非议他人。有人认为，热衷于流言蜚语（闲言）、一惊一乍（好奇）、似是而非（两可）是常人的本性。[①]有人甚至认为，在背后非议他人是"对付忘恩负义的家伙"的重要道德惩罚。"在别人背后说长道短"是人类得以建立道德的关键因素。[②]《增广贤文》第30条云："谁人背后无人说，那个人前不说人。"

但是，有意义的"在别人背后说长道短"仅限于对付公共事件中的"忘恩负义的家伙"。对于个人生活或私生活，应尽量尊重他人，少非议他人。第10条云："逢人只说三分话，未可全抛一片心。"第12条云："画虎画皮难画骨，知人知面不知心。"即便小范围的私下言谈，也不要轻易非议他人。第98条警告："墙有缝，壁有耳。"第109条云："是非只因多开口，烦恼皆因强出头。"

如果管不住自己的口，热衷于背后议论他人，迟早会遭他人嫉恨和报复。第

---

① ［德］海德格尔．存在与时间［M］．陈嘉映，王庆节，译．北京：生活·读书·新知三联书店，2006：195-203．

② ［美］海特．象与骑象人［M］．李静瑶，译．杭州：浙江人民出版社，2012：63．

110条讲忍让："忍得一时之气，免得百日之忧。"第178条云："杀人一万，自损三千。"比较有趣的说法是第111条："近来学得乌龟法，得缩头时且缩头。"比较深刻的说法是第48条："来说是非者，便是是非人。"朋友之道的底线原则是宽容。与他人交往的首要原则亦如是。第182条云："将相顶头堪走马，公侯肚里好撑船。"第20条云："饶人不是痴汉，痴汉不会饶人。"类似的说法是：强者都在示弱，弱者总是逞强。第45条云："宁可负我，切莫负人。"这一条也可表述为"宁可天下人负我，不可我负天下人"。

宽容与忍让的前提条件是相信自然界的"生存进化论"及其因果关系。第190条云："善有善报，恶有恶报，不是不报，日子未到。"这一条貌似佛家的报应论，其实它提示了整个世界的因果关系。《周易·坤》的说法是："积善之家，必有余庆；积不善之家，必有余殃。"第145条也可以纳入因果关系的主题："但将冷眼看螃蟹，看你横行到几时。"第118条则云："今朝有酒今朝醉，明日愁来明日忧。"这类说法貌似消极，其实也有积极的力量。第80条云："宁可信其有，不可信其无。"第256条云："屋漏更遭连夜雨，行船又被打头风。"这些说法貌似屈服于命运的"不确定性"，其实也隐含了"预则立，不预则废"的因果关系。

总之，《增广贤文》以通俗易懂的形式，为中国人提供了有关家庭教育、学习方式和人际交往的劝告与训诫。

三、成语故事中的家庭教育思想

如果说《三字经》和《增广贤文》是以蒙学教材或成人读本的方式延续《论语》以来的中国家训总纲，那么，各类成语词典及其相关的成语故事则以"习语"和典故的方式强化《论语》以来的中国家训智慧。成语故事几乎就是中国的民间教育学。

有人考证，"成语"一词，最早被称为"成言"，在东汉已经出现，到宋代才称"成语"，沿用至今。[①]成语故事大量来自先秦的"四书""五经"以及墨家、道家、法家的文本。这样看来，中华成语故事已经流传了两千多年。如果将

① 王立群．王立群智解成语①［M］.郑州：大象出版社，2014：4.

1742 年乾隆年间刊印的《六部成语》视为第一部中华成语词典，那么，以成语词典呈现的成语故事至少已经有将近三百年的历史。据统计，1742—1948 年出版 19 本成语词典；1949—1980 年出版 14 本成语词典。1981 年以来，出版各类成语词典超过 250 本。①

（一）以德养志

成语故事讲述了大量的美德故事，这是父母给孩子讲述最多的故事。美德故事代表着社会规范、风俗习惯、行为准则、做人道理等。与美德有关的成语故事大多出自历史典故，将某个历史人物所具有的、值得赞美的品德或行为，浓缩为约定俗成的成语，通用于日常交流和口耳相传，更有利于宣扬和传播。

孔子讲“仁”和“礼”，孟子讲“义”和“气”。相关的成语包括：己所不欲、勿施于人，见贤思齐，岁寒松柏，不怨天、不尤人，匹夫不可夺志也，言而有信，言必信、行必果，是可忍孰不可忍，舍生取义，见义勇为，杀身成仁，浩然之气，富贵不能淫、贫贱不能移、威武不能屈，自强不息，等等。在民族危难时刻，天下兴亡、匹夫有责，舍生忘死、前赴后继、百折不挠、血战到底。

真正的“勇”强调意志、气节与勇敢，而且一定要与“智”密切相关，二者合在一起，才称得上“美德”。如智勇双全、大智大勇、有勇有谋、文武双全、勇往直前、自告奋勇、骁勇善战、奋勇争先、忠勇之士、见义勇为、知耻后勇、急流勇进、急流勇退、勇猛精进、勤劳勇敢，等等。

（二）劝学

中华成语故事中，有关勤学、苦学的故事最多。一个人要想顺利通过人才选拔机制，成为社会所认可的人才，首先要做到勤学、苦学，这也是磨炼意志、修身养性和德才兼备的重要表现。励志是勤学的外在表现和内在动力。励志更多表现为基于坚持性和意志力的志向和斗志。锲而不舍、坚持不懈、持之以恒、愚公移山、水滴石穿、功在不舍、锐意进取、卧薪尝胆、破釜沉舟、背水一战、一鼓作气、百折不挠、再接再厉、笃志好学、鸿鹄之志、凌云之志，等等。也有不少超过四个字的励志成语，比如，精诚所至，金石为开；老骥伏枥，志在千里；宝剑锋从磨砺出，梅花香自苦寒来；少壮不努力，老大徒伤悲；锲而舍之，朽木不

① 章静．汉语成语词典编纂的发展与实践研究［D］．桂林：广西师范大学，2018：8．

折；锲而不舍，金石可镂；不鸣则已，一鸣惊人；不入虎穴，焉得虎子；有志者，事竟成；等等。

鼓励孩子勤学苦学与善学乐学都是学习过程的基本要素，缺乏善学乐学的勤学苦学是一种折磨和苦难，无法让孩子长时间坚持和投入学习，更不能从学习中体验到乐趣。善学乐学的标志主要体现在三个方面：专注度高，方法得当，成效显著。成语故事从正反两方面，提示人们如何保持良好的学习状态。比如，形容注意力集中的成语：聚精会神、专心致志、全神贯注、屏气凝神、目不转睛、心无二用、倾耳注目、一心一意等。形容注意力不集中的成语有：东张西望、三心二意、充耳不闻、六神无主、心神恍惚、走马观花、心猿意马、想入非非、心不在焉、怅然若失、漫不经心、失魂落魄、东张西望、左顾右盼、魂不守舍、精神涣散、交头接耳等。

形容学习方法得当的成语或习语有：温故知新、闻一知十、触类旁通、举一反三、勤学好问、勤学苦练、学如登山、厚积薄发、由博返约、学而时习之、学思并重、知行合一、过犹不及、欲速则不达、见贤思齐、驾轻就熟、反求诸己、改恶从善；不积跬步，无以至千里；学如不及，犹恐失之；学而不思则罔，思而不学则殆；等等。

形容学习成效显著的成语有：饱学之士、博学多才、博学多闻、博学洽闻、品学兼优、鸿儒硕学、才高八斗、才华横溢、名列前茅、学富才高、学富五车、学贯中西、博古通今、学识渊博、博大精深、出类拔萃、融会贯通、学以致用、神机妙算、料事如神、足智多谋、出口成章、见多识广、厚积薄发，等等。形容学习效果不好的成语有：记问之学、独学寡闻、邯郸学步、东施效颦、鹦鹉学舌、学非所用，等等。

（三）劝教

家长履行家庭教育职责的最高境界是回归日常生活，潜移默化，言传身教，避免放任自流、强迫命令或包办代替。引导孩子要把握好三个词：势、时、度。

好的教育引导需要造势、蓄势、积势。“箭在弦上，不得不发”“种子萌生”“不用扬鞭自奋蹄”所提示的是培育内驱力的教育。孩子的成长过程是一个内力和外力共同作用的结果。只有家长和教师的外力，缺乏孩子自身的内动力是无法取得成效的。

教育之道在于引领与激发并遵循儿童自身的身心发展规律，顺势而为、因势利导、乘势而上、顺水推舟、循循善诱。

“学不躐等”“循序渐进”提醒的就是要遵循儿童身心发展规律和知识学习规律。家长过早对孩子实施超前的知识教育，尤其对幼儿园阶段和小学低年段的孩子实施过多的知识教育，将会严重影响孩子的身体健康和性格养成。

欲速则不达，过犹不及。家庭教育的首要原则是“勿忘勿助”。人是有主动性的，在长期进化的过程中，人类有机体本身蕴藏着自己的阶段性和发展潜能，陪伴孩子健康成长，需要的是适度放手，给予孩子足够的时间和空间，促进孩子自主发展和主动发展，在适度规则中尝试错误，学会自律和自我担当。

教育是以儿童成熟度和发展水平为前提的。当孩子没有出现应有之“势”时，就需要启发诱导、循循善诱，教育的目的是“蓄势”和“激发”，家长要着力在孩子的学习兴趣、知识储备、能力提升及可能存在的困难障碍等方面做好准备，但绝不是包办替代、越俎代庖，更不能拔苗助长，要尊重孩子意愿、有意引导、提供支持条件。家长作为孩子成长的助推者，要以激发、蓄势、顺势为主，任何急于求成、好高骛远都是无意义的。

家庭不仅要帮助孩子“蓄势”，而且要顺势而教，要注意教育的“时”与“机”，相机而教。家庭教育无时不在，更考验家长把握“时”与“机”的智慧。

“因材施教”至少有四个层面的意义：因性别差异而教；因年龄差异而教；因个体差异而教；因个性差异而教。因材施教主要有两个途径：一是扬长避短；二是扬长补短。在扬长避短和扬长补短之间，提高孩子的自信心或提升孩子自我效能感的有效途径是扬长避短，也就是“优势教养”。

总之，《三字经》《增广贤文》和成语故事聚集了中华经典教育智慧，三者可视为中国的民间教育学。其中，《三字经》是儿童启蒙读本，《增广贤文》和成语故事既是儿童的启蒙读本，也是成人的学习读本。

思考与练习

一、选择题

1.《钱氏家训》的编写者是（单选）：

A 钱镠　　B 钱文选　　C 钱学森　　D 钱锺书

2. 曾国藩家书的主要训诫是（多选）：

A 谦逊　　B 节俭　　C 慎独　　D 习劳

3. 揠苗助长这个成语出自（单选）：

A 孔子　　B 老子　　C 孟子　　D 庄子

二、讨论题

阅读下面的材料并围绕后面的问题展开讨论。

《三字经》开篇就强调："人之初，性本善。性相近，习相远。苟不教，性乃迁。教之道，贵以专。"紧接着第二章强调："昔孟母，择邻处。子不学，断机杼。"

讨论方向：

第一，有关"人之初，性本善"有哪些争议？

第二，有关"性相近，习相远"有哪些争议？

第三，"昔孟母，择邻处"隐含了哪些家庭教育学的原理？

第四，"子不学，断机杼"隐含了哪些家庭教育学的原理？

三、案例分析

2005年5月18日，中央电视台新闻调查节目播放《神童的成长》，介绍了许多神童虽然早期一路"跳级"，后来却被学校"劝退回家"。

搜索并观看此节目，然后围绕以下问题讨论：

第一，《神童的成长》中神童的家庭教育有哪些可取的地方？

第二，《神童的成长》中神童的家庭教育存在哪些有争议的问题？

第三，《神童的成长》中神童的父母有哪些不同的家庭教育观念？

第四，如果你是《神童的成长》中神童的父亲或母亲，你会怎么做？

拓展学习资源

1. 崇文．中国好家风：历代传世经典家训［M］．北京：时事出版社，2018．
2. 丛艳姿．也无风雨也无晴——苏轼与苏氏家风［M］．郑州：大象出版社，2018．
3. 田猛．为有源头活水来——朱熹与朱氏家风［M］．郑州：大象出版社，2021．
4. 王立刚．古来家族承冠冕——孔子与孔氏家风［M］．郑州：大象出版社，2021．
5. 王晓璇．一纸家书教泽深——傅雷与傅氏家风［M］．郑州：大象出版社，2021．
6. 傅雷，朱梅馥，傅聪．傅雷家书［M］．傅敏，编．南京：译林出版社，2018．
7. 梁启超．梁启超家书［M］．林洙，编．北京：中国青年出版社，2013．
8. 曾国藩．曾国藩家书［M］．钟叔河，点校．长沙：湖南大学出版社，1989．
9. 佚名．增广贤文［M］．李冲锋，译注．北京：中华书局，2021．
10. 钱文忠．钱说《三字经》［M］．合肥：安徽人民出版社，2012．

后 记

1992年，我大学本科毕业后，在湖北省黄石市做英语教师。那年，我受学校领导的委托，给学校七年级学生的家长做《今天我们如何做家长》的讲座。那是我人生中第一次做有关家庭教育的讲座。

2003年我的女儿出生，这之前的一年，我正式开始关注家庭教育这个研究领域。2004年，我和广东教育学院熊焰教授一起参与东莞市大朗镇巷头小学的研究课题。受校长邀请，我给巷头小学的家长做了《今天我们如何做父母》的讲座。那是我人生中第二次做家庭教育的专题讲座。2005年起，我开始在全国各地做有关家庭教育的讲座。讲座的主题除了《今天我们如何做父母》，也包括《孩子成长的关键年龄与关键教育》《教育改革与家校合作》《家庭教育的原理与方法》《如何让孩子性格好身体好学习好》《校家社协同育人的三方责任》，等等。

2009年，我将我所做的家庭教育讲座整理成书稿《新父母学校：刘良华家庭教育讲演录》，由北京师范大学出版社出版，附有我讲座的录像DVD光盘。

2018年，我开通了“新父母教育”公众号。同年，对《新父母学校：刘良华家庭教育讲演录》的总体框架做了大幅调整，更新内容，最终形成《如何让孩子性格好身体好学习好》书稿，2021年由华东师范大学出版社出版。

2021年，我受人民教育出版社秦光兰老师的委托，撰写大学教材《家庭教育学》。2023年，我在腾讯视频上每天发布我主讲的有关家庭教育的系列视频。

秦光兰老师为本书的写作提供了大量的资料和编写建议，并参与了第六章“学前阶段的感性教育”的撰写。定稿后又承蒙她精心编辑，反复修改，几乎对书稿的每页文字都做了修改。

华东师范大学课程与教学研究所博士生郑艺璇参与了“曾国藩家书、梁启超家书和傅雷家书”的研究。深圳市中国科学院实验学校许钊钿老师参与了“苏氏家训”和“钱氏家训”的研究。广东技术师范大学冯嘉慧博士参与了本书有关埃里克森的终身发展阶段理论、霍兰德的职业偏好理论的写作。安庆师范大学王婷博士为本书提出了重要的修改建议并提供了有关拉鲁研究报告的资料。广东第二师范学院高慎英教授参与了有关《三字经》和成语故事中的家庭教育思想的写作，并对本书的初稿进行了审读和校对。广东第二师范学院邝红军老师就交往安全和出行安全提出了重要的建议。

本研究得到华东师范大学课程与教学研究所、广州市海珠区第二实验小学教育集团的支持。本书是2022年度国家社会科学基金教育学重大课题“新时代高质量教师教育体系建设及师资供需配给研究”（课题编号：VFA220007）的阶段性研究成果。

谨此致谢！

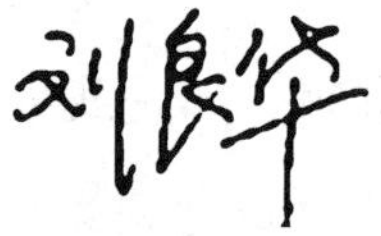

2025年5月10日

上海·文沁苑